**Guia Prático
de Direito Comercial**

Guia Prático de Direito Comercial

2016 · 4ª Edição

Iva Carla Vieira
Advogada

GUIA PRÁTICO DE DIREITO COMERCIAL

AUTORA
Iva Carla Vieira
1ª Edição: Outubro, 2007

EDITOR
EDIÇÕES ALMEDINA, S.A.
Rua Fernandes Tomás, nºs 76-80
3000-167 Coimbra
Tel.: 239 851 904 · Fax: 239 851 901
www.almedina.net · editora@almedina.net

DESIGN DE CAPA
FBA.

PRÉ-IMPRESSÃO
EDIÇÕES ALMEDINA, SA

IMPRESSÃO E ACABAMENTO
ARTIPOL - ARTES TIPOGRÁFICAS, LDA
Maio, 2016

DEPÓSITO LEGAL
410205/16

Apesar do cuidado e rigor colocados na elaboração da presente obra, devem os diplomas legais dela constantes ser sempre objecto de confirmação com as publicações oficiais.

Toda a legislação contida na presente obra encontra-se actualizada de acordo com os diplomas publicados em Diário da República, independentemente de terem já iniciado a sua vigência ou não.

Toda a reprodução desta obra, por fotocópia ou outro qualquer processo, sem prévia autorização escrita do Editor, é ilícita e passível de procedimento judicial contra o infractor.

 | GRUPOALMEDINA

BIBLIOTECA NACIONAL DE PORTUGAL – CATALOGAÇÃO NA PUBLICAÇÃO
VIEIRA, Iva Carla
Guia prático de direito comercial. – 4ª
ed. – (Manuais universitários)
ISBN 978-972-40-6546-5
CDU   347

*Aos meus Alunos,
os Futuros Empreendedores*

PLANO DA OBRA

PARTE I
O DIREITO COMERCIAL E A EMPRESA

Noção e objecto do direito comercial
O direito comercial e a empresa
Classificação das empresas
Microempresas e PME
Microentidades
O Sector Empresarial do Estado
Génese e evolução histórica do Direito Comercial
Autonomia e objectivos do direito comercial
A empresa e a União Europeia
O Tratado de Lisboa, a Economia e as Empresas
Fundos e apoios financeiros para as PME
O microcrédito
Responsabilidade Social das Empresas
Rede Jurídica Europeia – processos europeus

PARTE II
OS ACTOS JURÍDICO-COMERCIAIS

Noção e classificação de acto de comércio
O regime jurídico especial dos actos de comércio

PARTE III
OS SUJEITOS DA RELAÇÃO JURÍDICO-COMERCIAL

O comerciante/o empresário individual
O EIRL – Estabelecimento Individual de Responsabilidade Limitada
As sociedades comerciais
Tipos de sociedades comerciais e sua caracterização
Sociedades comerciais entre cônjuges e sua participação noutras sociedades
Sociedades Anónimas Europeias
Agrupamentos Europeus de Cooperação Territorial
Constituição de sociedades comerciais: a simplificação de procedimentos
Regime jurídico da Empresa na Hora
Regime de criação de sociedades *on-line*
Medidas de simplificação para as empresas
Cadastro comercial e industrial

PARTE IV
SINAIS DISTINTIVOS DO COMÉRCIO

Nome do estabelecimento-logótipo
Insígnia e logótipo
Marca, Marca na Hora e Marca *On-Line*
Recompensas
Patentes, Patentes *On-Line* e Patentes por via europeia
Modelos de utilidade
Desenhos ou modelos
O Código da Propriedade Industrial e a tutela dos sinais distintivos do comércio

PARTE V
O ESTABELECIMENTO COMERCIAL

Noção e elementos
O arrendamento comercial
Trespasse do estabelecimento
Locação do estabelecimento

PARTE VI
ACORDOS DE DISTRIBUIÇÃO COMERCIAL TÉCNICAS DE VENDA E PRÁTICAS COMERCIAIS DESLEAIS

O contrato de agência ou de representação comercial
A distribuição comercial
A franquia ou *franchising*
Contratos celebrados à distância e ao domicílio
Contratos celebrados com recurso a centros telefónicos (*call centres*)
Práticas comerciais desleais das empresas
Práticas comerciais agressivas

PARTE VII
CONTRATOS FINANCEIROS

A questão do financiamento: os capitais próprios e os capitais alheios
O mútuo comercial
A locação financeira ou *leasing*

PARTE VIII
O COMÉRCIO ELECTRÓNICO E CONTRATAÇÃO *ON-LINE*

O comércio electrónico
A regulação jurídica global
Direito aplicável aos contratos internacionais de compra e venda
O comércio electrónico em Portugal e sua disciplina normativa
Contratação electrónica e seus procedimentos
Criminalidade informática
O compromisso com a cibersegurança

PARTE IX
DÍVIDAS COMERCIAIS

Comunicabilidade das dívidas comerciais
Responsabilidade do cônjuge pelas dívidas contraídas pelo outro
no exercício do seu comércio/empresa
Procedimentos a adoptar na acção para chamar o cônjuge
de devedor à demanda

ABREVIATURAS

Art.	artigo
Ss (ss)	seguintes
v.g.	por exemplo
§	Parágrafo
n.e.	Não especificado
D.R.	Diário da República
CAE	Classificação Portuguesa das Actividades Económicas
UE	União Europeia
INE	Instituto Nacional de Estatística
CSE	Conselho Superior de Estatística
CITA	Classificação Internacional Tipo de Actividades
CACMEP	Comissão de Aplicação de Coimas em Matéria Económica e de Publicidade
DO	Denominação de origem
DGC	Direcção-Geral do Consumidor
PME	Pequenas e Médias Empresas
BEI	Banco Europeu de Investimento
FEI	Fundo Europeu de Investimento
I.P.	Instituto Público
IAPMEI	Instituto de Apoio às Pequenas e Médias Empresas
CIRE	Código da Insolvência e da Recuperação de Empresas
CSC	Código das Sociedades Comerciais
LULL	Lei Uniforme Relativa a Letras e Livranças
ALD	Aluguer de Longa Duração

QREN	Quadro de Referência Estratégico Nacional
S.P.Q.	Sistema Português de Qualidade
S.B.A.	*Small Business Act*
SEE	Sector Empresarial do Estado
EPE	Entidades Públicas Empresariais
PPP	Parcerias Público-Privadas
UTA	Undades de Trabalho-Ano
SNC	Sistema de Normalização Contabilísitca
OCDE	Comissão Para a Cooperação e Desenvolvimento Económico
AICEP	Agência para o Investimento e Comércio Externo de Portugal
RSE	Responsabilidade Social das Empresas
ONG	Organização Não Governamental
ASAE	Autoridade de Segurança Alimentar e Económica
C.C.	Código Civil
C.P.C.	Código de Processo Civil
Cód. Com.	Código Comercial
Cód. Reg. Com.	Código de Registo Comercial
ROC	Revisor Oficial de Contas
TOC	Técnico Oficial de Contas
TIC	Tecnologias da Informação e Comunicação
EIRL	Estabelecimento Individual de Responsabilidade Limitada
AECT	Agrupamentos Europeus de Cooperação Territorial
ACT	Autoridade para as Condições do Trabalho
NIPC	Número de Identificação de Pessoa Colectiva
RNPC	Registo Nacional de Pessoas Colectivas
FCPC	Ficheiro Central de Pessoas Colectivas
DGCI	Direcção-Geral dos Impostos
IRS	Imposto sobre o Rendimento das Pessoas Singulares
IRC	Imposto sobre o Rendimento das Pessoas Colectivas
IRN	Instituto dos Registos e Notariado
IFDR	Instituto Financeiro para o Desenvolvimento Regional
CFE	Centro de Formalidades das Empresas
INPI	Instituto Nacional da Propriedade Industrial

C.R.C.	Conservatórias do Registo Comercial
SICAE	Sistema de Informação da Classificação Portuguesa de Actividades Económicas
C.S.C.	Código das Sociedades Comerciais
IES	Informação Empresarial Simplificada
IVA	Imposto sobre o Valor Acrescentado
NRAU	Novo Regime do Arrendamento Urbano
C.P.I.	Código da Propriedade Industrial
BPI	Boletim da Propriedade Industrial
MNH	Marca na Hora
DGE	Direcção-Geral da Empresa
DGC	Direcção-Geral do Consumidor
ANACOM	Autoridade Nacional de Comunicações
CNPD	Comissão Nacional de Protecção de Dados
BNI	Balcão Nacional de Injunções
UC	Unidade de Conta Processual
S.T.J.	Supremo Tribunal de Justiça
ONG	Organizações Não Governamentais
C.P.C.	Código de Processo Civil

PREFÁCIO DA 4ª EDIÇÃO

Em 2007, ano da primeira edição, a legislação aplicável às empresas e outras organizações intensificou-se com o objectivo primordial de simplificar e desburocratizar procedimentos relativos aos múltiplos deveres legais que aquelas devem observar e de imprimir celeridade na solução eficaz dos problemas inerentes ao mundo dos negócios. Acresce que os agentes económicos do Século XXI têm de operar num mercado aberto, sem fronteiras físicas, onde o comércio electrónico ganhou, indiscutivelmente, uma importância vital na celebração de negócios, os quais reclamam uma regulação jurídica global.

A preocupação do legislador deve ser a de reflectir no Direito, quer esta dinâmica de transformação social, quer as soluções normativas encontradas para estabelecer o equilíbrio, a equidade e a tutela de direitos conflituantes. Donde, continua a ser desiderato deste guia prático reunir, de forma transparente, sistematizada e com uma linguagem clara, a legislação avulsa e os regimes jurídicos que têm sido consagrados e que estão em conexão com a actividade económica desenvolvida pelas empresas, particularmente as microempresas e PME. De resto, a sobrevivência económica e o crescimento destas empresas dependem do conhecimento rigoroso destes referenciais normativos que podem contribuir para o desenvolvimento do espírito empreendedor e auxiliar as empresas a converterem-se em pólos de inovação.

Com este manual, os estudantes de ciências empresariais, os profissionais que prestam serviços às empresas, os próprios titulares das empresas e dos seus órgãos de gestão, podem conhecer os instrumentos operativos que facultarão uma visão integrada de soluções, em plena era digital em que a maioria das obrigações, actos e contratos se desmaterializaram e são celebrados com a utilização intensiva de ferramentas electrónicas.

Como Advogada, sei quão relevante pode ser este guia, já que nele podem ser encontradas, de forma sistematizada, as soluções para quem é empreendedor. Considerando a necessidade imperiosa de, em Portugal, termos de incentivar o espírito empreendedor e a inovação, bem como de captar investimento, é fundamental o conhecimento dos riscos inerentes ao exercício da empresa e dos quadros legais em que devem exercer a sua actividade económica.

A adopção generalizada das TIC no mundo das empresas e das profissões que lhes prestam assessoria também é relevante nesta obra, sempre sem descurar que as empresas não devem bastar-se com a prossecução do lucro mas intervir na sociedade, adoptando uma conduta ética, valorizando códigos de conduta, como agentes económicos que devem operar e intervir numa sociedade justa.

Os temas tratados neste "Guia Prático de Direito Comercial" incluem, como não poderia deixar de ser, as mais recentes alterações legislativas que se reflectem nas empresas e organizações, as soluções adoptadas nos domínios da criminalidade informática e da cibersegurança – domínios cada vez mais sensíveis e a reclamar soluções eficazes – as novas formas de contratar, a administração da Justiça, a *e-justice*, o *e-government*, a resolução de litígios comerciais transnacionais. Sem prejuízo da doutrina espelhada nestas páginas, ultrapassa-se as fronteiras tradicionais do Direito Comercial e faz-se uma incursão no direito empresarial, com uma natureza e objecto mais vastos, o que transforma este Guia Prático de Direito Comercial no instrumento adequado para se compreender a génese e a evolução histórica das empresas, o que o Futuro lhes reserva, os desafios com que serão confrontadas e a função social que, necessariamente, são chamadas a desempenhar, num universo de negócios gobal que não pode ser unicamente dominado pelo lucro, mas orientado por Valores, sempre que o empreendedor e a empresa se assumem como agentes de transformação norteados por imperativos de Equidade.

Parte I
O Direito Comercial e a Empresa

1. NOÇÃO E OBJECTO DO DIREITO COMERCIAL

1.1. O DIREITO COMERCIAL E O DIREITO CIVIL

No ordenamento jurídico português é comum distinguirmos, na esfera do Direito Privado, dois grandes ramos de direito, ramos autónomos que se autonomizaram em função do seu respectivo objecto. São eles o Direito Civil e o Direito Comercial, sendo certo que é no direito civil, e mais concretamente no direito civil romano, que podemos encontrar o embrião de uma disciplina reguladora das relações mercantis, com a adaptação das normas civilistas às situações mercantis concretas da Antiguidade Clássica Romana.

Contudo, o direito civil não pode ser considerado a fonte das normas que, muito mais tarde, foram criadas para resolver ou dirimir conflitos entre comerciantes e disciplinar a sua própria actividade profissional, bem como outros aspectos com interesse especial para esta classe. **Tais normas, fundadas no costume**, e por isso mesmo de **natureza consuetudinária**, foram sim a raiz do direito mercantil medievo o qual, também por força de uma revolução económica, social e profissional, **haveriam de ser substituídas pela Lei**, com as características que actualmente lhe reconhecemos.

Com a transformação social decorrente da Revolução Francesa, o império da lei levou ao desaparecimento das normas consuetudinárias reguladoras da actividade dos mercadores da Idade Média e descentrou a disciplina da relação comercial da óptica corporativa (que era a dos próprios comerciantes) para a focar na tutela dos interesses de todos quantos intervêm na relação mercantil. Daí que possamos considerar que para o Direito Comercial – que possui características distintas do direito civil e assume, igualmente, uma função específica na regulação dos interesses e conflitos mercantis – **o que importa, fundamentalmente, é disciplinar os denominados actos de comércio**, cuja qualificação obedece a um conjunto de critérios que serão estudados.

Em todo o caso, sempre se poderá considerar que o direito comercial é hoje um ramo de direito autónomo, cuja origem radica no direito civil mas que evoluiu, temporal e conceptualmente, de acordo com as necessidades e interesses a tutelar, pelo que **é um direito que apresenta especialidades de regime, em confronto com o direito civil**. Assim sendo, é da maior importância sabermos se um dado acto, contrato ou negócio poderá ser qualificado, ou não, como um acto de comércio, consequentemente disciplinado pela lei comercial ou se, pelo contrário, se trata de uma obrigação sob a alçada do direito civil. E esta distinção é frequentemente complexa, dada a fronteira esbatida que pode existir entre um acto ou contrato de natureza intrinsecamente civil ou exclusivamente comercial.

Por tudo o que ficou dito, há que concluir que o direito civil é um ramo de direito comum que visa regular as relações privadas – as que se estabelecem entre sujeitos que se posicionam num plano de horizontalidade e vêm à relação sem qualquer poder soberano, as denominadas "vestes públicas" ou *ius imperii* – e o **direito comercial é um ramo de direito privado que visa disciplinar os actos de comércio, sejam ou não comerciantes as pessoas que neles intervêm** (artº 1º do Código Comercial). Da mesma forma, não nos podemos abstrair da fulcral importância e **subsidiariedade do direito civil** em relação ao direito comercial, quando o artº 3º do Código Comercial consagra, como critério de integração das lacunas da lei mercantil:

> *"Se as questões sobre direitos e obrigações comerciais não puderem ser resolvidas, nem pelo texto da lei comercial, nem pelo seu espírito, nem pelos casos análogos nela prevenidos, serão decididas pelo direito civil".*

1.2. O DIREITO COMERCIAL E A EMPRESA

Questão substancialmente diferente é considerarmos se, na actualidade, a expressão "direito comercial" traduz uma visão redutora do núcleo de questões e relações dignas de tutela legal que ultrapassam "o comerciante". Já há muito que se banalizou o conceito de **empresário ou da empresa** – que é o rosto de uma organização de meios e factores através dos quais se desenvolve uma actividade económica lucrativa, seja ela de natureza comercial, industrial ou a prestação de serviços.

Quando o movimento codificador se manifestou em Portugal e em 1888 foi promulgado o Código Comercial – que ainda se encontra parcialmente em vigor – o nosso país estava muito longe da era da industrialização. Os processos de fabrico de então consistiam na manufactura e na maquinofactura, como se alcança do próprio texto do artº 230º deste Código que, sob a epígrafe "DAS EMPRESAS", mais não faz do que inventariar uma série de actividades tradicionais da economia daquela época.

O conceito de empresa apareceu, pela primeira vez, no Direito Italiano e, entre nós, só em pleno século XX ganhou "carta de alforria", quer na linguagem do cidadão, quer na nossa legislação. É hoje comum – ao invés do que acontecia em finais do século XIX – um agente económico considerar-se um empresário ou sócio de uma empresa, quer esta se dedique a uma actividade agrícola, extractiva, pecuária, comercial, industrial ou prestadora de serviços. Não importa o sector de actividade económica em que opera, para que se invoque esta qualidade. Daí que seja usual considerar que os conceitos de empresa, empreendedor e empreendedorismo aglutinaram as anteriores classificações dos agentes económicos que, até esta autêntica revolução semântica, se qualificavam como agricultores, comerciantes, industriais e outras profissões.

Por estas razões, **o artº 230º do Código Comercial** – pese embora a sua epígrafe "DAS EMPRESAS" parecer antecipar, no nosso ordenamento jurídico de finais do século XIX, o tratamento conceptual de empresa – **limitou-se a equiparar às empresas os comerciantes individuais e as sociedades comerciais, havidas como categorias de**

comerciantes, e assim previstas no artº 13º do Código Comercial. Usando uma linguagem actual, o legislador da época considerava como **empresas singulares e colectivas,** aquelas cujo objecto consistia em:

"1º Transformar, por meio de fábricas ou manufacturas, matérias-primas, empregando, para isso, ou só operários, ou operários e máquinas;

2º Fornecer, em épocas diferentes, géneros, quer a particulares, quer ao Estado, mediante preço convencionado;

3º Agenciar negócios ou leilões por conta de outrem em escritório aberto ao público e mediante salário estipulado;

4º Explorar quaisquer espectáculos públicos;

5º Editar, publicar ou vender obras científicas, literárias ou artísticas;

6º Edificar ou construir casas para outrem com materiais subministrados pelo empresário;

7º Transportar, regular e permanentemente, por água ou por terra, quaisquer pessoas, animais, alfaias ou mercadorias de outrem;"

Este elenco legal, pela natureza da actividade a que se dedicavam os comerciantes, bem reflecte **a estrutura da economia portuguesa dos finais do século XIX, com uma matriz tradicional agrária** e um tecido económico integrado por agentes cuja actividade se inscrevia, fundamentalmente, nos **sectores primário e secundário** da economia, ainda sem as características que viria a adquirir com a revolução industrial portuguesa que, no nosso país, ocorreu mais tardiamente em relação a Inglaterra e outros países europeus.

Deste preceito normativo, também se conclui que, à época, **o legislador dava os primeiros passos na tutela de novas actividades económicas** que, actualmente, se encontram disciplinadas por ramos de Direito que se especializaram conceptual e juridicamente, tornando-se ramos com uma autonomia própria e, por isso, independentes do Direito Comercial – caso da actividade editorial e da publicação de obras literárias, e o da edificação urbana – e começava a dar relevo a outras áreas e sectores de actividades que viriam a emergir mais tarde e a adquirir grande importância na vida económica do país.

Como já foi dito, durante a segunda metade do século XX, quer o vocábulo, quer o próprio conceito de "empresário" foram paulatinamente apropriados pelos mais diferentes agentes económicos e abandonou-se a ideia primitiva de que empresários eram apenas os empreendedores da área do espectáculo, o que justifica que tenham ficado célebres algumas companhias de teatro encabeçadas pelos então denominados "empresários".

Pode ainda concluir-se que o **conceito de empresa, tal como foi vertido no Código Comercial, não passa de uma entidade acessória, um instrumento técnico-jurídico que permitiu ampliar o campo de aplicação do acto de comércio** – até esta data circunscrito aos indivíduos que faziam do comércio a sua profissão e às sociedades comerciais – **a novas organizações económicas que emergiam**, apesar da natureza pouco elaborada da sua estrutura, na época em que foi aprovado o Código Comercial, já que os meios de produção predominantes no fim do século XIX se baseavam no trabalho braçal e na técnica dos artífices.

O artº 230º do Cód. Com. é, por isso mesmo, inadequado para uma definição de empresa, bem como para abranger as múltiplas actividades económicas que entretanto se desenvolveram. No século XXI, face aos permanentes desafios, às ideias de negócio criativas, às formas inovadoras de organização do trabalho – em que o comércio electrónico é uma realidade insofismável e as transacções comerciais não conhecem fronteiras físicas – às descobertas tecnológicas e científicas que constituem um repto permanente à capacidade humana para descobrir e inventar novos modelos de organização e associação empresarial, há que encarar o Direito Comercial como uma realidade normativa complexa, toda ela sustentada por uma rede intrincada de normas jurídicas codificadas ou avulsas que disciplinam as mais distintas entidades, empresas e organizações.

Será mesmo pertinente pensar o Futuro e o próprio Direito Comercial como um sistema normativo com tendência a maior especialização, com novos sub-ramos jurídicos emergentes, dada a especificidade típica das matérias que vão reclamando progressiva tutela legal. Por esta razão, e porque as empresas são organizações onde se estabelecem relações da mais diversa natureza, há disciplinas normativas que se tornaram relevantes e imperativas para a vida dos empresários, das empresas e outras organizações, que se encontram adstritos ao seu cumprimento, como é o caso do Comércio Electrónico no Mercado Interno e Tratamento de Dados Pessoais (Dec.-Lei nº 7/2004, de 7 de Janeiro) das Cláusulas Contratuais Gerais (Dec.-Lei nº 446/85, de 25 de Outubro), dos Contratos de Crédito a Consumidores (Dec.-Lei nº 133/2009, de 2 de Junho), da Lei da Defesa do Consumidor (Lei nº 26/96, de 31 de Julho), do Livro de Reclamações (Dec.-Lei nº 156/2005, de 15 de Setembro), do Código da Publicidade (Dec.-Lei nº 330/90, de 30 de Outubro), do Código da Propriedade Industrial (Dec.-Lei nº 36/2003, de 5 de Março), do Novo Regime Jurídico da Concorrência (Lei nº 19/2012, de 8 de Maio), da Responsabilidade Penal por Crimes de Corrupção no Comércio Internacional e na Actividade Privada (Lei nº 20/2008, de 21 de Abril), da Lei-Quadro das Contra-Ordenações Ambientais (Lei nº 50/2006, de 29 de Agosto), dos Meios Técnicos de Controlo à Distância ou a Vigilância Electrónica (Lei nº 33/2010, de 2 de Setembro).

A enumeração aleatória dos diplomas normativos *supra* referenciados dá-nos uma ideia aproximada da teia de relações jurídicas especiais que nascem, se desenvolvem e se extinguem no seio das empresas ou entre as empresas e os poderes públicos – aos quais são acometidas competências para a tutela, a inspecção, o controle das condições de instalação e funcionamento das empresas e a punição das infracções – relações que, pela sua especificidade, não encontram expressão nem tratamento no Direito Comercial.

1.3. A EMPRESA NA ACTUALIDADE

Uma empresa é uma organização, seja qual for a sua dimensão ou o seu objecto. Este é o conceito mais lato. Aquele de onde se deve partir para compreender que, à semelhança de um ser vivo, uma empresa é dotada de órgãos, cujos titulares devem desempenhar funções, já que as empresas colectivas (que não têm capacidade de gozo nem de exercício similares às pessoas singulares) terão de formar a sua vontade, serem administradas e estabelecer relações com terceiros. Nas sociedades, sejam elas civis, civis sob forma comercial ou comerciais, há órgãos que deliberam e órgãos que executam e as representam junto de terceiros, garantindo o cumprimento, quer das obrigações legais, quer dos deveres contratuais assumidos pelas suas representadas.

Deste modo, qualquer empresa, por mais rudimentar que seja, terá de possuir instâncias de direcção e controlo. No caso de se tratar de uma organização típica de uma economia rudimentar, encontraremos, certamente, uma estrutura com baixa produção, de natureza artesanal e com uma orgânica muito simples. Nas economias evoluídas, as empresas desenvolvem a sua actividade com recurso a tecnologias avançadas ou de ponta e apresentam um modelo organizativo mais ou menos complexo.

1.3.1. CLASSIFICAÇÃO DAS EMPRESAS

As empresas são susceptíveis de uma **classificação que pode obedecer a critérios diferentes**, importando aqui os critérios de **natureza económica e jurídica**. Para o critério económico, relevam a **natureza da actividade** que desenvolvem e a sua **dimensão**; para o Direito importa indagar da **titularidade ou propriedade da empresa, da responsabilidade dos seus titulares pelas obrigações de natureza legal ou contratual contraídas pela empresa**, da forma da sua organização, entre outros aspectos.

1.3.1.1. *A CLASSIFICAÇÃO PORTUGUESA DAS ACTIVIDADES ECONÓMICAS (CAE – REV. 3)*

As actividades a que as empresas e as organizações se podem dedicar encontram-se vertidas na Classificação Portuguesa das Actividades Económicas, Revisão 3, comummente designada por **CAE – Rev. 3**, aprovada pelo **Dec.-Lei nº 381/2007, de 14 de Novembro, que entrou em vigor a 1 de Janeiro de 2008** e revogou o Decreto-Lei nº 197/2003, de 27 de Agosto, vulgarmente conhecido por CAE – Rev. 2.1.

A classificação que foi operada pelo Dec.-Lei nº 197/2003, em conformidade com o Regulamento (CE) nº 29/2002 (NACE – Rev. 1.1), de 19 de Dezembro de 2001, da Comissão da UE, esteve em vigor desde 1 de Janeiro de 2003 até 1 de Janeiro de 2008, ou seja, por cinco anos.

Por força do citado Regulamento, os Estados membros tiveram de adoptar **nomenclaturas harmonizadas**, tendo em conta a evolução tecnológica e económica que se verificou, perfilhando-se no mercado único da UE uma classificação similar para as actividades económicas desenvolvidas pelos Estados.

Por outro lado, com a dita revisão (CAE – Rev. 2.1.) pretendeu-se reflectir a **evolução tecnológica e as mudanças estruturais verificadas na economia**, de modo a assegurar a comparabilidade com a Classificação Internacional Tipo de Actividades, Revisão 4 (CITA – Rev. 4) das Nações Unidas. Com o Dec.-Lei nº 381/2007, de 14 de Novembro, promoveu-se uma nova revisão da Classificação Portuguesa de Actividades Económicas, harmonizada, quer com as classificações de actividades da União Europeia, quer com a das Nações Unidas, de forma a constituir *"uma estrutura indispensável ao desenvolvimento e à consolidação do sistema estatístico nacional"* que desempenha um papel relevante na recolha, tratamento, publicação e análise da informação e confere coerência e unidade ao sistema; de resto, nos termos do artº 1º daquele diploma normativo, esta classificação *"constitui o quadro comum de classificação de actividades económicas a adoptar a nível nacional"*.

A CAE – Rev. 3 foi adoptada de acordo com o programa geral de aplicação aprovado pelo Conselho Superior de Estatística (CSE), competindo ao **Instituto Nacional de Estatística (INE) divulgar o programa geral da sua aplicação e assegurar as acções necessárias à transição da CAE – Rev. 2.1. para a CAE – Rev. 3.** mediante a aprovação, pelo referido CSE, das tabelas de equivalência entre a CAE – Rev.3 e as classificações de actividades económicas das organizações internacionais, em especial da União Europeia e das Nações Unidas, elaboradas pelo INE, que deverão ser devidamente divulgadas e disponibilizadas por este organismo, nos termos do nº 2 do artº 5º do citado Dec.-Lei nº 381/2007, de 14 de Novembro.

A CAE – Rev. 3, anexa ao citado Dec-Lei nº 381/2008, distingue os **ramos de actividade das empresas por Secções**, e pela seguinte forma:
- Secção A – Agricultura, produção animal, caça, floresta e pesca
- Secção B – Indústrias extractivas

- ➤ Secção C – Indústrias transformadoras
- ➤ Secção D – Electricidade, gás, vapor, água quente e fria e ar frio
- ➤ Secção E – Captação, tratamento e distribuição de água; saneamento, gestão de resíduos e despoluição
- ➤ Secção F – Construção
- ➤ Secção G – Comércio por grosso e a retalho; reparação de veículos automóveis e motociclos
- ➤ Secção H – Transportes e armazenagem
- ➤ Secção I – Alojamento, restauração e similares
- ➤ Secção J – Actividades de informação e de comunicação
- ➤ Secção K – Actividades financeiras e de seguros
- ➤ Secção L – Actividades imobiliárias
- ➤ Secção M – Actividades de consultoria, científicas, técnicas e similares
- ➤ Secção N – Actividades administrativas e dos serviços de apoio
- ➤ Secção O – Administração Pública e defesa; segurança social obrigatória
- ➤ Secção P – Educação
- ➤ Secção Q – Actividades de saúde humana e apoio social
- ➤ Secção R – Actividades artísticas, de espectáculos, desportivas e recreativas
- ➤ Secção S – Outras actividades de serviços
- ➤ Secção T – Actividades das famílias empregadoras de pessoal doméstico e actividades de produção das famílias para uso próprio
- ➤ Secção U – Actividades dos organismos internacionais e outras instituições extraterritoriais.

Adoptando um critério que parte do geral para o particular, verificamos que as Secções se especializam em Divisões, Grupos, Classes e Subclasses que, finalmente, nos indicam a ou as actividades económicas específicas adoptadas pela empresa, quando exista, conjuntamente com uma actividade principal, uma actividade secundária ou acessória. Com efeito, **esta classificação é mais detalhada**, quando comparada com a anterior, **e reflecte uma sistematização das actividades significativamente distinta daquela que foi plasmada na CAE – Rev. 2.1.**; porém, **não estão representadas nesta CAE todas as actividades** económicas que o homem pode desenvolver e explorar, porque não é possível elaborar a sua listagem exaustiva.

Daí que encontremos **actividades n.e. (não especificadas)** que, à falta de uma outra classificação susceptível de enquadrar com rigor a actividade, poderá ser adoptada pela empresa. Não raramente uma empresa que está em fase de criação pode encontrar dificuldades na consulta e na escolha da sua CAE, simplesmente porque determinada actividade não foi prevista nem se encontra tipificada na CAE.

Assim, para a atribuição correcta da CAE a uma dada empresa, aconselha-se uma consulta às suas notas explicativas que, de uma forma mais clara, descrevem a actividade que pode ser subsumível à subclasse ou a exclui expressamente, o que constitui, em caso de dúvida pertinente, um auxílio precioso para o futuro empreendedor ou para o seu consultor na criação da empresa.

1.3.1.2. CLASSIFICAÇÃO DAS EMPRESAS DE ACORDO COM O CRITÉRIO DOS SECTORES DE ACTIVIDADE

Na ciência económica, o critério dos **sectores de actividade** permite estabelecer a distinção entre as empresas. Assim, os sectores são que abaixo se identificam:

- Sector **primário** – compreende as empresas agrícolas, silvícolas, pecuárias;
- Sector **secundário** – integra as indústrias extractivas (empresas industriais), as indústrias transformadoras, a Electricidade, o Gás e as Águas Industriais e ainda as empresas que se dedicam à Construção e Obras Públicas;
- Sector **terciário** – abrange as empresas que se dedicam ao comércio por grosso e a retalho, aos transportes, à armazenagem e comunicações, à actividade Bancária e Seguradora, bem como o ramo imobiliário e uma miríade de empresas prestadoras de múltiplos serviços.

PARTE I. 1. NOÇÃO E OBJECTO DO DIREITO COMERCIAL

No **sector primário** encontramos actividades produtivas que exploram:

- **Culturas temporárias** (como a dos cereais, leguminosas secas e sementes oleaginosas, a cultura de arroz e de produtos hortícolas, raízes e tubérculos, tabaco e plantas têxteis, bem como a cultura de flores e de plantas ornamentais e outras culturas não especificadas);
- **Culturas permanentes,** com a viticultura e a olivicultura;
- A **produção animal,** com a criação de bovinos para produção de leite, de equinos, ovinos e caprinos, a suinicultura e a avicultura, a apicultura e a criação de animais de companhia;
- A **agricultura e produção animal combinadas** e as actividades dos **serviços relacionados com a agricultura e com a produção animal**;
- A **caça,** o **repovoamento cinegético** e actividades dos serviços com estes relacionados;
- A **silvicultura e exploração florestal;**
- A **pesca** (em águas marinhas e em águas interiores) e a **aquicultura.**

No **sector secundário** podemos encontrar:

- As **indústrias extractivas** da **Secção B** (*v.g.* a extracção de petróleo bruto e gás natural, extracção e preparação de minérios metálicos, de saibro, areia, argila e caulino);
- As **indústrias transformadoras da Secção C,** que integram as indústrias **mais leves,** como as alimentares (*v.g.* lacticínios, panificação e pastelaria, fabricação de alimentos para animais de criação e de companhia, fabricação de têxteis e cordoaria, indústria do vestuário e calçado) e as **indústrias mais pesadas,** como a serração de madeira, a produção de pasta de papel, de produtos químicos e gases industriais, produtos resinosos e seus derivados, pesticidas, plásticos e fibras de vidro, as indústrias metalúrgicas de base, fabricação de cutelaria, ferramentas e ferragens, de equipamentos de radiação, electromedicina e electroterapêuticos, pilhas, electrodomésticos, a construção naval, entre muitas outras.

É também neste sector secundário que se inscrevem as actividades elencadas nas Secções D, E, e F, acima referidas.

No **sector terciário** estão integradas as demais actividades elencadas nesta classificação.

Destaca-se aqui, **exemplificativamente:**

- As actividades da Secção G, que abarca o **comércio por grosso e a retalho** e o **transporte** (*v.g.* transportes terrestres, por oleodutos e gasodutos, os transportes marítimos de passageiros e mercadorias, os transportes aéreos e espaciais);
- As **actividades postais e de** *courier*[1] e a **armazenagem** (Secção H);
- O **alojamento, a restauração e similares** (Secção I);
- As actividades de **informação e de comunicação** (*v.g.* edição, música, cinema, rádio e televisão e telecomunicações – Secção J);
- A **Banca e Seguros**, a **locação financeira**, o *factoring*[2] (Secção K);
- As actividades **imobiliárias** (Secção L);
- A **consultoria científica, técnica e similares** (assessoria jurídica, contabilidade, consultoria fiscal, cartórios notariais, serviços de arquitectura e engenharia, investigação científica e desenvolvimento, publicidade, estudos de mercado e sondagens de opinião, entre outras actividades – Secção M);
- Os **serviços administrativos e de apoio** (como o aluguer de veículos, máquinas e equipamentos, empresas de selecção e colocação de pessoal, agências de viagem, serviços de segurança privada, actividades de limpeza industrial – Secção N);
- A **administração pública, a defesa e a segurança social** (Secção O);

---

[1] Actividade de expedição de correio e mercadorias que se diferencia dos serviços postais pela sua rapidez, eficiência, segurança, individualização e escalas, e que são, normalmente, mais dispendiosos.

[2] O *factoring* ou cessão financeira tem a ver com a aquisição de créditos de uma dada empresa, que derivam da venda de produtos ou da prestação de serviços, nos mercados interno e externo. Logo, trata-se de uma actividade comercial relacionada com a aquisição de activos financeiros. A empresa que vende os seus créditos a curto prazo à sociedade de *factoring* tem a vantagem de evitar a sua descapitalização e pode prosseguir a sua actividade corrente, v.g. adquirindo a matéria-prima para a sua normal laboração.

- As demais actividades elencadas sob as Secções P (**Educação**) e Q (**Saúde humana** – laboratórios de análises clínicas, ambulâncias, bancos de órgãos, e **actividades de apoio social** – lares para idosos ou cidadãos deficientes, com ou sem alojamento);
- As **actividades artísticas, os espectáculos, o desporto e as recreativas** (bibliotecas, arquivos, museus, lotarias e jogos de aposta, a tauromaquia, as marinas – Secção R);
- Outras actividades e serviços, como **organizações sindicais, religiosas, associativas,** recuperação de bens de uso pessoal e doméstico, serviços funerários e a tatuagem – Secção S;
- E as actividades compreendidas nas Secções T e U, a saber, actividades das **famílias empregadoras de pessoal doméstico** e de **produção das famílias para uso próprio** e as actividades desenvolvidas por **organismos internacionais e outras instituições extraterritoriais.**

1.3.1.3. CLASSIFICAÇÃO DAS EMPRESAS DE ACORDO COM O CRITÉRIO A NATUREZA DA ACTIVIDADE

Tendo agora em apreço a natureza da actividade desenvolvida pelas empresas, é possível agregá-las numa outra classificação, que é a seguinte:

➢ **Empresas de produção,** que utilizam matérias-primas ou objectos, transformando-os e extraindo deles o grau de utilidade necessário à sua comercialização;

➢ **Empresas comerciais,** que se dedicam à distribuição dos produtos acabados, sem introduzir neles qualquer modificação, limitando-se a repartir os *stocks* e vendê-los a outras empresas (comércio por grosso) ou a assegurar o escoamento destes produtos no mercado de consumidores finais (comércio a retalho);

➢ **Empresas prestadoras de serviços,** cujo escopo é vender serviços complementares e necessários ao normal e adequado desenvolvimento da actividade económica das empresas clientes, como é o caso dos serviços públicos, os bancos, os seguros, os transportes, a assessoria jurídica, os serviços notariais, a consultoria e assistência técnica, incluindo aqui as profissões liberais que prestam os seus serviços em prática não isolada mas antes organizados numa estrutura colectiva ou numa empresa.

Estas são as classificações mais comuns, que se fundam na ideia da empresa como uma entidade que conjuga factores de produção e os organiza estrategicamente para a obtenção do lucro ou de vantagem económica.

1.3.2. MICROEMPRESAS E PME (PEQUENAS E MÉDIAS EMPRESAS)

Considerando o contexto nacional e Europeu, e o contexto global da economia do século XXI, há outras qualificações a ter em conta, designadamente a que as diferencia em micro, pequenas e médias empresas, de acordo com os seus efectivos e o volume de negócios ou balanço total anual.

Foi a **Recomendação 2003/361/CE** da Comissão, de 6 de Maio de 2003, que consagrou a **definição de micro, pequenas e médias empresas**, recomendando-a na aplicação de políticas comunitárias e programas destinados a estas empresas, no seio da Comunidade e do Espaço Económico Europeu, bem como a sua adopção a partir de 1 de Janeiro de 2005, em substituição daquela que estava contida na Recomendação 96/280/CE.

Já em 1992 a Comissão tinha proposto a limitação das várias definições usadas no seio da comunidade europeia, no que toca as pequenas e médias empresas e a Recomendação 96/280/CE da Comissão, de 3 de Abril de 1996, concluíra que **a existência de diferentes definições de micro e PME, a nível comunitário e nacional, seria geradora de incoerências** a evitar.

Tendo em consideração a lógica de um mercado único, sem fronteiras, esta Recomendação considerou que as empresas deviam ser objecto de um tratamento uniforme e baseado num conjunto de regras comuns, tanto mais que este se revela pertinente e necessário quando estão em causa **medidas nacionais e comunitárias a favor das microempresas e das pequenas e médias empresas,** como acontece com os sistemas de incentivo e os fundos estruturais a que estas se podem candidatar e lhes são concedidos. Justificava-se, portanto, que a comunidade europeia recomendasse uma classificação uniformizada a ser aceite pelos seus Estados-Membros. Por outro lado, e como expressamente resulta do preâmbulo da referida Recomendação, a adopção de uma mesma definição de micro e PME, quer por parte dos Estados-Membros, quer por parte da Comissão, do Banco Europeu de Investimento (BEI) e do Fundo Europeu de Investimento (FEI), converter-se-ia num factor de **reforço da coerência e da eficácia das políticas destinadas às PME**, evitando, ou, pelo menos limitando, o **risco de distorção da concorrência**.

Nas suas considerações preambulares, expressamente consagra a Recomendação – nos termos dos artigos 48º, 81º e 82º do Tratado que instituiu a Comunidade Europeia e ainda segundo a interpretação que lhes foi dada pelo Tribunal de Justiça das Comunidades Europeias – que *"deve considerar-se como empresa qualquer entidade que, independentemente da sua forma jurídica, exerça uma actividade económica, incluindo, designadamente, as entidades que exerçam uma actividade artesanal e outras actividades a título individual ou familiar, as sociedades de pessoas ou as associações que exerçam regularmente uma actividade económica."* (artº 1º do Anexo).

Embora não se trate de uma classificação vinculativa para todos os aspectos da vida das empresas, **a sua adopção é vivamente aconselhada**, com o objectivo de se **introduzir maior coerência e eficácia nas políticas e medidas comunitárias que visam beneficiar e dar apoio às PME**, pelo que o valor jurídico daquela Recomendação se impõe em determinadas matérias como os **auxílios do Estado e as candidaturas aos fundos estruturais e aos programas comunitários**.

De acordo com o artº 2º do Anexo à Recomendação, considera-se:

➢ **Média empresa** – a que emprega menos de 250 pessoas e tem um volume de negócios que não excede os 50 milhões de Euros, ou cujo balanço total anual não é superior a 43 milhões de Euros;
➢ **Pequena empresa** – a que emprega menos de 50 pessoas e não ultrapassa os 10 milhões de Euros nos restantes indicadores;
➢ **Microempresa** – a que emprega menos de 10 pessoas e não ultrapassa os 2 milhões de Euros, no que se refere ao volume de negócios ou seu balanço total anual.

Fora destes parâmetros estão as **grandes e muito grandes** empresas. Apesar de não dispormos de instrumentos técnico-legais que possibilitem uma definição destas categorias, são empresas que ultrapassam os indicadores e limiares referidos na Recomendação citada. São empresas que actuam como verdadeiros grupos económicos e financeiros que se organizam como corporações transnacionais, com um enorme poder de controlo sobre a evolução e crescimento das economias nacionais e mundial.

As **muito grandes empresas** (que, de acordo com a OCDE – Organização para a Cooperação e Desenvolvimento Económico, são as TNC – *transnacional corporations*) detêm ou controlam a maioria do capital de muitas outras empresas nacionais ou são detidas e controladas por empresas estrangeiras e operam em sectores estratégicos das economias (como a Banca, os Seguros, as empresas que fornecem serviços essenciais, como a energia, as telecomunicações, as petrolíferas), pelo que acabam por ter um poder condicionador da acção dos Estados e Governos, no que diz respeito às suas políticas de intervenção e de desenvolvimento ou crescimento económico.

Estas empresas adquiriram um peso enorme nas economias nacionais e passaram a condicionar directamente a iniciativa dos Governos e as grandes linhas de orientação estratégicas nacionais, exercendo a sua influência e impondo as suas decisões ao poder político, em questões consideradas fundamentais para estes grupos económicos e financeiros.

A realidade actual destes grupos, designadamente dos que operam em Portugal, não se reconduz ao modelo das empresas com capital exclusivamente detido por entidades nacionais, já que outros grupos e investidores estrangeiros participam no seu capital, numa óptica de globalização capitalista neoliberal, e os seus objectivos e estratégias não se limitam ao crescimento económico e desenvolvimento do país.

1.3.2.1. *NOÇÃO DE EFECTIVOS*

Esta definição encontra-se plasmada no artº 5º do Anexo da Recomendação, sendo que os efectivos se medem em **UTA** (unidades de trabalho-ano) contabilizando-se o número de **pessoas que tenham**

trabalhado na empresa ou por conta desta, a tempo inteiro, durante o ano que está em consideração. Quando, na empresa, haja pessoas que não tenham trabalhado todo o ano, ou tenham trabalhado em regime de tempo parcial ou sazonal, haverá que se contabilizar as UTA em **fracções.**

Os **efectivos da empresa compreendem apenas:**

- ➢ Os **trabalhadores assalariados e os que trabalham para a empresa com um nexo de subordinação (jurídica)** e que, por este motivo, podem ser equiparados a trabalhadores assalariados, à luz do direito nacional;
- ➢ Os **titulares da empresa que exercem funções de gestão** (proprietários-gestores);
- ➢ Os **sócios que exercem, com carácter de regularidade, funções remuneradas na empresa.**

Não são contabilizados os aprendizes, os estudantes em formação profissional e os trabalhadores que tenham estado no gozo de licenças de maternidade (artº 5º do Anexo).

1.3.2.2. OS CRITÉRIOS FINANCEIROS

Decorre do preâmbulo desta Recomendação que o denominado **"critério dos efectivos" deve ser considerado um dos mais relevantes ou até o critério principal**; todavia, o critério financeiro deve ser tido como complementar e necessário para se avaliar a importância real da empresa e o seu desempenho económico, bem como a sua posição em relação às suas concorrentes. Ainda de acordo com a Recomendação, **não é desejável adoptar o volume de negócios como único critério financeiro**, designadamente porque o volume de negócios das empresas do comércio e da distribuição é, por natureza, mais elevado que o do sector transformador. Deste modo, conclui-se que **o critério do volume de negócios deve ser combinado com o do balanço total**, que reflectem o património global de uma empresa, já que um dos dois critérios pode ser ultrapassado.

Relativamente ao conceito de volume de negócios, dispõe o artº 42º do Código do IVA (CIVA) da seguinte forma:

*"O volume de negócios previsto no artigo anterior é constituído pelo **valor, com exclusão do imposto, das transmissões de bens e prestações de serviços efectuadas pelo sujeito passivo**, com excepção:*

a) Das operações referidas nos nºs 27) e 28) do artigo 9º, quando constituam operações acessórias;

b) Das operações referidas nos nºs 29) e 30) do artigo 9º, quando relativamente a elas se não tenha verificado renúncia à isenção e constituam operações acessórias;

c) Das operações sobre bens de investimento corpóreos ou incorpóreos.

De acordo com o conceito tradicional da contabilidade e as regras da normalização contabilística, o **volume de negócios** de uma empresa corresponde ao valor líquido das vendas de mercadorias e de produto acabado, bem como das prestações de serviços (abrangendo as indemnizações compensatórias) relativas às suas actividades normais, com exclusão do IVA e outros impostos relacionados com tais vendas e prestações de serviços, durante o exercício económico.

O **balanço total anual** reflecte a posição financeira anual de uma empresa, em determinada data, composta pelo seu activo (bens e direitos), o seu passivo (obrigações) e o seu capital próprio (património), sendo que o diferencial entre o seu activo e passivo será o valor do capital próprio.

Nos termos do artº 2º da Recomendação *"Os limiares indicados no artigo 2º do anexo devem ser considerados como limites máximos. Os Estados-Membros, o BEI e o FEI podem fixar limiares inferiores. Podem igualmente aplicar apenas o critério dos efectivos para a concretização de algumas das respectivas políticas, excepto nos domínios abrangidos pelas diversas regras em matéria de auxílios estatais."*.

Os **dados a considerar para o cálculo dos efectivos e dos montantes financeiros** deverão reportar-se, nos termos do artº 4º do Anexo à Recomendação, ao **último exercício contabilístico encerrado**, calculados numa base anual, sendo que o valor do volume de negócios deverá ser computado com exclusão do Imposto sobre o Valor Acrescentado e outros impostos indirectos (nº 1 do citado artº 4º). Quando se trate de **empresa constituída recentemente** e cujas contas não tenham ainda sido encerradas, os dados a considerar deverão corresponder a uma **estimativa de boa fé**, elaborada no decorrer do exercício económico (nº 3 do mesmo preceito).

Porém, nos termos do nº 2 do citado artigo, **se a empresa, à data de encerramento das contas, durante 2 anos consecutivos, verificar que superou ou ficou aquém dos limiares indicados no artº 2º** – quanto aos efectivos ou os limiares financeiros – pode **adquirir ou perder a qualidade de micro ou PME**.

Nesta esteira, a legislação Portuguesa acolheu no **Código do Trabalho** (revisto pela Lei nº 7/2009, de 12 de Fevereiro, com a Rectificação nº 21/2009, de 18 de Março, regulamentado e alterado pela Lei nº 105/2009, de 14 de Setembro e as demais alterações que lhe foram introduzidas, sendo a mais recente a Lei nº 47/2012, de 29 de Agosto), no seu **art. 100º**, uma distinção entre **micro, pequenas, médias e grandes empresas**, nos termos que seguem:

"Artigo 100º
Tipos de empresas
1 – Considera-se:
a) Microempresa a que emprega menos de 10 trabalhadores;
b) Pequena empresa a que emprega de 10 a menos de 50 trabalhadores;
c) Média empresa a que emprega de 50 a menos de 250 trabalhadores;
d) Grande empresa a que emprega 250 ou mais trabalhadores.
2 – Para efeitos do número anterior, o número de trabalhadores corresponde à média do ano civil antecedente.
3 – No ano de início da actividade, o número de trabalhadores a ter em conta para aplicação do regime é o existente no dia da ocorrência do facto."

1.3.3. EMPRESAS AUTÓNOMAS, PARCEIRAS E ASSOCIADAS

Na Recomendação verte-se um outro critério que distingue as empresas em autónomas, parceiras e associadas, em função do **tipo de relação que estabelecem e mantêm com outras empresas e no que respeita à participação no capital, o direito de voto e a relação de domínio**.

Assim, será:

> ➢ **Empresa autónoma** – a que não detiver uma participação igual ou superior a 25% numa outra, nem for detida directamente, na mesma percentagem, por outra empresa ou organismo público, de forma isolada ou conjuntamente por várias empresas ou organismos públicos, e não elaborar contas consolidadas nem estar incluída nas contas de uma outra empresa que elabore contas consolidadas (não sendo, consequentemente, uma empresa associada); uma empresa pode, todavia, e apesar de atingir ou ultrapassar o indicado limiar dos 25%, ser qualificada como autónoma se estiver em presença de certas categorias de investidores providenciais, denominados de *"business angels"*;

> ➢ **Empresa parceira** – a que estabelece parcerias financeiras significativas com outras, sem que exerça controlo efectivo, directo ou indirecto, sobre estas. Estão neste caso as que possuem uma participação ou são possuídas em percentagem superior a 25% e inferior a 50%, e não elaborem contas consolidadas nem estejam incluídas por consolidação nas contas de outra empresa ou de uma empresa associada;

> ➢ **Empresa associada** – a que faz parte de grupos que controlam, directa ou indirectamente, a maioria do capital social ou os direitos de voto de empresas, mesmo que através de acordos celebrados entre empresas e pessoas singulares accionistas, ou exercem uma relação de domínio sobre outras empresas.

Como estas empresas são mais raras, a Comissão Europeia, para as definir, retomou as condições indicadas no artº 1º da Directiva 83/394/CEE do Conselho, que se reporta às contas consolidadas, em aplicação há vários anos. Assim, uma **empresa será considerada associada, sempre que seja obrigada, ao abrigo desta Directiva, a elaborar contas consolidadas ou a partir do momento em que é incluída, por consolidação, nas contas de uma outra empresa que é obrigada a cumprir este dever.**

De resto, **o Estado Português acolheu, no seu direito interno, toda a orientação da citada Recomendação. O artº 2º do Dec.-Lei** nº 372/2007, de 6 de Novembro – que criou e disciplinou a **certificação electrónica das microempresas e das PME** – plasma, no seu articulado, os critérios de distinção entre as empresas, vertidos na Recomendação 2003/361/CE, ao estabelecer:

"Para efeitos do presente decreto-lei, a definição de PME, bem como os conceitos e critérios a utilizar para aferir o respectivo estatuto, constam do seu anexo, que dele faz parte integrante, e correspondem aos previstos na Recomendação nº 2003/361/CE, da Comissão Europeia, de 6 de Maio.".

Da mesma forma, **neste diploma, o Estado Português acolheu o conceito de empresa** consagrado no artº 1º do Anexo à Recomendação ao estatuir, no art. 1º:

"Entende-se por empresa qualquer entidade que, independentemente da sua forma jurídica, exerce uma actividade económica. São, nomeadamente, consideradas como tal as entidades que exercem uma actividade artesanal ou outras actividades a título individual ou familiar, as sociedades de pessoas ou as associações que exercem regularmente uma actividade económica."

E, na mesma esteira, **também perfilhou a classificação relativa a empresas autónomas, parceiras e associadas.**

1.3.4. CERTIFICAÇÃO DO ESTATUTO DE MICRO E PME CERTIFICAÇÃO ELECTRÓNICA

O **Dec.-Lei nº 372/2007**, de 6 de Novembro, consagrou, para além do mais, um regime legal de **certificação electrónica do estatuto de micro, pequena e média empresas (PME)**, com a alteração introduzida pelo **Dec.-Lei nº 143/2009, de 16 de Junho**.

A certificação deste estatuto foi reclamada no âmbito do Programa de Reestruturação da Administração Central do Estado (PRACE), tendo em consideração que é necessário modernizar o tecido empresarial e estimular o seu desenvolvimento para reforçar a competitividade das micro e das PME que exercem uma actividade económica sob a tutela do Ministério da Economia e da Inovação (objectivos que se inscrevem na missão do Instituto de Apoio às Pequenas e Médias Empresas e à Inovação, I.P., abreviadamente designado por IAPMEI, I.P.). Com este regime visou-se ainda uniformizar critérios para garantir às empresas um tratamento disciplinado por regras comuns.

Assim, a certificação de PME por via electrónica é operada através de um **formulário que dispensa a entrega de documentos probatórios**, o que contribui para a desburocratização e desmaterialização dos procedimentos entre empresas e serviços públicos responsáveis pela aplicação das políticas destinadas às PME. A certificação é feita **apenas** *online*, sendo a obtenção da certificação destinada às empresas que necessitem de comprovar a sua qualidade de PME.

Nos termos do artº 3º deste diploma, a certificação de PME é **obrigatória para todas as entidades que exijam o estatuto de PME, designadamente**:

- Os serviços da administração directa do Estado;
- Os organismos da administração indirecta do Estado;
- O Sector Empresarial do Estado;
- As entidades administrativas independentes e da administração autónoma do Estado;
- As entidades de direito privado que celebraram contratos ou protocolos com serviços e organismos do Estado, neste âmbito.

A certificação compete ao IAPMEI, I.P., que facultará os formulários electrónicos no seu portal na Internet (www.iapmei.pt) garantindo a sua fiabilidade e segurança (artº 4º).

São **objectivos da certificação**:

"*a) Simplificar e acelerar o tratamento administrativo dos processos nos quais se requer o estatuto de micro, pequena e média empresa;*

b) Permitir maior transparência na aplicação da definição PME no âmbito dos diferentes apoios concedidos pelas entidades públicas;

c) Permitir a participação das PME nos diferentes programas comunitários e garantir uma informação adequada às entidades interessadas no que respeita à aplicação da definição PME;

d) Garantir que as medidas e apoios destinados às PME se apliquem apenas às empresas que comprovem esta qualidade;

e) Permitir uma certificação multiuso, durante o seu prazo de validade, em diferentes serviços e com distintas finalidades." (artº 5º).

As empresas interessadas na certificação PME devem formular o seu pedido através do formulário disponibilizado electronicamente pelo IAPMEI, I.P., devendo fornecer toda a informação solicitada para o seu preenchimento, designadamente quanto à sua **identificação**, com os seguintes **dados**:

- Nome ou designação social;
- Endereço da sede social;
- Número de contribuinte;
- Número de identificação da Segurança Social;
- Actividade classificada de acordo com a Classificação Portuguesa das Actividades Económicas;
- Nome e título do responsável pelo preenchimento do formulário e pelo fornecimento dos dados;
- Tipo de empresa: empresa autónoma, empresa parceira ou empresa associada, nos termos definidos no anexo ao citado decreto-lei, com indicação de eventual alteração de dados relativamente ao exercício contabilístico anterior, susceptível de implicar mudança de categoria da empresa requerente;
- Dados para determinar a categoria da empresa, com informação relativa ao período considerado, referente aos efectivos, ao volume de negócios e ao balanço total, nos termos definidos no dito anexo;
- Dados relativos às empresas, investidores e outras entidades relacionadas, directa ou indirectamente com a empresa, nos termos definidos no mesmo anexo.

Quando a empresa interessada se tenha constituído recentemente ou apresente o seu **pedido de certificação dentro do período legalmente previsto para encerramento das contas do exercício**, os valores a considerar no pedido serão objecto de uma **estimativa de boa fé baseada no respectivo exercício** (nº 2 do artº 6º).

Esta estimativa deverá ser **confirmada ou alterada**, com a introdução no formulário electrónico, dos valores definitivos, **20 dias úteis após o prazo legalmente previsto para o encerramento das contas do exercício** (nº 3 do mesmo preceito legal).

E, caso se trate de empresas que se encontrem legalmente obrigadas a elaborar **contas consolidadas,** são considerados os dados que resultam da consolidação (nº 4).

Com a primeira alteração introduzida pelo Dec.-Lei nº 143/2009, consagra-se no nº 5 do artº 6º:

"No caso de uma empresa verificar, na data de encerramento das respectivas contas, que ficou aquém ou que superou, pela primeira vez e numa base anual, o limiar de efectivos ou os limiares financeiros previstos para a sua categoria, e desde que, com base numa estimativa de boa fé, preveja que, no exercício seguinte, se vai verificar situação idêntica, pode essa empresa apresentar uma declaração com vista à determinação imediata da aquisição ou da perda da qualidade de micro, pequena ou média empresa.", devendo, neste caso, adoptar o procedimento e observar o prazo estabelecido no nº 3 deste artigo.

A **decisão sobre o pedido de certificação** ou da sua **renovação** é disponibilizada aos interessados, via electrónica, através da Internet e imediatamente após a conclusão do preenchimento integral do formulário electrónico.

A entidade certificadora pode solicitar aos requerentes **informações complementares** e proceder, por si ou por quem para o efeito designe, às **averiguações e inquirições** que se mostrem necessárias e adequadas para confirmar o estatuto atribuído e pode incluir na certificação as **condições adicionais** que repute necessárias para assegurar o cumprimento das disposições legais aplicáveis (artº 7º).

A certificação tem o **prazo de validade de um ano após a data de encerramento das contas do exercício**, considerando o limite legal para o respectivo encerramento (art. 8º).

Pode, todavia, ser **recusada a certificação**; neste caso, deverá ser elaborada informação imediata, prestada por via electrónica, quando:

- O pedido não esteja instruído com todas as informações solicitadas no formulário electrónico disponibilizado;
- A instrução do pedido enferme de inexactidões ou falsidades;
- A entidade certificadora não considere demonstrados alguns dos dados fornecidos pelo requerente.

A certificação **caduca**, findo o prazo da sua validade e quando não tenha sido objecto de renovação, e pode ser **revogada quando se verifique uma das seguintes situações**:

- Falsas declarações ou outros expedientes ilícitos na sua obtenção;
- Cessação da actividade da empresa;
- Irregularidades graves na administração, organização ou gestão da requerente ou de prática de actos ilícitos que lesem ou ponham em perigo a confiança do público na certificação;
- Declaração, por sentença judicial, de empresa insolvente ou julgada responsável por insolvência de empresa por ela dominada ou de empresa de cujos órgãos de administração ou fiscalização tenha sido membro;
- Não introdução dos valores definitivos no prazo previsto ou total discrepância entre os valores introduzidos e os valores definitivos, em caso de certificação efectuada com recurso a estimativas;
- Ausência de resposta do interessado, no prazo de 30 dias úteis, ao pedido de informações complementares pela entidade certificadora;
- Ausência de resposta do interessado, no prazo de 30 dias úteis, às questões colocadas pela entidade certificadora na sequência de averiguação ou de inquirição.

Em caso de revogação, este facto será **inscrito no registo electrónico** da responsabilidade do IAPMEI, I.P., (nº 1 do artº 10º) e quando o motivo se prenda com a prestação de **falsas declarações ou expedientes ilícitos** para a sua obtenção, **o titular da empresa ficará impedido de obter nova certificação, pelo período de um ano.**

1.3.5. AS MICROENTIDADES E AS PEQUENAS, MÉDIAS E GRANDES ENTIDADES

Foi o Dec.-Lei nº 35/2010, de 2 de Setembro, que, no seu artº 2º **consagrou o conceito de microentidades**. Posteriormente, o Dec.-Lei nº 36-A/2011, de 9 de Março[3], a propósito da normalização contabilística de empresas comerciais, industriais e outras entidades (NMC) alterou a disciplina introduzida pelo SNC – Sistema de Normalização Contabilís-

---

[3] Este diploma, que aprovou os regimes de normalização contabilística para microentidades e entidades do sector não lucrativo, foi alterado pela Lei n.º 66-B/2012, de 9 de Março (Orçamento de Estado 2013) e pelo Dec.-Lei nº 64/2013, de 13 de Maio.

tica – Dec.-Lei nº 158/2009, de 13 de Julho, tudo em conformidade com as normas vigentes na União Europeia – com vista à simplificação do regime das microentidades, dada a reconhecida relevância económica que estas empresas detêm no tecido europeu. Com este regime pretendeu-se reduzir a carga administrativa ligada ao processo de informação contabilística e prestação de contas, sem prejuízo da eficácia destas mesmas informações por parte dos utilizadores das demonstrações financeiras (balanço, demonstração de resultados por naturezas e anexo para microentidades – artº 4º do citado diploma legal). As **microentidades**, cujo conceito reiterou o artº 2º do Dec.-Lei nº 36-A/2011, seriam **todas as empresas que, à data do balanço, não ultrapassassem 2 dos 3 limiares**, a saber:

a) Total do balanço – 500.000 Euros;
b) Volume de negócios líquido – 500.000 Euros;
c) 5 empregados como número médio, durante o exercício.

De acordo com o Dec.-Lei nº 35/2010, as microentidades seriam dispensadas da aplicação das normas contabilísticas constantes SNC – Sistema de Normalização Contabilística, devendo adoptar normas contabilísticas simplificadas (artº 3º); contudo, se em dois exercícios consecutivos, as microentidades ultrapassassem 2 dos limiares acima identificados, deixariam de beneficiar do regime do artº 3º. Mas, se assim o entendessem, as microentidades poderiam optar pelo regime do SNC, exercendo este direito de opção aquando da entrega da sua declaração de IRC (artº 5º).

Agora, **o Dec.-Lei nº 98/2015, de 2 de Junho**, introduziu alterações ao Dec.-Lei nº 36-A/2011, ao Código das Sociedades Comerciais e ao SNC, dando cumprimento a uma resolução não legislativa do Parlamento Europeu para rever as directivas comunitárias contabilísticas referentes às obrigações de informação financeira das pequenas e médias empresas e, em particular, das microentidades, por entender que as mesmas são excessivamente onerosas para esta categoria de empresas. Na senda da simplificação, este diploma normativo, no seu artº 9º, estabelece que **são consideradas microentidades, aquelas que, à data do balanço, não ultrapassem dois dos três seguintes limiares**:

a) Total do balanço – 350.000 Euros;

b) **Volume de negócios líquido – 700.000 Euros;**
c) **Número médio de empregados durante o período: 10.**

Verifica-se que o legislador fez oscilar os limites consagrados em legislação anterior, cristalizando, porém, os efectivos em 10 empregados.

Além das microentidades, este diploma legal contempla **as pequenas entidades** (artº 9º, nº 2) e as **médias entidades** (art. 9º, nº 3) **definindo os seus limares** como segue abaixo.

Pequenas entidades:

a) **Total do balanço – 4.000 Euros;**
b) **Volume de negócios líquido – 8.000 Euros;**
c) **Número médio de empregados durante o período: 50.**

Médias entidades:

a) **Total do balanço – 20.000 Euros;**
b) **Volume de negócios líquido – 40.000 Euros;**
c) **Número médio de empregados durante o período: 250.**

Finalmente, o nº 4 do artº 9º estabelece que as **grandes entidades** serão aquelas que ultrapassarem dois dos três limiares referido no número anterior.

Sem prejuízo da relevância destes conceitos e da **qualificação de microentidades, pequenas, médias e grandes entidades, há que sublinhar que esta disciplina colhe apenas para efeitos contabilísticos e não se sobrepõe à qualificação de micro e PME instituída pela Recomendação 2003/361/CE**, também para os efeitos legais aí previstos.

1.3.6. PARA UM ACTUAL CONCEITO DE EMPRESA

Como se depreende do que ficou dito, o Direito Comercial rege as relações jurídicas que se estabelecem entre agentes económicos, entre si, ou entre eles e as pessoas singulares ou colectivas que intervenham no acto de comércio. Consequentemente, não deveremos restringir conceptualmente este ramo jurídico a um dado sector de actividade económico, nomeadamente à actividade do comércio *stricto sensu*, sob pena de se estabelecer uma drástica redução ao âmbito de aplicação das normas mercantis.

Haverá, porém, que tratar o **conceito actual de empresa,** tendo em conta os múltiplos aspectos da sua organização, quer esta adopte uma matriz individual, quer colectiva (as sociedades comerciais), os seus métodos de produção, as modalidades de venda e distribuição, as suas formas de gestão e organização, a sua relação com outras empresas, o mercado interno e externo em que opera, o regime financeiro que adopta e o sistema tributário a que se subordina, as relações que estabelece e a forma como se integra na comunidade local e regional e com ela interage, a natureza das iniciativas que desenvolve ao abrigo da sua responsabilidade social, entre outros indicadores.

Com a evolução acelerada das economias, que levou à criação de **novas formas de desenvolver negócios** – caso das transacções comerciais efectuadas com o recurso aos meios informáticos e às novas tecnologias, através de plataformas digitais – podemos vislumbrar um futuro próximo em que o empresário, o produtor, o artesão, o profissional liberal, o prestador de serviços, o vendedor e até o trabalhador não necessitarão de um local fixo ou espaço físico convencional para exercer a sua actividade económica ou profissional, bastando-lhe aceder a um conjunto sofisticado de tecnologias de informação e comunicação para vender os seus produtos e serviços e prestar a sua actividade. Assim acontece já com o comércio electrónico e o teletrabalho.

As realidades factuais com que nos deparamos exigem uma "**revolução**" **no conceito de empresa.** Esta entidade, como qualquer outra, tem de se moldar à realidade quotidiana, e, em consequência, adquirir as potencialidades para se transmutar, com diferentes características e virtualidades, abrindo portas a novas oportunidades de negócio, criando espaço para novas formas e modalidades para realizar transacções comerciais, sem prejuízo da segurança e da certeza no comércio jurídico – dada **a progressiva criminalidade informática, as práticas comerciais agressivas, a violação das regras de concorrência leal**, fenómenos de **cartelização, a corrupção e a criminalidade económica** e outros comportamentos desviantes ou actividades ilícitas susceptíveis de abalar a confiança dos agentes económicos, dos titulares das empresas e dos seus órgãos, dos fornecedores e consumidores.

Serão riscos associados à evolução da empresa para novas formas de organização diferentes do modelos mais ou menos convencionais ou estereotipados de hoje. Pelo contrário, as empresas do futuro terão as competências para celebrar negócios jurídicos sem complexas formalidades, num mundo globalizado e sem fronteiras.

Definir ou consagrar, em texto de lei, um conceito de empresa não é fácil; basta compulsar a dispersa legislação, quer comercial, quer laboral, quer ainda de outras ciências jurídicas, para se compreender como é difusa a sua definição. Senão vejamos, a título meramente exemplificativo:

A **Recomendação da Comissão de 6 de Maio de 2003**, relativa à definição de micro e PME (2003/361/CE) dá-nos uma noção de empresa estribada nos art.s 41º, 81º e 82º do Tratado que instituiu a Comunidade Europeia e de acordo com a interpretação que lhes foi dada pelo Tribunal de Justiça das Comunidades Europeias, pela forma seguinte:

"... deve considerar-se como empresa, qualquer entidade que, independentemente da sua forma jurídica, exerça uma actividade económica, incluindo, designadamente, as entidades que exerçam uma actividade artesanal e outras actividades a título individual e familiar, as sociedades de pessoas ou as associações que exerçam regularmente uma actividade económica."

O **Código da Insolvência e da Recuperação de Empresas** (CIRE), aprovado pelo Dec.-Lei nº 53/2004, de 18 de Março, estabelece simplisticamente no seu artº 5º, sob a epígrafe *"Noção de empresa"*:

"Para efeitos deste Código, considera-se empresa toda a organização de capital e de trabalho destinada ao exercício de qualquer actividade económica.".

O **Dec.-Lei nº 19/2012, de 19 de Maio**, que consagra o **regime jurídico da concorrência**, no nº 1 do seu artº 3º, para efeitos de aplicação do seu regime, dá-nos uma noção de empresa, definindo-a nestes termos:

"Considera-se empresa, para efeitos da presente lei, qualquer entidade que exerça uma actividade económica que consista na oferta de bens e serviços num

determinado mercado, independentemente do seu estatuto jurídico e do seu modo de financiamento.".

No nº 2 do mesmo artigo, estatui que **se considera uma única empresa um conjunto de empresas** que, embora **juridicamente independentes, constituem uma unidade económica ou mantêm uma relação de interdependência**, em virtude de factores como a detenção de uma participação maioritária no capital de outra empresa, ou de mais de metade dos votos atribuídos pela detenção de participações sociais, a faculdade de designar mais de metade dos membros dos órgãos de administração ou fiscalização, ou o poder de gerir os negócios de outra empresa.

Em qualquer situação, trata-se do sector empresarial privado que integra empresas cuja titularidade, capital e gestão se encontram acometidas a pessoas singulares ou pessoas colectivas de direito privado.

1.4. O SECTOR PÚBLICO EMPRESARIAL E EMPRESAS PÚBLICAS BREVE RESENHA SOBRE A SUA EVOLUÇÃO HISTÓRICA

O sector empresarial do Estado, em que se integram as **empresas públicas e as EPE – Entidades Públicas Empresariais** – reclamam, nesta obra, o seu destaque. O seu regime-quadro actual está vertido no **Dec.-Lei nº 133/2013, de 3 de Outubro**, que revogou o Dec.-Lei nº 558/99, de 17 de Dezembro – **diploma que definiu a missão e o regime jurídico do denominado** SEE-Sector Empresarial do Estado e das empresas públicas (posteriormente alterado pelo Dec.-Lei nº 300/2007, de 23 de Agosto, e pelas Leis nº 64-A/2009, de 31 de Dezembro, e nº 55-A/2010, de 31 de Dezembro, igualmente revogados pela actual disciplina normativa).

O Dec.-Lei nº 558/99 tinha como objectivos essenciais:

➢ **Dotar o sector empresarial do Estado de maior racionalidade e eficiência** (na sequência da revisão do Código das Sociedades Comerciais e da aprovação do Estatuto do Gestor Público);

> Reforçar os mecanismos de controlo financeiro e os deveres especiais de informação das empresas públicas – ao abrigo dos quais as empresas públicas deveriam apresentar os seus **planos de investimento anuais e plurianuais** e respectivas **fontes de financiamento;**
> Divulgar as remunerações dos seus gestores e o modo como estas são determinadas, nos seus **relatórios anuais publicados no Diário da República;**
> Definir as orientações de gestão segundo três níveis – orientações estratégicas para **todo o sector empresarial do Estado**, orientações gerais destinadas a um **dado sector de actividade** e orientações **específicas para cada empresa;**
> Prever um modelo de estrutura orgânica que assegure a efectiva segregação de funções de administração executiva e de fiscalização.

Estabelecia o artº 4º deste diploma normativo que a actividade do sector empresarial do Estado deve orientar-se *"no sentido da obtenção de níveis adequados de satisfação das necessidades da colectividade, bem como desenvolver-se segundo parâmetros exigentes de qualidade, economia, eficiência e eficácia, contribuindo igualmente para o equilíbrio económico e financeiro do conjunto do sector público."*.

Na esteira do Dec.-Lei nº 300/2007, a **Resolução do Conselho de Ministros nº 70/2008, de 22 de Abril, agora revogada,** previa **3 níveis de orientações de gestão** para o sector empresarial do Estado:

> **Orientações estratégicas destinadas à globalidade do sector empresarial** do Estado, com vista à gestão das empresas públicas, a serem emitidas através de Resolução do Conselho de Ministros;
> **Orientações gerais destinadas a um conjunto de empresas públicas no mesmo sector de actividade**, a definir por despacho conjunto do Ministro das Finanças e do Ministro responsável pelo sector;
> **Orientações específicas destinadas individualmente às empresas públicas**, estabelecidas por despacho conjunto do Ministro das Finanças e do Ministro responsável pelo sector, ou por delibe-

ração accionista, consoante se trate de entidade pública empresarial ou de sociedade, respectivamente.

As orientações estratégicas do Estado destinadas à globalidade do seu sector empresarial constavam do Anexo que fazia parte integrante da Resolução, a qual, por sua vez, se inseria num conjunto mais vasto de iniciativas legislativas dirigidas ao sector empresarial do Estado, das quais se destacam:

> ➢ **Dec.-Lei nº 71/2007**, de 27 de Março, que aprovou o **novo Estatuto do Gestor Público,** entretanto **alterado e republicado pelo Dec.-Lei nº 8/2012,** de 18 de Janeiro;
> ➢ **Resolução do Conselho de Ministros nº 49/2007**, de 28 de Março, agora revogada, que consagrou os **princípios de bom governo das empresas do sector empresarial do Estado,** para reforçar a transparência da sua situação, com base na **divulgação pública da informação,** designadamente através do sítio na Internet da Direcção-Geral do Tesouro e Finanças, incumbida da tutela e da função accionista nas empresas públicas.

A Resolução do Conselho de Ministros nº 70/2008, também revogada, atribuiu ao Ministro das Finanças e aos Ministros responsáveis pelos sectores de actividade a competência para promoverem a avaliação do cumprimento das orientações gerais e específicas previstas na lei para as empresas públicas. Ora, as alterações ao regime jurídico do SEE reflectiam as **profundas alterações que ocorreram na composição e nas regras de funcionamento do sector empresarial do Estado, desde o Dec.-Lei nº 260/76, de 8 de Abril – que consagrou a denominada Lei de Bases das Empresas Públicas.** Era necessário adoptar soluções que permitissem um regime muito flexível para o sector empresarial estadual, que abrangesse as diversas entidades que o integram, de forma a que estas pudessem actuar com as regras do direito societário.

A simples leitura do **preâmbulo do Dec.-Lei nº 260/76** permite compreender o alcance das transformações a que as empresas do Estado foram sujeitas. Em plena **fase pós 25 de Abril**, consagrava o legislador da época que, *"na fase de transição para o socialismo, em que se encontra* *a sociedade portuguesa, é da máxima importância o papel que cabe às empresas públicas, não só porque estas detêm papel de exclusivo ou dominantes nos sectores básicos da economia, mas também porque, estando imperativamente sujeitas ao planeamento, permitem que, por seu intermédio, o Governo disponha de um efectivo controle sobre a execução das políticas de investimento formuladas nos planos económicos nacionais.".*

Nestas considerações já se estabelecia que as empresas públicas seriam dotadas de estatutos que as diferenciassem da actividade de outras empresas, adoptando-se como que uma "solução mista" ou de compromisso entre a Europa Ocidental e a economia dos países socialistas da Europa de Leste, onde as empresas públicas eram regulamentadas por uma lei uniforme que praticamente previa e disciplinava todos os aspectos da sua organização e funcionamento.

Assim, a Lei de Bases das empresas públicas expressamente consagrou, no artº 1º, **que as empresas públicas são todas aquelas que, tendo sido criadas pelo Estado, com capitais próprios ou provenientes de outras entidades públicas, ou tendo sido nacionalizadas, têm como objectivo a** *"exploração de actividades de natureza económica ou social, de acordo com o planeamento económico-social, tendo em vista a construção e o desenvolvimento de uma sociedade democrática e de uma economia socialista.".*

Nos termos do artº 4º deste diploma, a proposta da sua criação, bem como os respectivos estudos técnicos e económico-financeiros, seriam objecto de apreciação do Conselho de Ministros, que designaria o Ministro da tutela, e a sua criação dependia de decreto referendado pelo Primeiro-Ministro, pelo Ministro das Finanças e do Planeamento e do Ministro da Tutela.

Já na época, **foram excluídas deste regime as empresas organizadas sob a forma de sociedades, reguladas pelo direito comercial, que congregavam capitais públicos e privados** (designadas sociedades de economia mista) **e as sociedades em que participavam o Estado e outras entidades públicas**, com capitais exclusivamente públicos, consideradas empresas públicas organizadas sob a forma de sociedades comerciais, que, apesar de não serem consideradas o modelo adequado à prossecução do interesse público, se pensou poderem adoptar a forma societária para a realização de determinados fins e actividades.

O actual regime jurídico do sector público empresarial (SPE), consagrado no Dec.-Lei nº 133/2013, de 3 de Outubro, disciplina:

- O **Sector Empresarial do Estado** (SEE) – integrado pelas empresas públicas e empresas participadas;
- O **Sector Empresarial Local** (SEL) – conjunto de empresas locais e outras entidades sujeitas ao regime jurídico da actividade empresarial local e das participações locais que se submetem à Lei nº 50/2012, sem prejuízo da aplicação do regime do SPE, em matéria de transparência e controle financeiro destas entidades e à tutela da Inspecção-Geral das Finanças.

De acordo com o Dec.-Lei nº 133/2013:
- ➤ O regime jurídico das empresas públicas será aplicado a todas as organizações empresariais em que o Estado ou outras entidades públicas, isolada ou conjuntamente, exerçam uma influência dominante, directa ou indirectamente;
- ➤ O **novo conceito de sector público empresarial** integra as empresas do Estado e as empresas locais, sem prejuízo da autonomia conferida pela Constituição da República Portuguesa às autarquias locais e municípios;
- ➤ Estas empresas terão de obedecer a limites quanto ao seu endividamento, para garantir a **contenção da despesa pública**;
- ➤ O exercício **da função accionista do Estado** é assegurado pelo Ministério das Finanças e o membro do Governo sectorial responsável, que terá de definir a política sectorial, as orientações específicas e os objectivos que as empresas deverão concretizar.

De resto, ao abrigo do anterior regime jurídico, se havia consagrado:
- ➤ **O direito privado como o direito aplicável por excelência a toda a actividade empresarial, pública ou privada**;
- ➤ Um conceito de empresa pública aproximado daquele que é fornecido pelo direito comunitário;
- ➤ Que as empresas do sector empresarial do Estado, que revestissem a forma de sociedades comerciais, ficassem dispensadas das regras apertadas da tutela governamental, sendo todavia obrigadas a adoptar soluções para garantir maior eficácia do sector empresarial do Estado;

PARTE I. 1. NOÇÃO E OBJECTO DO DIREITO COMERCIAL

> O reforço das suas obrigações de informação;
> O dever de acompanhar as orientações relativas ao **enquadramento das empresas públicas no âmbito da União Europeia**, designadamente no que respeita o **direito da concorrência, sem prejuízo das funções especiais que sejam cometidas no plano nacional ao sector empresarial do Estado**;
> A aproximação, na medida do possível, entre o regime das entidades públicas e o paradigma jurídico-privado (*v.g.* a sujeição ao registo comercial e a regulação subsidiária da respectiva actividade pelo direito privado).

1.4.1. AS EMPRESAS PÚBLICAS

Pese embora as empresas públicas serem, na sua essência, organizações empresariais detidas, directa ou indirectamente, por entidades públicas estaduais, nos termos do nº 1 do artº 5º do Dec.-Lei nº 133/2013, **são consideradas empresas públicas:**

> As **organizações empresariais constituídas sob a forma de sociedades de responsabilidade limitada constituídas nos termos da lei comercial**, nas quais o Estado ou outras entidades públicas estaduais possam exercer, isolada ou conjuntamente, de forma directa ou indirecta, uma influência dominante;

> As **Entidades Públicas Empresariais**-EPE, pessoas colectivas de direito público e natureza empresarial criadas pelo Estado para a realização dos seus fins (artº 56º *ex vi* do nº 2 do artº 5º), ambas previstas como as **formas jurídicas** que podem ser adoptadas pelas empresas públicas (artº 13º).

De acordo com o artº 9º há **influência dominante do Estado sempre que se verifiquem, entre outras, alguma das seguintes circunstâncias:**

"*a) Detenham uma participação superior à maioria do capital;*
b) Disponham da maioria dos direitos de voto;
c) Tenham a possibilidade de designar ou destituir a maioria dos membros do órgão de administração ou do órgão de fiscalização.".

De acordo com o artº 14º deste regime jurídico, **as empresas públicas regem-se pelo direito privado, sem prejuízo do disposto nos diplomas que as tenham aprovado e os seus próprios estatutos**, com excepção das **empresas públicas regionais e locais**, que são disciplinadas por legislação especial (Lei nº 50/2012, de 13 de Agosto, que estabelece o Regime Jurídico da Actividade Empresarial Local e das Participações Locais).

No que respeita às **regras da concorrência**, dispõe o artº 15º:

"1 – As empresas públicas desenvolvem a sua actividade nas mesmas condições e termos aplicáveis a qualquer empresa privada, e estão sujeitas às regras gerais da concorrência, nacionais e de direito da União Europeia".

Nos termos do nº 2º do artº 37º a **função accionista do Estado** e os seus respectivos direitos são exercidos pela Direcção-Geral do Tesouro e Finanças, sob a direcção do Ministro das Finanças, que pode delegar, nos termos do artº 39º.

Em todo o caso, **a estrutura das empresas públicas assemelha-se à adoptada pelas sociedades comerciais**, nas quais deve existir a separação entre os órgãos de administração executiva e os de fiscalização, de acordo com o artº 30º e seguintes deste regime legal.

Quanto aos **deveres de divulgação** das empresas públicas, estabelece o artº 44º que estas são obrigadas a publicitar:

a) A ***composição da sua estrutura accionista***;
b) A ***identificação das participações sociais*** *que detêm;*
c) A ***aquisição e alienação de participações sociais***, *bem como a participação em quaisquer entidades de natureza associativa ou fundacional;*
d) A ***prestação de garantias financeiras ou a assunção de dívidas ou passivos de outras entidades***, *mesmo nos caos em que assumam participações de grupo;*
e) O ***grau de execução dos objectivos fixados, a justificação dos desvios verificados, e as medidas de correcção*** *aplicadas ou a aplicar;*
f) Os ***planos de actividades e orçamento***, *anuais e plurianuais, incluindo os planos de investimento e as fontes de financiamento;*

g) *Orçamento anual e plurianual;*
h) Documentos anuais de prestação de contas;
i) *Os relatórios trimestrais de execução orçamental,* acompanhados dos relatórios do órgão de fiscalização;
j) *A identidade e os elementos curriculares de todos os membros dos seus órgãos sociais, designadamente do órgão de administração, bem como as respectivas remunerações e outros benefícios.*

1.4.2. AS ENTIDADES PÚBLICAS EMPRESARIAIS (EPE)

As entidades públicas empresariais **têm um capital, designado "capital estatutário", detido pelo Estado e destinado a responder às respectivas necessidades permanentes,** que pode ser aumentado ou reduzido nos termos previstos nos estatutos e cuja remuneração será efectuada de acordo com o regime previsto para a distribuição dos lucros do exercício nas sociedades anónimas (artº 59º).

Os seus órgãos de administração e fiscalização devem ser estruturados segundo as modalidades e com as designações previstas para as **sociedades anónimas**, com as competências genéricas previstas na lei comercial, podendo os seus estatutos prever a existência de outros órgãos, deliberativos ou consultivos, e definir as respectivas competências (artº 60º).

As entidades públicas empresariais **estão sujeitas ao registo comercial** nos termos gerais, com as adaptações que se revelem necessárias (artº 61º) e dispõem de **autonomia administrativa, financeira e patrimonial, não se sujeitando às regras da contabilidade pública** (nº 1 do artº 58º).

1.4.3. AS PARCERIAS PÚBLICO-PRIVADAS (PPP)

Por definição (artº 2º do Dec.-Lei nº 86/2003, de 26 de Abril, com as alterações introduzidas pelo Dec.-Lei nº 141/2006, de 27 de Julho) as PPP são "*o contrato ou união de contratos, por via dos quais entidades privadas, designadas por parceiros privados, se obrigam, de forma duradoura, perante um parceiro público, a assegurar o desenvolvimento de uma actividade tendente à satisfação de uma necessidade coletiva, e em que o financiamento e a responsa-*

bilidade pelo investimento e pela exploração incumbem, no todo ou em parte, ao parceiro privado".

Nas parcerias público-privadas, o que está em questão é uma **partilha de riscos** que, como é óbvio, devem ser criteriosamente calculados, tendo em apreço, entre muitos factores, a capacidade das partes para gerir estes mesmos riscos. Como refere Luís Heleno Terrinha (*in* "Parcerias Público-Privadas e Alocação do Risco", Revista de Ciências Empresariais e Jurídicas do IPP – Instituto Politécnico do Porto, nº 20 de 2011, pág. 110):

> *"A própria razão de ser das parcerias público-privadas justifica a importância que obrigatoriamente se tem de conceder à alocação do risco. Nascendo elas como uma oportunidade de colocar a experiência, técnicas e capacidades do sector privado ao serviço da satisfação de necessidades públicas, nomeadamente no que diz respeito à construção e operação de infra-estruturas, e baseando-se na convicção de que os parceiros ou operadores privados estarão em condições de actuar com maior eficiência, requer-se que a parceria se apresente como modo de obtenção do designado value for money, quando comparado com os custos e despesas que o ente público teria que integralmente suportar se decidisse construir, operar, ou manter a infra-estrutura desejada pelo método tradicional, ou seja, assumir o Estado ele próprio o desenvolvimento de todas as actividades em questão".*

Este modelo de operação tem a sua expressão em empreendimentos como hospitais e infra-estruturas rodoviárias, cuja gestão é confiada a entidades privadas, com base na convicção de que reúnem a experiência para desenvolverem ou manterem as ditas infra-estruturas em funcionamento e ao serviço do interesse público, com maior grau de eficácia e com custos mais reduzidos que os que decorreriam da intervenção do Estado. Porém, **e como sustenta este autor, as entidades públicas tendencialmente desenvolvem uma análise deficitária e uma apreciação irrealista do risco, com nefastas consequências nas previsões orçamentais.**

Em face de previsões optimistas, contrariadas pela dura realidade, e dos danos decorrentes dessa **errada avaliação dos riscos, por parte dos entes públicos**, restará, de acordo com este autor, entre outros instrumentos de redução dos danos, **a renegociação do contrato entre as partes, a modificação do contrato por via da intervenção de uma entidade terceira à negociação (uma entidade reguladora)** ou pelo próprio Estado, que deverá reservar esse direito nos contratos celebrados, podendo exercê-lo unilateralmente, sem prejuízo da salvaguarda dos interesses das entidades privadas.

1.4.4. CONCLUSÃO

Há que reconhecer que **o sector empresarial do Estado tem uma missão bem distinta do escopo perseguido pelo sector empresarial privado**, que se norteia pela obtenção do lucro, sem prejuízo de outras finalidades consideradas pelos titulares das empresas como absolutamente adequadas e integradas na sua função social, designadamente ao abrigo de uma responsabilidade social que assumem no meio local ou regional em que operam.

O sector empresarial do Estado, criado e financiado por capitais públicos, ou seja, por meios financeiros que frequentemente decorrem da cobrança de prestações coactivas pagas por contribuintes (impostos, taxas e outras receitas) **desenvolve a sua acção, por via de regra, em sectores de actividade fundamentais à satisfação das necessidades públicas ou colectivas**, ao contrário do que acontece com as empresas privadas. Por outro lado, e não raro, no exercício da sua actividade e na prestação dos seus serviços à comunidade, operam em regime de monopólio, sem a concorrência de outras empresas, o que se traduz numa vantagem competitiva e na possibilidade factual de fixar preços e celebrar verdadeiros contratos de adesão, já que quem com elas contrata não tem a capacidade financeira nem negocial para discutir o seu clausulado.

Assim sendo, o sector empresarial do Estado nunca deveria postergar qualquer um dos princípios programáticos enunciados pelo artº 4º do Dec.-Lei nº 558/99, "*... no sentido da obtenção de níveis adequados de satisfação das necessidades da colectividade...*", cumprir "*... parâmetros exigentes de qualidade, economia, eficiência e eficácia, contribuindo igualmente para o equilíbrio económico e financeiro do conjunto do sector público.*", num quadro de absoluta transparência no que tange a utilização de recursos financeiros públicos.

Com a tendencial e progressiva aplicação do direito comercial ao sector empresarial do Estado, poder-se-á verificar como que um "desvirtuamento" dos fins a que se propõe aquele ramo de Direito. O direito comercial, tal como o conhecemos na nossa ordem jurídica interna, com a natureza de um direito privado subsidiário do Direito Civil, e com uma autonomia própria, sofrerá uma mutação substantiva. Dadas as inovações legais introduzidas em sectores de actividade económica tradicionalmente assegurados pelo Estado, por entes públicos menores ou empresas com uma regulação pública, **o direito comercial perfila-se, hoje, não apenas como um direito que se aplica às relações estabelecidas entre sujeitos de direito privado, e que tenham uma natureza comercial,** a qual lhe é conferida quando se trate de um acto de comércio, assim qualificado pela lei comercial, **mas como um direito ao qual se submeterão, também e preferencialmente, as empresas criadas pelo Estado com uma matriz societária comercial.**

O direito comercial Português, à semelhança de outros ramos do nosso ordenamento jurídico estadual, submete-se às normas de Direito Comunitário que devam ser vinculativas para o Estado, as empresas e os demais agentes económicos.

2. GÉNESE E EVOLUÇÃO HISTÓRICA DO DIREITO COMERCIAL

O direito comercial, ainda que embrionário, surgiu na Idade Média como um conjunto de regras jurídicas específicas com uma disciplina autónoma e independente do direito civil. Para os Romanos não havia necessidade de regras especiais para regular a actividade do comércio que, para eles, era uma "actividade menor", invariavelmente exercida pelos escravos. Na Roma Clássica, não havia preocupação em produzir normas para disciplinar as relações de trabalho, já que quem o realizava ou eram escravos – aos quais não se reconhecia personalidade jurídica – ou eram trabalhadores por conta própria. Por esta razão, a **disciplina das relações mercantis estava incorporada no *ius civile*,** cujas normas eram adaptadas pelo pretor de acordo com as circunstâncias do caso (*v.g.* o comércio marítimo).

Não obstante, é em Roma que aparecem os **primeiros vestígios das futuras corporações de ofícios**, nas quais nascerá o Direito Mercantil. Não há certeza se os *collegia* (embrião das corporações da Idade Média) terão surgido na era de Numo Pompílio ou de Sérvio Tulo. Sabe-se, apenas, que já no consulado deste último, eram associações de várias profissões, com uma estrutura hierárquica bem definida e com funções especializadas, incluindo a assistência dos seus membros.

Também na **Grécia Antiga** existem referências históricas às associações profissionais, concretamente uma lei de Sólon (Séc. VI a.C.) que permitia que as corporações de Atenas elaborassem livremente os seus estatutos, desde que não violassem a lei do Estado ateniense.

2.1. A RELAÇÃO MERCANTIL NA IDADE MÉDIA

A actividade comercial começou a sofrer uma lenta mas profunda transformação, sensivelmente a partir do século XI. Durante séculos, concretamente até ao século XIII, o comércio medievo foi uma **actividade nómada**, sem sede ou estabelecimento fixo, já que o **mercador procurava a rota tradicional dos produtos** e vendia as suas mercadorias directamente aos clientes ou nos mercados e feiras, como acontecia com os denominados almocreves. **A ausência de segurança na sua actividade levou os mercadores a associar-se em grupos**. A Europa medieval era dominada pelos senhores feudais que detinham as terras e os exércitos e que beligeravam entre eles. Em paralelo, as estradas e os caminhos eram povoados por salteadores que constituíam uma permanente ameaça para a integridade física dos mercadores.

Com o aparecimento das **feiras** medievais a actividade dos mercadores altera-se profundamente, posto que aquelas foram **um importante foco de desenvolvimento económico das regiões** do Ocidente, até ao século XIII. Era aqui que se encontravam os mercadores oriundos de todos os cantos da Europa, para comprarem e venderem os seus produtos. **No século XII, as feiras europeias tinham já alcançado uma importância fulcral** e eram os locais privilegiados para variadíssimos negócios (para a lã e os têxteis – Winchester, Boston, Northampton, em Inglaterra e Lille, Bruges, Malines e Thourout, na Flandres). Tal era a sua importância, que os senhores feudais garantiam a protecção aos comerciantes presentes nas suas feiras, concedendo-lhes um salvo-conduto. O apogeu destas feiras deu-se entre o final do século XII e meados do século XIII, período em que as feiras do sul de França passaram a ser o centro do comércio ocidental, permitindo o encontro de mercadores que levavam produtos do norte da Europa para a zona do Mediterrâneo e a introdução de artigos vindos do Oriente, como a seda e as especiarias, que eram vendidas pelos comerciantes do Norte da Europa em Bruges.

A partir do século XIII as feiras começaram a transformar-se, passando de meros mercados a centros de câmbio, com a presença e a intervenção de outros agentes económicos, os banqueiros. A título de curiosidade, regista-se aqui que a **actividade bancária**, depois de existir na Antiguidade Clássica, a partir do século X, reaparece neste período, quando também se assiste ao renascer das trocas comerciais e da actividade dos mercadores.

Os banqueiros judeus e os "Lombardos" – assim chamados por serem oriundos da região Piemontesa e Milanesa – espalharam-se pelo Norte da Europa, concretamente em Inglaterra, França e Alemanha sendo que os primeiros não se vinculavam ao **direito canónico, que proibia o juro,** e os segundos apostavam no **risco** (*damnum emergens* e *lucrum cessans*). Em todo o caso, a sua actividade rapidamente floresceu.

Foi precisamente nas feiras que estes novos agentes económicos desenvolveram as técnicas e as práticas bancárias que seriam consagradas no futuro. Aparecem os **títulos de obrigações** contraídas pelos mercadores que, de acordo com as regras jurídicas estabelecidas pelo patrono da feira, **tinham força probatória e executiva.** Também nas feiras se aferia do valor das várias **moedas** em presença, através de uma unidade de conta que era a moeda da feira em questão.

E foi nas feiras que surgiu a chamada *littera di pagamento,* em que o banqueiro pede a um seu correspondente, noutra localidade, que pague uma dada quantia a quem estiver identificado na letra (letra nominativa) ou for seu titular (letra ao portador), já que é só a partir do século XVII que se começa a fazer o seu endosso.

Gradualmente, dá-se a **sedentarização dos mercadores** e as feiras perderam a importância que tinham; as grandes mutações operaram-se na estrutura convencional da actividade comercial, mercê do desenvolvimento do comércio marítimo, incluindo a navegação de cabotagem que possibilitou aos mercadores do norte e do sul da Europa introduzir os seus produtos de outra forma que não fosse a presença nas feiras, o que se traduziu num relevante modo de modernizar a actividade e conquistar novos mercados.

Assim se conclui que o nascimento do direito comercial está directamente ligado ao desenvolvimento da actividade mercantil e tem as suas origens na Idade Média. A prosperidade dos mercadores permitiu o florescimento económico de muitas cidades, desde as cidades italianas do norte (que eram repúblicas com governos próprios e autónomos, como Veneza e Florença) às cidades da região da Flandres (actual Bélgica), zonas onde o comércio se intensificou e que passaram a representar os maiores pontos onde se realizavam os negócios entre mercadores.

O direito comercial surgiu a partir do momento em que **os mercadores sentiram necessidade de terem regras próprias e diferentes das que eram aplicadas aos cidadãos em geral**. Para este efeito, criaram **poderosos grémios e corporações de mercadores** nas cidades, para **a defesa dos interesses da sua classe profissional**. As primeiras corporações de que há notícia foram as denominadas **guildas** do Norte da Europa, que apareceram a partir do século VII no reino de Wessex, na Dinamarca e na Noruega. Estas associações foram beber a sua inspiração nos *collegia* romanos e na sua fase inicial reduziam-se a meras sociedades de cariz religioso, onde se articulavam os usos germânicos e a fé cristã, sem serem dominadas por preocupações de natureza sócio-profissional.

Foi apenas nos séculos XI e XII que as corporações começaram a exercer funções económicas e de representação dos interesses das respectivas classes profissionais, como a dos comerciantes, dos artífices, dos tecelões e dos artistas. Isto porque os homens dos ofícios ou mesteres desta época já não queriam ver restringida a sua actividade ao círculo apertado do castelo senhorial ou da cidadela; muito pelo contrário, desejavam estender a sua esfera de influência para lá destas fronteiras. Assim, são eles que se estabelecem com as suas tendas, dando uma nova feição aos burgos medievais, até aí praticamente dominados por uma organização militar. Agora, as cidades passam a ser focos de intensa actividade mercantil, e, consequentemente, iniciam o seu crescimento económico e social. Das corporações desta época, ficou célebre a chamada Liga Hanseática que defendia os interesses dos mercadores.

As corporações eram organismos regidos por **estatutos escritos ou regimentos**, cujo objectivo fundamental era a defesa da dignidade da profissão e continham a disciplina das práticas correntes, adquiridas pela via consuetudinária, ou seja, pelos usos e costumes da profissão. Entre outros aspectos, as **corporações de artesãos regulamentavam**:

- Os processos de fabrico e a qualidade dos produtos;
- A fiscalização dessa qualidade;

- As formas de punir os delitos praticados no exercício da profissão ou mester;
- A repressão da especulação e da falsificação dos produtos;
- Os preços;
- A concorrência;
- A assistência aos seus membros, na doença e na pobreza.

O trabalho desenvolvido pelos artífices e mesteirais encontrava--se hierarquizado nos regimentos das corporações. Havia o mestre, o companheiro e o aprendiz que trabalhavam lado a lado e viviam em economia comum, debaixo do mesmo tecto e comungando da mesma mesa. O mestre era quem detinha a maior dignidade na profissão, já que acedera a este grau através de um exame de mestria e investira o seu capital na exploração da oficina. Era ele quem treinava os seus subordinados, ensinando-lhes as práticas do ofício.

Os litígios eram resolvidos por tribunais próprios, também estes criados por força daqueles estatutos, destacando-se os **tribunais de comércio *nas corporações de mercadores***, que interpretavam e aplicavam as normas existentes aos conflitos emergentes das relações mercantis e julgavam as questões entre mercadores *ex aequo et bono*. As decisõess dos tribunais de comércio das corporações – que foram o embrião dos modernos tribunais de comércio – contribuíram para a criação, por via da jurisprudência, de novas regras que, conjuntamente com as normas estatutárias, deram origem ao ***ius mercatorum***. Estas regras traduziam ainda um direito incipiente, um **direito estatutário**, que, apesar de tudo, em face do desenvolvimento das trocas comerciais entre os povos, não se quedou pelas corporações e alargou o seu campo de aplicação às relações entre os comerciantes, e entre estes e os membros de outras classes sociais, como o clero, a nobreza e o povo, de modo a garantir a aplicação de **regras flexíveis** e adequadas à natureza da actividade.

Como se disse, o desenvolvimento da actividade comercial nas cidades italianas como Génova, Veneza, Pisa e Milão levou a que se sentisse, cada vez mais, a necessidade de estruturar um direito que correspondesse às novas necessidades económicas. Foi assim que se propagou este **direito corporativo** a muitas outras cidades europeias do sul de França, à Flandres e ao sul da península ibérica. Com este direito, os comerciantes pretendiam:

- **Obter maior rapidez** na celebração dos negócios;
- **Simplificar** o formalismo das transacções comerciais, cuja celeridade não era compatível com as formalidades apertadas dos contratos regidos pela lei comum ou pelo direito civil;
- **Garantir a segurança** do negócio, que era um valor essencial para os comerciantes.

No século XVI afirmam-se os grandes comercialistas (sendo que os romanistas estudavam a doutrina e a sociedade, e os canonistas o fenómeno da usura); de entre eles, destaca-se o português **Pedro de Santarém**, autor do primeiro grande tratado sobre seguros. Mas a partir deste século **as corporações entraram numa fase de declínio**, em toda a Europa. Factores de ordem vária contribuíram para a perda progressiva da sua importância. Desde logo:

- A fractura na unidade espiritual dos povos europeus, graças aos **movimentos da Reforma** que abalaram as corporações fortemente arreigadas à fé cristã e à sua missão religiosa;
- **A centralização do poder nas mãos dos monarcas**, que criou fortes resistências a estas associações – que só sobreviviam à custa da sua independência estatutária e económica;
- Os Descobrimentos e **o alargamento dos mercados**, para os quais as corporações, enquanto estruturas com parcos recursos e com uma produção limitada aos mercados convencionais, não estavam preparadas;
- O **aparecimento de novas artes e ofícios**;
- **As inovações e os aperfeiçoamentos técnicos nos processos de produção**, que exigiam dos mesteirais fluxos económicos e investimentos de que estes não dispunham.

Estavam, assim, lançadas as bases do **capitalismo** que se revelou incompatível com o espírito e a missão das corporações medievais. No século XVIII, aparecem as Escolas Liberais que defendiam as regras livres do mercado e as leis da oferta e da procura como auto-reguladoras da própria economia, corporizadas no *"laissez faire, laissez passer"* entre os povos e os mercados, o que comprometeu definitivamente os objectivos das corporações. Na sequência desta revolução de mentalidades e interesses, **os bens das corporações são confiscados**, como aconteceu em Inglaterra, com Henrique VIII e, na segunda metade do século XVIII, acabaram por ser abolidas.

Em França, **a Lei de 13 de Março de 1791** – depois da Revolução Francesa e de muita controvérsia gerada pelo enciclopedista e fisiocrata Turgot, Ministro de Luís XVI, que abolira as corporações em 1776 – **extingue as corporações de mesteres**. Uma lei posterior, a **Lei de Chapelier, de 14 de Junho de 1791**, reafirma que fica **interdita qualquer espécie de coligação de indivíduos da mesma profissão, por se entender que ela pode ser contrária ao princípio da Liberdade**, consagrado pelo ideário da Revolução. E com as invasões francesas, este fenómeno estende-se por toda a Europa, com a Bélgica, alguns estados Italianos e a Prússia.

Num tempo histórico caracterizado pela divisão tripartida dos poderes de Estado (legislativo, executivo e judicial) por órgãos distintos, iniciado com a Revolução Francesa, abre-se uma nova fase na evolução do direito mercantil, o qual era já objecto de sistematização e de dogmatização. Surge, assim, **a era da legislação.**

Até este período, os monarcas centralizavam na sua pessoa o exercício de todos os poderes, incluindo o de legislar, pelo que a eles cabia regulamentar as feiras, dar forma legal aos usos e costumes e disciplinar a actividade exercida pela magistratura. Desta época, relevam as célebres Ordenanças de Luís XIV, sob o impulso de *Colbert,* sendo a de 1673 relativa ao comércio terrestre e a de 1681 sobre o comércio marítimo. No seu preâmbulo, o rei consignou que era essencial **promover a boa fé entre os comerciantes, prevenir as fraudes e eliminar os obstáculos que retiravam a celeridade às demandas entre eles.** Em 1675, **Jacques Savary** publica *"Le parfait negociant"*, obra dividida em títulos e artigos e que, durante muito tempo, foi apelidada de *Code Savary.*

2.1.1. O CASO PORTUGUÊS

Em Portugal, o aparecimento das corporações registou-se mais tardiamente do que o resto da Europa. As guerras da reconquista e, posteriormente, o esforço dos Descobrimentos, não permitiram o nascimento de uma classe que prosperasse com as relações mercantis e se organizasse da mesma forma.

Contudo, entre nós existiram as denominadas **bolsas de mercadores**, associações confirmadas por Carta Régia de D. Dinis, em 1293, nas quais se depositava uma dada quantia por cada navio que saísse do Reino para negociar no norte da Europa. Esta quantia era uma espécie de fundo ou de seguro para cobrir os prejuízos nas embarcações, em caso de naufrágio, saque ou demora nas viagens, entre outras adversidades. **Foram estas bolsas de mercadores que originaram as bolsas de comércio, a partir do século XVI.**

No que respeita aos **ofícios e mesteres**, o embrião das corporações apareceu em 1383 com o Mestre de Avis que criou ou reorganizou, em Lisboa, a denominada Casa dos Vinte e Quatro do Povo, onde tinham assento 24 homens que representavam os 12 ofícios da cidade. Estas Casas espalharam-se, gradualmente, por todo o país (Coimbra em 1459, Santarém e Évora em data anterior mas que não se pode precisar, Porto em 1518 e Guimarães em 1535). **Cada ofício, organizado em corporação, bandeira ou grémio, tinha o seu próprio regimento** e as regras disciplinadoras da actividade profissional que, como no resto da Europa, pretendiam, entre outros fins, **tabelar os preços e punir as fraudes** *"para desengano do povo"*. Também começaram por ter um cariz acentuadamente religioso, razão que justifica que tenham nascido no seio das confrarias e perseguissem fins benemerentes. Estas corporações tinham um santo patrono, capelas privativas e mantinham obras assistenciais, como os hospícios onde albergavam pobres e peregrinos.

Ao contrário das corporações europeias, a hierarquia dos mesteirais era aqui estabelecida entre oficiais (e oficiais examinados), obreiros e moços (o que correspondia, pela mesma ordem, aos mestres, companheiros e aprendizes).

Na segunda metade do século XIII, as actividades económicas portuguesas e o comércio externo, tradicionalmente ligado à Flandres, Inglaterra e França, ganharam um forte incremento. As *bolsas* de mercadores, enquanto associações mutualistas de protecção dos associados, mantiveram-se ainda no século XVI, evoluindo a partir desta data para formas mais complexas, até atingir a estrutura das bolsas de comércio actuais.

Contudo, **as normas mercantis eram escassas e de pouco significado**, inclusivamente as contidas nas Ordenações Filipinas (1603) e a legislação extravagante ou avulsa, pelo que não se pode falar da existência de um direito comercial autónomo, que só se revelou aquando do **Código Comercial de Ferreira Borges,** aprovado por Decreto de 18 de Setembro de 1833, que entrou em vigor em 14 de Janeiro de 1834.

À semelhança do que se passara no resto da Europa, também em Portugal a centralização do poder, concretamente sob a égide do Marquês de Pombal, fez decrescer a importância das demais **corporações, que foram extintas por decreto do duque de Bragança, de 7 de Maio de 1834.**

2.2. A REVOLUÇÃO FRANCESA E O CÓDIGO COMERCIAL FRANCÊS DE 1807

Com o gradual desaparecimento da sociedade feudal e o eclodir da revolução liberal francesa, **o direito comercial perdeu as características de um conjunto de regras próprias das corporações de mercadores** (centrado na figura do comerciante) **e passou a ser um conjunto de regras que visavam regular os actos de comércio** (actos com natureza comercial, independentemente da qualidade de comerciante de quem os praticava).

A revolução francesa de 1789 e toda a sua ideologia, influenciaram marcadamente a evolução do direito comercial. Iniciada com a Tomada da Bastilha, a 14 de Julho de 1789, na sequência do descontentamento da burguesia e do povo que se aliaram contra o poder instituído, proclamou-se, desde logo, a **liberdade do exercício do comércio e pôs-se termo ao sistema corporativo,** princípios plasmados no napoleónico **Código de Comércio de 1807,** que consagrou que:

- **O direito comercial não poderia ser considerado como um direito dos comerciantes** (o que retirou o seu pendor profissionalizante ou de classe);
- O direito comercial é o **direito regulador dos actos de comércio objectivos** – os actos cuja comercialidade é independente da qualidade ou da condição de comerciante de quem os pratica.

Este Código, considerado o **primeiro código mercantil moderno**, permitiu a certeza jurídica nas relações comerciais que proliferavam em virtude da rapidez dos meios de comunicação; tornou-se, assim, um código padrão que foi imitado e adaptado por outros países, europeus e do novo mundo.

2.3. O CÓDIGO COMERCIAL PORTUGUÊS DE 1888

O direito comercial português só apareceu, como conjunto de normas sistematizadas e dotadas de autonomia, com o denominado **Código Comercial de Ferreira Borges**, de 1833. A este seguiu-se o Código Comercial de **Veiga Beirão**, então Ministro da Justiça. Este código, ainda parcialmente em vigor, foi promulgado por Carta de Lei de 1888 em Lisboa, tendo entrado em vigor a 1 de Janeiro de 1899.

O Código Comercial de 1888 parte do conceito de **actos de comércio** (artº 1º) com a seguinte formulação: *"a lei comercial rege os actos de comércio, sejam ou não comerciantes as pessoas que nele intervêm"*.

No artº 2º, estabelece:

"Serão considerados actos de comércio todos aqueles que se acharem especialmente regulados neste Código e, além deles, todos os contratos e obrigações dos comerciantes, que não forem de natureza exclusivamente civil, se o contrário do próprio acto não resultar.".

Com a codificação diluiu-se a importância do costume, como fonte das normas comerciais, e deu-se início a uma tendência universalista e cosmopolita que decorre da internacionalização progressiva da actividade e da própria legislação que ia sendo adoptada por outros países.

O Código Comercial de 1888 trouxe algumas inovações relativamente ao Código anterior, de entre as quais releva **a liberalização da Banca**. A partir de então puderam constituir-se sociedades bancárias privadas, sem que fosse necessária uma autorização prévia do Governo. O Código Comercial do final da última década do século XIX previa a tomada de medidas como a reestruturação do Banco de Portugal, a criação da Direcção-Geral da Dívida Pública, a reorganização dos serviços da Fazenda, tanto em Portugal continental como nas ilhas, a reforma do poder judicial e do sistema tributário e o desenvolvimento de um plano direccionado para a Instrução Pública.

2.4. O CÓDIGO DAS SOCIEDADES COMERCIAIS E A LEGISLAÇÃO AVULSA

No século XX houve necessidade de empreender a reforma da legislação comercial portuguesa, por se considerar ultrapassado o Código Comercial de 1988. No preâmbulo do Dec.-Lei nº 262/86, de 2 de Setembro, refere-se a *"necessidade urgente de adaptar a legislação portuguesa às directivas da CEE"*, Comunidade Económica Europeia a que Portugal tinha aderido, pelo que se tornou inadiável esta actualização e adaptação do Direito Comercial às novas realidades sociais e económicas.

Acresce que o Código de Veiga Beirão tinha sido elaborado na era da revolução industrial portuguesa e assentava numa concepção individualista e liberal da economia. **Um século depois, o Código das Sociedades Comerciais teria de reflectir as profundas mudanças produzidas pela revolução tecnológica e informática e regular, de modo pormenorizado, as sociedades comerciais** que, para o Código Comercial, eram uma espécie de comerciantes (art. 13º).

O C.S.C. foi objecto de alterações posteriores, designadamente a introduzida pelo Dec.-Lei nº 76-A/2006, de 29 de Março, esta de grande porte e que teve por objectivo desburocratizar a vida dos cidadãos e das empresas. É o que resulta do preâmbulo deste diploma, quando refere que *"no interesse conjunto dos cidadãos e das empresas, serão simplificados os controlos de natureza administrativa, eliminando-se actos e práticas registrais e notariais que não importem um valor acrescentado e dificultem a vida do cidadão e das empresas (como sucede com a sistemática duplicação de controlos notariais e registrais)"*.

Muita **legislação avulsa ou extravagante** foi sendo produzida, ao longo da vigência do Código Comercial e do C.S.C., através de um movimento de reformas legislativas que se mantêm com o objectivo de:

- Desenvolver as relações comerciais internacionais;
- Acolher, obrigatoriamente, as normas contidas em convenções internacionais (caso da Lei Uniforme sobre Letras, Livranças e Cheques, as Convenções de Bruxelas para a unificação do direito marítimo);

- Dar tratamento legal à noção de empresa comercial, introduzida pelo Código Civil Italiano de 1942;
- Criar organizações com capacidade para fazer face aos desafios e à complexidade da actividade económica da empresa, suporte da actividade profissional do comerciante;
- Reforçar um direito dos negócios aplicável a todos os que neles intervêm, quer pela profissão, quer pelos capitais que detêm, quer ainda pelos métodos de trabalho que desenvolvem;
- Disciplinar novas formas assumidas pelas sociedades e pelas empresas em geral, para formarem grupos de sociedade e formas de concentração ditadas pelas mudanças económicas das sociedades (sociedades anónimas, consórcios, *franchising, joint ventures*, sociedades anónimas europeias);
- Consagrar os regimes-quadro de uma vastíssima rede de contratos novos, celebrados no âmbito dos seguros, do direito bancário, do direito cambiário, dos transportes, do direito marítimo e aéreo;
- Conciliar as situações factuais em que a titularidade do capital não corresponda ao exercício, pelo seu titular, dos poderes de controlo da entidade.

Por estas razões, o movimento legislativo que se intensificou tem como objectivos não só a actualização da lei vigente e a sua adequação a novas realidades, mas também tipificar contratos e negócios que a lei portuguesa, porventura, não prevê nem regulamenta. Justifica-se, assim, que em Portugal se assista a um fenómeno de grande produção e dispersão legislativas, pelo que, no que respeita ao Direito Comercial, podemos indicar, aleatoriamente e entre muitos diplomas:

- ➢ O Código Comercial de 1888, com muitos dos seus preceitos normativos ainda em vigor;
- ➢ O Código das Sociedades Comerciais de 1986, que entrou em vigor sem ter revogado totalmente o Código Comercial;
- ➢ O Código do Registo Comercial;
- ➢ O Código dos Valores Mobiliários – Dec.-Lei nº 486/99, de 13 de Novembro;
- ➢ O Código de Insolvência e Recuperação de Empresas (CIRE);

- ➤ O Processo Especial de Revitalização de Empresas, instituído pela Lei nº 16/2012, de 20 de Abril, que procedeu â sexta alteração do CIRE;
- ➤ O Código da Propriedade Industrial;
- ➤ O Código do Notariado;
- ➤ O Código da Publicidade;
- ➤ A Lei Uniforme relativa às Letras e Livranças e a Lei Uniforme relativa ao Cheque;
- ➤ O Regime Jurídico do Cheque (cheque sem provisão) – Dec.-Lei nº 454/91, de 28 de Dezembro;
- ➤ O EIRL – Estabelecimento Individual Mercantil de Responsabilidade Limitada – Dec.-Lei n-º 248/86, de 25 de Agosto;
- ➤ O Consórcio e Associação em Participação – Dec.-Lei nº 231/81, de 28 de Julho;
- ➤ O Regime Jurídico das Sociedades Anónimas Europeias – Dec.--Lei nº 2/2005 de 4 de Janeiro;
- ➤ O Comércio Electrónico no Mercado Interno e Tratamento de Dados Pessoais – Dec.-Lei nº 7/2004, de 7 de Janeiro.

De igual modo se assiste ao nascimento de **novos ramos de Direito que emergem do Direito Comercial** e de outros direitos com este conexionados, com o objectivo de dar tratamento legislativo especial a matérias que reclamam tutela jurídica, como é o caso do **direito da propriedade industrial** (que regulamenta os sinais distintivos do comércio – marcas, logótipos, patentes, modelos de utilidade, desenhos ou modelos industriais, denominações de origem e indicações geográficas e novos direitos privativos de propriedade industrial), do **direito do consumidor** (Lei da Defesa do Consumidor, Cláusulas Contratuais Gerais, Práticas Comerciais Desleais, o Livro de Reclamações), do **direito dos valores mobiliários** (que disciplina a aquisição de acções e obrigações e um conjunto de actos e operações praticados na Bolsa).

3. AUTONOMIA E OBJECTIVOS DO DIREITO COMERCIAL

Pelas razões aduzidas, não restam dúvidas sobre a natureza autónoma do Direito Comercial português que se perfila como um ramo do direito privado comum, ao lado do direito civil. Bastará atentar nas suas origens históricas para se compreender a razão de ser deste ordenamento jurídico: tendo em linha de conta os interesses especiais a tutelar, as suas normas deverão garantir a necessária **celeridade** na celebração dos contratos e negócios mercantis, com a **simplificação de formalidades** – *v.g.* escritura pública ou outras que prejudicam a rapidez na conclusão dos negócios – mas **sem perda de garantias para as partes intervenientes**.

Por se tratar de um direito que deve disciplinar as transacções comerciais entre partes, sejam ou não comerciantes, e ainda porque um comerciante ou empresa pode celebrar, num só dia, um volume considerável de actos e contratos de natureza comercial, indispensável será que este direito confira **segurança** a estas mesmas transacções. Tal desiderato se atinge com o instituto da solidariedade – regime regra no direito comercial (artº 100º do Cód. Com.) o qual só será afastado quando exista estipulação em contrário – com o regime da comunicabilidade das dívidas comerciais ao cônjuge de comerciante casado sob um dos regimes que não o da separação de bens – estabelecendo, desde logo, o artº 15º do Cód. Com. que as dívidas comerciais de cônjuge comerciante se presumem terem sido contraídas no exercício do seu comércio – e com a literalidade dos títulos de crédito.

Se quisermos sublinhar as **características fundamentais do direito comercial**, podemos dizer sinteticamente:

- É um ramo de direito **sem características corporativas** (ou privativas de uma classe profissional) como aconteceu na Idade Média, tudo em consequência da crescente intervenção do Estado, que passou a legislar sobre os mais variados domínios da actividade económica;
- Há a permanente **ingerência do Estado na disciplina das relações mercantis,** quer no domínio da legislação que enquadra o exercício do comércio, quer no desenvolvimento dos poderes de inspecção e fiscalização das actividades económicas;
- Regista-se a **progressiva utilização,** pelos cidadãos não comerciantes, dos **mecanismos e instrumentos típicos do direito comercial** (*v.g.* o cheque como meio de pagamento);
- É um **Direito vocacionado para regular a actividade das empresas** e satisfazer as necessidades destas;
- Existe uma grande dispersão dos seus preceitos e da sua disciplina, vertida em múltipla legislação avulsa e Códigos.

4. A EMPRESA E A UNIÃO EUROPEIA

4.1. NOTAS INTRODUTÓRIAS

O espírito empreendedor foi, e continua a ser, uma realidade no espaço europeu. Todavia, a necessidade de incentivar e apoiar a iniciativa empreendedora e o espírito empresarial reclama um apoio aos interessados na criação de negócios e empresas, antes de mais para calcular os riscos inerentes ao empreendimento, e ainda para identificar as potenciais vantagens que esperam retirar ou que serão expectáveis, numa dada conjuntura económica, política e social.

Não basta dinamizar a cultura empresarial ou promover a educação do espírito empreendedor entre jovens. Para apoiar e fomentar o empreendedorismo e desenvolver políticas activas é necessário identificar e analisar as causas do insucesso, distinguindo as dificuldades conjunturais de outras que poderão conduzir à falência do empreendimento, desincentivar a cultura simplista do investimento que frutifica rapidamente ou que se baseia em instrumentos fraudulentos, detectar as dificuldades financeiras e pôr em marcha um conjunto de mecanismos facilitadores da vida empresarial, dentro de cada Estado e no espaço europeu. Neste campo se inclui a formação relativa à **economia do conhecimento**, intimamente relacionada com a necessidade de as empresas se abrirem à inovação, à investigação e às novas tecnologias.

Para as empresas que operam num contexto intra-europeu é essencial conhecer, antecipadamente, as "regras do jogo", assim se suprindo as lacunas de informação que podem ser fatais à instalação e consolidação de um projecto. Deste modo, os empreendedores e futuros titulares das empresas devem ter conhecimentos integrados sobre a **legislação relacionada com a instalação e laboração das suas empresas, o regime fiscal dos países membros** e aceder às **redes de apoio e de cooperação empresariais disponíveis**, tendo em vista a elaboração de um plano de negócio, a obtenção de financiamento indispensável, a identificação de boas práticas e modelos de inspiração, de factores que possam contribuir para a criação de empresas de crescimento rápido (as denominadas *gazelas*), que representam um importante factor de inovação e crescimento económico.

Importa, nesta obra, aceder a indicadores da motivação dos cidadãos da União Europeia para o empreendedorismo que traduzam, com alguma fidelidade, o grau de auto-emprego gerado, a opção actual entre a criação de empresas e a procura de emprego, entre outros aspectos.

Para este efeito, é relevante o *Flash Eurobarometer 354 TNS Political & Social*, trabalho encomendado pela Comissão Europeia e a *Directorate-General Enterprise and Industry*, no âmbito da *Flash Eurobarometer on Entrepreneuship* da Comissão Europeia (2012) – cujas conclusões não podem ser consideradas a posição oficial da Comissão Europeia por traduzirem, apenas, a opinião dos seus autores.

Neste relatório[4], faz-se alusão ao Empreendedorismo, considerado um dos objectivos principais da UE, especialmente desde o Conselho Europeu de Lisboa, realizado em Março de 2000, em que se deliberou desenvolver e incrementar o espírito empreendedor nas áreas do emprego, da reforma económica e da coesão social. Na sequência deste Conselho, a Comissão Europeia publicou o Livro Verde sobre "**Empreendedorismo na Europa**", que focava duas questões essenciais:

> ➢ **Por que razão tão poucos Europeus criam os seus próprios negócios?**
> ➢ **Por que razão poucos negócios europeus se desenvolvem e crescem?**

---

[4] As considerações aqui apresentadas resultam da tradução feita pela autora deste Guia.

A U.E. incluiu na sua Estratégia para 2020 o empreendedorismo e o auto-emprego, considerados como instrumentos adequados para o desenvolvimento económico sustentável e inclusivo. Aqui chegados, e ressalvada a margem de erro – que os próprios autores expressamente denunciam – os **resultados a que chegou este estudo** são os seguintes:

1 – A criação de empresas e do auto-emprego tornou-se uma perspectiva de futuro menos atraente do que era em 2009. Agora, **a percentagem de cidadãos europeus que prefere criar empresas é de 37%, contra os 45% de 2009** (e até de 2007, de acordo com o Eurobarómetro). Em pouco menos de cinco anos, os cidadãos europeus deixaram de preferir o empreendedorismo, o trabalho por conta própria e a criação do próprio emprego que, até 2008, consideravam uma via interessante, desde que se desenvolvessem as necessárias competências para materializar as ideias de negócio em empreendimentos bem sucedidos;

2 – A **percentagem de europeus que acreditam que dentro de 5 anos poderão ter condições para criar empresas subiu para os 30%,** quando em 2009 esta percentagem rondava os 29%; inquiridos sobre os impedimentos, a maioria aponta **a falta de capital próprio e as dificuldades no financiamento** – agravadas desde 2009 – **a actual crise económica,** desfavorável ao arranque de uma empresa, **o risco do insucesso** e suas consequências, a dificuldade em compatibilizar o exercício da empresa com as responsabilidades familiares, entre outras razões;

3 – **19% dos inquiridos já criaram empresas e 4% está a reunir condições para o fazer**, o que significa que 77% dos cidadãos europeus não perspectivam sequer a ideia de criar uma empresa;

4 – **43% dos empresários europeus tiveram de vender as suas empresas, transferi-las ou encerrá-las** e 26% com empresas constituídas há mais de três anos continuam a actividade;

5 – Inquiridos sobre os **factores-chave de sucesso das empresas**, foram considerados, por ordem decrescente de importância: **uma boa ideia de negócio, recursos financeiros adequados,** um **bom parceiro económico** ou uma empresa que possa constituir um bom exemplo;

6 – 87% consideram que os **empreendedores criam empregos, bem como novos serviços e produtos que beneficiam a comunidade**;

7 – **Apenas 23% dos inquiridos receberam formação na área do empreendedorismo**, nas suas respectivas escolas e universidades, mas **há uma concordância relativa à importância que reveste esta formação**, como um instrumento que desenvolve uma atitude empresarial, auxilia a transformar uma ideia num projecto e a compreender o papel social do empresário e permite a aquisição de competências para gerir um negócio.

Pela sua relevância, faz-se aqui referência ao relatório produzido pela OCDE – Organização para a Cooperação e Desenvolvimento Económico, organização internacional composta por países europeus e não europeus que comungam os mesmos princípios relativamente às democracias representativas e às economias de livre mercado. De acordo com esta organização (na sigla inglesa OECD) foi elaborada e publicada, sob a égide da Eurostat Entrepreneurship Indicators Programme (EIP), sob o título **"Entrepreneurship in a Glance 2015", publicado em Dezembro de 2015, uma compilação dos dados oficiais dos Governos sobre empreendedorismo**. Este estudo, disponível para qualquer cidadão, contém uma vasta informação comparada das políticas adoptadas pelos vários países e suas medidas concretas em prol do empreendedorismo, bem como a influência das empresas na inovação, no crescimento económico e criação de emprego.

De acordo com este relatório, após a crise económica recente:

- **Acentuou-se a tendência para a criação de novas empresas** (start-ups), em especial na Dinamarca Suécia e **Portugal**;
- Em todos os países, **entre 70% a 95% das empresas são microempresas** (com menos de 10 empregados);
- **Uma grande maioria destas empresas não cria postos de trabalho para terceiros**, ou seja, não contrata mão-de-obra alheia;
- **A maioria desenvolve a sua actividade no sector terciário (serviços)**;
- Na generalidade, quanto mais forte é a economia dos países, mais empresas de grande dimensão são criadas;

- De 2008 a 2012 diminuiu a mão-de-obra afecta às empresas que se dedicam ao sector industrial;
- À medida que as PME recrutam mais pessoal ao seu serviço, verifica-se que as empresas de maior dimensão reduzem os seus efectivos, o que pode levar à conclusão que as primeiras recrutam mão-de-obra que foi despedida das segundas;
- **Os pequenos negócios apresentam uma grande importância no crescimento económico das regiões e dos países e no rendimento** *per capita*; porém as grandes empresas dispõem de crédito mais acessível, de economias de escala, e acesso à uma cadeia de valor global.

Ainda de acordo com este relatório, com referência ao ano de 2012 ou outro mais recente e disponível, Portugal tinha:

- No sector da indústria 57.217 microempresas, 3.902 pequenas empresas, 2009 médias empresas e 247 grandes empresas;
- No sector terciário 607.139 microempresas, 5.496 pequenas empresas, 2149 médias empresas e 410 grandes empresas;
- No sector da construção, 83.216 microempresas, 3507 pequenas empresas, 1511 médias empresas e 53 grandes empresas,

O que revela o pendor vincadamente terciarizado da nossa economia.

Segundo os dados oficiais disponibilizados pela Pordata-Base de Dados Portugal Contemporâneo, as **microempresas na UE 27** representavam, **em 2010, 75,1% das empresas**, enquanto em **Portugal o seu peso era de 78, 2%**, com mais expressão nos sectores de actividade da construção, do comércio por grosso e a retalho, do alojamento e restauração; já as empresas com 250 **(PME)** ou mais trabalhadores representavam **1,15% do tecido empresarial na UE 27 contra 0,15% em Portugal**, nas indústrias extractivas e transformadoras. Assim, verifica-se, nos períodos em referência, uma efectiva erosão empresarial, já que eram **99% as PME na União Europeia.**

Confrontando estes dados com os mais recentes disponíveis (2013), em Portugal as microempresas e as PME não sofreram alteração desde 2004, continuando a representar 99.9% do tecido empresarial, sendo que as microempresas constituíam a maior percentagem (96,2%), as pequenas empresas ascendiam a 3,2% e as médias empresas se cifravam em 0,5%. A criação de microempresas registou um aumento pouco significativo (de 95,4 para 96,2) e as PME perderam expressão em relação a 2004, em especial as médias empresas.

Em suma: estatisticamente, **são as PME que geram maior empregabilidade no espaço da União Europeia,** donde o crescimento económico e coesão social encontram maior garantia de sustentação por via das empresas com esta dimensão. Pese embora a rarefacção das PME no tecido económico empresarial da UE, e de Portugal, sempre se soube que as microempresas e as PME são organizações produtivas às quais se deve dar prioridade nas políticas europeias e que deve encarar os desafios da mundialização e reforçar a sua massa crítica.

Uma das constatações a ter em linha de conta é que o mundo empresarial não se aproximou, quanto seria desejável, quer das instituições de formação e ensino, quer dos organismos de investigação, pelo que a Europa decidiu criar o **Instituto Europeu da Inovação e da Tecnologia** que tem como objectivo reduzir o "fosso" entre estes mundos, através de uma rede de entidades públicas e privadas altamente integradas que promovem a **articulação entre o mundo empresarial e das organizações e o do ensino**; e só esta articulação permitirá a aplicação tecnológica ou o desenvolvimento de um produto, obtido a partir de um invento ou de uma ideia brilhante desenvolvida numa escola.

Para apoiar as PME, foram criados balcões de atendimento que funcionam na **Rede Europeia de Empresas** (*European Enterprise Network*).

4.2. O TRATADO DE LISBOA, A ECONOMIA E AS EMPRESAS

Para se compreender o enquadramento jurídico das actividades empresariais na Europa, é fundamental ter presente o **Tratado da União Europeia** e o tratado que instituiu a Comunidade Europeia, actualmente denominado **Tratado sobre o Funcionamento da União Europeia**, com as alterações que lhe foram introduzidas pelo **Tratado de Lisboa**, assinado a 13 de Dezembro de 2007.

Algumas linhas de força deste Tratado, que aqui importa salientar, são:

- Dotar a União Europeia de um quadro jurídico consentâneo com a globalização;
- Reformar as instituições europeias, de modo a torná-las mais eficazes num mundo em permanente mutação;
- Aproximar a União e as suas instituições dos cidadãos do espaço europeu;
- Conferir mais poder ao Parlamento Europeu e aos Parlamentos nacionais dos Estados-Membros.

Do seu teor, cujo clausulado é extenso e de difícil interpretação, resulta que, para além da paz, a justiça, a liberdade, a segurança e o bem-estar dos seus povos, a União Europeia visa assegurar aos cidadãos **a livre circulação de pessoas** e estabelecer um **mercado interno** (artº 3º do Tratado da União Europeia).

Uma preocupação dominante é o **desenvolvimento sustentável da Europa, assente num crescimento económico equilibrado e na estabilidade dos preços, numa economia social de mercado altamente competitiva, que tenha como metas o pleno emprego e o progresso social,** com observância de um elevado nível de protecção e de melhoria da qualidade do ambiente, para além do fomento do progresso científico e tecnológico.

Das versões consolidadas do Tratado sobre o Funcionamento da União Europeia, releva, entre outras, a preocupação em **suprimir as restrições ao comércio internacional**.

São muito extensos os domínios de competência da UE, contudo, nos termos do artº 3º deste Tratado destacam-se os seguintes:

"*a) União aduaneira;*
b) Estabelecimento das regras de concorrência necessárias ao funcionamento do mercado interno;
c) Política monetária para os Estados-Membros cuja moeda seja o euro;
e) Política comercial comum."

No que respeita às políticas e acções internas da UE destinadas a realizar o **mercado interno**, estabelece o artº 26º que este mercado compreende **um espaço sem fronteiras internas** no qual a **livre circulação das mercadorias, das pessoas, dos serviços e dos capitais** é assegurada de acordo com as disposições dos Tratados e, de acordo com o artº 28º, a **união aduaneira** abrange a totalidade do comércio de mercadorias e **implica a proibição, entre os Estados-Membros, de direitos aduaneiros de importação e de exportação e de quaisquer encargos de efeito equivalente, bem como a adopção de uma pauta aduaneira comum** nas suas relações com países terceiros.

Quanto ao **direito de estabelecimento**, dispõe o artº 49º: "*são proibidas as restrições à liberdade de estabelecimento dos nacionais de um Estado-Membro no território de outro Estado-Membro.*". Esta proibição abrange qualquer restrição à constituição de **agências, sucursais ou filiais** pelos nacionais de um Estado-Membro, estabelecidos no território de outro Estado-Membro. O conceito de **liberdade de estabelecimento** compreende tanto o **acesso às actividades não assalariadas e o seu exercício,** como a **criação e a gestão de empresas,** designadamente de **sociedades,** na acepção do segundo parágrafo do artigo 54º, nas condições definidas na legislação do país de estabelecimento para os seus próprios nacionais, sem prejuízo do disposto no capítulo relativo aos capitais.

Ora, dispõe o artº 54º que as sociedades constituídas em conformidade com a legislação de um Estado-Membro e com sede social, administração central ou estabelecimento principal na União são equiparadas às pessoas singulares, nacionais dos Estados-Membros. E, por "sociedades", deverão ser entendidas as **sociedades de direito civil ou comercial,** incluindo as **sociedades cooperativas** e as outras **pessoas colectivas de direito público ou privado, desde que prossigam fins lucrativos.**

Para tornar efectiva esta liberdade de estabelecimento numa determinada actividade, as instituições da UE comprometem-se a tomar directivas que, entre outros fins, visem:

- Dar prioridade às actividades em que a liberdade de estabelecimento constitua uma contribuição particularmente útil para o desenvolvimento da produção e das trocas comerciais;
- **Eliminar procedimentos e práticas administrativas cuja manutenção constitua obstáculo à liberdade de estabelecimento;**

- Suprimir, de forma gradual, as restrições à liberdade de estabelecimento em todos os ramos de actividade, tendo em consideração, por um lado, as condições de criação de agências, sucursais ou filiais no território de um Estado-Membro e, por outro, as condições que regulam a admissão de pessoal do estabelecimento principal nos órgãos de gestão ou de fiscalização daquelas;
- **Certificar que as condições de estabelecimento não sejam falseadas pelos auxílios concedidos pelos Estados-Membros.**

4.2.1. CONCORRÊNCIA

Em matéria de **concorrência**, consagra este Tratado, no artº 101º, um conjunto de regras aplicáveis às empresas, ao estabelecer, no nº 1:

"1. São incompatíveis com o mercado interno e proibidos todos os acordos entre empresas, todas as decisões de associações de empresas e todas as práticas concertadas que sejam susceptíveis de afectar o comércio entre os Estados-Membros e que tenham por objectivo ou efeito impedir, restringir ou falsear a concorrência no mercado interno, designadamente as que consistam em:

a) Fixar, de forma directa ou indirecta, os preços de compra ou de venda, ou quaisquer outras condições de transacção;

b) Limitar ou controlar a produção, a distribuição, o desenvolvimento técnico ou os investimentos;

c) Repartir os mercados ou as fontes de abastecimento;

d) Aplicar, relativamente a parceiros comerciais, condições desiguais no caso de prestações equivalentes colocando-os, por esse facto, em desvantagem na concorrência;

e) Subordinar a celebração de contratos à aceitação, por parte dos outros contraentes, de prestações suplementares que, pela sua natureza ou de acordo com os usos comerciais, não têm ligação com o objecto desses contratos.

2. São nulos os acordos ou decisões proibidos pelo presente artigo."

Refira-se que **as regras contidas no nº 1 podem, por força do nº 3 deste preceito, ser declaradas inaplicáveis**, nos precisos termos aqui estabelecidos. Muito em síntese, quando se reportem a acordos ou categoria de acordos entre empresas, ou respeitem a qualquer decisão ou categoria de decisões tomadas por associações de empresas e, ainda, seja uma qualquer prática concertada ou categoria de práticas concertadas, desde que estas contribuam para melhorar a produção ou a distribuição dos produtos ou para promover o progresso técnico ou económico, e aos utilizadores se reserve uma parte equitativa do lucro daí resultante, e que:

> *"a) Não imponham às empresas em causa quaisquer restrições que não sejam indispensáveis à consecução desses objectivos;*
>
> *b) Nem dêem a essas empresas a possibilidade de eliminar a concorrência relativamente a uma parte substancial dos produtos em causa."*

De resto, é preocupação dominante no Tratado, por se considerar incompatível com o mercado interno, proibir que **uma ou mais empresas explorem de forma abusiva uma posição dominante no mercado interno** ou numa parte substancial deste.

Tais práticas abusivas podem traduzir-se, *v.g.*, na fixação, de forma directa ou indirecta, dos preços de compra ou de venda ou outras condições de transacção não equitativas, na limitação da produção, da distribuição ou do desenvolvimento técnico em prejuízo dos consumidores, na adopção, relativamente a parceiros comerciais, de condições desiguais no caso de prestações equivalentes colocando-os, por esse facto, em desvantagem na concorrência.

Quanto aos **auxílios concedidos pelos Estados ou provenientes de recursos estatais**, o artº 107º estabelece **a regra geral da sua incompatibilidade com o mercado interno, na medida em que afectem as trocas comerciais entre os Estados-Membros,** seja qual for a forma que assumam, além de falsearem ou ameacem falsear a concorrência, favorecendo certas empresas ou certas produções.

Entre nós, a **Lei nº 19/2012, de 8 de Maio** – que aprovou **o Novo Regime Jurídico da Concorrência** (e revogou as Leis nºs 18/2003, de 11 de Julho, 39/2006, de 25 de Agosto, introduzindo a 2ª alteração à Lei nº 2/99 de 13 de Janeiro) – aplicável aos sectores privado, público e cooperativo, **tipifica as práticas restritivas da concorrência,** prevendo, no artº 9º, **os acordos entre empresas, práticas concertadas entre** empresas e as decisões de associações de empresas que visem impedir, falsear ou restringir, de forma sensível, a concorrência, no todo ou em parte, do mercado nacional.

Este regime jurídico **proíbe**:

- A **fixação, de forma directa ou indirecta, de preços de compra ou de venda**, e das condições de transacção;
- A **limitação ou o controle das formas de produção, de distribuição**, de desenvolvimento técnico ou dos investimentos;
- A **repartição dos mercados e das fontes de abastecimento**;
- A aplicação de **condições desiguais a parceiros comerciais**, quando haja prestações equivalentes, por os colocar em condições desvantajosas no que respeita a concorrência;
- A **subordinação da celebração de contratos a prestações suplementares** impostas a parceiros comerciais, quando estas prestações nada têm a ver com o objecto desses contratos.

Estas **práticas restritivas são nulas**, nos termos do nº 2 do citado preceito legal; contudo **podem ser justificadas**, quando contribuam para melhorar a produção ou a distribuição de bens ou serviços, promovam o desenvolvimento técnico e económico e, cumulativamente, beneficiem equitativamente os utilizadores desses bens e serviços, não imponham às empresas condições que sejam excessivas ou dispensáveis em relação aos fins que se pretende alcançar e, finalmente, não possibilitem a estas empresas instrumentos através dos quais elas possam reduzir ou eliminar substancialmente a concorrência livre (artº 10º).

Caberá às empresas ou às associações de empresas concertadas que invoquem este benefício da justificação, fazer a prova de que não violaram nenhum destes requisitos e pressupostos legais para que possam proceder de tal forma; todavia, **a Autoridade da Concorrência poderá retirar-lhes esse benefício** se verificar que os pressupostos não se verificaram. A autoridade reguladora exerce a sua missão de acordo com o critério público da promoção e defesa da concorrência e detém os necessários poderes sancionatórios, podendo levantar **autos de contra-ordenação às empresas violadoras**.

Em caso de **denúncia**, e sempre que a Autoridade da Concorrência considere **não haver fundamentos para dar continuidade ao processo**, deverá:

- **Notificar o denunciante** e dar-lhe prazo, nunca inferior a 10 dias, para este se pronunciar e fazer as suas observações, **sob pena de arquivamento** (nº 2 do artº 8º);
- No caso de pronúncia e a Autoridade da Concorrência continuar a considerar não existir fundamento relevante ou prioridade no processamento da denúncia, deverá expressamente fundamentar a sua decisão, da qual cabe recurso judicial (para o então Tribunal da Concorrência, Regulação e Supervisão – nº 4 do mesmo preceito).

No exercício dos seus poderes de supervisão, investigação e punição, a Autoridade da Concorrência pode, nos termos do artº 18º, **inquirir os representantes legais da empresa** e outras pessoas envolvidas, requerer documentos, proceder à **busca, exame, recolha e apreensão de extractos da escrita comercial**, seja qual for o seu suporte, **selar instalações de empresas e computadores** (estas duas últimas diligências dependem de despacho judicial que as autorize). Poderá, ainda, fazer **buscas em domicílio de sócios**, de **membros de órgãos de administração,** de **trabalhadores** e de Advogados, sem prejuízo do que dispõe a lei sobre o sigilo profissional e, sempre que tenha fundada suspeita de que os elementos de prova se encontrem nestes lugares, carece sempre de despacho judicial que autorize a realização destas diligências (artº 19º).

Este regime jurídico da promoção e defesa da concorrência constitui uma lei-quadro exaustiva que versa também a concentração de empresas, a tramitação dos processos a que haja lugar em caso de violação e a recorribilidade das decisões da Autoridade da Concorrência.

4.3. FUNDOS E APOIOS FINANCEIROS PARA AS PME

Como é sabido, o empreendedor pode ter aforro ou recorrer ao seu círculo familiar ou de amigos para o arranque da sua projectada empresa. Porém, o desenvolvimento posterior da actividade exigirá outras fontes de financiamento que, no actual contexto da economia europeia, são difíceis de obter, já que a Banca e os demais operadores financeiros não costumam assumir os riscos próprios das empresas, especialmente das que ainda não atingiram um nível de crescimento desejado. Nestas circunstâncias, e na falta de capitais próprios ou alheios para serem injectados nas empresas, existem quadros de apoio estruturais e instrumentos financeiros comunitários a que as PME podem lançar mão. Estes fundos são, naturalmente, mutáveis pois dependem de políticas conjunturais adoptadas no seio da UE com objectivos específicos.

Os incentivos inscrevem-se no Quadro de Referência Estratégico Nacional (**QREN**), que orienta a afectação dos fundos estruturais comunitários; sabendo-se que Portugal regista um défice na utilização adequada e atempada destes fundos, podemos considerar que o acesso a estes incentivos ao investimento nas empresas é indispensável para a sua competitividade. **Excluem-se** do âmbito deste regime os **incentivos de natureza fiscal**, os **incentivos ao emprego e à formação profissional** e ainda os regimes de incentivos específicos co-financiados pelo Fundo Europeu Agrícola de Desenvolvimento Rural (FEADER) e pelo Fundo Europeu para as Pescas (FEP). O âmbito de aplicação territorial deste enquadramento restringe-se às regiões do **continente**.

O QREN para Portugal 2020 deu prioridade às tipologias de **projectos ligados à inovação, ao empreendedorismo e aos factores mais imateriais da competitividade** e privilegia os sistemas de incentivos:
- À **Qualificação e Internacionalização das PME**, ao abrigo do Programa Operacional Factores de Competitividade;
- À **agricultura**, destinado a agricultores, a investimentos na exploração agrícola e na transformação e comercialização de produtos agrícolas (incluindo os pequenos investimentos);
- Ao **comércio** – "Comércio Investe" – medida que se encontra regulamentada pela Portaria nº 236/2013, de 24 de Julho, e substituiu o anterior Programa de Apoio à Modernização do Comércio (MODCOM) e visa apoiar projectos conjuntos – promovidos por associações empresariais e projectos individuais de micro e pequenas empresas, inseridas nos CAE 47 (comércio a retalho)

tendo como fim modernizar e valorizar a oferta dos estabelecimentos abertos ao público através da aposta na inovação e da utilização de formas avançadas de comercialização;

Os sistemas de incentivos às PME destinam-se a empresas com forte componente inovadora, exportadora e com capacidade para operar no mercado global, daí que é prioridade reiterada dos Governos apoiar a sua internacionalização, por reconhecer que esta é um instrumento essencial à dinamização económica. Dada a percepção do estádio de desenvolvimento da economia portuguesa e da sua relação com o tecido económico internacional, pretende-se reforçar a competitividade das empresas nacionais, a sua especialização, o desenvolvimento territorial e a internacionalização da nossa economia.

De acordo com o QREN, os sectores e actividades abrangidos pelos sistemas de incentivos são:

- **Indústria** – actividades incluídas nas divisões 05 a 33 da CAE;
- **Energia** – actividades incluídas na divisão 35 da CAE (só atividades de produção);
- **Comércio** – actividades incluídas nas divisões 45 a 47 da CAE, apenas para PME;
- **Turismo** – actividades incluídas na divisão 55, nos grupos 561, 563, 771 e 791 e actividades declaradas de interesse para o turismo nos termos da legislação aplicável e que se insiram nas subclasses 77210, 90040, 91041, 91042, 93110, 93192, 93210, 93292, 93293, 93294 e 96040 da CAE;
- **Transportes e Logística** – atividades incluídas nos grupos 493 e 494 e divisão 52 da CAE;
- **Serviços** – actividades incluídas nas divisões 37 a 39, 58, 59, 62, 63, 69, 70 a 74, 77, com exclusão do grupo 771 e da subclasse 77210, 78, 80 a 82, 90, com exclusão da subclasse 90040, 91, com exclusão das subclasses 91041, 91042, e 95, nos grupos 016, 022, 024 e 799 e na subclasse 64202;
- **Construção** – Divisão 41 (Grupo 412) a 43 da CAE.

O **Dec.-Lei nº 6/2015, de 8 de Janeiro, aprovou o enquadramento nacional dos sistemas de incentivos às empresas**, dando cumprimento à denominada "**Estratégia Europa 2020**". Nos termos do artº 2º, nº 3 deste diploma legal, **excluem-se do seu âmbito:**

- **Os incentivos de natureza fiscal;**
- **Os que se destinam ao sector da produção agrícola primária, da produção animal, da caça e das florestas** – com excepção das situações previstas na al. b);
- Os destinados ao **sector das pescas e da aquicultura**, com a ressalva das situações expressamente previstas na al. c) do citado nº 3.

Para efeitos de aplicação deste regime de incentivos, o **conceito de PME é o correspondente ao da Recomendação nº 2003/361/CE, da Comissão**, de 6 de Maio (al. o) do artº 3º). **São abrangidas** as empresas, actuando isoladamente ou em cooperação, as entidades públicas, associações empresariais ou entidades do Sistema Científico ou Tecnológico (SCT) que se direccionem para uma intervenção nas PME. Os incentivos a conceder deverão apresentar, nos termos do art. 5º, uma perfeita **compatibilidade com a regulamentação comunitária,** subordinando-se às normas comunitárias de concorrência em matéria de auxílios de Estado, e, conforme a natureza dos projectos a apoiar, deverão integrar os enquadramentos abaixo indicados:

Nos termos do artº 9º poderão ser **beneficiários** dos apoios as **empresas de qualquer natureza e sob qualquer forma jurídica,** incluindo entidades sem fins lucrativos e entidades públicas, desde que em relação de cooperação com entidades privadas (nº 1). **Só poderão candidatar-se a estes apoios** os promotores de investimentos que reúnam, cumulativamente, as condições taxativamente previstas pelo artº **12º do Dec.-Lei nº 6/2015**, as quais constituem **condições gerais de elegibilidade**. Nesta conformidade, os promotores terão de:

- Estar **legalmente constituídos;**
- Cumprir todas as **condições legais necessárias ao exercício** da respectiva actividade;
- Ter a sua **situação regularizada com a administração fiscal, a segurança social e as entidades pagadoras dos incentivos;**

- Possuir ou assegurar **os recursos humanos e físicos necessários** ao desenvolvimento do projecto;
- Dispor de **contabilidade organizada** nos termos da legislação aplicável;
- Demonstrar uma **situação económico-financeira equilibrada, nos termos da regulamentação específica.**

Por via de regra, uma vez concedido o apoio financeiro, **as entidades beneficiárias ficam obrigadas** a:

- **Não afectar a outras finalidades**, locar, alienar ou onerar os bens e serviços adquiridos ao abrigo do dos projectos apoiados sem a prévia autorização da entidade cometente para a decisão, e durante o período de vigência do contrato que formaliza a concessão dos incentivos;
- **Afectar à sua actividade o investimento produtivo apoiado;**
- **Manter a localização geográfica da empresa beneficiária definida no projecto**, durante o prazo mínimo de 5 anos (ou de 3 se se tratar de uma PME), salvo prazos diferentes previstos nos respectivos sistemas de incentivos;
- **Permitir o acesso aos locais** de realização do investimento e das acções, e àqueles onde se encontrem os elementos e documentos necessários, nomeadamente os de despesa, para o acompanhamento e controlo;
- **Publicitar os apoios concedidos** nos termos definidos em regulamentação específica (afixação de dísticos normalizados e placas nos locais onde se desenvolve a actividade, uso de logótipos das entidades financiadoras em todos os documentos da empresa, entre outros procedimentos).

A violação dos deveres, por motivo imputável à entidade, ou dos objectivos do projecto e do prazo, das obrigações legais, fiscais e de outra natureza do promotor, as falsas declarações ou a viciação dos elementos, em fase de apresentação, apreciação e controle, determina a **resolução unilateral do contrato**, devendo a entidade **devolver os valores recebidos, acrescidos de juros** calculados à taxa definida no próprio contrato de concessão de incentivos.

De acordo com o art.º 16º, nº 1 deste diploma legal, as formas dos incentivos são:

- **Incentivos reembolsáveis;**
- **Incentivos não reembolsáveis;**
- **Bonificação de juros** desde que não integrada em instrumento financeiro.

As prioridades definidas pelo Governo foram vertidas em **três sistemas de incentivos de base transversal**:

- O Sistema de Incentivos à Investigação e Desenvolvimento Tecnológico (**SI I&DT**);
- O Sistema de Incentivos à Inovação (**SI Inovação**);
- O Sistema de Incentivos à Qualificação e Internacionalização de PME (**SI Qualificação de PME**).

No QREN, a estratégia relativa aos sistemas de incentivos para o investimento empresarial é concretizada através da intervenção do **Programa Operacional Factores de Competitividade** (investimentos de médias e grandes empresas) e dos programas operacionais regionais do continente (investimentos de micro e pequenas empresas).

As **tipologias de investimento** para capacitar as PME portuguesas para os novos desafios do mercado global integraram, ao abrigo do Dec.-Lei nº 6/2015, os seguintes **domínios**:

- Investigação e desenvolvimento (I&D) incluindo a demonstração e valorização dessa I&D empresarial;
- Inovação e competitividade empresarial;
- Internacionalização;
- Qualificação de PME;
- Energia e ambiente;
- Empreendedorismo e formação profissional;
- Criação de emprego nas PME;
- Cultura, conservação do património e obras audiovisuais.

Não obstante, podem ser privilegiados outros domínios como aconteceu até 2003, a saber:

- **Economia digital** – criação e ou adequação da infra-estrutura interna de suporte com vista à inserção da PME na economia digital e à melhoria dos modelos de negócios com base numa presença mais efectiva na economia digital que permitam a concretização de processos de negócios desmaterializados com clientes e fornecedores através da utilização das TIC;
- **Comercialização, marketing, distribuição e logística**;
- A **internacionalização** – conhecimento de mercados, desenvolvimento e promoção internacional de marcas, prospecção, e presença em mercados internacionais, com exclusão da criação de redes de comercialização no exterior, e promoção e *marketing* internacional;
- **Responsabilidade social** e **segurança e saúde no trabalho** – investindo-se na melhoria das condições de higiene, segurança e saúde no trabalho, bem como na certificação de sistemas de gestão da responsabilidade social, de sistemas de gestão da segurança alimentar, de sistemas de gestão de recursos humanos e de sistemas de gestão da segurança e saúde no trabalho, no âmbito do SPQ;
- **Igualdade de oportunidades** – definindo e desenvolvendo planos de igualdade, com contributos efectivos para a conciliação da vida profissional com a vida familiar, bem como a facilitação do mercado de trabalho inclusivo.

Em conclusão: os promotores das empresas e/ou os seus titulares que pretendam candidatar-se a sistemas de incentivos devem estar vigilantes em relação aos programas e respectivas medidas de apoio contratualizados com o Governo português, os quadros de apoios e fundos estruturais comunitários, os regulamentos específicos que definem os seus destinatários, as áreas e regiões do país beneficiadas, os requisitos e prazos para a apresentação das candidaturas e outros aspectos igualmente relevantes.

4.3.1. O MICROCRÉDITO

O **Dec.-Lei nº 12/2010, de 19 de Fevereiro,** disciplina o microcrédito, tido como um instrumento adequado para apoiar o empreendedorismo, em particular os pequenos empresários, e estimular a criação do auto-emprego.

Com este diploma normativo, o nosso ordenamento jurídico permitiu a criação de **sociedades especialmente vocacionadas para o microcrédito**, que consiste num **financiamento de valor reduzido** concedido a pessoas com motivação e capacidade para desenvolver um negócio, quer porque se encontram numa situação de desemprego, quer porque são pequenos empresários.

Um aspecto essencial deste regime, atenta a sua função sócio-económica, é assegurar que os montantes concedidos a título de microcrédito são efectivamente usados para as finalidades previstas na lei, daí que caiba à própria sociedade financeira a **fiscalização do seu destino**. Em caso de **violação da finalidade** para que foi concedido este crédito, vencer-se-á o empréstimo, ficando **o mutuário obrigado ao seu reembolso e ao pagamento dos juros que forem devidos**.

Nos termos do artº 1º deste diploma, as sociedades financeiras de microcrédito *"têm por objecto a prática de operações de concessão de crédito de montantes reduzidos, a particulares e a empresas, para desenvolver uma actividade económica, o aconselhamento dos mutuários e o acompanhamento dos respectivos projectos."*.

Este regime foi **regulamentado pela Portaria nº 1315/2010, de 28 de Dezembro**, que define o objecto das operações do microcrédito e o seu montante máximo. Nos termos do artº 1º, as operações de microcrédito deverão destinar-se aos **pequenos projectos empresariais ou profissionais que gerem ou mantenham postos de trabalho de forma sustentável, nomeadamente o auto-emprego**, e abranger mutuários cujo perfil de risco não lhes dificulte o acesso ao financiamento por outras fontes (designadamente a Banca).

Caberá às sociedades financeiras mutuantes avaliar o projecto e as suas condições de viabilidade económica, bem como acompanhar e assessorar o mutuário ao longo das suas fases (preparação, implementação e gestão) **e o montante máximo de financiamento é de € 25.000** (artº 2º).

As entidades financiadoras deverão incluir na sua denominação a expressão «sociedade financeira de microcrédito» e só estas entidades podem usar tal designação.

4.4. O "SMALL BUSINESS ACT" (SBA)

É insofismável o relevante papel que as PME e as microempresas, frequentemente com uma estrutura familiar, podem desempenhar nas economias dos Estados-Membros. Daí que, em Junho de 2008, a Comissão Europeia tivesse adoptado o *"Small Business Act"* (SBA) para a Europa, com vista a colocar as PME na vanguarda da UE e da criação de políticas nacionais.

A adopção do nome «*act*» – que, na terminologia inglesa significa Lei – pretende acentuar a vontade política da UE de reconhecer o papel central das PME na sua economia e de, pela primeira vez, criar um quadro estratégico para o seu apoio e desenvolvimento, através da assunção de um conjunto de princípios e de políticas de protecção das PME. Com o SBA pretende-se reforçar o **crescimento e a competitividade sustentáveis das PME**, adoptar iniciativas para melhor adaptar o mercado único às suas necessidades, de acordo com o princípio essencial "Pensar primeiro em pequena escala".

O SBA resulta da transformação da **Carta Europeia das Pequenas Empresas**, de 2000, e funda-se no reconhecimento da necessidade que existe em adoptar uma política moderna para as PME. Isto porque, como se referiu, da análise comparada das legislações dos Estados-Membros, resulta que **as PME operam em ambientes muito diferentes e a sua própria natureza é diversificada, já que podem incluir empresas artesanais, microempresas, empresas familiares e empresas de economia social.**

Por outro lado, as PME deparam-se com grandes **constrangimentos do mercado** que agravam as condições em que operam, desde o acesso ao financiamento (especialmente as microempresas), aos meios para inovar, quando em comparação com as grandes empresas, às dificuldades estruturais relativas à falta de competências de gestão.

Com o SBA pretende-se que os Estados da UE adoptem **políticas convergentes** e melhorem o ambiente empresarial, **facilitando o pro-**

cesso de criação e crescimento das pequenas empresas, que revejam as suas legislações internas para harmonizar procedimentos e formalidades e **reduzam a burocracia e os encargos administrativos**, desde logo no que toca às obrigações declarativas e às informações que as empresas devem prestar às respectivas Administrações (em matéria de registo, de certificação, de inspecção, de acesso a subvenções, de preenchimento de formulários estatísticos, de rótulos para consumidores, em matéria de energia, relatórios para accionistas, etc.).

4.5. O MERCADO ÚNICO PARA O SÉCULO XXI

Este conceito foi apresentado pela Comissão da UE, com vista a construir, no futuro, um mercado único moderno em benefício de todos. Para este efeito, a Comissão Europeia apresentou um conjunto de iniciativas para modernizar o mercado único europeu e assegurar mais benefícios para os europeus.

Pretende-se, essencialmente, alargar as possibilidades de criação de empresas competitivas, a redução dos preços, de forma a proporcionar uma maior escolha aos consumidores e tornar a Europa atractiva para os investidores. Aproveitando-se as potencialidades da globalização, os objectivos passam por conferir **mais poder aos consumidores** (mediante a prestação de melhores serviços de informação sobre os seus direitos contratuais e, se for o caso, obterem indemnizações, para além das suas fronteiras nacionais) **dar mais apoio às pequenas empresas**, fomentar a inovação e contribuir para manter elevados padrões sociais e ambientais.

4.6. RESPONSABILIDADE SOCIAL DAS EMPRESAS

Este conceito, abreviadamente RSE, evoluiu historicamente, sendo certo que, só nas duas últimas décadas do século XX, concretamente a partir de 1990, é que a discussão desta temática ganhou relevo internacional. Para tanto, foram determinantes os acontecimentos político-sociais dos finais do século XX, como a queda do Muro de Berlim, o desmantelamento do regime político e económico da União Soviética, a liberalização do comércio, as novas formas de capitalismo disseminadas à escala mundial, com a globalização da economia. Por outro lado, a revolução provocada pelas novas tecnologias da informação e comunicação produziu uma mundovisão distinta daquela a que já nos havíamos habituado.

Por força das novas tecnologias, as empresas estabelecem ligações transnacionais, conquistam novos mercados e contratam ou sub-contratam mão-de-obra e força de trabalho que pode operar a partir de qualquer ponto do planeta, frequentemente sem vínculo laboral, agindo como trabalhadores autónomos ou independentes. Porém, concomitantemente com esta transformação, eclodiram novas formas de pobreza e o sub-emprego e desemprego levaram à exclusão de exércitos de indivíduos. Como pano de fundo de todas estas transformações, a temática Ambiente ganhou relevo, dados os graves problemas com que o planeta se debate e cuja solução é imperativa, de forma a salvaguardar o "**desenvolvimento sustentável**", conceito que "baliza" o desenvolvimento económico no respeito e salvaguarda do património ambiental.

Neste contexto surgiram várias correntes teóricas que defendem a responsabilidade social das empresas, considerando que **o conceito de lucro deve convergir com o da ética nos negócios e com o da responsabilidade pelo impacto económico, social e ambiental que as suas actividades económicas geram.**

A sensibilidade actual vai na direcção de que uma empresa deve estabelecer as regras da sua própria gestão e controlo e constituir-se num **verdadeiro pólo de desenvolvimento do bem comum** (neste sentido, o Banco Mundial, em 2002, a Comissão Europeia, em 2001, a OCDE – Comissão Para a Cooperação e Desenvolvimento Económicos, em 2000, entre outras entidades). Parece afastada a concepção de **Milton Friedman**[5] **ou Theodore Leavitt**[6], para quem, e cita-se: *"A responsabilidade social da empresa consiste em aumentar seus próprios lucros....".*

---

[5] Milton Friedman, destacado economista norte-americano do Século XX, foi um dos mais influentes teóricos do liberalismo económico. Depois da Grande Depressão, concluiu o seu Mestrado em Economia na Universidade de Chicago e trabalhou com Frank Knight, conhecido pelas suas teses conservadoras. Friedman defendia que os problemas sociais podiam ser solucionados por um sistema económico dotado de competitividade e liberdade absoluta.

Mercê da evolução social e económica das últimas décadas, podemos considerar que estamos nos antípodas deste entendimento. Nesta esteira, o **Banco Mundial**, em 2002, consagrava, a propósito do papel que os Governos devem desempenhar nas suas políticas de incentivo à responsabilidade social das empresas:

"RSE é o compromisso empresarial de contribuir para o desenvolvimento económico sustentável, trabalhando em conjunto com os empregados, as suas famílias, a comunidade local e a sociedade em geral para melhorar a sua qualidade de vida....".

Em Julho de 2001, a **Comissão Europeia apresentou um Livro Verde**, intitulado "Promover um quadro europeu para a responsabilidade social das empresas", cujo objectivo essencial foi lançar o debate sobre este conceito, de forma a concertar acções para promover esta mesma responsabilidade. Pretendeu-se criar as bases para que as empresas tomassem consciência de que um *"comportamento responsável é fonte de êxitos comerciais duradouros"*. O objectivo estratégico desta iniciativa foi o de a UE dotar-se, até 2010, de empresas e de uma *"economia baseada no conhecimento mais dinâmico e competitivo do mundo, capaz de garantir um crescimento económico sustentável, com mais e melhores empregos, e com maior coesão social"*.

Empresas, sindicatos e organizações várias, designadamente de consumidores, foram consultados e **manifestaram pontos de vista diferentes.** As **empresas** assumiram que a RSE deveria ter uma **natureza voluntária e não imperativa,** por entenderem que poderia constituir um factor de estrangulamento da sua criatividade e capacidade de

---

Publicou numerosos livros que versaram desde a macroeconomia à microeconomia, a teoria monetária, estatística e a história económica. No mais famoso desses livros, "Capitalismo e Liberdade" (1962), Friedman teceu as bases do seu pensamento, desenvolvendo a ideia de que a liberdade económica é uma condição essencial para a liberdade das sociedades e dos indivíduos, tendo ganho o Prémio Nobel de Economia de 1976.

[6] Economista americano (1952-1986) e professor em Harvard, tornou-se famoso pela criação do conceito de "globalização". Defendia, em 1983, que as empresas tinham como propósito criar e defender o cliente, e, para este autor, o seu fim essencial era o de ganhar dinheiro. Apesar do termo "globalização" ter sido já usado, anteriormente, foi ele quem se popularizou pelo termo, após o artigo científico que escreveu sobre a "globalização dos mercados".

inovar; já as **organizações sindicais** consideraram que o carácter facultativo das iniciativas empresariais não seria suficiente para salvaguardar os direitos dos trabalhadores e dos consumidores, sendo imperioso **responsabilizar o mundo empresarial pelo impacto negativo das suas actividades económicas**. As **organizações representativas dos consumidores** exigiram uma **defesa mais intransigente dos seus interesses, com uma informação fiável e exaustiva das condições de produção e de comercialização dos produtos e serviços**, de modo a poderem orientar-se nas suas escolhas.

Não obstante estes entraves, o conceito de RSE vingou e é entendido na perspectiva pela qual *"...as empresas integram voluntariamente preocupações sociais e ambientais nas suas operações e na sua interacção com outras partes interessadas."*. Mais se consagrou que *"A principal função de uma empresa consiste em criar valor através da produção de bens e serviços que a sociedade exige, gerando assim lucros para os seus proprietários e accionistas e bem-estar para a sociedade, em especial através de um processo contínuo de criação de emprego."*.

A responsabilidade social das empresas é hoje um conceito reconhecido pelas empresas, pelos Governos e outras partes interessadas, por se admitir que pode ser um instrumento eficaz na adopção de estratégias fundamentais para a **globalização** (incluindo as PME que desenvolvem as suas actividades à escala mundial, retirando proveitos da liberalização dos mercados e da contratação de empresas localizadas em países em desenvolvimento) para o **intercâmbio das experiências e das boas práticas** – o que possibilita a exploração de sistemas de gestão da qualidade, a educação e formação dos gestores nestes domínios, de modo a adquirirem uma compreensão dos valores sociais, ambientais e éticos que lhes permita a tomada de decisões mais consciente, no mundo empresarial.

Daí que, por força da **Comunicação da Comissão, de 22 de Março de 2006**, ao Parlamento Europeu e ao Comité Económico e Social Europeu, se continue a promover a responsabilidade social das empresas (RSE) na UE e no mundo, como forma de estas se comprometerem com o processo da globalização e do desenvolvimento sustentável. Certo é que este conceito foi originalmente pensado para as grandes empresas multinacionais, todavia, de acordo com a referida estratégia *"Começar a pensar nos pequenos"*, **as PME têm, igualmente, de incluir nas suas preocupações a sua responsabilidade social, já que constituem a maioria do tecido empresarial da Europa.**

Como se disse, na responsabilidade social das empresas integram-se questões directamente relacionadas com o impacto causado pelas suas actividades nos países em desenvolvimento, pelo que deverão adoptar políticas proactivas – **melhoria das relações laborais, erradicação do trabalho infantil, cuidados de saúde e seguros para os seus colaboradores, condições de salubridade e segurança no ambiente de trabalho,** fomentar o **comércio justo,** adoptar **tecnologias limpas** (também designadas de tecnologias verdes). Consequentemente, deverão investir em tudo o que possa contribuir para a **protecção ambiental,** a **gestão e eliminação eficaz de resíduos,** a **introdução de tecnologias eco-eficientes** e processos de produção que não se traduzam no desperdício dos recursos naturais, entre outras estratégias.

Em síntese: as empresas devem cooperar na construção do modelo europeu que inclui a defesa da solidariedade, a coesão e a igualdade de oportunidades, no contexto de uma concorrência mundial cada vez mais agressiva. De todos os valores e objectivos contemplados pelas políticas públicas, a Responsabilidade Social das Empresas deverá ter em apreço:

- **Melhorar a saúde pública,** através de um processo de **rotulagem voluntária** e rigorosa dos seus produtos;
- **Responder aos problemas sociais e ambientais,** em parceria com outras entidades externas;
- **Reduzir a poluição** e **utilizar de forma racional os recursos naturais,** através de sistemas de gestão ambiental, da obtenção do **rótulo ecológico europeu** e a realização de **investimentos em eco-indústrias e eco-inovação;**
- **Respeitar as normas laborais** nos seus países e nos países em vias de desenvolvimento.

4.6.1. ROTULAGEM, APRESENTAÇÃO E PUBLICIDADE DE PRODUTOS E GÉNEROS ALIMENTÍCIOS

A rotulagem de produtos visa proteger o direito de informação dos consumidores, que se encontra tutelado pelo Tratado da União Europeia. Como se referiu, à medida que os consumidores se tornam mais conscientes e sensíveis às condições sociais, económicas e ambientais do processo de fabrico dos produtos, têm natural tendência para exigir que estas informações constem dos produtos, possibilitando-lhes uma escolha esclarecida. Daí a importância crescente da rotulagem, da apresentação e da publicidade dos produtos, em geral, e dos géneros alimentícios em especial na UE. É certo que os consumidores podem colher informação a este respeito, desde logo através dos sistemas de menções, prémios e galardões com que os produtos são distinguidos no mercado.

Em face da disparidade das legislações internas dos Estados-Membros, e com o objectivo da **uniformização das práticas**, deu-se o **primeiro passo** com a Directiva nº 79/112/CEE, de 18 de Dezembro, alterada pela Directiva nº 2000/13/CE, de 6 de Maio, que codificou toda a informação referente a esta matéria. Assim, há que mencionar o **rótulo ecológico** da UE, representado por uma flor, que consubstancia a mais alta qualidade ambiental. Este rótulo é transparente e suscita imediata credibilidade, posto que é atribuído por instâncias independentes que certificam o respeito pelos critérios ambientais.

Por sua vez, **no ordenamento jurídico Português**, um conjunto de diplomas normativos vieram regular esta matéria, a saber o Dec.-Lei nº 560/99, de 18 de Dezembro, na redacção que lhe foi dada pelo Dec.-Lei nº 183/2002, de 20 de Agosto, rectificado pela Declaração de Rectificação nº 31/2003, de 7 de Outubro, e ainda o **Dec.-Lei nº 50/2003, de 25 de Março**, que estabeleceu as regras a que deve obedecer **a rotulagem dos géneros alimentícios destinados a serem fornecidos directamente ao consumidor final**, bem como aspectos relacionados com a sua apresentação e respectiva publicidade.

Posteriormente, e porque se entendeu que na produção dos géneros alimentícios são utilizados determinados ingredientes que, incorporados no produto final, podem ser fonte de alergias ou intolerâncias nos consumidores, o **Dec.-Lei nº 126/2005, de 5 de Agosto**, aditou ao Dec.-

-Lei nº 560/99, de 18 de Dezembro, o **anexo III**, que contém a **lista das substâncias consideradas potencialmente alergéneas**, determinando a obrigatoriedade da sua indicação no rótulo destes produtos alimentares.

Todavia, e porque a **Autoridade Europeia para a Segurança dos Alimentos** considerou provisoriamente, com base em informações disponíveis, que determinados produtos derivados dos ingredientes indicados na lista constante daquele anexo III não seriam susceptíveis ou muito susceptíveis de provocar reacções indesejáveis em indivíduos sensíveis, o Dec.-Lei nº 195/2005, de 7 de Novembro – na redacção que lhe foi dada pelo **Dec.-Lei nº 37/2006, de 20 de Fevereiro – excluiu provisoriamente da referida lista** os produtos derivados dos ingredientes indicados na lista constante no anexo III, enquanto se realizavam estudos científicos para determinar se esses produtos cumpriam as condições necessárias para a sua exclusão definitiva da referida lista, por não serem susceptíveis de provocar reacções indesejáveis em consumidores sensíveis.

Posteriormente, e com base em novos pareceres da referida Autoridade, bem como noutras informações disponíveis, concluiu-se que, em condições específicas, determinados produtos derivados dos referidos ingredientes **não são susceptíveis de provocar reacções indesejáveis em consumidores sensíveis**; por isso, a Comissão Europeia **excluiu-os definitivamente** da lista de ingredientes e de substâncias tidas como potencialmente alergéneas. Donde, a **Directiva nº 2007/68/CE**, da Comissão, de 27 de Novembro, que altera o anexo III–A da Directiva nº 2000/13/CE, do Parlamento Europeu e do Conselho, no que respeita a determinados ingredientes alimentares.

Esta Directiva foi transposta para a nossa ordem jurídica através do **Dec.-Lei nº 156/2008, de 7 de Agosto**, que alterou o referido **Anexo III-A da Directiva nº 2000/13/CE**. A título meramente exemplificativo, este Anexo, a que alude o artº 2º do citado Dec.-Lei nº 156/2008, refere-se a **cereais que contêm glúten** (nomeadamente trigo, centeio, cevada, aveia, espelta, *kamut* ou as suas estirpes hibridizadas) e produtos à base destes cereais, com excepção dos ingredientes nele elencados, aos **cereais utilizados na produção de destilados ou de álcool etílico** de origem agrícola para bebidas espirituosas e outras bebidas alcoólicas, a crustáceos e produtos à base de crustáceos e moluscos, a ovos e produtos à base de ovos, a peixes e produtos dele derivados, a tremoço e amendoins e produtos seus derivados, à soja e produtos à base de soja, ao leite e produtos à base de leite (incluindo a lactose), entre outros.

4.6.2. A EXPRESSÃO "MADE IN"

Relativamente à expressão *"made in"*, há que dizer que **não é obrigatória para a generalidade dos países da UE,** posto que mais não é do que uma informação complementar quanto à proveniência dos produtos, já que **a autenticidade da sua origem só pode ser devidamente comprovada e atestada pelos respectivos documentos aduaneiros** ou pelos certificados emitidos para este efeito.

Em Portugal, esta menção não é obrigatória, mas em caso de utilização deverá ser traduzida para o nosso idioma (*"fabricado em ..."* ou *"feito em ..."*, conforme o Parecer da Procuradoria-Geral da República, publicado no D.R., da II Série, de 17 de Junho de 1993.

As empresas que pretendam pôr em prática estes princípios relativos à sua responsabilidade social, poderão colaborar com os seus Estados e as ONG tendo em vista o intercâmbio de boas práticas e fornecer aos consumidores uma informação detalhada sobre o processo de produção e a cadeia de abastecimento, para que estes possam avaliar o impacto das suas escolhas.

4.7. REDE JUDICIÁRIA EUROPEIA

Vivemos num mundo global. A atestar esta realidade, o fenómeno de deslocalização das empresas – que não confinam as suas actividades às fronteiras de um Estado – a facilidade com que as pessoas circulam entre continentes e no espaço Europeu, a sofisticação dos meios tecnológicos com que podem comunicar entre si, a ampla divulgação e utilização das novas tecnologias de informação e comunicação, o comércio electrónico e todas as formas pelas quais, mesmo os cidadãos que não exercem a empresa, promovem a venda de produtos e serviços no espaço da Internet.

Esta realidade origina novos desafios, especialmente no que diz respeito ao acesso à **Justiça num espaço geográfico sem fronteiras**, como é o caso da UE. Hoje, e especialmente para quem desenvolve relações comerciais ou realiza transacções, é fundamental conhecer as leis comunitárias, as normas internas dos Estados-Membros da UE e o ordenamento jurídico que disciplina a actividade comercial e empresarial do país onde tem sede a própria empresa.

No contexto global em que os agentes económicos têm de operar, há matérias de fulcral importância, como a que se relaciona com a **protecção de dados na cooperação judiciária e policial**, a **mediação em matéria civil e comercial** e **o combate à cibercriminalidade,** verdadeira prioridade para a UE já que o cibercrime é uma forma de criminalidade autónoma que consubstancia *"um meio novo"* de cometer crimes tipificados e desde sempre perpetrados na esfera da criminalidade económica e financeira.

A União Europeia preocupa-se com a cooperação em justiça penal e electrónica, e em 2009 finalizou um programa de trabalhos para 5 anos, definido em Haia no ano de 2004 ("Programa de Haia") para o planeamento da acção comunitária na área da Justiça Penal e Civil, de forma a habilitar-se a União Europeia com um quadro jurídico mais seguro em litígios transfronteiriços. É, também, importante que cidadãos e empresas tenham uma resposta ágil e uma solução rápida e eficaz para as dificuldades, as questões e os litígios decorrentes do **comércio transfronteiriço**, sendo essencial o desenvolvimento de uma cooperação judiciária internacional, a denominada Rede Judiciária Europeia. Em matéria **civil e comercial,** esta rede visa promover a agilização da **cooperação entre Tribunais**, com uma lógica distinta da do passado, com prevalência dos meios tecnológicos mais recentes e dos contactos informais, através da transmissão e partilha de informação relevante para esta cooperação que é feita, preferencialmente, por magistrados de ligação – denominados Pontos de Contacto – bem como por autoridades nacionais.

Têm estas entidades a função de *"...buscar fórmulas de ultrapassagem dos obstáculos verificados na execução de uma qualquer pretensão ou encaminhar as entidades requerentes para as autoridades já designadas em actos comunitários e instrumentos internacionais como responsáveis por facilitar a cooperação neste domínio.".*

4.7.1. REGULAMENTO (CE) Nº 44/2001 DO CONSELHO
A EXECUÇÃO, NA EU, DE SENTENÇA PROFERIDA NUM ESTADO-MEMBRO

O Regulamento (CE) nº 44/2001, do Conselho, relativo à competência judiciária, reconhecimento e execução de decisões em matéria civil e comercial contém regras relativas à **execução de decisões noutro Estado-Membro**. Este regulamento simplificou o procedimento para a obtenção de uma declaração de executoriedade de uma decisão estrangeira.

Em síntese, este regulamento estabelece que:

- **As decisões proferidas num Estado-Membro, e que aí possam ser executadas, podem ser igualmente executadas noutro Estado-Membro** depois de neste terem sido **declaradas executórias** – *exequatur* (ou, no caso do Reino Unido, após terem sido registadas) **a requerimento de qualquer parte interessada**;
- **O pedido é apresentado ao tribunal competente territorialmente** (esta competência é determinada pelo domicílio da parte contra a qual a execução é solicitada ou pelo lugar da execução);
- **A declaração de executoriedade de uma decisão** deve ser emitida depois de cumpridas as formalidades previstas e deve ser **notificada** à outra parte, que só pode contestá-la mediante recurso;
- Há lugar à **recusa de reconhecimento de uma decisão estrangeira** se este reconhecimento for contrário à ordem pública ou incompatível com uma decisão anterior, ou quando a contraparte não comparecer por não ter sido notificada atempadamente do acto que faz nascer a instância.

Este processo iniciou-se em Outubro de 1999, com vista a reduzir as barreiras existentes na execução de decisões estrangeiras e adoptar o **princípio do reconhecimento mútuo das decisões em matéria civil e comercial**. Numa primeira fase deliberou-se pela supressão do *exequatur* nos créditos não contestados, pelo que foi adoptado o **Regulamento (CE) nº 805/2004** do Parlamento Europeu e do Conselho que criou o **título executivo europeu para créditos não contestados**. De acordo com este regulamento haver-se-á por *"créditos não contestados"* as situações em que o credor obtenha decisão judicial ou título executivo contra o devedor, em virtude de este não ter contestado a natureza ou dimensão de um crédito pecuniário ou ter confessado a existência da dívida, quer por transacção homologada pelo Tribunal, quer através de um instrumento autêntico.

Este Regulamento não impôs aos Estados-Membros um dever de adaptar a sua lei nacional às normas processuais mínimas previstas; o seu objectivo foi **incentivar os Estados** nesse sentido, de forma a ser instituído um regime mais célere para a execução mais rápida das decisões, noutros Estados-Membros, desde que fossem respeitadas as normas mínimas consagradas neste Regulamento. Por outro lado, **o credor teria a faculdade de optar** por requerer a certificação, como Título Executivo Europeu, dos créditos não contestados, ou recorrer ao sistema de reconhecimento e de execução previsto pelo Regulamento (CE) nº 44/2001 do Conselho ou por outros instrumentos comunitários.

O Regulamento **aplica-se em matéria civil e comercial**, independentemente da natureza da jurisdição, mas **não abrange matérias fiscais, aduaneiras e administrativas, nem a responsabilidade do Estado por actos e omissões no exercício do poder público.** Também se exclui do seu âmbito de aplicação:

"a) O estado ou a capacidade das pessoas singulares, os direitos patrimoniais decorrentes de regimes matrimoniais, de testamentos e de sucessões;

b) As falências e as concordatas em matéria de falência de sociedades ou outras pessoas colectivas, os acordos judiciais, os acordos de credores ou outros procedimentos análogos;

c) A segurança social;

d) A arbitragem.". (artº 2º do Regulamento)

Dispõe o Regulamento (CE) nº 805/2004:
São certificados como títulos executivos europeu as decisões, as transacções judiciais e os instrumentos autênticos sobre créditos não contestados, considerados, estes últimos, como créditos «não contestados» se o devedor:

"a) ***Tiver admitido expressamente a dívida, por meio de confissão ou de transacção homologada por um tribunal****, ou celebrada perante um tribunal no decurso de um processo;*

b) Nunca tiver deduzido oposição, de acordo com os requisitos processuais relevantes, ao abrigo da legislação do Estado-Membro de origem;

c) Não tiver comparecido nem feito representar na audiência relativa a esse crédito, após lhe ter inicialmente deduzido oposição durante a acção judicial, desde que esse comportamento implique uma admissão tácita do crédito ou dos factos alegados pelo credor, em conformidade com a legislação do Estado-Membro de origem;

d) Tiver expressamente reconhecido a dívida por meio de instrumento autêntico.".

4.7.2. O PROCEDIMENTO EUROPEU PARA AS ACÇÕES DE PEQUENO MONTANTE

Em 2005, a Comissão Europeia adoptou uma proposta de Regulamento, do Parlamento Europeu e do Conselho, que estabeleceu um procedimento europeu para as acções de pequeno montante, com o objectivo de simplificar, **acelerar e reduzir as despesas relativas às acções de reduzido valor**, mediante a criação de um procedimento europeu para as acções de pequeno montante a que os litigantes poderiam recorrer como alternativa aos procedimentos existentes a nível dos Estados-Membros, que se manteriam sem alterações.

Esta proposta previa, também, a eliminação de formalidades necessárias para o reconhecimento e a execução de uma decisão. Uma decisão proferida no âmbito de um procedimento europeu para as acções de pequeno montante será reconhecida e executória noutro Estado-Membro sem ser necessária uma declaração de executoriedade, não sendo possível oposição ao seu reconhecimento.

Deste modo, o **Regulamento (CE) nº 861/2007 do Parlamento Europeu e do Conselho, de 11 de Julho de 2007**, estabeleceu um **processo europeu para acções de pequeno montante** que entrou em vigor em 1 de Janeiro de 2009, com excepção do seu artigo 25º, aplicável a partir de 1 de Janeiro de 2008 (artº 29º).

Os seus objectivos são reduzir as despesas e simplificar o processo do reconhecimento e da execução das decisões proferidas noutros Estados-Membros. **Para facilitar o cálculo do valor do pedido, não serão tidos em conta os juros, os custos e outras despesas,** o que não constitui impedimento para o órgão jurisdicional os conceder no julgamento, nem obsta à aplicação das regras nacionais em matéria de cálculo de juros.

Aqui se consignam os **aspectos essenciais deste regime**:

- Estes processos são respeitantes a **casos transfronteiriços de natureza civil ou comercial**, independentemente da natureza do órgão jurisdicional, em que **o valor do pedido não exceda € 2.000,00**, à data em que o formulário de requerimento é recebido no órgão jurisdicional competente, excluindo todos os juros, custos e outras despesas;
- **Entende-se por casos transfronteiriços** aqueles em que, pelo menos, uma das partes tenha domicílio ou residência habitual num Estado-Membro, que não seja o Estado-Membro do órgão jurisdicional a que o caso é submetido;
- **Não se incluem matérias** de natureza fiscal, aduaneira e administrativa, nem a responsabilidade do Estado por actos e omissões no exercício do poder público;
- **Também não se encontram abrangidas** por estes processos as questões relacionadas com o estado ou a capacidade das pessoas singulares, os direitos patrimoniais decorrentes de regimes matrimoniais, de obrigações de alimentos, de testamentos e sucessões, as falências e as concordatas em matéria de falência de sociedades ou outras pessoas colectivas, os acordos de credores ou outros procedimentos análogos, questões relativas a segurança social, a arbitragem nem questões emergentes de direito do trabalho, o arrendamento de imóveis, excepto em acções pecuniárias, ou as violações da vida privada e dos direitos da personalidade, incluindo a difamação;
- O **requerente deverá preencher um formulário de requerimento** e apresentá-lo ao órgão jurisdicional competente (o qual deverá ser titulado por pessoa com competência para exercer as funções de juiz nos termos da lei nacional);
- A apresentação do requerimento será feita, quer directamente, quer pelo correio, quer ainda por qualquer outro meio de comunicação, designadamente fax ou correio electrónico, aceite pelo Estado-Membro em que tenha início o processo;

- O **formulário de requerimento** deverá ser acompanhado, se for caso disso, de **documentos comprovativos**, o que não impede o requerente de apresentar outras provas durante o processo, e o mesmo princípio deverá aplicar-se à resposta do requerido;
- Se o órgão jurisdicional considerar que a informação fornecida pelo requerente não é suficientemente clara ou adequada ou se o formulário de requerimento não estiver correctamente preenchido – a menos que o pedido pareça ser manifestamente infundado ou o requerimento inaceitável – o órgão jurisdicional deve **dar ao requerente a possibilidade de o completar ou rectificar ou de fornecer informações ou documentos suplementares**, ou ainda de **retirar o pedido no prazo que fixar**;
- **O processo deverá ser escrito**, salvo se o órgão jurisdicional considerar necessária uma audiência ou se uma das partes a requerer;
- O órgão jurisdicional poderá indeferir o pedido, mas não poderá impugnar-se separadamente esse indeferimento;
- **O requerido deve apresentar a sua resposta no prazo de 30 dias** a contar da notificação do formulário de requerimento, mediante o preenchimento de um **formulário de resposta**, acompanhado, se for caso disso, dos documentos comprovativos pertinentes;
- No **prazo de 14 dias a contar da recepção da resposta do requerido**, deve ser enviada ao requerente uma cópia desta resposta, juntamente com todos os documentos comprovativos que tiverem sido juntos a esta;
- **As partes não são obrigadas a ser representadas por um advogado ou outro profissional forense**;
- Qualquer das partes **poderá recusar a recepção de um documento**, quer no momento da citação ou notificação, quer devolvendo o documento ao Estado-Membro solicitado no prazo de uma semana, **se aquele não estiver redigido, ou não for acompanhado de uma tradução,** quer na língua oficial desse Estado-Membro (existindo várias línguas oficiais nesse Estado-Membro, na língua oficial ou numa das línguas oficiais do local onde deva ser efectuada a citação ou a notificação ou para onde o documento deva ser enviado), quer numa língua que o destinatário compreenda;
- No que diz respeito às **audiências e à produção de prova**, os Estados-Membros deverão promover a **utilização das novas tecno-

logias da comunicação, respeitando a legislação nacional do Estado-Membro em que o órgão jurisdicional se situa (os meios mais simples e económicos de produção de prova);
- Se o requerido alegar na sua resposta que o **valor do pedido não pecuniário excede o limite supra indicado de € 2.000,00**, o órgão jurisdicional deve decidir, no prazo de 30 dias, a contar do envio da resposta ao requerente, se o pedido se encontra abrangido por este Regulamento;
- No prazo de 30 dias a contar da recepção da resposta do requerido ou do requerente, apresentadas nos prazos fixados, o órgão jurisdicional deve proferir uma **decisão** ou **solicitar às partes que**, em prazo determinado não superior a 30 dias, **prestem esclarecimentos suplementares relativos ao pedido, notificar as partes para comparecerem em audiência**, a realizar no prazo de 30 dias a contar da notificação;
- O órgão jurisdicional profere a **decisão no prazo de 30 dias,** a contar da eventual audiência, ou após ter recebido todas as informações necessárias para o efeito, e a decisão é notificada às partes;
- O órgão jurisdicional pode realizar a **audiência através de vídeo-conferência ou de outras tecnologias** de comunicação, se estiverem disponíveis os meios técnicos necessários;
- O órgão jurisdicional deve determinar os meios de produção de prova e quais as provas necessárias para a decisão, de acordo com as regras aplicáveis à admissibilidade da prova e pode admitir a produção de prova através de **depoimentos escritos de testemunhas, peritos ou partes**;
- Para acelerar a cobrança de pequenos montantes, **a decisão deverá ser imediatamente executória**, sem prejuízo de um eventual recurso e sem a obrigação de constituição de caução;
- **A parte vencida suportará as despesas do processo**;
- As **despesas do processo** serão **calculadas de acordo com a lei nacional**; atendendo aos objectivos da simplicidade e da economia, o órgão jurisdicional só deverá obrigar a parte vencida a pagar as despesas do processo, nomeadamente as decorrentes do facto de a outra parte ter sido representada por um advogado ou outro profissional forense, e as ocasionadas pela notificação ou tradução de documentos que sejam proporcionais ao valor do pedido ou se revelem justificadas;

- Para facilitar o reconhecimento e a execução, as **decisões proferidas num Estado-Membro deverão ser reconhecidas e executadas em qualquer outro Estado-Membro, sem necessidade de declaração de executoriedade e sem que seja possível contestar o seu reconhecimento** (artº 20º do capítulo III do Regulamento (CE) Nº 861/2007 do Parlamento Europeu e do Conselho, de 11 de Julho de 2007);
- **A parte que requerer a execução** deverá fazê-lo mediante um requerimento-tipo, acompanhado com a **cópia da decisão**, com as condições necessárias para comprovar a sua autenticidade, **devidamente traduzida** na língua oficial do Estado-Membro de execução ou, caso esse Estado-Membro tenha várias línguas oficiais, na língua oficial ou numa das línguas oficiais de processo do órgão jurisdicional do local em que é requerida a execução, nos termos da legislação desse Estado-Membro, ou em qualquer outra língua que o Estado-Membro de execução tenha declarado aceitar.

Este trabalho dependerá de uma cooperação estreita entre os Estados-Membros da UE, que deverão cumprir o **dever de informação** previsto e consagrado pelo artº 24º deste **Regulamento (CE) Nº 861/2007 do Parlamento Europeu e do Conselho,** quer junto dos cidadãos e público em geral, quer dos profissionais, informação que incidirá sobre o processo europeu para acções de pequeno montante, incluindo as despesas, e que poderá ser prestada, nomeadamente, através da Rede Judiciária Europeia em Matéria Civil e Comercial, criada pela Decisão 2001/470/CE.

4.7.3. A *E-JUSTICE*

Quando falamos de *e-Justice*, referimo-nos ao método de trabalho que recorre às tecnologias da informação e da comunicação com o objectivo de **melhorar o acesso dos cidadãos à Justiça e a eficácia da acção judiciária**. E, neste conceito, compreende-se toda a actividade que tem por fim a resolução de litígios ou a aplicação de sanções penais. O desenvolvimento da *e-Justice* é, assim, um factor fundamental para a modernização dos sistemas judiciários; daí que a Comissão da UE incentive o **recurso às TIC, no âmbito da cooperação judiciária**.

Desde 2003 que a Comissão tem desenvolvido o portal da Rede Judiciária em matéria civil e comercial, de modo a concretizar os denominados *Atlas* **judiciários em matéria penal e civil** que permitirão **identificar as autoridades judiciárias competentes** em todo o território comunitário. Como ferramentas privilegiadas, aparecem a **videoconferência** e a **transmissão electrónica de actos** entre as autoridades judiciárias, sendo certo que o compromisso futuro será dar corpo a uma **rede informatizada de registos criminais** entre os Estados-Membros.

A *e-Justice* integra-se no quadro mais geral do *e-Government* (**administração pública em linha**) constituindo como que um domínio específico desta administração pública electrónica. Por seu lado, o *e-Government* consiste na aplicação das TIC ao conjunto dos procedimentos administrativos. Para este efeito, já existe uma sólida experiência relativa a projectos, a infra-estruturas seguras e a autenticação de documentos que deve ser utilizada.

Nesta esteira, a Comissão da UE tenciona promover um quadro de interoperabilidade europeu (EIF) e tem em linha de conta que há que reforçar os trabalhos, a nível europeu, nos domínios da *e-Signature* (**assinatura electrónica**) e da *e-Identity* (**identidade em linha**), que são absolutamente relevantes em matéria judiciária, porquanto a autenticação dos actos reveste especial importância. Neste momento, alguns projectos integram-se com mais eficácia no *e-Government*, posto que são actividades que, envolvendo as instituições judiciárias, assumem uma natureza administrativa, como é o caso dos **registos prediais ou comerciais**, o *"European Business Register"*).

Também não podemos esquecer a resolução alternativa dos litígios, por via da arbitragem voluntária institucionalizada, que pode ser abrangida pela *e-Justice*, apesar de se tratar de uma composição de litígios que é desenvolvida por entidades não judiciárias. Em todo o caso, e em matéria de *e-Justice*, a prioridade da Comissão é desenvolver projectos comunitários que reforcem a eficácia do aparelho judiciário e facilitar o acesso dos cidadãos à Justiça (Comunicação da Comissão ao Conselho, ao Parlamento Europeu e ao Comité Económico e Social Europeu – 2008).

Parte II
Os Actos Jurídico-Comerciais

1. NOÇÃO E CLASSIFICAÇÃO DE ACTOS DE COMÉRCIO

É o Código Comercial que, no seu art. 1º, dispõe:

"A lei comercial rege os actos de comércio, sejam ou não comerciantes as pessoas que neles intervêm."

Deste preceito resulta que a lei comercial será aplicada às relações jurídicas que versem os actos de comércio, abstraindo-se da qualidade de comerciante do sujeito que os pratica. A questão fica, assim, centrada na natureza do acto, que é a transacção comercial.

Por outro lado, o art. 13º do mesmo Código, na previsão possível à época em que foi elaborado, apresenta-nos a noção de comerciante, incluindo nesta categoria:

- *"As pessoas que, tendo capacidade para praticar actos de comércio, fazem deste profissão;"*
- *"As sociedades comerciais.".*

O legislador de então atribuiu a qualidade de comerciante a estas duas entidades: as pessoas singulares – os indivíduos que têm plena capacidade jurídica de exercício e se dedicam, com carácter profissional, ao exercício do comércio – e as pessoas colectivas, neste caso, as sociedades comerciais.

A qualificação de um determinado acto ou contrato como comercial é fundamental. Isto porque, sendo o acto comercial, isto é, tratando-se de acto de comércio, haverá de ser disciplinado pela lei comercial, com as especialidades de regime. Donde, nas situações da vida real, em que frequentemente se esbate a fronteira entre a natureza comercial, ou não, de um acto ou contrato, é imperioso distinguir e saber se o mesmo deve ser regulado pela lei comercial ou pela lei civil. Como se disse, seja ou não comerciante quem o pratica, o problema coloca-se em indagar a **comercialidade ou não** dos actos jurídicos e dos contratos, em particular.

O art. 2º do Código Comercial, *in fine*, numa redacção obscura e de difícil interpretação, estabelece a regra para esta distinção, consagrando:

> *"Serão considerados actos de comércio todos aqueles que se acharem especialmente regulados neste Código e, além deles, todos os contratos e obrigações dos comerciantes, que não forem de natureza exclusivamente civil, se o contrário do próprio acto não resultar."*

Numa interpretação literal, podemos decompor o preceito em duas partes distintas. Na primeira, o legislador diz clara e expressamente que serão **tidos como comerciais todos os actos que se achem previstos e regulados no Código Comercial**, muito à semelhança do que consagra o artº 405º do Código Civil, quando se refere aos contratos típicos ou nominados. Quanto a estes não há dúvidas. Praticando-se os actos e os contratos previstos expressamente neste Código, estes serão actos de comércio. O que releva para a atribuição da sua comercialidade é o facto de se encontrarem **tipificados pela lei como actos de comércio.**

Contudo, e porque o legislador nunca poderá prever exaustivamente todas as situações da vida real e do mundo dos negócios, quer porque ainda não se perfilam no seu horizonte, quer porque escapam à sua capacidade normal de antevisão, o legislador previu a hipótese de serem praticados outros actos e contratos, apesar de não se encontrarem qualificados como comerciais, no Código Comercial. No art. 2º, *in fine*, estabelece o legislador, numa redacção complexa, que serão ainda considerados actos de comércio *"... todos os contratos e obrigações dos comerciantes, que não forem de natureza exclusivamente civil, se o contrário do próprio acto não resultar.*

Desta feita, e à letra da lei, haverá que considerar que há **actos e contratos que podem ser praticados por comerciantes e que não apresentam qualquer elemento de conexão com a sua profissão**, revestindo uma exclusiva natureza civil e, consequentemente caindo na alçada da lei civil. Assim devem considerados, por exclusão de partes, ou seja, porque não são de natureza exclusivamente civil, *"se o contrário do próprio acto não resultar."*

Apesar de o critério ser complexo, do texto da lei decorre a distinção dos actos de comércio em duas categorias:
- Os actos de comércio **objectivos;**
- Os actos de comércio **subjectivos.**

1.1. ACTOS DE COMÉRCIO OBJECTIVOS

Serão objectivos aqueles actos que correspondam aos tipos de **actos previstos e regulados pela lei comercial**, como acontece com a letra, a livrança, o cheque, as operações bancárias, o transporte, entre outros. Estes actos **serão comerciais pela sua natureza objectiva, sendo irrelevante que, quem os pratica, seja comerciante ou exerça, ou não, uma actividade económica ou empresarial.**

Contudo, dentro desta categoria, há que ter cuidado com os **actos que são regulados, quer pela lei comercial, quer pela lei civil**, como acontece com o contrato de sociedade, o contrato de mandato, o depósito, a compra e venda, o aluguer, e outros.

Tomando os exemplos acima referidos:

1.1.1. CONTRATO DE SOCIEDADE

Este contrato encontra-se previsto pelo artº 980º do Código Civil e é a matriz das sociedades civis, das sociedades civis sob forma comercial e das sociedades comerciais, que, mais adiante, serão tratadas. Para a **lei civil,** este contrato é aquele que se celebra entre duas ou mais pessoas que *"se obrigam a contribuir com bens ou serviços para o exercício em comum de certa actividade económica, que não seja de mera fruição, a fim de repartirem os lucros resultantes dessa actividade."*

Também o C.S.C. prevê o contrato de sociedade como acto de natureza comercial quando, no nº 2 do artº 1º, dispõe que: *"São sociedades comerciais aquelas que tenham por objecto a prática de actos de comércio e adoptem o tipo de sociedade em nome colectivo, de sociedade por quotas, de sociedade anónima, de sociedade em comandita simples ou de sociedade em comandita por acções."*

1.1.2. CONTRATO DE MANDATO

Previsto e regulado no mesmo Título II – Dos contratos em especial, do Código Civil, no artº 1157º, é aquele pelo qual *"uma das partes se obriga a praticar um ou mais **actos jurídicos** por conta de outrem."*. A seu respeito, a **lei civil** estabelece que **pode ser um contrato gratuito ou oneroso**, ou seja, que o mandatário possa realizar a sua prestação sem receber qualquer contrapartida, salvo quando pratique os actos para que se encontra mandatado no normal exercício de uma profissão, caso em que se presumirá que o contrato é oneroso (art. 1158º C.C.)

É o caso do advogado, do solicitador e de outras profissões cuja actividade consiste em praticar uma massa de actos jurídicos por conta e no interesse do mandante, em representação deste e devidamente retribuído.

O **mandato comercial**, previsto no artº 231º do Código Comercial, também se reconduz ao conceito base do contrato de mandato, mas traduz a situação em que **uma pessoa se responsabiliza por praticar um ou mais actos de comércio, por conta e no interesse de outrem e por este mandatado.** Estabelece o artº 231º:

"Dá-se mandato comercial quando alguma pessoa se encarrega de praticar um os mais actos de comércio por mandado de outrem".

No seu § único prevê que o **mandato comercial, embora contenha poderes gerais, só poderá autorizar a prática de actos não mercantis por declaração expressa.**

Nesta situação estará o **comerciante que, devidamente mandatado por outro, deva praticar um ou mais actos de comércio,** podendo **recusar o mandato**, desde que o faça com aviso imediato ao mandante – para que este resolva a situação com a eventual substituição do mandatário – e não concorra, com a sua actuação, para o deperecimento, estrago, destruição de mercadorias que lhe tenham sido remetidas para esse fim (artº 234º). **O mandatário comercial está, assim, obrigado a um dever de conservação das mercadorias transportadas e a este entregues,** nos precisos termos dos documentos que as acompanham, devendo preservar as mesmas contra qualquer risco de destruição, por motivo de força maior ou caso fortuito, e **avisar o mandante das alterações ocorridas** (artº 237º), sob pena de ser responsável pelos danos que o mandante sofrer.

O mandatário comercial é também **obrigado a exibir o mandato, sempre que tal lhe seja exigido por terceiros** com quem contrata em nome do mandante (artº 242º) e, uma vez **concluído o mandato, deverá avisar o mandatário deste facto**, considerando a lei que, no silêncio do mandante, este ratifica o mandato, ainda que o mandatário tenha, eventualmente, excedido os poderes conferidos (artº 240º).

1.1.3. O GERENTE DE COMÉRCIO

Na órbita do mandato comercial pode ser referida a figura do **gerente de comércio.** De acordo com o artº 248º do Cód. Comercial:
"É gerente de comércio todo aquele que, sob qualquer denominação, consoante os usos comerciais, se acha proposto para tratar do comércio de outrem no lugar onde este o exerce ou noutro qualquer.".

O gerente é alguém que se encontra mandatado pelo proponente, **mandato que pode ser conferido verbalmente ou por escrito,** sendo que enquanto não for registado ter-se-á por geral e compreenderá todos os poderes necessários para os quais o mandato tiver sido dado, não podendo o proponente invocar qualquer limitação desses poderes, salvo se as pessoas com quem contratou o gerente tinham conhecimento desta limitação (artº 249º).

O gerente de comércio é, portanto, **aquele que trata de negócios por conta e no interesse do seu proponente,** devendo, em todos os documentos, declarar que *"firmam com o poder da pessoa ou da sociedade que representam"* (artº 250º). De resto, no artº 253º, o Código Comercial **proíbe expressamente a concorrência entre o gerente e o comer-**

ciante, seu proponente, sob pena de aquele incorrer na obrigação de pagar as perdas e os danos deste ou este reclamar para si, e como feita em seu nome, a respectiva operação (§ único deste preceito).

O artº 256º e seguintes fazem referência a **outras pessoas que podem ser encarregadas ou mandatadas pelo comerciante** para tratarem dos seus negócios, em nome e no interesse deste. Nesta categoria de mandatários comerciais, pode ser incluída uma gama de profissões exercidas na esfera da empresa e sob a "alçada" do comerciante, as quais, no velho Código Comercial, aparecem com denominações que já caíram em desuso. É o caso dos antigos **caixeiros** que, para o artº 259º deste Código, são pessoas encarregadas de vender *"por miúdo"* as mercadorias do seu proponente (ou patrão) nas lojas dos clientes deste, podendo aí cobrar preços e emitir recibos em nome do comerciante. Poucas pessoas se recordarão desta figura, vulgarmente designada de caixeiro-viajante, que, com efeito, se deslocava às localidades para, em nome do comerciante, promover vendas.

Há inúmeras profissões exercidas no âmbito do comércio, tido como uma actividade económica *stricto sensu*, ou não (*v.g.* empresas industriais) profissões que conhecemos por **gerente de loja, técnico de vendas, operador de caixa** e outras categorias profissionais com um conteúdo funcional definido por convenções colectivas de trabalho ou constantes da Classificação Nacional de Profissões que indiciam, precisamente, esta relação.

A propósito do **representante comercial**, também o Código Comercial prevê esta figura como a de um profissional que opera com mandato do comerciante. Porém, a representação comercial encontra-se hoje autonomamente disciplinada por diploma normativo avulso que trata do **contrato de agência ou representação comercial** (vide Parte V).

Os profissionais acima mencionados podem exercer a sua actividade ao abrigo de um contrato de trabalho celebrado com o comerciante (proponente e mandatário), o empregador. E, pese embora no contrato de trabalho nada se referir expressamente no que tange o mandato, será suficiente a atribuição de uma daquelas categorias profissionais (como técnico de vendas) para se presumir *iuris tantum* que o mandato se encontra conferido e que o trabalhador terá os necessários poderes gerais para concluir contratos no ramo de actividade ou no posto de trabalho que ocupa, não em seu nome pessoal mas em nome e no interesse do empregador.

Quanto ao **gerente comercial de sociedade,** haverá mandato quando se tratar de **pessoa estranha ao substrato da empresa,** já que aquele não é sócio; mas, ao exercer a sua actividade profissional, em representação legal da sociedade, concluirá negócios e contratos comerciais em nome e no interesse da sociedade comercial, presumindo-se, também, que o mandato lhe foi conferido, mandato que, por via de regra e ao contrário do que acontece no direito civil, é um **contrato oneroso** – já que o mandatário faz desta actividade a sua profissão habitual e o seu modo de ganhar a vida – e **é sujeito a registo comercial obrigatório.**

1.1.4. CONTRATO DE DEPÓSITO

Encontra-se regulado, quer pela **lei civil** (no artº 1185º do C.C.), quer pela **lei comercial** (artº 403º e seguintes do Código Comercial).

O depósito consiste no contrato pelo qual uma das partes *"entrega à outra uma coisa móvel ou imóvel, para que a guarde, e a restitua quando for exigida."* (artº 1185º do C.C.). É o caso concreto de uma pessoa que confia um bem próprio a outra, para que esta a guarde e a devolva, quando for reclamada, como uma mobília, uma jóia, um automóvel.

O **depósito será mercantil** quando alguém se obriga a **guardar géneros e mercadorias destinados a actos de comércio,** obrigando-se a restitui-los ao depositante, quando este o exigir, e **mediante uma remuneração.** A lei **exclui** do seu âmbito de aplicação **o depósito feito em Bancos ou sociedades,** que se regerá pelos estatutos destas entidades, em tudo o que não se achar previsto no Código Comercial ou legislação aplicável (artº 407º).

O depósito mercantil **pode versar papéis de crédito,** que vencem juros, e **bens e mercadorias** – que deverá ser feito em **armazéns gerais** de matéria-prima, de componentes ou produto acabado, construídos ou adaptados em cumprimento das regras específicas de construção, localização, higiene e salubridade respeitantes à natureza da actividade da empresa e no âmbito dos processos de licenciamento comercial e/ou industrial.

As empresas industriais, para se instalarem de acordo com a lei, deverão observar um conjunto de etapas relativas ao seu licenciamento para obtenção de um alvará de licença de exploração ou de laboração. Este processo, apesar da simplificação que tem sofrido – designadamente com o denominado Licenciamento Zero, instituído pelo Dec.-Lei nº 48/2011, de 1 de Abril – exige que o estabelecimento industrial, para além da nave industrial, integre armazéns de matérias-primas, componentes ou de produto acabado, a não ser que a empresa labore com grau 0 de *stocks*.

Salvaguardada a situação das empresas industriais, as empresas que se dedicam à actividade económica do comércio e distribuição, restauração e hotelaria ou outras, poderão ter necessidade de celebrar contratos de depósito. Relevam, igualmente, os depósitos de valores efectuados com entidades especializadas, designadamente Bancos, com as chamadas caixas-forte ou cofres, para não só guardarem os bens móveis dos depositantes, mas reforçarem a segurança que estes reclamem.

1.1.5. CONTRATO DE COMPRA E VENDA

A **compra e venda** também é um contrato previsto pela lei civil e pela lei comercial. No **Código Civil**, ela consistirá na **transmissão da propriedade de uma coisa ou direito, mediante o pagamento de um preço** (artº 874º). As normas jurídicas relativas a este contrato disciplinam a compra e venda de coisas móveis e imóveis, de bens futuros, de frutos pendentes ou de partes integradoras de coisas (artº 880º C.C.), de coisas determinadas e indeterminadas (artºs. 887º e 888º). Está nesta previsão a compra e venda de um imóvel para habitação, entre pais e filhos, entre o cidadão A e B, a venda de uma jóia entre particulares, etc...

Será, contudo, **comercial**, a compra e venda que tenha por objecto a **transferência da propriedade de uma coisa móvel que o comprador adquire com o propósito de a revender, em bruto ou trabalhada** (artº 463º e ss do Código Comercial). É o caso das transacções comerciais entre um comerciante grossista e retalhista ou entre um importador e as grandes superfícies comerciais ou os denominados *cash and carry*.

Todavia, o Cód. Comercial, no seu **artº 464º abre excepção para determinadas situações que não deverão ser consideradas como uma compra e venda comercial**, a saber:

"1º – As compras de quaisquer coisas móveis destinadas ao uso ou consumo do comprador ou da sua família, e as revendas que porventura desses objectos se venham a fazer;

2º – As vendas que o proprietário ou explorador rural faça dos produtos de propriedade sua ou por ele explorada, e dos géneros em que lhes houverem sido pagas as rendas;

3º – As compras que os artistas, industriais, mestres e oficiais de ofícios mecânicos que exercerem directamente a sua arte, indústria ou ofício fizerem de objectos para transformarem ou aperfeiçoarem nos seus estabelecimentos, e as vendas de tais objectos que fizerem depois de assim transformados ou aperfeiçoados;

4º – As compras e vendas de animais feitas pelos criadores ou engordadores.".

1.1.6. CONTRATO DE ALUGUER

O **aluguer**, previsto no **Código Civil** como uma modalidade da locação (ao lado do arrendamento), tem por objecto uma **coisa móvel** (artº 1023º do C.C.) e consiste no contrato pelo qual *"uma das partes se obriga a proporcionar à outra o gozo temporário de uma coisa, mediante retribuição."* (artº 1022º). Como exemplo, o aluguer de um automóvel entre A e B, ambos particulares e que não fazem desta actividade a sua profissão.

O **aluguer mercantil**, previsto e disciplinado pelos artºs. 481º e ss do Código Comercial, tem por objecto uma **coisa móvel, adquirida por uma das partes com o intuito de ceder o seu gozo e fruição temporários à outra, mediante um preço**. É o caso das sociedades de locação financeira, vulgarmente denominadas sociedades de *leasing* e ALD – alugueres de longa duração, que se dedicam, respectivamente, à compra de bens imóveis e móveis sujeitos a registo – veículos automóveis, ciclomotores, aeronaves, barcos – cujas marcas e modelos podem ser indicados pelos locatários, para posterior aluguer à contraparte a qual, também, pode ser uma pessoa singular ou uma empresa comercial que não deseje ou não possa fazer investimentos nestes bens (frotas de automóveis comerciais, equipamentos industriais, etc...). É ainda exemplo o aluguer de roupas para cerimónias, trajes de carnaval e outras empresas cujo objecto consiste no aluguer de coisas móveis mediante um preço.

Estes são alguns exemplos que consubstanciam **contratos simultaneamente previstos e regulados pelos dois ordenamentos jurídicos** e que se distinguem, como contratos comerciais, pelo facto de preencherem os requisitos especificamente requeridos pela lei comercial. Nestes casos, diz-nos a prática, que há sempre uma entidade empresarial num dos pólos da relação jurídica.

O Código Comercial, no seu Livro Segundo, prevê os **contratos especiais do comércio** que deverão considerar-se **actos de comércio objectivos,** alguns dos quais, como se referiu, também são disciplinados pela lei civil.

É o caso do mandato (artºs. 231º a 247º do Cód. Comercial), o depósito de géneros e mercadorias (artºs. 403º a 424º do Código Comercial), o empréstimo (artºs. 394º a 396º do Cód. Comercial), a compra e venda (artºs. 463º a 476º do Código Comercial) e o aluguer (artºs. 481º e 482º do Código Comercial).

Destaca-se ainda do núcleo de contratos especiais do comércio, os que adiante vão descritos, pelo que se aconselha a leitura dos preceitos normativos a estes atinentes.

1.1.7. CONTRATO DE COMISSÃO (ARTS. 266º A 277º DO CÓDIGO COMERCIAL)

No termos do artº 266º, dá-se contrato de comissão quando **o mandatário (comissário) executa o mandato mercantil sem fazer qualquer menção ou referência ao mandatário (comissário)**, contratando por si e em seu nome, como se fosse o único e principal contraente.

1.1.8. CONTRATO DE CONTA-CORRENTE (ARTS. 344º A 350º DO CÓDIGO COMERCIAL)

Nos termos do artº 344º, **dá-se este contrato sempre que duas pessoas, tendo de entregar valores uma à outra, se obrigam a transformar estes créditos em contas de "deve" e "há-de haver"**, sendo que só o saldo final da liquidação destas contas é exigível.

1.1.9. CONTRATO DE EMPRÉSTIMO (ARTS. 394º A 396º DO CÓDIGO COMERCIAL)

Para que o empréstimo seja tido como mercantil é necessário que a *"cousa cedida"* seja destinada a acto mercantil, e este contrato será sempre oneroso, havendo lugar ao pagamento de juros (artº 395º).

1.2. ACTOS DE COMÉRCIO SUBJECTIVOS

Os actos de comércio subjectivos são assim qualificados em função da conexão que apresentam com a profissão de quem os pratica, isto é, porque **quem os pratica exerce o comércio ou a empresa** e tem a qualidade de comerciante ou empresário, salvo se resultar claramente do próprio acto ou contrato que ele é de natureza não comercial.

Com isto se pretende significar que, por via de regra, os actos e contratos dos empresários e das empresas têm uma natureza comercial; **todavia, pode resultar do acto que assim não seja, que seja um acto ou contrato de natureza exclusivamente civil, sem reservas, ou acto disciplinado por qualquer outra ordem jurídico-normativa.** Estão, nesta hipótese, o contrato de **casamento** de comerciante, o acto de **testar, de perfilhar, de doar**, cujo exercício dependerá de se ser civilmente capaz para a sua prática.

Outros contratos podem ser titulados por um sujeito activo ou passivo com a qualidade de comerciante mas que, para a prática concreta do acto, tal qualidade em nada influi. Ele, o sujeito activo ou passivo, aparecerá na relação jurídica como credor ou devedor – quando, por exemplo, vende ou compra a sua casa de morada de família a outrem, quando pede dinheiro emprestado a um amigo para pagar dívidas contraídas com a formação profissional de um filho (contrato de mútuo) ou quando aluga a sua autocaravana a alguém. Nestes casos, **os actos e contratos não serão comerciais e a eles não se aplicará a lei comercial, porque a sua qualidade de comerciante não faz estabelecer nenhuma conexão com o acto e, consequentemente, não poderá influir na sua qualificação como acto de comércio.**

Daqui se conclui que, numa situação factual, há que ter em conta todas estas circunstâncias para qualificar um determinado acto ou contrato e se averiguar se ele se sujeita à lei comercial, ou não, com a consequente aplicação do regime especial previsto na lei mercantil.

1.3. ACTOS DE COMÉRCIO MISTOS OU UNILATERAIS E BILATERAIS

Esta qualificação relaciona-se com o facto de, **numa dada relação, poderem intervir entidades que são comerciantes e outras que o não são.** É o caso concreto das transacções diariamente efectuadas, como a compra e venda entre um professor e uma empresa que se dedica à comercialização de electrodomésticos ou entre um juiz e o empregado de um supermercado ou uma loja de decorações.

Num dos pólos da relação jurídica há uma entidade que é comerciante ou se dedica à actividade comercial por conta e no interesse de outrem, e, no outro, alguém que não faz do comércio a sua profissão. **Este acto só será comercial em relação a uma das partes contratantes.**

São estes os actos que se consideram **unilaterais ou mistos** e em relação aos quais o **artº 99º do Código Comercial** estabelece:

> *"Embora o acto seja mercantil só com relação a uma das partes será regulado pelas disposições da lei comercial quanto a todos os contratantes, salvas as que foram só aplicáveis àquele ou aqueles por cujo respeito o acto é mercantil, ficando, porém, todos sujeitos à jurisdição mercantil."*

Mais uma vez o legislador da época redige de forma pouco clara.

Na parte final deste preceito, mais não quer dizer que há disposições normativas na lei comercial que só podem ser aplicadas aos comerciantes, como é o caso das normas relativas à firma, aos livros de escrita, ao registo comercial e outras obrigações que devam ser cumpridas por quem exerce o comércio e a empresa.

Na previsão do artº 99º estabelece-se a regra seguinte: **intervindo num acto de comércio duas partes, e sendo apenas uma delas comerciante, ambas ficarão sujeitas à legislação comercial**. Quando, nos dois pólos da relação encontramos dois empresários ou empresas, o acto será de natureza bilateral.

2. O REGIME JURÍDICO ESPECIAL DOS ACTOS DE COMÉRCIO

2.1. NOTAS PRÉVIAS

A relação jurídico-comercial apresenta um perfil próprio, cuja regulamentação se distingue da lei civil em função dos interesses específicos que a lei mercantil visa proteger, como a flexibilidade e celeridade das transacções – sem prejuízo da certeza e da segurança jurídicas – e a protecção dos interesses de todos os sujeitos que intervêm nos actos e contratos de natureza comercial. Assim, **os actos de comércio submetem-se a um regime especial** do qual se destaca a regra da **solidariedade passiva,** ao contrário do que ocorre no domínio das relações obrigacionais civilistas, em que a solidariedade é a excepção. Por este motivo, é tarefa primordial averiguar se uma determinada relação jurídico-obrigacional se submete ao direito **civil ou mercantil.**

Quanto ao regime jurídico dos actos de comércio há que destacar as características que seguem.

2.2. A SOLIDARIEDADE PASSIVA

2.2.1. SOLIDARIEDADE: NOÇÃO, FONTES E FEITOS DA SOLIDARIEDADE

Em cada um dos pólos de uma relação jurídica podem intervir mais do que um credor e mais do que um devedor. Uma relação obrigacional complexa tem esta matriz, da qual resulta que possa ser titulada, activa e passivamente, por um ou mais credores e por um ou mais devedores, respectivamente. E, ainda assim, **em presença de mais do que um devedor, podemos confrontar-nos com uma obrigação que não seja solidária, mas conjunta**, e consequentemente não sujeita à regra da solidariedade passiva que será aqui analisada.

Numa relação jurídico-comercial, havendo uma pluralidade de sujeitos no pólo passivo (condevedores solidários), **todos e cada um estarão adstritos ao cumprimento integral da prestação. O objecto da sua obrigação (solidária) é indivisível, por força da lei ou da convenção celebrada**, sem prejuízo das faculdades que o credor ou os credores podem exercer nos termos da lei, quando interpelem extrajudicialmente ou reclamem coercivamente o cumprimento da obrigação vencida aos devedores.

É o que estabelece o nº 1 do art. 535º do C.C. ao dispor:

"Se a prestação for indivisível e vários os devedores, só de todos os obrigados pode o credor exigir o cumprimento da prestação, salvo se tiver sido estipulada a solidariedade ou esta resultar da lei.".

A prestação que é objecto da relação jurídico-comercial consiste, por via de regra, no **pagamento de uma determinada quantia em dinheiro,** podendo ser outras prestações previstas na lei (a entrega de coisa e a prestação de uma actividade). Analisaremos, aqui, a **obrigação pecuniária**, cujo cumprimento, nos termos do artº 550º do C.C. – que consagra o **princípio nominalista** – deverá ser efectuado *"...em moeda que tenha curso legal no País à data em que for efectuado e pelo valor nominal que a moeda nesse momento tiver, salvo estipulação em contrário"*.

O artº 551º do C.C. visa, contudo, mitigar a eventual desvalorização da moeda e o ónus suportado pelo devedor, aquando do cumprimento da sua obrigação pecuniária, pela via da actualização do valor desta obrigação e de acordo com os critérios fixados neste preceito normativo (o critério legal e, na falta dele, os índices dos preços).

Antes de mais, **o regime da solidariedade só resulta da lei ou da vontade das partes, suas únicas fontes** (artº 513º do C.C.), **não**

podendo haver lugar à presunção, o que confere certeza e segurança jurídicas às posições das partes.

Estabelece o nº 1 do artº 512º do Código Civil que **são obrigações solidárias aquelas em que** *"cada um dos devedores responde pela prestação integral e esta a todos libera, ou quando cada um dos credores tem a faculdade de exigir, por si só, a prestação integral e esta libera o devedor para com todos eles."*.

Numa linguagem de fácil percepção, podemos reconduzir esta situação entre devedores solidários à sempre inesquecível divisa dos 3 Mosqueteiros *"Um por todos! Todos por um!"*, no romance que Alexandre Dumas, ficcionando factos históricos e personagens dos reinados de Luís XIII, da Regência e de Luís XIV, em pleno século XVIII, deixou indelével no nosso imaginário, pelo que a noção de "solidariedade" transcende a literatura de capa e espada. Apesar de serem quatro os seus heróis (*D'Artagnan, Athos, Porthos e Aramis*) é este grito que simboliza a indivisibilidade entre amigos e companheiros de armas.

Transposto para o Direito, **este lema que exorta à união e à indivisibilidade, fácil é compreender em que consiste a solidariedade,** quer **entre credores** (solidariedade activa), quer entre **devedores** (solidariedade passiva). De tal sorte é o vínculo que, tratando-se de solidariedade entre devedores, **o credor pode reclamar, indistintamente a qualquer um dos devedores, o pagamento da totalidade da dívida** (*um por todos*) ou, tratando-se de **credores em solidariedade, apenas um credor pode exigir do ou dos seus devedores a integralidade do pagamento,** quando a prestação se encontre vencida e não paga (*todos por um*).

> **Exemplificando:**
>
> António e Bernardo pediram a David que lhes emprestasse € 5.000, tendo assumido, **expressamente no contrato de mútuo** que celebraram David, o seu credor, que respondem solidariamente (neste caso, estaremos perante uma obrigação disciplinada pelo **Direito Civil**).
>
> Vencida a obrigação, ou seja, ocorrendo a data para a restituição da quantia mutuada, sem que ambos, ou um deles, cumpra a obrigação, pode David exigir de ambos, ou apenas de um deles, indistintamente, o pagamento integral dos € 5.000.
>
> O devedor que tiver pago a David libertará o outro da obrigação que exista, já que ela se extingue com o pagamento efectuado.

Em reforço desta posição, o nº 2 do artº 512º dispõe:

*"**A obrigação não deixa de ser solidária** pelo facto de os **devedores estarem obrigados em termos diversos ou com diversas garantias, ou de ser diferente o conteúdo das prestações de cada um deles**; igual diversidade se pode verificar quanto à obrigação do devedor relativamente a cada um dos credores solidários.".*

Aqui chegados, **há que distinguir responsabilidades entre devedores, no plano interno das suas relações**, já que no plano externo, ou seja, em relação aos credores, a obrigação que voluntariamente assumiram ou que decorra da lei, produzirá os efeitos previstos pelo nº 1 do artº 512º: *"Um por todos! Todos por um!"*.

No plano interno, confinado às relações que entre si os devedores solidários entenderam assumir, o artº 516º do C.C. consagra a **presunção de que estes comparticipam em partes iguais na dívida;** da mesma forma se presume para os credores solidários, no plano das suas relações internas.

Assim dispõe o artº 516º:

*"**Nas relações entre si, presume-se que os devedores ou credores solidários comparticipam em partes iguais na dívida ou no crédito,** sempre que da relação jurídica entre eles existente não resulte que são diferentes as suas partes, ou que um só deles deve suportar o encargo da dívida ou obter o benefício do crédito.".*

Tal presunção é ilidida sempre que os devedores solidários estabeleceram, entre si, uma repartição da dívida em diferentes proporções; porém, e como já ficou sublinhado, tal convenção entre devedores não os exime – a todos e a qualquer um deles – de realizar a prestação e de pagar integralmente o débito, sempre que a obrigação estiver vencida e o credor a reclame a um dos devedores ou mais de um deles.

> **Exemplificando:**
>
> Ana, Isabel e Paula devem a Rui a quantia de € 15.000, em virtude de um contrato de mútuo, no qual **expressamente assumiram a obrigação solidária**; porém, entre as três, acordaram que Ana seria responsável por € 10.000, enquanto que as outras duas se responsabilizariam, apenas e cada uma delas, por € 2.500.
>
> Vencida a obrigação, **Rui pode exigir de todas elas, de apenas duas ou unicamente de uma, o pagamento dos € 15.000**, e, quem quer que seja interpelado ou demandado para pagar, terá de cumprir a obrigação pela sua totalidade, já que se assumiram como devedoras solidárias.
>
> Porém, no plano interno, **se Ana tiver pago a totalidade da dívida, só poderá reclamar de Isabel e de Paula as suas quotas-partes, de € 2.500**, já que foi este o limite das responsabilidades que foi fixado, livremente, entre as devedoras, no plano interno das suas relações.

Resulta, deste modo, que **o devedor solidário demandado** pelo credor ou por um dos credores (caso estes também actuem ou intervenham numa relação de solidariedade) **não poderá invocar contra o ou os demandantes o benefício da divisão**, o qual consiste na **pretensão de se exonerar da obrigação, através do pagamento da sua quota-parte ou da quantia que diga respeito apenas à sua prestação, convencionada no plano interno da relação que estabeleceu com os demais devedores solidários**.

No exemplo dado, Ana não poderia invocar que a sua responsabilidade tinha, como limite, € 10.000.

Uma vez demandado qualquer um dos devedores solidários, este deverá satisfazer a prestação integral, pagando ao credor a quantia reclamada. E com esta prestação o credor verá satisfeito o seu direito de crédito, pelo que os demais devedores solidários ficarão exonerados do seu dever para com aquele, por se ter extinguido a obrigação.

Porém, e se assim quiser, **o devedor solidário que tenha sido demandado pelo credor pode chamar à demanda os seus condevedores, por entender, e bem, que, também eles deverão assumir no processo uma posição activa**, litigando com aquele que foi demandado, sendo certo que **o devedor demandado não poderá, apesar de chamar os seus condevedores no processo, furtar-se ao pagamento integral da quantia reclamada.**

Assim dispõe o artº 518º do C.C., a *contrario sensu*, quando consagra a **exclusão do benefício da divisão,** nos seguintes termos:

"Ao devedor solidário demandado não é lícito opor o benefício da divisão; e, ainda que chame os outros devedores à demanda, nem por isso se libera da obrigação de efectuar a prestação por inteiro.".

Já o **credor poderá:**

- **Exigir de todos os devedores** a realização integral da prestação;
- **Reclamar, apenas de um deles ou de mais de um, o cumprimento por inteiro da obrigação;**
- **Exigir de qualquer um dos condevedores o pagamento que for proporcional, ou não, à quota-parte do devedor interpelado.**

Nesta esteira, o nº 1 do artº 519º do C.C. estabelece:

*"1. **O credor tem o direito de exigir de qualquer dos devedores toda a prestação, ou parte dela, proporcional ou não à quota do interpelado;** mas, se exigir judicialmente a um deles a totalidade ou parte da prestação, fica inibido de proceder judicialmente contra os outros pelo que ao primeiro tenha exigido, salvo se houver razão atendível, como a insolvência ou risco de insolvência do demandado, ou dificuldade, por outra causa, em obter dele a prestação.*

2. Se um dos devedores tiver qualquer meio de defesa pessoal contra o credor, não fica este inibido de reclamar dos outros a prestação integral, ainda que esse meio já lhe tenha sido oposto."

Do nº 1 deste preceito normativo resulta que, sempre que **o credor demande um dos devedores solidários e deste obtenha o pagamento de parte ou da totalidade da prestação, ficará inibido de interpelar e de demandar judicialmente os restantes condevedores, pela totalidade ou pela parte da prestação que se encontre paga ou satisfeita**, já que a obrigação se extinguiu total ou parcialmente pelo seu cumprimento (por via do pagamento).

Esta conduta, por parte do credor, consubstancia o exercício pleno de faculdades que traduzem um **direito potestativo**, posto que só ao credor assiste a faculdade de escolher o devedor solidário, a quem reclamará o pagamento integral da prestação sem que este possa reagir em relação à sua escolha. Trata-se, portanto, de uma decisão que traduz um poder reforçado e cujos efeitos se vão impor inelutavelmente na esfera jurídica do devedor demandado, que terá de os suportar.

O pagamento constitui a forma normal de cumprir a obrigação pecuniária, a forma esperada pelo credor para **extinguir a obrigação**. Porém, nada obsta que outras formas de cumprimento possam ser propostas e aceites, como a **dação em cumprimento**[7], a **consignação em depósito**[8] ou a **compensação**[9] (artº 523º do C.C.), que, sendo formas anómalas de cumprimento, são aceites, nos termos gerais aplicáveis aos contratos e obrigações.

Quando um **devedor solidário tiver pago mais do que a parte que lhe cabe**, no âmbito das relações internas entre devedores, assiste-lhe o

---

[7] Consiste numa prestação de coisa diversa da que é devida, ainda que de valor superior, e, nos termos do artº 837º do C.C. exonera o devedor se o credor der o seu assentimento.
[8] Na consignação em depósito, que é facultativa, o devedor pode livrar-se da obrigação mediante o depósito da coisa devida, quando, sem culpa sua, não puder efectuar a prestação ou não puder fazê-lo com segurança, por qualquer motivo relativo à pessoa do credor ou quando é o credor que está em mora (por, v.g., não querer receber a prestação) – artº 841º do C.C..
[9] Na compensação, os sujeitos são reciprocamente devedores e credores e o objecto da relação jurídica versa coisa fungível e da mesma espécie, v.g. o dinheiro; assim, um deles pode exonerar-se, operando a compensação, bastando a sua declaração à contraparte (artº 847º C.C.).

direito de regresso contra cada um dos condevedores, quanto à parte que a estes couber. Assim estabelece o artº 524º do C.C. ao dispor que:

"O devedor que satisfizer o direito do credor além da parte que lhe competir tem direito de regresso contra cada um dos condevedores, na parte que a estes compete.".

Uma vez efectuado o pagamento para além da referida parte, **operar--se-á a substituição do credor, sendo agora o devedor que realizou a prestação quem terá o direito de reclamar dos seus condevedores o pagamento das suas quotas-partes na responsabilidade integral.**

Exemplificando:

Pedro e Paula devem, solidariamente, a Renata a quantia de € 30.000. Vencida a obrigação nenhum deles pagou a Renata, pelo que esta demandou Pedro, que tudo lhe pagou.

Tem agora Pedro o direito de reclamar de Paula, a sua quota-parte de responsabilidade na dívida – a qual, se for igual à de Pedro, é de € 15.000 – já que, **por força da lei, Pedro toma o lugar de Renata, passando a ser credor da sua condevedora, Paula, pela parte que lhe cabe na totalidade da dívida.**

2.2.2. A FIANÇA E SEU REGIME LEGAL

Numa relação jurídico-obrigacional civil, pode intervir um terceiro que presta uma garantia ao devedor. É o caso frequente daquele que garante o cumprimento da obrigação de um mutuário (outorgante em contrato de mútuo previsto e regulado pelos artºs. 1142º e ss do C.C.) e do arrendatário (nos contratos de arrendamento, regulados nos artºs. 1023º e ss do C.C.).

Para o direito civil, a **fiança é uma garantia prestada por um terceiro ao devedor, ficando pessoalmente obrigado perante o credor deste**. É o que resulta do artº 627º do C.C. que estabelece:

"1. O fiador garante a satisfação do direito de crédito, ficando pessoalmente obrigado perante o credor.

2. A obrigação do fiador é acessória da que recai sobre o principal devedor.".

A **responsabilidade do fiador é acessória, em relação ao devedor afiançado**; porém, o fiador é um garante pessoal, o que significa que, pelo cumprimento da obrigação do devedor, **responderá com todo o seu património**, perante o credor do seu afiançado, e a sua garantia abrange, quer o conteúdo da obrigação principal, quer as consequências legais e contratuais da mora ou da culpa do devedor.

Como regra, que pode ser afastada nos termos do artº 640º do C.C. e nos casos aqui previstos – o **fiador nas obrigações civis, goza do benefício da excussão prévia,** podendo recusar licitamente o cumprimento da obrigação, enquanto o credor não esgotar todos os bens do devedor que ele afiançou ou sempre que demonstre que o crédito não foi satisfeito por culpa do credor (artº 638º do C.C.).

Os **casos em que o fiador não pode reagir desta maneira** são, como se disse, aqueles que se encontram previstos pelo artº 640º, a saber:

"a) Se houver renunciado ao benefício da excussão e, em especial, se tiver assumido a obrigação de principal pagador;"

Como exemplo:

Carolina arrendou um apartamento para habitação.

O seu senhorio, para celebrar o contrato, pediu-lhe que apresentasse um fiador. Duarte, pai de Carolina, aceitou intervir na relação contratual como fiador e outorgou no contrato (*v.g.* um documento particular) na qualidade de devedor principal.

No caso de Carolina não pagar rendas vencidas, pode o senhorio de Carolina exigir de Duarte que as pague, sem sequer se preocupar em interpelar Carolina ou lhe exigir o que quer que seja, já que Duarte passou a ser um devedor principal, não tendo o direito de exigir que, primeiro seja penhorado o património de sua filha, após o que será chamado a pagar.

O **fiador que tiver cumprido a obrigação, no lugar do devedor, ficará sub-rogado nos direitos do credor,** podendo posteriormente exigir-lhe que satisfaça a sua prestação. Para tanto, deverá **avisar o devedor** que foi interpelado ou demandado pelo credor deste, sob pena de perder este direito, caso o devedor cumpra, por erro ou desconhecimento, a sua prestação (artº 645º do C.C.).

2.2.2. A SOLIDARIEDADE NAS OBRIGAÇÕES JURÍDICO-COMERCIAIS

Estabelece o artº 100º do Código Comercial:

"Nas obrigações comerciais os co-obrigados são solidários, salvo estipulação contrária.
§ Único. Esta disposição não é extensiva aos não comerciantes quanto aos contratos que, em relação a estes, não constituem actos comerciais."

O artº 101º do Código Comercial, em relação ao fiador, é taxativo ao consagrar a regra da solidariedade em relação ao fiador de obrigação mercantil, ainda que este seja não comerciante.

Regista-se, deste modo, **um desvio à regra estabelecida para os fiadores nos contratos de natureza civil,** com o objectivo de que conferir à relação jurídico-comercial a segurança e a certeza de que ela carece, no mundo complexo das transacções comerciais.

2.2.2.1. *O AVAL*

Também o aval é **garantia das obrigações jurídico-comerciais e pode ser prestado em letras (letras de câmbio) e livranças.**

A este respeito, dispõe a **Lei Uniforme relativa a Letras e Livranças – LULL**, estabelecida pela Convenção Internacional de Genebra, de 1930, e aprovada em Portugal pelo Decreto-Lei nº 23 721, de 29 de Março de 1934, a qual **prevê o aval como uma garantia prestada por terceiro nas transacções comerciais** e em títulos como a letra e a livrança.

Tanto a letra de câmbio como a livrança são títulos de crédito disciplinados pelo **direito cambiário** inscrito na LULL que integra o direito comercial Português. A **literalidade** destes títulos de crédito é absolutamente decisiva para determinar o conteúdo, os limites e a modalidade do direito do portador do título, daí a relevância do que consta na letra do título. **As letras de câmbio e as livranças titulam créditos emergentes de relações jurídico-comerciais, sendo títulos privativos do direito comercial.**

A **letra de câmbio contem uma promessa pura e simples de pagamento de uma dada quantia pelo sacado (o devedor) ao credor (sacador) e a livrança é um documento através do qual o seu subscritor ou signatário se compromete a pagar a um beneficiário ou à ordem deste um determinado valor (valor nominal da livrança) numa determinada data (data de vencimento).

Embora a LUUL não estabeleça a distinção, a prática dos negócios consolidou **dois tipos de livranças: as comerciais e as financeiras.**

As livranças comerciais titulam créditos emergentes de operações comerciais entre dois agentes económicos (*v.g.* uma empresa retalhista compra mercadoria e beneficia de uma livrança de um crédito que se compromete a liquidar numa determinada data. **As livranças financeiras** – mais comuns em Portugal – **titulam operações bancárias de concessão de crédito.** Nestas, o subscritor (a empresa que necessita de financiamento) compromete-se a pagar o seu valor nominal numa determinada data acordada entre as partes. Por regra, as entidades bancárias emitem a **livrança em branco, com o respectivo contrato de preenchimento** subscrito pelos contratantes, de modo a que, no caso de incumprimento, a livrança seja preenchida e ao valor nominal do capital acresçam as quantias calculadas a título de juros vencidos e os encargos com o processo da cobrança coerciva.

O aval é escrito na própria letra (geralmente na face anterior desta) ou numa folha anexa e exprime-se pela **expressão *"bom para aval"*** ou por uma fórmula equivalente, sendo assinado pelo dador do aval. Também será considerado aval **a simples assinatura do dador aposta na face anterior da letra**, salvo se se tratar das assinaturas do sacado (o pagador) ou do sacador (a entidade que emite a letra). Em todo o caso, **o aval deve indicar a pessoa por quem ele é dado e, na falta de indicação, entender-se-á ter sido pelo sacador.**

Ora, conjugando os artºs. 32º e 47º da LULL, **o avalista assume uma responsabilidade solidária perante o portador da letra ou livrança** e a sua obrigação mantém-se, mesmo quando a obrigação que ele garantiu seja nula por qualquer razão que não seja um vício de forma. Logo, **o portador tem o direito de accionar todas as pessoas que intervêm no título**, desde logo o avalista, individualmente ou colectivamente, sem estar adstrito a observar a ordem pela qual se obrigaram. **O mesmo direito possui qualquer dos signatários de uma letra quando a tenha pago** (artº 47º da LULL). **Se o avalista pagar a letra**, fica sub-rogado nos direitos emergentes da letra contra a pessoa a favor de quem foi dado o aval e contra os obrigados para com esta em virtude da letra.

Assim se **conclui que o aval** – sendo uma **garantia de natureza pessoal,** já que **o seu dador arrisca todo o seu património,** em caso de incumprimento do sacado – não sabendo qual ou quais os bens concretos e específicos do seu património que serão "atacados", em sede de execução, ao contrário da hipoteca que é uma garantia de natureza real, já que incide sobre um bem certo e determinado do património do devedor – e **coloca o avalista numa posição jurídica similar à do fiador, que se assumiu como um devedor principal.**

Nos termos do artº 30º da LULL (*"Função do aval"*), **o pagamento de uma letra pode ser garantido, na totalidade ou parcialmente, por aval, que será dado por um terceiro ou por um signatário da letra.** Quanto à **responsabilidade do dador de aval,** dispõe o artº 32º:

"O dador de aval é responsável da mesma maneira que a pessoa por ele afiançada.

A sua obrigação mantém-se, mesmo no caso de a obrigação que ele garantiu ser nula por qualquer razão que não seja um vício de forma.

Se o dador de aval paga a letra, fica sub-rogado nos direitos emergentes da letra contra a pessoa a favor de quem foi dado o aval e contra os obrigados para com esta em virtude da letra.".
(sublinhado nosso)

Ora, conjugando o artº 32º com o artº 47º da LULL (**"Responsabilidade solidária dos signatários"**) conclui-se que **os avalistas, os sacadores, os aceitantes e os endossantes da letra assumem, uma responsabilidade solidária perante o portador da letra.** No restante corpo do artº 47º, mais se dispõe:

"O portador tem o direito de accionar todas estas pessoas, individualmente ou colectivamente, sem estar adstrito a observar a ordem por que elas se obrigaram.

O mesmo direito possui qualquer dos signatários de uma letra quando a tenha pago.

A acção intentada contra um dos co-obrigados não impede de accionar os outros, mesmo os posteriores àquele que foi accionado em primeiro lugar.".

Logo, **o portador tem o direito de accionar todas as pessoas que intervêm no título**, desde logo o avalista, individualmente ou colectivamente, sem estar adstrito a observar a ordem por que elas se obrigaram. **O mesmo direito possui qualquer dos signatários de uma letra quando a tenha pago** (artº 47º da LULL). **O avalista que paga a letra fica sub-rogado nos direitos do portador do título que o demandou**, direitos que, como se disse, emergem desta relação cambiária.

O aval, por ser uma **garantia prestada no domínio das relações cambiárias, tem uma natureza pessoal** – já que **o seu dador arrisca todo o seu património**, em caso de incumprimento do sacado, não sabendo qual ou quais os bens concretos e específicos do seu património serão "atacados" na execução (ao invés da hipoteca que é uma garantia de natureza real, porque incide sobre um bem certo e determinado do património do devedor). **O avalista coloca-se numa posição jurídica similar à do fiador que, numa relação civilista, garante o seu afiançado e assume a posição de devedor principal, por renunciar ao benefício da excussão prévia.**

Em conclusão:

1. **No plano da própria dinâmica "processual" entre credores e devedores solidários** (incluindo os prestadores de garantias a devedores originários) – para que os primeiros possam cobrar os seus créditos – os devedores e garantes (avalistas) estão no mesmo plano, podendo o credor reclamar de um, algum ou de todos os devedores solidários o pagamento integral da dívida;

2. **No plano interno dos devedores solidários,** relativo ao modo como os devedores, entre si, convencionaram partilhar as suas responsabilidades perante o credor do seu avalizado, podem existir diferenças de fundo, por eventualmente não terem definido as suas quotas-partes de responsabilidade ou, pelo contrário, terem estabelecido esta limitação;

3. Em todo o caso, **os garantes (os avalistas – que não são os devedores originários da obrigação) respondem solidariamente e pessoalmente**, arriscando todo o seu património pessoal, caso venham a ser demandados pelo credor do devedor que avalizaram e que não pagou a obrigação vencida;

4. Posto que a LULL é omissa quanto à disciplina das relações internas entre os avalistas, terá que ser o direito civil o direito aplicável;

5. Os avalistas podem, por convenção expressa, distribuir as suas responsabilidades, para a eventualidade de virem a ser demandados e apenas algum ou alguns deles pagarem a quantia avalizada, podendo repartir igualitariamente essa responsabilidade ou, pelo contrário, distribuir essa responsabilidade de modo diferente, caso em que haverá um acordo a respeitar;

6. **Não existindo acordo** sobre a forma como repartem responsabilidades, o direito de regresso será exercido **segundo o regime das obrigações solidárias.**

Quanto à livrança, dispõe a LULL, nos artºs. 75,º a 78º.

Sem dar uma noção de livrança, a lei consagra os seus **requisitos formais** (dada a literalidade destes títulos), as consequências que decorrem da omissão destes requisitos, e **faz aplicar** à livrança as normas relativas às letras, *"na parte em que não sejam contrárias à natureza deste escrito"*, referindo, expressamente, que também são aplicáveis à livrança *"as disposições relativas ao aval (artº 30º a 32º); no caso previsto na última alínea do artº 31º, se o aval não indicar a pessoa por quem é dado, entender-se-á ser pelo subscritor da livrança."* (último parágrafo do artº 77º da LULL).

Relativamente ao direito de regresso entre avalistas, quando um ou alguns efectuam o pagamento de dívida do mesmo avalizado, o entendimento que foi expresso no **Acórdão do Supremo Tribunal de Justiça nº 7/2012** (D.R., 1ª Série – Nº 137 – 17 de Julho de 2012) **uniformizou a jurisprudência** nos termos seguintes:

"Sem embargo de convenção em contrário, há direito de regresso entre os avalistas do mesmo avalizado numa livrança, o qual segue o regime previsto para as obrigações solidárias".

O objecto do recurso prendeu-se com o facto de autores e réus terem prestado o seu aval numa livrança subscrita por sociedade comercial a favor de entidade bancária. Na data do vencimento da obrigação, e porque a sociedade devedora não pagou a sua obrigação, o credor intentou acção executiva contra todos os avalistas. De entre eles, os autores, e recorrentes, na sua qualidade de avalistas, pagaram a quantia exequenda bem como as custas judiciais, pelo que pretendiam exercer o seu direito de regresso e obter dos réus e recorridos o pagamento das suas respectivas responsabilidades.

Dada a **divergência jurisprudencial no S.T.J. relativa ao regime jurídico do direito de regresso entre avalistas do mesmo avalizado**, foi o recurso levado a julgamento ampliado da revista, nos termos dos artºs. 732º-A e 732º-B do anterior C.P.C.

Tal divergência relacionava-se com a existência de **dois entendimentos antagónicos**, ambos com acolhimento em decisões judiciais, a saber:

- O primeiro que **admite o direito de regresso entre avalistas do mesmo avalizado em condições e nos mesmos termos do previsto no artº 650º do C.C.**, como acontece com a **pluralidade de fiadores** (por se entender que entre avalistas não se estabelecem relações cambiárias reguladas pela LULL);
- O segundo que **faz depender a existência e conteúdo desse direito de regresso de uma convenção extracartular entre os próprios avalistas**.

Aqui chegados, algumas questões que se suscitavam foram sanadas pelo referido Acórdão, cuja fundamentação aqui sumariamente se expande:

- É sabido que a **prestação de aval constitui uma garantia de grande relevância para o credor**, especialmente pelas características dos títulos de crédito em que é aposta (literalidade, autonomia e abstracção) e que a regra da solidariedade é essencial na LULL quanto à responsabilidade de avalistas e demais responsáveis – já que reforça as garantias do credor quanto à cobrança do seu crédito e facilita a circulação dos próprios títulos cambiários;
- **No direito interno Português é entendimento de que entre avalistas não existem relações cambiárias expressamente reguladas na LULL**, como acontece com o Direito Italiano;
- Relegados para o direito comum – o direito civil – **nada obsta a que os avalistas possam, por convenção e nas suas relações**

internas, distribuir as suas responsabilidades, para a eventualidade de virem a ser demandados e apenas algum ou alguns realizem o pagamento da quantia avalizada, podendo repartir igualitariamente essa responsabilidade ou, pelo contrário, distribuir essa responsabilidade de modo diferente, caso em que haverá um acordo a respeitar;
- **Não existindo esse acordo** sobre a forma como exercerão as suas responsabilidades é que haverá que suprir as questões referentes ao direito de regresso, **devendo este seguir o regime das obrigações solidárias;**
- A aceitação do direito de regresso entre avalistas não põe em crise a natureza desta garantia, designadamente o direito de o credor accionar directa, indistintamente e solidariamente qualquer avalista;
- Por outro lado, **só o avalista ou avalistas que cumpriram, voluntária ou coercivamente, a obrigação exequenda, é que poderão accionar *a posteriori* os demais obrigados que não o fizeram** – por, eventualmente, nem terem sido demandados pelo credor – assim se justificando que se repartam com estes as responsabilidades e os encargos financeiros;
- **Pelo que seria excessivo admitir que o chamamento dos avalistas que não cumpriram tivesse de depender de alegação e prova da existência desse acordo ou convenção extracartular que legitimasse o direito de regresso;**
- Por outro lado – e salvo se os interessados convencionaram expressamente a divisão, no plano interno, das suas responsabilidades – **não deve ser negada ao avalista que pagou a quantia avalizada (ou suportou uma parte mais elevada do que aquela que lhe competiria) a possibilidade de distribuir, no plano interno, a responsabilidade patrimonial entre os demais obrigados**, nos termos que vigoram para as obrigações solidárias (artºs. 524º e 516º do C.C.) e em similitude com o estabelecido pelo artº 650º do C.C. para a pluralidade de fiadores.

Esta tese é a que tem tido vencimento nas decisões proferidas pelos Tribunais da Relação, como é o caso do Acórdão da Relação de Lisboa, de 21 de Outubro de 2010, de 16 de Abril de 2009, entre outros, e do Tribunal da Relação do Porto, com o Acórdão de 27 de Fevereiro de 2006 e de 27 de Maio de 2004.

Para exemplificar como se exerce o direito de regresso de um devedor (avalista) que tenha pago mais do que a sua quota-parte, junta--se uma **petição inicial**, cuja causa de pedir se funda, precisamente, no direito de exigir dos demais devedores solidários o pagamento das quantias que o avalista demandado, que tudo pagou ao credor, tem direito a receber, incluindo o capital e os juros.

✓ Petição Inicial

Exercício de direito de regresso

Exmo Senhor
Dr. Juiz da Comarca de.......

MARIA INÊS COSTA, casada, professora, residente na Rua ...., nº ...., da freguesia de ...., no concelho de .... contribuinte fiscal nº ...., vem, nos termos dos arts. 524º e ss. do Código Civil, propor

ACÇÃO DECLARATIVA COMUM contra

1ª – "COMÉRCIO E DISTRIBUIÇÃO DE ÓLEOS, LDA", Pessoa Colectiva nº ...., com sede na ....
2ª – PEDRO SERRA E MULHER, AMÉLIA PINTO SERRA, ambos com residência na Rua ....

O que faz nos termos e com os fundamentos seguintes:

1º

A **1ª Ré** celebrou com a **"Crédito – Instituição Financeira, S.A."**, Pessoa Colectiva nº ...., o **contrato de locação financeira** nº ...., em que foi locatária (Cfr. Certidão do teor de matrícula e das inscrições em vigor na Conservatória do Registo Comercial competente, como Doc. que junta sob o nº 1 e se dá por reproduzido em todo o seu teor).

2º

Para garantia de todas as obrigações e responsabilidades que, do referido contrato de leasing, emergiram para a identificada sociedade locatária, a 1ª Ré subscreveu e entregou à dita sociedade de locação financeira uma **livrança-caução em branco, com o respectivo pacto ou contrato de preenchimento**, livrança-caução que foi **avalizada pela A. e, ainda, pelo 2º Réu**.

3º
E porque **a 1ª Ré não cumpriu as obrigações** em que se havia constituído, foram a A. e o 2º Réu nestes autos demandados pela locadora para pagarem o valor das responsabilidades em dívida, sendo que, à data da propositura da execução, estas ascendiam a 9.041,25 Euros, como melhor se alcança da cópia do Requerimento Inicial, com recebimento, que se junta sob o Doc. nº 2 e se dá por integralmente reproduzido, para os legais efeitos.

4º
Esta **execução extinguiu-se pelo integral pagamento que foi efectuado, apenas, pela aqui A.**, conforme Declaração emitida pela locadora e certidão judicial que aqui se juntam e se dão por integralmente reproduzidas (Docs. nºs 3 e 4).

5º
Como resulta deste documento, a A. pagou à "Crédito – Instituição Financeira, S.A.", no âmbito do referido contrato, o valor de 12.625,88 Euros, depois de calculados os juros e demais responsabilidades que lhe foram integralmente imputados.

6º
Com este pagamento **extinguiu-se a execução proposta contra todos os condevedores solidários, sendo que a A., na sua qualidade de devedora solidária, pagou mais do que a quota-parte que lhe competia.**

7º
Dispõe o nº 1 do art. 519º do C.C. que *"O credor tem o direito de exigir de qualquer dois devedores toda a prestação, ou parte dela, proporcional ou não à quota do interpelado..."*.

8º
Ora, como aconteceu, a aqui A., demandada com os demais condevedores, pagou integralmente todas as responsabilidades emergentes dos referidos contratos de locação financeira.

9º
Assistindo-lhe, agora, e **no plano das relações internas com os demais co-obrigados, o direito de regresso, na parte que a estes cabe** (Cfr. art. 524º do C.C.).

10º
De acordo com um simples cálculo aritmético, referente à quantia exequenda e juros de mora vencidos e pagos pela A. à Exequente, vem reclamar a cada um deles, as seguintes quantias: – Contrato nº .... com a "COMÉRCIO E DISTRIBUIÇÃO DE ÓLEOS, LDA", em que foram 3 executados (a aqui R., a aqui A. e o 2º R. nestes autos), cabendo, a cada um deles, a quota-parte de 4.208,62 Euros, nas responsabilidades assumidas (12.625,88 Euros: 3 = 4.208,62 Euros), cabe à A. a quantia de € 8.417,26 Euros (4.208,62 x 2), pelo que, a título de capital, reclama a A. a quantia de € 8.417,26.

11º
A este valor, acrescem **juros moratórios vencidos** desde a data do pagamento, feito pela aqui A. à Exequente Locadora, em 12 de Dezembro de 2005, até à presente data, os quais ascendem a € 1.926,10, calculados de acordo com as **taxas aplicáveis por força do disposto no § 3º do art. 102º do Código Comercial** e na **Portaria nº 597/2005, de 19 de Julho**, publicada no Diário da República, 1ª Série-B, nº 137, emergentes dos Avisos da DGT, a saber:
– **Aviso nº 6923/2005**, de 19 de Julho, publicado no Diário da República, 2ª Série, nº 141, de 25 de Julho de 2005 (**9,05%**, desde 01.07.2005 até 31.12.2005) – **€ 37,57**;
– **Aviso nº 240/2006**, de 30 de Dezembro, publicado no Diário da República, 2ª Série, nº 8, de 11 de Janeiro de 2006 (**9,25%**, desde 01.01.2006 até 30.06.2006) – **€ 383,97**;
– **Aviso nº 7705/2006**, de 28 de Junho, publicado no Diário da República, 2ª Série, nº 131, de 10 de Julho de 2006 (**9,83%**, desde 01.07.2006 até 31.12.2006) – **€ 414,84**;
– **Aviso nº 191/2007**, de 28 de Dezembro, publicado no Diário da República, 2ª Série, nº 4, de 5 de Janeiro de 2007 (**10,58%**, desde 01.01.2007 até 30.06.2007) – **€ 439,17**;

– **Aviso nº 13665/2007**, de 28 de Junho, publicado no Diário da República, 2ª Série, nº 145, de 30 de Julho de 2007 (**11,07%**, desde 01.07.2007 até 31.12.2007) – **€ 467,17**;
– **Aviso nº 2151/2008**, de 8 de Janeiro, publicado no Diário da República, 2ª Série, nº 19, de 28 de Janeiro de 2008 (**11,20%**, desde 01.01.2008 até 30.06.2008) – **€ 183,38**;

12º

Perfazem, o capital e os juros vencidos, a quantia global de € 10.343,36 que a A. expressamente aqui reclama de todos os seus condevedores, ora RR, nas respectivas quotas-partes, sem prejuízo do disposto no nº 1 do art. 526º do C.C..

13º

Pese embora a livrança-caução a que se alude no art. 2º desta acção ter sido avalizada pelo 2º R. marido, o supra identificado PEDRO SERRA, nos termos da al. c) do nº 1 do art. 1691º do C.C., **a obrigação por este assumida no aval e a subsequente dívida que daquela emergiu consubstancia uma dívida comunicável, pelo que aqui também se demanda a sua mulher**, a referida AMÉLIA PINTO SERRA, para todos os legais efeitos.

NESTES TERMOS, e nos demais de Direito, se Requer a V. Exa:

A) Que a presente acção seja julgada procedente, por provada, e, em consequência, serem os RR. condenados a pagar à A. a peticionada quantia de € 10.343,36, na proporção das respectivas quotas-partes, calculadas como indicado no art. 10º desta PI;

B) Que, caso se verifiquem os pressupostos do nº 1 do art. 526º do Código Civil, isto é, a insolvência ou a impossibilidade, por outro motivo, de qualquer um dos ora RR pagar à A. a sua quota-parte, ser esta proporcionalmente repartida pelos demais RR, depois de deduzida a responsabilidade da A., sendo aqueles condenados a pagá-la;

C) Serem os RR ainda condenados a pagar à A. os juros vincendos, calculados desde a data da propositura desta acção até efectivo e integral pagamento, bem como as custas desta lide judicial.

PARA TANTO, REQUER que sejam os RR citados para contestar, querendo, dentro do prazo e cominação legal.

VALOR: 10.343,36 Euros (dez mil trezentos e quarenta e três Euros, trinta e seis cêntimos)

2.3. PRESCRIÇÃO

O decurso do tempo produz as suas consequências, também nas relações jurídicas e nas obrigações. Está, neste caso, a prescrição. Este instituto relaciona-se com **o não exercício dos direitos** por parte do seu titular durante o período de tempo previsto na lei. Exceptuam-se os direitos indisponíveis (como o direito a alimentos aos filhos) ou aqueles que a lei considere isentos de prescrição. O art. 298º do C.C. refere-se à **prescrição, à caducidade e ao não uso do direito,** desta forma:

"1. Estão sujeitos a prescrição, pelo seu não exercício durante o lapso de tempo estabelecido na lei, os direitos que não sejam indisponíveis ou que a lei não declare isentos de prescrição.

2. Quando, por força da lei ou por vontade das partes, um direito deva ser exercido dentro de certo prazo, são aplicáveis as regras da caducidade, a menos que a lei se refira expressamente à prescrição.

3. Os direitos de propriedade, usufruto, uso e habitação, enfiteuse, superfície e servidão não prescrevem, mas podem extinguir-se pelo não uso nos casos especialmente previstos na lei, sendo aplicáveis nesses casos, na falta de disposição em contrário, as regras da caducidade.".

A prescrição é facilmente **confundível com a caducidade** de direitos, a qual traduz, igualmente, uma situação factual em que **o seu titular não exerce um direito durante o prazo que a lei ou o contrato estabeleceram** ou reflecte **a relação jurídica que foi executada com toda a sua normalidade e se extinguiu por ter atingido o seu termo,** estipulado pelas partes.

Neste caso, estão, por exemplo: o fim do usufruto vitalício, direito real de gozo que caduca com a morte do seu titular, o usufrutuário, ou o fim de uma relação de trabalho subordinado cuja duração se encontrava previamente definida pelas partes pelo período determinado de 1 ano e que acaba, uma vez atingido o seu termo final. Contudo, na vida prática, é frequente a confundibilidade entre estes dois institutos, pelo que há que estabelecer a distinção entre eles, já que a lei expressamente remete para a prescrição.

Dispõe o nº 1 do artº 304º do C.C.:

*"Completada a prescrição, tem o beneficiário a **faculdade de recusar o cumprimento** da prestação ou de se opor, por qualquer modo, ao exercício do direito prescrito."*

Porém, **se o devedor realizar a sua prestação de forma espontânea e voluntária em cumprimento de uma obrigação prescrita, não poderá repetir** (*retro petire*, ou seja, pedir a restituição) aquilo que houver cumprido, mesmo que invoque o seu desconhecimento quanto à prescrição operada (nº 2 do mesmo preceito).

No que respeita a **dívidas comerciais** – concretamente as que emergem de uma relação entre dois empresários ou empresas –, **o prazo de prescrição ordinário é de 20 anos**, previsto no artº 309º do C.C., o qual começa a correr quando o direito pode ser exercido, ou seja, quando a obrigação do devedor se vence e se torna exigível. Para além deste prazo de prescrição, há **outros mais curtos** estabelecidos na lei, a saber:

- As **rendas** e alugueres devidos pelo locatário, ainda que pagos por uma só vez – al. b) do artº 310º – prazo de **5 anos**;
- As **prestações periodicamente renováveis** – al. g) do artº 310º – prazo de **5 anos**;
- **Créditos de estabelecimentos de alojamento, comidas ou bebidas**, pelo alojamento, comidas ou bebidas que forneçam – artº 316º – prazo de **6 meses**;
- **Créditos dos estabelecimentos que forneçam alojamento, ou alojamento e alimentação, a estudantes** e os **créditos de estabelecimentos de ensino, educação, assistência e tratamento**, em relação aos serviços prestados – al. a) do artº 317º – prazo de **2 anos**;
- **Créditos dos comerciantes** pelos objectos vendidos a quem não seja comerciante ou não os destine ao comércio e os **créditos dos que se dedicam ao exercício profissional da indústria**, pelo fornecimento de mercadorias ou produtos, execução de trabalhos ou gestão de negócios alheios, incluindo as despesas que realizaram, a

não ser que estes bens se destinem ao exercício industrial do devedor – al. b) do mesmo preceito – prazo de **2 anos**;
- Os **créditos pelos serviços prestados por profissões liberais** e pelo **reembolso das despesas** correspondentes – al. c) do indicado artigo – prazo de **2 anos**.

Estes prazos estão sujeitos a suspensão (nos casos do artº 318º e ss do C.C.) e a interrupção (nos casos do artº 323º e ss do mesmo Código), institutos que determinam que, uma vez cessada as suas respectivas causas, continua a ser contado o prazo prescricional ou recomeçará a ser contado.

2.4. JUROS

2.4.1. NOÇÃO DE JURO E TAXA DE JURO

O juro é, por definição, um **valor percentual que alguém recebe por ter emprestado dinheiro** ou por o ter **depositado numa instituição bancária**, por um determinado período de tempo. O juro, para a ciência económica e financeira, é um conceito essencial e tem sido objecto de grande controvérsia, ao longo da História, em virtude da sua função social.

Numa perspectiva lata, o juro corresponde à remuneração do capital. Neste contexto, o juro corresponderá ao valor que o detentor desse capital terá direito a receber, por permitir a outrem a sua fruição temporária. Num sentido restrito, o juro reporta-se a operações que envolvem dinheiro e pode consubstanciar o preço pago por um mutuário a um mutuante pelo dinheiro emprestado, por determinado prazo.

O juro está directamente ligado à **taxa de juro**, que é a percentagem que permite calcular o valor do juro produzido por uma unidade de capital numa unidade de tempo. Esta taxa oscila em função de variáveis como:
- O valor do capital, já que quanto maior é o capital cedido, maior é o juro produzido;

- O tempo da operação, posto que quanto maior for a duração do contrato maior será o juro produzido;
- A taxa de inflação, que condiciona o juro real produzido;
- O risco da transacção, que, quanto maior for, mais juro reclamará.

A razão da existência do juro prende-se com o raciocínio de que quando alguém cede a outrem um capital deixa de o poder utilizar em proveito próprio, designadamente na sua empresa, nos seus negócios, e, consequentemente, fica privado de retirar dele um rendimento.

2.4.2. JURO CIVIL E COMERCIAL. USURA E ANATOCISMO

As **obrigações de juro** encontram-se previstas pelo nosso Direito, desde logo o **Direito Civil**. No artº 559º do C.C. o legislador admite, para as relações civis, que o credor possa cobrar do seu devedor os **juros legais** e os estipulados sem determinação de taxa ou quantitativo, desde que sejam fixados em Portaria conjunta do Ministério da Justiça e das Finanças. Todavia, **proíbe os juros usurários**, quando dispõe, no artº 559º-A, que se aplique, por remissão, o estabelecido a propósito do contrato de mútuo – artº 1146º do C.C. que reza:

"É havido como usurário o contrato de mútuo em que sejam estipulados juros anuais que excedam os juros legais, acrescidos de 3% ou 5%, conforme exista ou não garantia real."

Também se posterga o **anatocismo**, no artº 560º do mesmo Código. Com esta estipulação, o legislador pretende **evitar que os juros vencidos sejam sistematicamente capitalizados e, sobre esta quantia global, incida a taxa de juros,** o que implica o agravamento substancial da dívida e enfraquece a situação do devedor.

No quadro das relações jurídico-comerciais, o artº **102º do Código Comercial** consagra:

"Há lugar ao decurso e contagem de juros em todos os actos comerciais em que for de convenção ou direito vencerem-se e nos mais casos especiais fixados no presente Código.".

Ora, a lei mercantil, ao dispor desta forma, estabelece **uma distinção consoante os juros sejam estipulados entre as partes, por convenção ou acordo, ou por força da lei.** Quando exista **convenção de juros**, as partes deverão **reduzir este acordo à forma escrita**, como resulta do § 1º do artº 102º que estabelece que a **taxa de juros comerciais só pode ser fixada por escrito.**

Neste caso, **a convenção sobre juros pode ser formalizada por documento escrito ou documento electrónico, nos termos do Dec.-Lei nº 290-D/99, de 2 de Agosto,** que disciplina o regime jurídico dos documentos e actos jurídicos electrónicos). De acordo com o artº 1º deste regime, pretende-se regular "... *a validade, eficácia, validade e valor probatório dos documentos electrónicos e a assinatura digital.*", dada a importância cada vez maior das redes electrónicas abertas, como a Internet, na vida quotidiana dos cidadãos e das empresas que podem realizar os seus negócios e efectuar transacções comerciais globais por esta via, cuja segurança deve ser absolutamente preservada.

Estabelece o nº 1 do artº 3º deste diploma legal que *"O documento electrónico satisfaz o requisito legal de forma escrita quando o seu conteúdo seja susceptível de representação como declaração escrita."* E o seu nº 2 dispõe, ainda, que *"Quando lhe seja aposta uma assinatura digital certificada por uma entidade credenciada e com os requisitos previstos neste diploma, o documento electrónico com o conteúdo referido no número anterior tem a força probatória de documento particular assinado, nos termos do artigo 376º do Código Civil.".*

Não obstante a possibilidade legal das partes convencionarem os juros, há que depreender, em face do disposto no § 2º do artº 102º, que **esta liberdade encontra restrições,** porquanto a lei comercial remete para os artºs. 559º-A e 1146º do C.C., consagrando **a mesma regra para os juros moratórios legais e para os que são estabelecidos sem determinação de taxa ou quantitativo – quando os titulares dos créditos sejam empresas comerciais individuais ou colectivas –** que devem ser fixados pela referida Portaria conjunta.

É bem clara a intenção do legislador. À semelhança do que ocorre com os juros civis, remete-se a **determinação da taxa de juro comercial para diploma legal que estabelece o seu limite máximo,** o que tem, como efeito prático, o **combate preventivo à usura**. Tal normativo é compreensível e pode funcionar como um verdadeiro mecanismo regulador. Isto porque, dadas as oscilações suportadas pelos agentes económicos e pela conjuntura económica interna e externa em que estes operam, seria inaceitável imaginar que o legislador reservasse o direito de fixar ou determinar, *tout court*, uma taxa de juro inalterável ao longo dos tempos, o que se converteria num pesado ónus para o devedor ou numa desvantagem para o credor, dependendo das circunstâncias concretas do negócio, bem como do contexto espácio-temporal em que este se executa. Nesta situação se colocaram, também, as relações mercantis que, por erosão dos mercados e por variáveis não imputáveis ao devedor, poderiam provocar mora e, até, inadimplência do devedor.

Por outro lado, além das transacções comerciais internas, haverá que não esquecer as efectuadas **entre empresas nacionais e estrangeiras**, sem que haja convenção de juros entre os contratantes. Porém, **caso se verifique o incumprimento devedor**, e porque se aplicam **as regras do cumprimento da obrigação no lugar do domicílio do credor**, pode ocorrer que a taxa seja estabelecida por lei mercantil do país onde deva ser efectuado o pagamento e, aí, seja fixada por lei em taxa inferior à fixada em Portugal (por exemplo, os fornecimentos de carne verde efectuados por um país nórdico a um retalhista português que, em caso de incumprimento, poderá ficar adstrito ao pagamento de juros comerciais moratórios calculados de acordo com a taxa vigente no país do credor, o fornecedor).

Deste modo, **optou o legislador por remeter para legislação avulsa – a Portaria conjunta** – a qual reflectirá as referidas oscilações de mercado e de conjuntura económica e financeira – **a função de fixar a taxa de juro comercial**.

Uma referência se impõe para o que estabelece o Código Comercial quanto a **juros moratórios relativos aos créditos de que sejam titulares empresas comerciais singulares ou colectivas**.

Nos seus § 3º e 4º, estabelece, respectivamente:

"*Os juros moratórios legais e os estabelecidos sem determinação de taxa ou quantitativo, relativamente aos créditos de que sejam titulares empresas comerciais, singulares ou colectivas, são os fixados em portaria conjunta dos*

Ministros das Finanças e da Justiça. (§ 3º);*"A taxa de juro referida no parágrafo anterior não poderá ser inferior ao valor da taxa de juro aplicada pelo Banco Central Europeu à sua mais recente operação principal de refinanciamento efectuada antes do 1º dia de Janeiro ou Julho, consoante se esteja, respectivamente, no 1º ou no 2º semestre do ano civil, acrescida de 7 pontos percentuais."* (§ 4º).

A actual redacção, quer do corpo do artº 102º do Cód. Com., quer dos seus § 2º, 3º e 4º, foi introduzida pelo Dec.-Lei nº 32/2003, de 17 de Fevereiro, cuja finalidade foi transpor para a ordem jurídica interna a Directiva 2000/35/CE, do Parlamento Europeu e do Conselho, de 29 de Junho, a qual, por sua vez, visava combater os atrasos nos pagamentos das transacções comerciais.

A simples constatação dos efeitos nocivos que estes atrasos têm na vida das empresas, especialmente das PME, atrasos que podem arrastar estas entidades para a própria insolvência, com a perda dos postos de trabalho criados, a Directiva veio regular todas as transacções comerciais entre empresas privadas – equiparando a estas o exercício das profissões liberais – e entre estas e as empresas públicas, as quais, de resto, são responsáveis por um grande volume de pagamentos às primeiras.

Assim, e nos termos do artº 2º do Dec.-Lei nº 32/2003, **esta disciplina aplica-se a todos os pagamentos efectuados a título de remuneração das transacções comerciais, com exclusão das relações entre empresas e consumidores** (contratos entre estes celebrados), **dos juros relativos a outros pagamentos** que não se relacionem com transacções comerciais e, ainda, dos **pagamentos efectuados ao abrigo da responsabilidade civil contratual, incluindo pelas Companhias Seguradoras.**

Para efeitos desta disciplina, o artº 3º dá-nos a noção de transacção comercial e de empresa e o art. 4º prevê **"Juros e indemnização".**

Ainda:

- **Sujeitou todos os atrasos no pagamento das transacções comerciais ao juro previsto no Código Comercial** (nº 1 do artº 4º);
- Previu, como **limite mínimo da taxa de juro moratório o previsto no Código Comercial;**

- **Estabeleceu os prazos a partir dos quais se deve considerar que as dívidas comerciais vencem juros** (quando as partes não tenham aposto data no contrato ou fixado prazo para o pagamento (n.º 2 do mesmo artigo);
- Consagrou a possibilidade de **o credor reclamar do devedor uma indemnização complementar, ou suplementar, sempre que demonstre que os danos decorrentes da mora foram superiores ao valor dos juros** (n.º 4 do referido preceito).

Esta disciplina visa introduzir equidade e equilíbrio na relação que se estabelece entre partes que podem ser desiguais, no que toca à sua capacidade negocial e poder económico; assim sendo, estabelece um limite mínimo para a taxa de juro que pode ser um incentivo a cumprir, especialmente para as empresas que excedem os prazos para satisfazer as suas obrigações. Por outro lado, cominou-se a **nulidade para cláusulas contratuais que estabeleçam prazos demasiado alargados para o pagamento das obrigações pecuniárias** decorrentes das transacções comerciais.

Desta feita, os **juros moratórios** – que configuram uma indemnização pela mora (demora) ou o atraso no pagamento de uma prestação em dinheiro – **serão calculados de acordo com a taxa fixada por Portaria do Ministério das Finanças e da Administração Pública, sendo divulgada por Aviso da Direcção-Geral do Tesouro, taxa que oscila em cada semestre.**

Parte III
Os Sujeitos da Relação Jurídico-Comercial

1. OS COMERCIANTES: AS PESSOAS SINGULARES E AS PESSOAS COLECTIVAS

Nas relações jurídicas em geral, encontramos nos seus pólos os **indivíduos**, pessoalmente considerados, **e as pessoas colectivas**, entes jurídicos aos quais a lei atribui personalidade e capacidade jurídicas, porque perseguem objectivos conformes à ordem pública e aos bons costumes e têm um escopo socialmente atendível.

Assim dispõe o artº 157º do C.C. *in fine*, quando se refere às sociedades. Estas adquirem personalidade jurídica após o seu registo definitivo na Conservatória do Registo Comercial e a sua capacidade jurídica abrange *"todos os direitos e obrigações necessários ou convenientes à prossecução dos seus fins."* (nº 1 do artº 160º do C.C.). Consequentemente, está vedado às sociedades, o exercício de direitos e as obrigações que, por lei, não lhes sejam conferidos ou que sejam indissociáveis da personalidade humana, a qual compreende uma capacidade jurídica (de gozo e de exercício de direitos) com maior amplitude. São, também, sujeitos da relação jurídico-comercial as **pessoas singulares**, os indivíduos que exercem a sua actividade empresarial isoladamente, sem se vincularem a outrem por laços de sociedade, e as **sociedades comerciais**, constituídas de acordo com a lei comercial.

Contudo, toda a actividade empresarial, ainda que assuma uma forma associativa, de grupo ou societária – que dá origem a um ente distinto do seu ou dos seus fundadores, como acontece com uma sociedade comercial, que tem personalidade jurídica após o seu registo definitivo

– pressupõe o **espírito de iniciativa, o empenho e o trabalho dos indivíduos,** factores decisivos na criação e gestão das empresas. O papel do indivíduo assume uma importância dominante no sistema económico, já que este, isolado ou não, tem o poder de projectar novos negócios, criar novas oportunidades e lançar as bases de novas formas de organização empresarial. É a pessoa, individualmente considerada, que, na fase prévia ao lançamento da empresa individual ou colectiva, avalia a actividade económica a iniciar, o seu grau de risco e a margem de sucesso esperada, que analisa e prevê a própria dinâmica da economia e a concorrência desenvolvida por agentes económicos nacionais e internacionais, que perspectiva o modo mais eficaz como deve organizar todos os recursos de que dispõe – como os meios de produção, o capital e os quadros humanos – que reconhece o patamar de desenvolvimento e de inovação tecnológica da empresa, que se esforça e empenha como gestor, sendo que algumas destas competências são indispensáveis ao sucesso da empresa, como a sua motivação e a liderança, a sua cultura empresarial e experiência de vida, o conhecimento que tem da comunidade e do meio geográfico, ambiental, económico e social em que a empresa se integra.

São estes múltiplos aspectos que fazem de um indivíduo um empreendedor com capacidade para se abalançar na criação de uma empresa, ainda que esta assuma uma matriz societária. **Estas qualidades têm sido objecto de estudo de diversos autores que desenvolveram o seu pensamento e as suas pesquisas científicas em áreas associadas ao empreendedorismo**, enquanto fenómeno intimamente ligado à **inovação e aos ciclos históricos da economia**, destacando-se os contributos de Richard Cantillon e Joseph Alois Schumpeter.

Cantillon[10], que viveu no século XVII, ficou conhecido como grande primeiro teórico da Economia. Nascido na Irlanda, acumulou uma grande fortuna e é hoje considerado o **pai do conceito de "empresário"**, que,

---

[10] Richard Cantillon foi, juntamente com Jean Baptiste Say e Joseph Schumpeter, um defensor da teoria económica que ficou conhecida como Schumpeteriana e que demonstra o seu pioneirismo na compreensão da importância do empreendedorismo e do papel do empreendedor e o impacto da sua actuação na economia. Foi um banqueiro, cujo perfil preencheria aquilo que hoje constitui o denominado capitalista de risco, sempre preocupado

na sua óptica, é quem **organiza e assume os riscos de uma empresa em troca de lucros**. Cantillon sublinhou, sobretudo, a vertente de assunção de riscos por parte do empresário. Escreveu, por volta do ano de 1730, o *"Essai Sur la Nature du Commerce en Géneral"*, publicado pela primeira vez em 1755, em Inglaterra, já depois da sua morte, trabalho que foi amplamente conhecido dos fisiocratas e da denominada Escola Francesa do seu tempo tendo contribuído para as concepções da Economia Política Clássica.

Quanto a **Schumpeter**[11], nascido em 1883 e falecido em 1950, foi professor de Harvard e ficou conhecido pelo seu pensamento económico muito peculiar, com a sua obra de referência: **"Capitalismo, Socialismo e Democracia"**. Mas o que nesta obra importa relevar do pensamento Schumpeteriano – porque ligado à ideia do empreendedorismo e da inovação – é que, para este autor, o factor mais importante para combater o imobilismo da economia, **é o espírito de inovação e a capacidade do homem para empreender,** considerando estas qualidades como verdadeiros factores para criar novas oportunidades de negócio e revolucionar os métodos de produção. Este autor estabeleceu, para a sua época, uma ruptura com o pensamento económico tradicional; isto porque, para ele **o empresário pode não ser o titular da empresa** (consequentemente, o proprietário da totalidade ou de parte dos meios de produção afectos à exploração económica), **mas apenas o indivíduo com capacidade para inovar,** equiparando-se, deste modo, àquilo que, na actualidade, consubstancia o **gestor dos meios de produção**. Na sua óptica, ainda não aceite pelo nosso ordenamento jurídico Português, **o empresário pode ser um trabalhador por conta de outrem, um assalariado** que exerce as suas funções com autonomia, porque tem flexibilidade para gerir empresas alheias, mesmo em simultaneidade, desde que uma delas tenha atingido um patamar de crescimento aceitável e uma gestão regu-

---

em identificar oportunidades de negócio, a gestão inteligente de negócios e a obtenção de rendimentos optimizados para o capital investido.

[11] JOSEPH SCHUMPETER, de nacionalidade austríaca, foi um dos mais importantes economistas do século XX que definiu o empreendedor como um indivíduo capaz de reformar ou revolucionar o processo "criativo-destrutivo" do capitalismo, por meio do desenvolvimento de nova tecnologia ou do aperfeiçoamento e evolução de uma antiga tecnologia. Esses indivíduos eram, para este autor, os agentes de mudança na economia.

lar. Citando o próprio Schumpeter, *"O empresário não é uma profissão e por regra, uma condição durável, os empresários não formam uma classe social no sentido técnico, como por exemplo os proprietários de terras, os capitalistas ou os trabalhadores. O seu desempenho, para o empresário afortunado, trar-lhe-á naturalmente uma posição social correspondente a uma classe e pode determinar-lhe o estilo de vida, o sistema de valores morais e estéticos, mas em si não significa de facto uma posição de classe".*

Este autor introduziu no discurso conceptual económico uma figura que ainda nos é arredia mas que, pela sua vitalidade, não deixa de congregar a simpatia de quem aposta e acredita na capacidade de alguém fazer frutificar o património e a riqueza de outros indivíduos e organizações ou empresas colectivas de que não faz parte.

Registadas estas breves notas, cabe agora caracterizar o empresário individual ou a empresa em nome individual que, na linguagem do Código Comercial, é o comerciante.

2. O COMERCIANTE/O EMPRESÁRIO INDIVIDUAL

2.1. CONCEITO E REQUISITOS PARA SE SER COMERCIANTE

Dispõe o artº 13º do Código Comercial que as pessoas com capacidade para praticar actos de comércio e que fazem deste profissão são comerciantes. Assim, consagra que as pessoas singulares são sujeitos da relação jurídico-comercial, ao lado das sociedades comerciais, também incluídas na previsão do mesmo preceito legal.

Numa linguagem moderna, diremos que estas pessoas são os empresários em nome individual ou empresários individuais ou ainda os titulares de uma empresa individual, não nos restringindo à actividade económica específica do comércio, mas integrando neste conceito as múltiplas actividades económicas exercidas por uma pessoa singular.

Quanto aos requisitos para adquirir a qualidade de comerciante, destacamos, desde logo, a **capacidade jurídica de exercício** de direitos, sendo que, a este respeito, dispõe o Código Comercial, no seu artº 7º:

> *"Toda a pessoa, nacional ou estrangeira, que for civilmente capaz de se obrigar, poderá praticar actos de comércio, em qualquer parte destes reinos e seus domínios, nos termos e salvas as excepções do presente Código."*

A lei comercial faz depender a **capacidade de exercício comercial** da **capacidade jurídica de exercício civil,** consagrada no artº 67º do C.C., que a define como a susceptibilidade de as pessoas serem sujeitos de quaisquer relações jurídicas. Será comerciante todo o cidadão capaz de se governar a si mesmo e aos seus bens, de forma livre e autónoma ou, se assim o entender, por interposta pessoa por si livremente designada.

A *contrario sensu*, será capaz para exercer a empresa quem **não sofrer de qualquer limitação na sua capacidade de gozo e de exercício de direitos** – como é o caso da menoridade, da interdição e da inabilitação (previstas, respectivamente, nos artºs. 122º e ss., 138º e ss e 152º e ss. do Código Civil).

Uma questão controversa tem sido a de saber se um menor, em dadas circunstâncias específicas, como é o caso de ser o sucessor de um comerciante, poderá adquirir a qualidade de comerciante. Dado que, para o exercício do comércio, exige a lei comercial a capacidade de exercício, só se poderá admitir que o menor o possa fazer através do instituto da representação legal, nos exactos termos em que a lei civil o prevê, como forma de suprir a sua incapacidade de exercício.

O artº 13º do Código Comercial, ao estabelecer quem pode ser comerciante e referindo-se concretamente aos indivíduos, consagra ainda o requisito da **profissionalidade**. Assim sendo, deverá ser considerado comerciante aquele que, com **carácter de habitualidade**, exerce de forma reiterada a actividade a que se dedica, fazendo desta um modo de vida, uma profissão. Não se exige que o titular da empresa se dedique a ela de forma exclusiva, preenchendo plenamente a sua actividade humana e profissional com essa mesma actividade económica. É muito comum vermos um profissional liberal e empresário, um quadro superior de uma empresa e sócio ou accionista de uma sociedade anónima de direito privado, desde que tal situação não seja considerada, pela sociedade, como violadora das normas de concorrência; importante será que, quem exerça a actividade de comerciante, dedique à sua actividade o tempo e o esforço que viabilizem o seu bom sucesso, já que nela se congregam sinergias fundamentais para que tenha utilidade social, seja fonte geradora de emprego e factor de desenvolvimento económico e social do meio e da região.

Haverá que se concluir que **a lei não exige a exclusividade** a quem queira ser comerciante ou empresário, mas, tão só, **que o comerciante se ocupe dominantemente** com as questões relativas à vida e gestão da sua empresa. Também é requisito legal que o comerciante não se encontre abrangido por **situações que constituam impedimento ou sejam incompatíveis** com o exercício da empresa; neste caso, e nos termos do nº 2 do artº 14º do Código Comercial, ser-lhe-á vedado o exercício da profissão de comerciante. A lei comercial expressamente se refere àqueles que por lei ou disposições especiais não podem exercer o comércio.

Nesta previsão cabem as inibições que a lei e os estatutos de muitas organizações profissionais consagram taxativamente, como é o caso dos **Magistrados Judiciais e do Ministério Público,** considerados **titulares de altos cargos públicos.** Quanto aos **Procuradores da República** dispõe o artº 81º da Lei nº 47/86, de 15 de Outubro – Estatuto do Ministério Público – que o exercício do cargo de Magistrado do Ministério Público é **incompatível com o exercício de qualquer outra função pública ou privada de índole profissional,** pelo que devem exercer as suas funções em regime de exclusividade. A **única excepção** é o exercício de funções docentes ou de investigação científica de natureza jurídica ou o exercício de funções directivas em organizações representativas da Magistratura do Ministério Público. Do mesmo modo, e em relação aos **Juízes (Magistrados Judiciais),** dispõe o seu Estatuto, no artº 13º, nº 1 da Lei nº 21/85, de 30 de Julho (com as alterações que lhe foram introduzidas) que os *"magistrados judiciais, excepto os aposentados e os que se encontrem na situação de licença sem vencimento de longa duração, não podem desempenhar qualquer outra função pública ou privada de natureza profissional, salvo as funções docentes ou de investigação científica de natureza jurídica, não remuneradas, e ainda funções directivas em organizações sindicais da magistratura judicial.". Nos termos do nº 2 deste preceito, as funções docentes e de investigação carecem de autorização do Conselho Superior da Magistratura e não podem causar prejuízo ao serviço.*

Para os **Deputados,** o seu Estatuto (Lei nº 7/93, de 1 de Março) prevê, no nº 6 do artº 21º, o impedimento que se transcreve:

"6 – É igualmente vedado aos deputados, em regime de acumulação, sem prejuízo do disposto em lei especial:

a) No exercício de actividade de comércio ou indústria, directa ou indirectamente, com o cônjuge não separado de pessoas e bens, por si ou entidade em que detenha participação relevante e designadamente superior a 10% do capital, celebrar contratos com o Estado e outras pessoas colectivas de direito público, participar em concursos de fornecimento de bens ou serviços, empreitadas ou concessões, abertos pelo Estado e demais pessoas colectivas de direito público, e, bem assim, por sociedades de capitais maioritária".

No que tange o **Estatuto do Pessoal da P.S.P. e o Estatuto dos Militares das Forças Armadas**, o mesmo tipo de incompatibilidades é consagrado para quem está na efectividade de funções ou em situação de licença com perda de vencimento ou em comissão especial, ou, ainda, em inactividade temporária, impedimentos relativos ao exercício de qualquer actividade civil, por si ou por interposta pessoa, que se relacione com as suas funções, o equipamento, o armamento, a infra-estrutura e reparação de materiais destinados às Forças Armadas.

Estas situações garantem a **prevalência do interesse superior do exercício destas funções**, por se entender que **o exercício do comércio pode pôr em crise a isenção e a independência próprias do seu exercício ou criarem situações factuais de conflito de interesses.**

2.2. CARACTERÍSTICAS DA EMPRESA INDIVIDUAL

O exercício do comércio por pessoa singular pressupõe a existência de uma empresa com as seguintes características:

- É **titulada por um só indivíduo** (empresa singular);
- O comerciante/empresário afecta todos os bens próprios ou **património pessoal** à exploração da sua actividade económica, suportando todos os riscos e beneficiando de todos os lucros decorrentes da sua actividade económica;
- O comerciante/empresário possui **capacidade de exercício plena** (a qual se adquire com a maioridade, desde que não seja afectado por nenhuma incapacidade como anomalias psíquicas, o abuso de bebidas ou estupefacientes que determinem a sua interdição ou inabilitação);
- O comerciante/empresário exerce a sua actividade de **forma organizada** e com carácter de **estabilidade**, ainda que não seja neces-

sário que a ela se dedique de forma exclusiva. Contudo, deverá considerar a sua actividade como um modo de vida lucrativo, podendo acumular o exercício da empresa com outra função, desde que não haja incompatibilidades ou impedimentos decorrentes da lei ou dos estatutos da profissão;
- A actividade pode ser exercida **pessoalmente ou através de mandatários comerciais** (artº 231º do C. Com.), e com a colaboração de **trabalhadores** subordinados ou prestadores de serviços;
- Pelas dívidas contraídas no exercício da actividade, o empresário responde **ilimitadamente perante os seus credores**, com todos os bens que integram o seu património (os bens directamente afectos à sua empresa e outros, como casas, terrenos, veículos, participações sociais, etc.).

A responsabilidade da empresa confunde-se com a do empresário – o seu **património pessoal ou civil não se encontra separado do património comercial**, muito embora só parte dos seus bens figurem na escrituração.

- A **firma** pode ser composta pelo seu nome civil, completo ou abreviado (João Monteiro da Silva ou Monteiro da Silva), por uma alcunha pela qual seja mais conhecido no meio empresarial (Manuel Gomes, o Italiano), uma expressão alusiva ao ramo do negócio (João Silva, Rei das Fazendas) ou por título nobiliárquico ou académico a que tenha direito (Dr. João Silva) ou ainda uma expressão alusiva à transmissão do negócio por via sucessória, como "Sucessor de..." ou "Herdeiro de ...".

2.3. FORMALIDADES LEGAIS OBRIGATÓRIAS PARA CRIAR UMA EMPRESA INDIVIDUAL

O **Dec.-Lei nº 247-B/2008**, de 30 de Dezembro, regula serviços à disposição das empresas, a saber o da emissão do **cartão de empresa ou de pessoa colectiva** e o **SICAE-Sistema de Informação da Classificação Portuguesa de Actividades Económicas**, visando contribuir para uma informação permanente e actualizada sobre o código CAE das empresas, bem como ultrapassar alguma descoordenação que possa existir na atribuição do referido código pelas várias entidades que gerem este sistema (como o IRN, I.P. – Instituto de Registos e Notariado, o INE – Instituto Nacional de Estatística, a DGCI – Direcção-Geral dos Impostos). Face a este diploma legal, **a CAE relevante é a que consta do SICAE** que, por sua vez, consubstancia uma plataforma electrónica e o canal único através do qual os empreendedores podem estabelecer contacto com as diversas entidades que intervêm no processo da sua criação, podendo alterar as suas CAE, também por meio da Internet e sem ter de consultar todos os mencionados organismos.

Para o comerciante/empresário individual impõe-se a verificação dos seguintes **requisitos**:

a) Terá de requerer a sua **firma**, caso pretenda inscrever-se no Registo Comercial com nome diferente do seu nome civil;
b) Pode requerer a emissão do **cartão da empresa** (als. b) e f) do artº 3º do citado Dec.-Lei) o comerciante e o empresário individual inscrito no FCPC-Ficheiro Central de Pessoas Colectivas;
c) Este cartão contém a **identificação fiscal** do comerciante, bem como o seu número de **contribuinte para a Segurança Social** (NISS);
d) O cartão de empresa tem um número único e sequencial que será apenas utilizado por motivos de segurança para impedir o seu uso quando tenha sido cancelado;
e) **O pedido de emissão do cartão da empresa** pode ser feito electronicamente ou presencialmente, nos serviços competentes (registrais, cartórios notariais);
f) **O cartão de empresa será oficiosamente cancelado** com a cessação da actividade do comerciante ou do empresário individual (al. c) do artº 12º do referido diploma legal);
g) O **início da actividade** está sujeito a **inscrição obrigatória no FCPC**, e o empresário deverá inscrever o início da sua actividade junto dos serviços de **Administração Fiscal**, para efeitos de tributação em sede de IVA e IRS, mediante preenchimento da Declaração de Inscrição no Registo/Início de Actividade. Neste acto, deverá declarar **se opta pelo regime simplificado ou pela contabilidade organizada**. Uma vez feita a escolha, deverá manter-se no

regime indicado pelo período de 3 anos. Tratando-se de um EIRL – Estabelecimento Individual de Responsabilidade Limitada, é obrigado a ter contabilidade organizada, da responsabilidade de um Contabilista Certificado. Nos dois exercícios posteriores, quando o volume de vendas seja superior a € 149.739,37 ou o valor dos rendimentos da profissão ultrapasse € 99.759,58 terá de passar para o regime da contabilidade organizada.

h) Finalmente, tem de requerer o **registo comercial do início da sua actividade**, acto obrigatório nos termos do artº 2º do Código do Registo Comercial. Este registo será feito por **transcrição**, que consiste na *"extratactação dos elementos que definem a situação jurídica das entidades sujeitas a registo constantes dos documentos apresentados."* (nº 1 do artº 55º do Cód. Reg.Com.).

De resto, dispõe o artº 61º do Cód. Reg. Com., relativamente ao ***"Primeiro Registo"***:

"1 – Nenhum facto referente a comerciante individual, pessoa colectiva sujeita a registo ou estabelecimento individual de responsabilidade limitada pode ser registado sem que se mostre efectuado o registo do início de actividade do comerciante individual ou da constituição da pessoa colectiva ou do estabelecimento de responsabilidade limitada.".

Para este registo, o empresário individual deverá apresentar os seguintes documentos:

- Declaração do interessado com a sua identificação completa;
- Número fiscal de contribuinte;
- Identificação da localização do estabelecimento ou local onde exerce a actividade principal;
- Certificado de admissibilidade da sua firma, emitido pelo RNPC, quando tenha adoptado uma firma diferente do seu nome.

Do registo resulta a matrícula do comerciante, que é a sua identificação na Conservatória de Registo Comercial (artº 62º do mesmo Código). Neste caso, será oficiosamente **inscrito no FCPC – Ficheiro Central de Pessoas Colectivas**, onde constará o nome por que é conhecido na sua actividade, o seu domicílio profissional, o tipo e a natureza dessa actividade e a data em que ela se iniciou. Nos termos do artº 62º-A do Cód. Reg. Com., a **matrícula será cancelada** no caso de registo definitivo dos factos que ocasionem a extinção da entidade registada. Como outro facto levado a registo comercial, **a matrícula constitui presunção da existência desse facto** (artº 11º do Cód. Reg. Com.). Porém, dada a sua natureza de presunção, é **susceptível de ser ilidida ou afastada** com prova em contrário. Deste modo, **a matrícula não é a condição de que dependerá a aquisição da qualidade de comerciante**.

Desde 1 de Janeiro de 2007 (nos termos do artº 33º do Dec.-Lei nº 76-A/2006, de 29 de Março) que se **eliminou a competência territorial das Conservatórias do Registo Comercial. Os cidadãos e as empresas podem escolher livremente qualquer Conservatória**, optando por aquela que lhe preste melhor serviço e atendimento com mais qualidade, independentemente da situação geográfica do seu estabelecimento ou empresa (princípio da soberania do utente).

Só o comerciante ou empresário individual tem legitimidade para requerer o registo do início da sua actividade (bem como da alteração de actividade, mudança de residência e de estabelecimento). Já o registo das alterações do seu estado civil e do regime de bens que vigora no casamento pode ser requerido por outrem que nesse acto tenha interesse (artº 29º, nº 1 do Cód. Reg. Com.).

3. O EIRL – ESTABELECIMENTO INDIVIDUAL DE RESPONSABILIDADE LIMITADA

Trata-se de uma figura jurídica introduzida pelo Dec.-Lei nº 248/86, de 25 de Agosto, com o nome de Estabelecimento Mercantil Individual de Responsabilidade Limitada. Este diploma sofreu alterações, sendo a última a introduzida pelo Dec.-Lei nº 8/2007, de 17 de Janeiro.

Esta figura visava mitigar, para quem o desejasse, o risco que envolve a exploração de um negócio, enquanto empresário individual. É sabido que quem pretende obter vantagens de uma actividade económica deverá suportar a respectiva álea; contudo, admite-se que o risco envolvido numa empresa individual é sempre excessivo, já que, caso seja atingida por uma insolvência, arrastará para a ruína o próprio empresário e a sua família.

Dadas estas circunstâncias, o legislador de então entendeu que seria benéfico **limitar esta responsabilidade, sem detrimento do interesse dos credores comerciais e particulares do titular do EIRL**, que deve ser acautelado. De resto, a tutela dos interesses de terceiros encontra-se garantida no EIRL, já que há um conjunto de bens do empresário que são investidos no estabelecimento e ficam adstritos ao pagamento das dívidas que ele contrai no exercício da empresa. No EIRL, o seu titular **separa do seu património global uma parte que destina ao estabelecimento**, composta por uma massa de bens de valor suficiente para garantir a satisfação dos direitos dos seus credores. O remanescente fica preservado e não será afecto à sua responsabilidade pelas dívidas contraídas no exercício da actividade do EIRL. **Com o EIRL não nasce**

uma nova pessoa jurídica, como acontece com a sociedade comercial; trata-se de um instrumento jurídico que permite a um indivíduo criar uma empresa com um património autónomo. Este instituto protege os interesses particulares do empresário e tutela os interesses gerais de terceiros, já que o titular do EIRL deve cumprir todas as obrigações legais para beneficiar desta "separação" de patrimónios.

Apesar dos objectivos a que se propunha, precisamente os de preservar o património pessoal do seu titular, sem prejuízo da defesa dos interesses de terceiros, este instituto não colheu sucesso ou receptividade entre nós. Assim, praticamente não se regista a criação de EIRL no nosso país, pelo que, limitamo-nos a consignar os seus traços característicos.

3.1. RESPONSABILIDADE DO TITULAR PELAS DÍVIDAS DO EIRL

A responsabilidade pelas dívidas contraídas no exercício da actividade limita-se ao património do EIRL, que se destina à realização dos fins da empresa e constitui a garantia dos credores (artºs. 10º e 11º). **É só este património separado (ou autónomo) que responde pelas dívidas da actividade, caso o titular do estabelecimento cumpra todos os deveres legalmente impostos**.

Porém, em caso de penhora contra o titular do EIRL por dívidas alheias à sua actividade económica, os credores exequentes poderão penhorar o estabelecimento se provarem que os seus bens pessoais são insuficientes.

A responsabilidade pode ser **ilimitada** – caso em que o titular responderá com todo o seu património – em caso de **insolvência** e se os credores provarem **que não foi observado o princípio da separação patrimonial na gestão do estabelecimento** (artº 11º, nº 2).

3.2. CAPITAL

O capital mínimo do estabelecimento **não pode ser inferior a 5.000 Euros** e deverá ser realizado em numerário, coisas ou direitos susceptíveis de penhora, não podendo a parte em numerário ser inferior a dois terços do capital mínimo. O capital deve estar integralmente liberado no momento em que for requerido o registo comercial do EIRL e a parte em numerário, deduzidas as quantias referentes a impostos ou taxas devidas com a sua constituição, deverá ser depositada numa instituição de crédito, à ordem do titular do estabelecimento, há menos de 3 meses (artº 3º).

Quando houver **entradas em espécie**, terá de ser elaborado relatório por um ROC – Revisor Oficial de Contas, que deverá incluir a descrição destes bens e os critérios da avaliação que lhes foi atribuída. Se a natureza dos bens exigir forma solene para a criação do EIRL, é esta que deverá ser observada.

3.3. FIRMA

A firma é composta pelo nome do titular do EIRL, acrescido, ou não, da referência ao ramo de actividade bem como o aditamento obrigatório «Estabelecimento Individual de Responsabilidade Limitada» ou a sigla «E.I.R.L.».

3.4. FORMA DE CONSTITUIÇÃO

É forma bastante o **documento escrito** donde conste a firma, a sede, o objecto e o capital do EIRL, o nome, nacionalidade e o domicílio do titular, a sua declaração de que procedeu ao depósito da quantia liberada ou de que foram feitas as entradas em espécie, a data do início da actividade e o prazo de duração da empresa, se houver tempo determinado para ela. Como se referiu, se as entradas em espécie determinarem forma solene para a criação do EIRL, será esta que deve ser adoptada.

O acto de constituição só se torna eficaz perante terceiros a partir da data da sua **publicação,** sem prejuízo dos direitos que possam ser invocados por ou contra terceiros que tenham tido conhecimento da sua criação, antes da referida publicação (artº 6º).

3.5. CONTAS

O titular do EIRL deve elaborar as **contas anuais, com balanço** e **demonstração de resultados**, nos termos da lei. O destino dos lucros deverá ser mencionado em anexo às contas e estas deverão ser submetidas a **parecer de um ROC**.

As contas são obrigatoriamente sujeitas a **registo comercial** e, quando exista sítio na Net, deverão ser disponibilizadas, bem como na sede do EIRL, com cópia integral deste parecer (artº 12º).

3.6. FORMALIDADE OBRIGATÓRIAS NA CONSTITUIÇÃO DE UM EIRL

Como acontece com o empresário individual, o titular de um EIRL deve cumprir as formalidades prévias ao início da sua actividade, as quais compreendem o pedido de admissibilidade da sua firma, a obtenção do cartão da empresa e o registo comercial do acto de constituição.

Para efeitos de registo, deverá apresentar o certificado que aprova a firma, o documento particular pelo qual criou o seu estabelecimento – salvo se for outra a forma exigida por lei, caso em que terá de juntar certidão da escritura pública de constituição – e a declaração comprovativa do depósito da quantia liberada, além do relatório do ROC[12], se houver entrado com bens em espécie.

---

[12] Para exemplificação, segue, a propósito das sociedades comerciais, uma minuta deste Relatório (pág. 257).

4. AS PESSOAS COLECTIVAS – AS SOCIEDADES COMERCIAIS

As sociedades são pessoas colectivas de direito privado e sujeitos de relações jurídico-comerciais. O artº 157º e ss do C.C. disciplinam as sociedades, as associações e as fundações de direito privado comum, consagrando as regras respeitantes, quer à aquisição da sua personalidade jurídica, quer à estrutura, aos órgãos e seus titulares e ao funcionamento das pessoas colectivas. As sociedades comerciais encontram-se previstas no Código Civil, que todavia remete a sua disciplina legal para a legislação especial contida no Código Comercial, no Código das Sociedades Comerciais e demais legislação avulsa. As sociedades comerciais assentam na **matriz de sociedade,** tal como se encontra prevista no **artº 980º do Código Civil,** ou seja, como um contrato típico, previsto e regulado pela lei.

Do latim *contractu,* o conceito traduz o acordo pelo qual duas ou mais pessoas se obrigam a cumprir as cláusulas consensuais, tendo em vista produzir um resultado unitário ou atingir um objectivo comum. Assim, as partes outorgantes deverão exercer direitos e cumprir deveres, já que este contrato é sinalagmático, isto é, gerador de obrigações para ambas as partes contratantes e o incumprimento de uma delas, por facto que lhe seja imputável, pode ocasionar o legítimo incumprimento da outra.

4.1. O CONTRATO DE SOCIEDADE

Dispõe o artº 980º do Código Civil:

"Contrato de sociedade é aquele em que duas ou mais pessoas se obrigam a contribuir com bens ou serviços para o exercício em comum de certa actividade

económica, que não seja de mera fruição, a fim de repartirem os lucros resultantes dessa actividade."

Deste enunciado se infere que o contrato de sociedade, base de uma sociedade comercial, se distingue essencialmente por ser um acordo entre duas ou mais pessoas que se comprometem a:

- Entrar na sociedade com **bens e serviços;**
- Exercer uma actividade **em comum;**
- Não se bastarem com uma actividade de **mera fruição;**
- Obter **lucro** do exercício dessa actividade;
- **Repartir** entre si o lucro obtido.

Estes aspectos diferenciam uma sociedade de outra relação de cooperação ou de trabalho humano, como é o caso da **sociedade conjugal** e da **compropriedade**. Nenhuma destas relações se equipara ao contrato de sociedade.

No que se refere ao casamento, estabelece o artº 1577º do C.C. que é *"o contrato celebrado entre duas pessoas que pretendem constituir família mediante uma plena comunhão de vida, nos termos das disposições deste Código."*.

Os cônjuges não são sócios, nem visam a obtenção do lucro. A sociedade conjugal tem outros objectivos e os bens do casal, se os houver, constituem a denominada **comunhão em que ambos participam, na qualidade de meeiros.**

No que respeita à **compropriedade** de um prédio, rústico ou urbano, dispõe o nº 1 do artº 1403º do C.C., que:

"Existe propriedade em comum, ou compropriedade, quando duas ou mais pessoas são simultaneamente titulares do direito de propriedade da mesma coisa.".

A compropriedade pressupõe a existência de uma **coisa comum titulada por dois ou mais consortes, na mesma proporção ou não**, que exercem em conjunto todos os direitos típicos de um proprietário, que retiram da coisa as vantagens e participam nos encargos, na proporção das suas quotas (artº 1405º do C.C.).

Os consortes ou comproprietários podem limitar-se a receber os rendimentos da coisa comum e a participar nas despesas realizadas

com esta e, deste modo, desenvolvem uma actividade em cooperação de esforços; contudo, não passam desta realidade que é a **mera fruição**. Não exercem em conjunto uma actividade económica direccionada para a obtenção do lucro, a não ser que transformem a situação de compropriedade numa outra, designadamente criando entre si uma sociedade civil, nos termos do artº 980º do C.C., ou uma sociedade comercial, nos termos da lei comercial. Na sociedade, os sócios investem as suas energias numa actividade económica lucrativa.

4.2. ELEMENTOS E MENÇÕES OBRIGATÓRIAS DO CONTRATO DE SOCIEDADE

Dispõe o nº 2 do artº 1º do C.S.C.:

"São sociedades comerciais aquelas que tenham por objecto a prática de actos de comércio e adoptem o tipo de sociedade em nome colectivo, de sociedade por quotas, de sociedade anónima, de sociedade em comandita simples ou de comandita por acções.".

Para além destas, e de acordo com o nº 2 do mesmo preceito normativo, submetem-se à lei comercial *"As sociedades que tenham exclusivamente por objecto a prática de actos não comerciais"* que podem adoptar um dos tipos societários enumerados no nº 1 deste artigo. São as **sociedades civis sob forma comercial**.

O contrato de sociedade comercial deve ser celebrado, pelo menos, por dois sócios (com a excepção das sociedades unipessoais por quotas, em que o capital social é titulado por um sócio único – artº 7º, nº 2 do C.S.C.) ou por mais de dois contratantes, por imperativo legal, como acontece com as sociedades anónimas.

O contrato de sociedade deve ser reduzido a escrito e as **assinaturas dos subscritores devem ser reconhecidas presencialmente, salvo se for outra a forma (solene) exigida para a transmissão dos bens com que os sócios entram no capital social**, é o que dispõe o nº 1 do artº 7º do C.S.C.; nesta previsão, está o caso de os sócios entrarem para o capital social com **bens em espécie** (como equipamentos, frotas automóveis ou outros bens móveis e imóveis, cuja alienação reclame a observância de forma solene).

Com as alterações introduzidas ao C.S.C., por força do **Dec.-Lei nº 76-A/2006**, de 29 de Março, aditou-se o artº 4º-A que estabelece:

"A exigência ou a previsão de forma escrita, de documento escrito ou de documento assinado, feita no presente Código em relação a qualquer acto jurídico, considera-se cumprida ou verificada ainda que o suporte em papel ou a assinatura sejam substituídos por outro suporte ou por outro meio de identificação que assegurem níveis pelo menos equivalentes de inteligibilidade, de durabilidade e de autenticidade."

Face a esta previsão que dá prevalência às tecnologias digitais, como a assinatura digital dos outorgantes, o **pacto social** pode ser elaborado em **suporte digital e as assinaturas já não carecem de ser reconhecidas presencialmente**, bastando que os sócios se encontrem identificados de acordo com as novas exigências legais.

O pacto social pode ser previamente registado na Conservatória do Registo Comercial (salvo se as entradas consistirem em bens) mediante requerimento dos interessados e posteriormente será redigido de acordo com o projecto que foi registado; no **prazo de 15 dias** a contar da celebração do contrato, os sócios ou um deles deverão promover o registo comercial. Os **elementos essenciais ou obrigatórios** do contrato de sociedade comercial são os constantes do art. 9º do C.S.C., a saber:

- Os **nomes ou firmas de todos os sócios** fundadores e outros dados de identificação destes;
- O **tipo de sociedade**;
- A **firma**;
- O **objecto** da sociedade, que consiste na actividade que os sócios pretendem desenvolver e que o artº 11º sublinha rigorosamente;
- A **sede** da sociedade, que deve ser fixada em *"local concretamente definido"* (artº 12º do C.S.C.), sendo que **hoje** não se exige a escritura pública quando a sociedade muda a sua sede para concelho diferente, nem se obriga à emissão de um novo certificado de admissibilidade de firma, como também foram **eliminados o registo da mudança de sede e a publicação no D.R.**; por outro lado, dispõe o nº 2 do art. 12º que **basta a deliberação** da administração da sociedade para que esta possa **mudar a sua sede, dentro do território**

nacional, salvo se o pacto vedar esta possibilidade; mas, se se tratar de **transferência da sede para país estrangeiro, é exigida uma deliberação que deve ser tomada com a maioria de 75% dos votos representativos do capital social**, com os requisitos exigidos legalmente para a alteração do pacto, podendo os sócios discordantes exonerar-se, mediante comunicação escrita à sociedade, no prazo de 60 dias após a publicação desta deliberação;

- O **capital social** deve ser expresso em moeda com curso legal em Portugal (artº 14º do C. S.C., e a lei estabelece os capitais mínimos para a constituição das sociedades por quotas e sociedades anónimas);
- A **quota de capital** e a **natureza da entrada** de cada sócio, e os pagamentos efectuados por conta de cada quota;
- A descrição das **entradas em espécie e o seu valor**;
- A **data do encerramento do exercício**, quando esta não coincidir com o ano civil.

A estas menções comuns obrigatórias num pacto constitutivo de uma sociedade, **devem acrescentar-se outras menções imperativamente estabelecidas pela lei, para cada tipo societário.**

Fora do quadro de menções específicas e obrigatórias, e dentro dos limites da lei, caberá aos sócios, ao abrigo do princípio da autonomia privada e da liberdade contratual – trave-mestra de todo o nosso ordenamento jurídico-privado – fixar a disciplina que considerem mais adequada para as suas relações, entre si, entre eles e a sociedade, e entre esta e terceiros, para o presente e para as eventualidades do futuro, desde que acautelem a certeza e a segurança do comércio jurídico, especialmente os direitos daqueles com os quais a sociedade vier a contratar. Por estes motivos é que os estatutos ou o pacto social são como que a «lei» da sociedade.

Os sócios podem contribuir, no capital social, com:

- Dinheiro;
- Bens móveis e imóveis;
- Títulos de crédito ou créditos comuns;
- Direito ao arrendamento de um prédio;
- Títulos de propriedade industrial (marcas, patentes, nome de estabelecimento comercial).

Os **sócios de indústria**, durante muito tempo apelidados "sócios trabalhadores», em antítese com os que entravam com somas de dinheiro, contribuem com os seus serviços. Porém, **a sua participação só é admitida nas sociedades em nome colectivo** (artº 178º do C.S.C.) e **nas sociedades em comandita, apenas em relação aos sócios comanditados** (artº 468º do C.S.C.), exactamente as sociedades que têm rara expressão no nosso tecido económico e empresarial.

Não obstante a diferente natureza da sua contribuição, são todos sócios de pleno direito e possuem os mesmos direitos políticos, sociais e económicos, pelo que **devem quinhoar nos lucros, sendo nula toda e qualquer cláusula que os exclua de comungar nos referidos lucros (proibição do pacto leonino – artº 994º do C.C.)**. **Quanto às perdas sociais** é que, atendendo a esta circunstância, **pode haver um tratamento de excepção para o sócio de indústria**, isentando-o de quinhoar nas perdas (artº 992º, nº 2 do C.C. e do artº 20º, al. *b*) do C.S.C.).

4.3. AS SOCIEDADES CIVIS SOB FORMA COMERCIAL E AS SOCIEDADES COMERCIAIS

As sociedades civis sob forma comercial não exercem uma actividade de natureza comercial ou industrial e **não são consideradas comerciantes**, nos termos do artº 13º do Cód. Com.. Todavia, nos termos do nº 3 do artº 1º do C.S.C., **podem adoptar um dos tipos societários comerciais**, aplicando-se-lhes o mesmo regime a que obedece o processo de constituição legal de uma sociedade comercial.

Na sua generalidade, são sociedades constituídas para prestação de serviços (como serviços médicos e outros, prestados por profissionais cujas Ordens não proíbam o exercício da profissão em grupo e sob a forma de uma sociedade desta natureza).

Como se referiu, as **sociedades comerciais** visam praticar **um acto de comércio único** (como a construção de uma barragem ou de um empreendimento imobiliário) ou **uma massa de actos comerciais** que constituirão a sua normal actividade económica e justificam o fim para que foram constituídas.

4.4. TIPOS DE SOCIEDADES COMERCIAIS

Tendo em consideração a realidade económica actual e os tipos societários em franco desuso, apesar de se encontrarem tipificados pela nossa lei comercial, far-se-á a caracterização das sociedades comerciais com expressão no tecido económico (as sociedades por quotas – unipessoais e plurais – e as sociedades anónimas) e, por mera cautela, registam-se as características das sociedades cuja constituição é praticamente inexistente (as sociedades em nome colectivo e em comandita, simples e por acções).

4.4.1. *A SOCIEDADE PLURAL POR QUOTAS – CARACTERIZAÇÃO*

Este tipo societário apresenta as características seguintes:

• **Não é permitida a entrada dos sócios de indústria**;

• O **montante do capital social é livre** e pode ser integralmente realizado em dinheiro ou outros bens; assim, o **capital social inicial é livremente definido pelos sócios**, cujas quotas iniciais podem ter o **valor nominal de 1 Euro** (de acordo com o **Dec.-Lei nº 33/2011**, de 7 de Março, que alterou o artº 201º do C.S.C. e lhe deu a redacção actual).

A motivação do legislador no sentido de o capital destas sociedades ser livremente fixado pelos sócios está plasmada no referido Dec.-Lei nº 33/2011, ao estabelecer:

*"..., deve salientar-se que a constituição do capital social livre para as sociedades por quotas e das sociedades unipessoais por quotas torna mais transparentes as contas da empresa. **Do ponto de vista jurídico, um capital social elevado não conduz necessariamente à conclusão de que uma sociedade goza de boa situação financeira. Na verdade, o capital social não é igual ao património social**. O capital é um valor lançado no contrato social, enquanto o património é o conjunto de bens, direitos e obrigações de uma sociedade.*

Actualmente, o capital social não representa uma verdadeira garantia para os credores e, em geral, para quem se relaciona com a sociedade. Na maioria das situações, o capital é afecto ao pagamento dos custos de arranque da empresa. Por esse motivo, **cada vez mais, os credores confiam que a liquidez de uma sociedade assenta em outros aspectos, como o volume de negócios e o seu património, fazendo com que o balanço de uma sociedade seja a ferramenta indispensável para incutir confiança nos operadores** *e garantir a segurança do comércio jurídico. Ao tornar a constituição do capital social livre, também se reforça a transparência das contas das empresas.".*

- O capital social divide-se em **quotas** e no acto da constituição da sociedade **cada sócio não pode subscrever mais do que uma quota** (nº 1 do artº 219º do C.S.C.);
- O **valor nominal das quotas pode ser diferente,** mas nenhuma delas pode ser inferior a 1€ (nº 3 do mesmo artº);
- Os **sócios devem declarar no acto constitutivo**, sob sua responsabilidade, **que já procederam à entrega do valor das suas entradas ou que se comprometem a entregar até ao final do primeiro exercício económico** as respectivas entradas nos cofres da sociedade (nº 4 do artº 202º); neste caso, devem declarar na primeira assembleia geral da sociedade posterior ao encerramento do exercício, e sob compromisso de honra, que já promoveram a entrega dos valores em falta nos cofres da sociedade (nº 6);
- No caso de haver sido convencionado entradas diferidas, o seu **pagamento terá de ser efectuado em datas certas ou ficar dependente de factos certos e determinados** (nº 1 do artº 203º);
- Em qualquer caso, **a prestação pode ser exigida** a partir do momento **em que se cumpra o período de cinco anos sobre a celebração do contrato, a deliberação do aumento de capital ou se encerre o prazo equivalente a metade da duração da sociedade**, se este limite for inferior (nº 1 do artº 203º);
- As **entradas em espécie** deverão ser descritas e comprovadas, quanto ao seu valor, por um **relatório de um Revisor Oficial de Contas** (ROC), independente e sem qualquer cargo nem interesses na sociedade, relatório que deverá ser elaborado no prazo que não exceda os 90 dias entre a sua elaboração e a criação da sociedade;
- A **firma** deve ser formada, com ou sem sigla, pelo nome ou firma de todos, alguns ou um dos sócios ou por um nome de fantasia, a chamada "denominação particular", ou pela reunião de ambos, sempre

seguida da aditamento "Limitada" ou abreviadamente "Lda" (nº 1 do artº 200º do C.S.C.);
- A firma deverá conter **expressões que indiciem a actividade** principal da sociedade, de modo a não induzir ninguém em erro quanto ao seu objecto e, em caso algum, poderá dar a entender que a sociedade se dedica a uma actividade que não corresponde ao objecto definido no respectivo pacto social (nº 2 do artº 200º do C.S.C.);
- No caso da **sociedade alterar a sua actividade**, deverá promover a alteração imediata da firma, bem como da própria actividade (nº 3 do mesmo preceito);
- Independentemente da responsabilidade de cada sócio ser limitada ao valor da sua entrada (artº 992º do C.C.), salvo convenção em contrário, os sócios respondem **solidariamente por todas as entradas convencionadas no contrato** da sociedade **que ainda não tenham sido realizadas** (nº 1 do artº 197º do C.S.C.);
- A distribuição de **lucros** pode ser feita **em proporção diferente das quotas** de cada sócio, se tal ficar **convencionado nos estatutos da sociedade** (artº 991º e 992º do C.C.); dispõe o artº 217º do C.S.C., que, salvo cláusula em contrário ou deliberação tomada por maioria de ¾ dos votos representativos do capital social, tem de ser **distribuída pelos sócios metade dos lucros** de exercício, **sem prejuízo da reserva legal que é obrigatória** (artº 218º do C.S.C.);
- A estipulação (ou não) relativa à obrigação de **prestações suplementares** – que são **sempre em dinheiro** e só poderão ser exigidas **se tal facto tiver sido expressamente previsto no pacto** social – deve constar de cláusula expressa que indique qual o seu **montante global** e **quais os sócios a quem poderão ser exigidas e em que proporção**, sob pena de esta obrigação ser extensível a todos os sócios (nº 4 do artº 210º do C.S.C.); em todo o caso, **a exigibilidade destas prestações suplementares depende sempre de deliberação social, e esta não pode ser tomada se as quotas não se encontrarem totalmente liberadas ou se a sociedade tiver sido dissolvida, por qualquer causa** (artº 211º C.S.C.);
- A estipulação (ou não) de **suprimentos** – empréstimos à sociedade, feitos pelos sócios – que podem ser **em dinheiro ou bens fungíveis**, ficando a sociedade obrigada a restituir ao sócio os mesmos bens ou valores. Refira-se que os suprimentos **não carecem de ser clausu-**

lados no pacto (nº 6 do artº 243º C.S.C.), mas **poderão depender de deliberação social prévia** se tal ficar expressamente consagrado no contrato de sociedade (nº 3 do artº 244º);

• A **gerência** pode ser exercida por um ou mais gerentes, **sócios ou estranhos à sociedade**, que serão sempre **pessoas singulares** com capacidade jurídica plena. Os gerentes podem ser nomeados no pacto ou posteriormente, por deliberação dos sócios, se outra forma de designação não estiver prevista nos estatutos;

• Quando o pacto social atribui a gerência a todos os sócios, **um sócio que entre posteriormente para a sociedade**, por eventualmente ter adquirido uma quota, **não adquire com ela a qualidade de gerente** (artº 252º, nº 3 do C.S.C.);

• A **gerência não é transmissível com a quota**, quer por acto entre vivos, quer por morte. Assim, se um sócio e gerente ceder a sua quota, sem renunciar à gerência, continua a ser considerado gerente da sociedade, apesar de ter deixado de ser sócio (nº 4);

• O **gerente não pode fazer-se representar no exercício das suas funções**, mas poderá, no âmbito da sua competência, nomear **procuradores ou mandatários da sociedade para a prática de determinados actos ou categorias de actos**, sem necessidade de cláusula contratual expressa (nº 6 do citado preceito);

• Quando haja **mais de um gerente**, e salvo cláusula em contrário no pacto social, **poderá qualquer um deles delegar noutro** a competência para a prática de determinados negócios ou espécies de negócios, desde que nessa delegação expressamente se atribua ao gerente delegado **o poder de vincular a sociedade com a sua assinatura** (nº 2 do artº 261º do C.S.C.);

• A **gerência** é o órgão que administra e representa a sociedade, mas **o órgão soberano é a assembleia geral da sociedade**;

• Os **factos relativos às quotas**, como a sua transmissão, penhora, constituição de usufruto, estão sujeitos a **registo comercial**, sob pena de ineficácia perante a sociedade;

• A **sociedade responde pelos danos** causados aos titulares de direitos sobre as quotas ou a terceiros, quando omita ou tenha agido com erro, demora, irregularidade no registo, salvo se provar que a culpa cabe aos lesados;

- Pelas **dívidas da sociedade responde apenas o património desta, salvo se** tiver sido convencionado, no contrato de sociedade, que **um ou mais sócios respondem perante os credores sociais até um determinado montante**, sendo solidariamente ou subsidiariamente responsáveis em relação à sociedade (nº 1 do artº 198º do C.S.C.);
- O sócio que pagar as dívidas sociais terá **direito de regresso** contra a sociedade e não contra os outros sócios, pela totalidade do que tiver pago (n.º 3 do mesmo preceito).

4.4.2. A SOCIEDADE UNIPESSOAL POR QUOTAS

Este tipo societário, regulamentado pelo Dec.-Lei nº 262/86, de 2 de Setembro (com as alterações que lhe foram dadas pelo Dec.-Lei nº 36/2000, de 14 de Março, que introduziu o Capítulo X ao Título III do C.S.C., e o Dec.-Lei nº 76-A/2006, de 29 de Março) permite a qualquer interessado, pessoa singular ou colectiva, criar uma sociedade de que é o único sócio. **Esta figura opõe-se ao elementar conceito de sociedade**, como um grupo de duas ou mais pessoas que celebram um contrato entre si, e mais não parece ser do que um sucedâneo do EIRL, a que os empresários portugueses não aderiram. Corresponde ainda à solução adoptada pela lei Alemã e Francesa que, muito anteriormente, haviam acolhido este tipo societário. Em França, curiosamente, esta sociedade é apelidada de *"entreprise unipersonnelle à responsabilité limitée"* e renuncia-se ao conceito tradicional da sociedade como contrato, reduzindo-a ao de uma mera instituição.

Nestes países, a sociedade com sócio único foi admitida, quer em razão da limitação da sua responsabilidade, quer ainda porque, em face das vicissitudes de uma sociedade que se constitui *ab initio* com mais de dois sócios, pode acontecer que o seu substrato fique reduzido a um só elemento. A prática dos negócios revela que a sociedade unipessoal por quotas mereceu grande receptividade dos agentes económicos que, não querendo laborar em associação, podem encontrar nesta figura societária a tutela da separação do património, criando-se um que é particular ou pessoal e outro que é afectado ao seu negócio.

4.4.2.1. CARACTERÍSTICAS

• É constituída por um **sócio único**, que pode ser uma pessoa singular ou colectiva (artº 270º-A do C.S.C.) e que é o titular de todo o capital social;

• **Uma pessoa singular só pode ser sócia de uma única sociedade unipessoal** por quotas, assim como **uma sociedade por quotas não pode ter por sócio único uma sociedade unipessoal por quotas**, caso em que poderá qualquer interessado requerer a **dissolução da sociedade por via administrativa**, concedendo, no entanto, a Conservatória do Registo Comercial um prazo até **90 dias para a regularização** da situação a pedido dos interessados (artº 270º-C, do C.S.C.);

• O sócio único exerce as competências das **assembleias gerais, podendo nomear gerentes** (artº 270º-E, nº 1);

• As deliberações do sócio único, com a mesma natureza das deliberações da assembleia geral, devem ser registadas em **acta** por ele assinada (nº 2 do artº 270º-E);

• O sócio único pode **modificar/transformar** a sociedade unipessoal para **uma sociedade plural**, através da **divisão e cessão** da sua quota, pelo **aumento de capital** ou mediante **admissão de novo sócio** (nº 1 do artº 270º-D do C.S.C.), devendo, neste caso, eliminar o aditamento próprio deste tipo societário;

• Para **registo** da divisão e cessão da quota, bem como do aumento de capital, será título bastante o documento ou contrato escrito entre as partes;

• Os **negócios jurídicos** celebrados **entre o sócio único e a sociedade** deverão servir a realização do objecto social (artº 270º-F, nº 1) e constar de **documentos** que serão exibidos juntamente com o **relatório de gestão e os de prestação de contas** a qualquer interessado, que poderá consultá-los na sede social. A violação destas formalidades faz incorrer o sócio único em **responsabilidade ilimitada** perante terceiros;

• A **firma**, além dos requisitos gerais a que deve obedecer, idênticos aos das sociedades plurais por quotas, deve conter a expressão "Sociedade Unipessoal" ou a palavra "Unipessoal" antes do aditamento "Limitada" ou da abreviatura "Lda" (artº 270º-B).

4.4.3. A SOCIEDADE ANÓNIMA

Este tipo de sociedade é comummente adoptado pelas médias e grandes empresas. É a sociedade que reúne um capital elevado, oriundo de um número considerável de subscritores – que pretendem garantir o seu anonimato e deter uma responsabilidade limitada ao valor titulado pelas acções que subscreveram, podendo mesmo ser portadores de uma só acção. A sociedade anónima é um figurino que melhor se adapta à realidade europeia e à legislação internacional, além de ser a que verdadeiramente confere aos sócios (accionistas) uma responsabilidade limitada, já que os credores sociais só podem obter a satisfação dos seus créditos, no que aos accionistas respeita, até ao valor da participação social de cada um.

4.4.3.1. *CARACTERÍSTICAS*

- Deve reunir um número mínimo de **cinco sócios**, salvo quando a lei o dispense (nº 1 do artº 273º do C.S.C.);
- As sociedades em que o Estado, directamente ou por intermédio de empresas públicas ou equiparadas, fique a deter a maioria do capital, podem constituir-se validamente com **dois sócios** (nº 2 do mesmo artº);
- O regime legal especial para os denominados grupos constituídos por **domínio total inicial** permite que uma sociedade, desde que tenha a sua sede em Portugal, possa ser titular única das acções de uma sociedade anónima (nº 1 do artº 488º do C.S.C.) ou que obtenha o domínio de outra sociedade dependente que, eventualmente, se tenham dissolvido ou alienado quotas, abrindo as portas para uma relação de **domínio total superveniente**, previsto no artº 489º do mesmo Código;
- O **capital social divide-se em acções e cada accionista tem a sua responsabilidade limitada ao valor das acções de que é titular** (artº 271º do C.S.C.);
- O capital social e as acções devem ser expressos num valor nominal, e o valor nominal mínimo das acções – ou na sua falta o valor da sua emissão – é de **1 cêntimo** e o do capital é de **50.000 Euros** (artº 276º do C.S.C.);

- As **entradas em espécie** têm de ser integralmente realizadas e devem ser objecto de um relatório efectuado por um ROC independente[13] (artºs. 26º e 28º do C.S.C.);
- As **acções** podem ser **nominativas ou ao portador** (acções tituladas ou representadas por títulos);
- Contudo, as entradas podem não ser representadas por títulos, mas por um **mero registo em conta aberta da sociedade anónima** e em nome dos accionistas que poderão convertê-las em títulos (**acções escriturais**, previstas pelo Código dos Valores Mobiliários, nos artºs. 52º e ss);
- A **firma** pode ser formada, com ou sem sigla, pelo nome ou firma de um, alguns ou de todos os sócios ou por um nome de fantasia, uma denominação particular, ou pela conjugação de ambos, com o aditamento "Sociedade Anónima", ou abreviado "S.A.", não podendo incluir expressões indicativas de um objecto que não consta do pacto social (nº 1 do artº 275º do C.S.C. e art. 10º do C.S.C.). No caso de se alterar a actividade da sociedade, deverá ser alterada a firma (nº 3);
- Não são permitidos os **sócios de indústria**, porque só se admite entradas em dinheiro (nº 1 do artº 277º do C.S.C.);
- A não ser que o pacto social disponha diversamente ou seja deliberado por uma maioria de três quartos dos votos correspondentes ao capital social, em assembleia geral convocada para este efeito, **deverá ser distribuído aos accionistas metade do lucro de exercício que seja distribuível**, nos termos da lei (nº 1 do artº 294º do C.S.C.);
- Quanto à sua estrutura organizativa, nos termos do artº 278º (**administração e fiscalização**) a sociedade **pode optar por uma de três estruturas:**
  - ➢ Conselho de administração ou administrador único e conselho fiscal ou fiscal único
  - ➢ Conselho de administração (com comissão de auditoria) e Revisor Oficial de Contas
  - ➢ Conselho de administração executivo, conselho geral e Revisor Oficial de Contas

- O **conselho de administração** deve ser composto pelo número de administradores fixado no contrato (nº 1 do artº 390º do C.S.C.) e **qual-**

---

[13] Vide exemplo deste Relatório na pág. 257.

quer membro pode ser destituído por deliberação de assembleia geral, em qualquer momento (nº 1 do artº 403º do C.S.C.);
- O contrato de sociedade pode, no entanto, dispor que a sociedade seja administrada por um **administrador único** desde que o seu capital não seja superior a 200.000,00 Euros (nº 2 do artº 390º do C.S.C.);
- **A administração pode ser confiada a um accionista ou a um estranho à sociedade** (nº 3 do artº 390º do C.S.C.) mas deverá ser sempre uma pessoa singular com capacidade plena;
- Os **administradores não podem exercer por conta própria ou de outrem uma actividade concorrente** com a da sociedade que administram, salvo se forem autorizados, por deliberação de assembleia geral (nº 3 do artº 398º do C.S.C.);
- **Se o administrador for uma pessoa colectiva, esta deverá nomear uma pessoa singular para exercer o cargo**. Neste caso, e pelos actos por esta praticados, a pessoa colectiva responderá solidariamente com quem designou;
- O contrato de sociedade pode autorizar o conselho de administração a **delegar** num ou mais administradores ou numa comissão executiva a gestão da sociedade (nº 3 do artº 407º do C.S.C.);
- Se os estatutos não proibirem, as **reuniões** do conselho de administração podem ser realizadas **através de meios telemáticos,** desde que se garanta a autenticidade das declarações e a segurança das comunicações, com obrigação de se registar conteúdos e intervenientes (nº 8 do artº 410º do C.S.C.);
- O **conselho fiscal** deve ter o número de membros fixado também pelos estatutos, não podendo ser inferior a 3 membros efectivos (nº 4 do artº 413º do C.S.C.). A fiscalização pode ser exercida pelo **fiscal único**, que deve ser Revisor Oficial de Contas ou sociedade de revisores oficiais de contas (nº 1 do citado artº) e, neste caso, deve sempre ser nomeado um **suplente** (nº 2 do mesmo artº);

Com a alteração introduzida pelo Dec.-Lei nº 76-A/2006, a fiscalização destas sociedades deve ser exercida por um conselho fiscal e é **obrigatório o ROC** – que não seja do conselho fiscal – sendo que os **membros do conselho fiscal só podem ser sociedades de ROC ou sociedades de advogados ou accionistas com qualidade e experiência profissional adequada**. Assim, existem **três modalidades para**

organizar a administração e fiscalização das sociedades anónimas, em vez das duas anteriores;

• A assembleia geral pode **destituir os membros do conselho fiscal, o ROC ou o fiscal único,** nomeados no pacto ou em assembleia, desde que ocorra justa causa.

4.4.4. A SOCIEDADE EM NOME COLECTIVO – CARACTERIZAÇÃO

Este tipo societário caiu em desuso, pelo que se referem aqui as suas características distintivas, de acordo com a disciplina normativa inserta nos artºs. 175º e ss do C.S.C.:
• Cada sócio responde individualmente pela sua entrada e pode entrar com **bens ou indústria;**
• Quando o sócio contribua com o seu trabalho, o **pacto deverá atribuir à indústria um valor**, para efeito de repartição de lucros e perdas;
• A **responsabilidade** de todos os sócios é **ilimitada,** respondendo com todo o seu património pessoal perante os credores sociais;
• **Todos respondem solidariamente** em relação aos credores sociais (que podem demandar indistintamente o sócio A ou o sócio B);
• A **firma**, quando não individualize todos os sócios (quando há 2 ou 3 sócios) deve conter, pelo menos, o nome ou firma de um deles com o aditamento, por extenso ou abreviado, "& Companhia" ou "& Cª" ou outro que indique a natureza desta sociedade, como "& Filhos", "& Irmãos", "& Sobrinhos";
• Está vedada a qualquer sócio a possibilidade de exercer, em **concorrência com a sociedade**, actividade similar à desta, salvo expresso consentimento de todos os sócios;
• Não havendo cláusula em contrário no pacto social, **todos os sócios são gerentes,** quer tenham constituído a sociedade, quer tenham adquirido essa qualidade posteriormente;
• A **gerência pode ser confiada a pessoa estranha aos sócios**, mediante deliberação unânime dos sócios.

4.4.5. SOCIEDADES EM COMANDITA – CARACTERIZAÇÃO

Nestas sociedades, que também já não se constituem, são características fundamentais, de acordo com os artºs. 475º e seguintes do C.S.C. as seguintes:

• Há **dois tipos de sócios: os de responsabilidade ilimitada (comanditados) e os de responsabilidade limitada (comanditários)**;
• O sócio **comanditário** não pode ingressar na sociedade com a sua indústria;
• **Só os sócios comanditados** podem exercer **a gerência**, salvo convenção em contrário no pacto social;
• **O sócio comanditado gerente só pode ser destituído, sem justa causa**, por deliberação que reúna a maioria prevista no artº 471º do C.S.C.;
• A **firma** deverá ser composta pelo nome de um ou mais sócios comanditados e o aditamento por extenso "Em comandita" ou abreviadamente "Em Ctª", "Em comandita por acções" ou "& comandita por acções";
• **Quando um sócio comanditário inclua o seu nome na firma**, responderá pelas dívidas da sociedade como se fosse um sócio de responsabilidade ilimitada, salvo se provar que os credores e terceiros sabiam que ele não era um sócio comanditário (com responsabilidade ilimitada);
• As deliberações sociais são tomadas por **unanimidade** ou em assembleia geral.

São estes os tipos societários que se encontram previstos e regulados na lei e podem ser adoptados pelas empresas Portuguesas, de acordo com o princípio da tipicidade consagrado na nossa lei comercial. A esmagadora maioria do tecido económico e empresarial nacional adopta os tipos comuns, atrás referidos. Todavia, novos tipos societários e novas formas associativas empresariais poderão ser criados num futuro mais ou menos breve, já que o fenómeno da globalização dos mercados, a eliminação das fronteiras físicas, as novas modalidades de negociar, o recurso às tecnologias digitais e a necessidade imperiosa de reforçar a coesão no espaço europeu apontam nesse sentido. Mais adiante se apresenta algumas figuras emergentes, e dá-se relevo aos seus traços essenciais (vide págs. 203 e ss.).

4.5. RESPONSABILIDADE SUBSIDIÁRIA DOS TITULARES DE ÓRGÃOS SOCIAIS

4.5.1. RESPONSABILIDADE SUBSIDIÁRIA DOS GERENTES E ADMINISTRADORES

Dispõe o artº 78º do C.S.C.:

*"**Os gerentes e administradores respondem para com os credores da sociedade** quando, pela inobservância culposa das disposições legais ou contratuais destinadas à proteção destes, o património social se torne insuficiente para a satisfação dos respectivos créditos."*.

O artº 79º consagra que gerentes e administradores de sociedades comerciais **respondem, nos termos gerais, para com os sócios e terceiros pelos danos** que directamente lhes causarem, em virtude do exercício das funções respectivas. Na mesma esteira, o artº 80º estabelece **igual responsabilidade para outras pessoas a quem sejam confiadas funções de administração.**

Dispõe também o **artº 23º da Lei Geral Tributária** da seguinte forma:

"1 – A responsabilidade subsidiária efectiva-se por reversão do processo de execução fiscal.

2 – A reversão contra o responsável subsidiário depende da fundada insuficiência dos bens penhoráveis do devedor principal e dos responsáveis solidários, sem prejuízo do benefício da excussão.

3 – Caso, no momento da reversão, não seja possível determinar a suficiência dos bens penhorados por não estar definido com precisão o montante a pagar pelo responsável subsidiário, o processo de execução fiscal fica suspenso desde o termo do prazo de oposição até à completa excussão do património do executado, sem prejuízo da possibilidade de adopção das medidas cautelares adequadas nos termos da lei.

4 – A reversão, mesmo nos casos de presunção legal de culpa, é precedida de audição do responsável subsidiário nos termos da presente lei e da declaração fundamentada dos seus pressupostos e extensão, a incluir na citação.

5 – O responsável subsidiário fica isento de custas e de juros de mora liquidados no processo de execução fiscal se, citado para cumprir a dívida constante do título executivo, efectuar o respectivo pagamento no prazo de oposição.

6 – O disposto no número anterior não prejudica a manutenção da obrigação do devedor principal ou do responsável solidário de pagarem os juros de mora e as custas, no caso de lhe virem a ser encontrados bens.

7 – O dever de reversão previsto no nº 3º deste artigo é extensível às situações em que seja solicitada a avocação de processos referida no nº 2 do artigo 181º do CPPT, só se procedendo ao envio dos mesmos a tribunal após despacho do órgão da execução fiscal, sem prejuízo da adopção das medidas cautelares aplicáveis".

Em síntese, poder-se-á dizer que:

• **A responsabilidade tributária subsidiária efectiva-se através do instituto de reversão do processo de execução fiscal**, verificada que seja a fundada **insuficiência dos bens penhoráveis do devedor principal** (a sociedade) e dos responsáveis solidários, sem prejuízo do benefício da excussão[14].

• Quando, **no momento da reversão, não se possa determinar a suficiência dos bens penhorados,** por não se encontrar ainda calculado com rigor o montante a pagar pelo responsável subsidiário, **o processo de execução fiscal suspende-se**, desde o termo do prazo da oposição **até à completa excussão do património do executado**, sem prejuízo de se poderem adoptar as medidas cautelares adequadas, nos termos da lei (nº 3 do artº 23º);

• Mesmo nos casos de **presunção legal de culpa**, a reversão deve ser precedida da **audição do responsável subsidiário** e da declaração fundamentada dos seus pressupostos e extensão, a incluir na citação;

• **O responsável subsidiário fica isento de juros de mora e de custas** se, depois de citado para cumprir a dívida tributária principal, efectuar o pagamento no prazo da oposição, sem prejuízo da obrigação do

---

[14] Tem-se por excussão o benefício pelo qual o credor deve esgotar, primeiro, os bens do devedor principal e, em segundo lugar, os bens de outro responsável (o garante, o fiador, etc.).

devedor principal ou do responsável solidário, que os deverá pagar, se vierem a ser encontrados bens (nº 5 do artº 23º).

Em caso de **liquidação de qualquer sociedade** (como a liquidação subsequente à sua dissolução), **os liquidatários devem começar por pagar as dívidas fiscais, sob pena de ficarem pessoal e solidariamente responsáveis por essas importâncias,** salvo se as dívidas da sociedade gozarem de preferência sobre os débitos fiscais (nº 1 do artº 26º da LGT) e se o processo de liquidação decorrer **em processo de falência (ou insolvência)** a obrigação dos liquidatários de satisfazer os débitos fiscais será devidamente conformada com o teor da sentença de verificação e graduação dos créditos que for proferida (nº 3 do citado artº 26º).

Em relação aos **membros dos corpos sociais e responsáveis técnicos**, consagra o artº 24º da LGT que **os administradores, os directores e gerentes e outras pessoas que exerçam,** ainda que **apenas de facto** (ou seja, no plano da factualidade das empresas e sem estarem devidamente designados ou nomeados, quer no contrato de sociedade, quer em documentos de diferente natureza), **funções de administração ou gestão em pessoas colectivas e entes fiscalmente equiparados são subsidiariamente responsáveis em relação a estas e solidariamente entre si:**

"*a) Pelas **dívidas tributárias** cujo facto constitutivo se tenha verificado **no período de exercício do seu cargo** ou cujo prazo legal de pagamento ou entrega tenha terminado depois deste, quando, em qualquer dos casos, tiver sido **por culpa sua que o património da pessoa colectiva ou ente fiscalmente equiparado se tornou insuficiente** para a sua satisfação;*

b) Pelas dívidas tributárias cujo prazo legal de pagamento ou entrega tenha terminado no período do exercício do seu cargo, quando não provem que não lhes foi imputável a falta de pagamento.

*2 – A responsabilidade prevista neste artigo **aplica-se aos membros dos órgãos de fiscalização e revisores oficiais de contas** nas pessoas colectivas em que os houver, **desde que** se demonstre que a violação dos deveres tributários destas resultou do incumprimento das suas funções de fiscalização.*

*3 – A responsabilidade prevista neste artigo **aplica-se aos técnicos oficiais de contas desde que** se demonstre a violação dos deveres de assunção de* *responsabilidade pela regularização técnica nas áreas contabilística e fiscal ou de assinatura de declarações fiscais, demonstrações financeiras e seus anexos.".*

4.5.2. RESPONSABILIDADE SOLIDÁRIA DOS MEMBROS DOS ÓRGÃOS DE FISCALIZAÇÃO DAS SOCIEDADES

Esta responsabilidade encontra-se prevista no nº 2 do artº 81º do C.S.C., quando estabelece:

"Os membros de órgãos de fiscalização respondem solidariamente com os gerentes ou administradores da sociedade por actos ou omissões destes no desempenho dos respectivos cargos quando o dano se não teria produzido se houvessem cumprido as suas obrigações de fiscalização.".

Neste caso, como refere Gonçalo Meneses[15], **o gestor da sociedade comercial cometeu, no exercício das suas funções, um acto ou omissão que causa dano a outrem** (à sociedade, aos credores sociais, aos sócios e a terceiros). Os actos ou omissões (factos ilícitos e culposos) não são cometidos pelos membros dos órgãos de fiscalização, mas pelo próprio gestor (o gerente ou o administrador da sociedade comercial). Contudo, e porque os membros dos órgãos de fiscalização omitiram o seu dever de fiscalizar, tais factos acabam por produzir danos a outrem.

Para este autor, estaremos perante uma *"...situação de comparticipação (na qual o gestor e membros dos órgãos de fiscalização colaboram para dar vida ao facto danoso, os membros dos órgãos de fiscalização, não sendo, na realidade, autores do facto danoso, são, no entanto, cúmplices por omissão (participantes)...".*

E, prosseguindo este autor, é fundamental averiguar quem são **os destinatários deste preceito legal** já que:

• **O órgão de fiscalização não existe nas sociedades em nome colectivo** (cfr. artº 474º do C.S.C.) **nem mas sociedades em comandita simples,** cuja fiscalização é acometida aos sócios;

---

[15] *in* "RESPONSABILIDADE SOLIDÁRIA DOS MEMBROS DOS ÓRGÃOS DE FISCALIZAÇÃO POR ACTOS E OMISSÕES DOS GESTORES DAS SOCIEDADES COMERCIAIS", Lisboa, Revista da Ordem dos Advogados, Ano 71, Out./Dez. 2011, págs. 1095 a 1156.

- **Nas sociedades comerciais por quotas, o pacto social pode prever um conselho fiscal** (nos termos do nº 1 do artº 262º do C.S.C.) e, quando não o tenham, deve ser designado **um Revisor Oficial de Contas quando durante dois anos consecutivos ultrapassem dois dos três limiares,** a saber, os € 1.500.000 em relação ao balanço total ou € 3.000.000 quanto ao total das vendas líquidas e outros proveitos ou, ainda, a média de 50 trabalhadores empregados durante o exercício (limiares previstos pelo nº 2 do artº 262º);
- **Nas sociedades anónimas e nas sociedades em comandita por acções,** pode ser adoptado **um de três modelos de governação** (o primeiro composto por um conselho de administração e um conselho fiscal, o segundo integrado por um conselho de administração, que engloba uma comissão de auditoria e um ROC – e o terceiro desenvolvido por um conselho de administração executivo, um conselho geral e de supervisão e um ROC;
- **Nas sociedades unipessoais por quotas,** quando esta não for de natureza familiar e de pequena dimensão, mas apresentar uma considerável dimensão, poderá preencher os requisitos previstos no nº 2 do artº 262º do C.S.C. tendo de adoptar o modelo das sociedades plurais por quotas.

Caso o ROC se integre na estrutura de fiscalização política da sociedade comercial, fará parte do próprio órgão de fiscalização, devendo, na óptica de Gonçalo Meneses, responder de acordo com o que estatui o artº 81º do C.S.C.; **case actue no âmbito das suas competências de fiscalização financeira, no exercício da sua profissão de ROC**, entende este autor que deverá responder de acordo o artº 82º do C.S.C.

Para que haja obrigação de indemnizar por parte do órgão de fiscalização, é necessário que este tenha omitido o seu dever de fiscalizar, pois, caso tivesse agido no cumprimento dos seus deveres de cuidado, zelo e vigilância no exercício das suas funções – o seu dever de fiscalizar – teria evitado a produção dos danos.

Conclui Gonçalo Meneses pela forma seguinte:

> *"4) São destinatários do art. 81º, nº 2 do CSC e, por via disso, sujeitos responsáveis para efeitos do mesmo os seguintes membros de órgãos de fiscalização das sociedades comerciais;*

a) Os membros do conselho fiscal;
b) Os membros da comissão de auditoria;
c) Os membros do conselho geral e de supervisão;
5) O ROC será responsabilizado nos termos e para os efeitos do disposto no art. 81º, nº 2 do CSC quando dentro da estrutura de fiscalização que integra actuar no exercício de funções de fiscalização propriamente dita (fiscalização política), o que implicará, por conseguinte, analisar, no caso concreto, se a acção ou omissão geradora de responsabilidade civil do ROC foi cometida no âmbito das mesmas;"...(págs. 1151 e 1152).

4.6. SOCIEDADES COMERCIAIS ENTRE CÔNJUGES E SUA PARTICIPAÇÃO NOUTRAS SOCIEDADES

4.6.1. CONSIDERAÇÕES GERAIS. SOCIEDADES COMERCIAIS ENTRE CÔNJUGES

Estabelece o artº 8º do C.S.C., quanto à **participação dos cônjuges em sociedades**, que:

*"1 – **É permitida a constituição de sociedades entre cônjuges, bem como a participação destes em sociedades, desde que só um deles assuma responsabilidade ilimitada.***

2 – Quando uma participação social for, por força do regime matrimonial de bens, comum aos dois cônjuges, será considerado como sócio, nas relações com a sociedade, aquele que tenha celebrado o contrato de sociedade ou, no caso de aquisição posterior ao contrato, aquele por quem a participação tenha vindo ao casal.

3 – O disposto no número anterior não impede o exercício dos poderes de administração atribuídos pela lei ao cônjuge do sócio que se encontrar impossibilitado, por qualquer causa, de a exercer nem prejudica os direitos que, no caso de morte daquele que figurar como sócio, o cônjuge tenha à participação."

A lei permite não só a criação de sociedades entre os dois cônjuges, como a participação de um deles noutra sociedade. Não fazendo depender de consentimento de marido ou mulher a participação de um dos cônjuges em sociedade, o legislador deu expressão ao princípio da igualdade entre cônjuges, consagrado na Constituição da República Portuguesa e na lei ordinária, no artº 1671º do Código Civil, que dispõe que o casamento se baseia na **igualdade de direitos e deveres entre cônjuges** e que a direcção da família pertence a ambos, que *"devem acordar sobre a orientação da vida em comum tendo em conta o bem da família e os interesses de um e outro."*.

Esta igualdade foi consagrada após o 25 de Abril de 1974, concretamente com as alterações introduzidas ao nosso Direito Civil, com a redacção que foi introduzida pelo Dec.-Lei nº 496/77, de 25 de Novembro, diploma que adaptou o Código Civil às realidades sociológicas e às mudanças operadas com a queda do regime corporativo. Com efeito, até esta data, a **mulher casada estava legalmente impedida de exercer o comércio sem autorização do marido,** salvo se estivesse casada sob o regime da separação de bens ou se o marido se encontrasse impedido, e tivesse de assumir a administração de todos os bens do casal. Por outro lado, e conforme dispunha o Código Comercial, **a mulher casada que fosse comerciante não podia associar-se comercialmente com quem quisesse**, por sua livre vontade, assumindo uma responsabilidade ilimitada, a não ser que, para tanto, fosse expressamente autorizada pelo marido e, se fosse comerciante em solteira, carecia do mesmo consentimento para se manter no exercício da sua profissão. A mulher casada tinha um estatuto de "menoridade" em relação ao cônjuge, de tal sorte que era titular da denominada **"incapacidade matrimonial"**, equiparada às actuais situações de incapacidade de exercício de direitos, como a interdição, a inabilitação e a menoridade. E, ao **contrário das incapacidades de exercício, a sua incapacidade não dependia de sentença judicial. Decorria, apenas, do seu estatuto de mulher casada e era suprida pelo consentimento expresso de seu marido.**

Foi esta situação redutora que se alterou profundamente com a equiparação dos estatutos jurídicos dos cônjuges. **Ambos podem constituir sociedades entre si,** como é frequente nas empresas de natureza e estrutura familiar. Ao preceito contido no nº 1 do artº 8º do C.S.C. subjaz a preocupação relacionada com a **tutela elementar do património comum do casal**, que se destina a garantir a subsistência do agregado familiar, visando-se prevenir a excussão deste mesmo património, por ambos terem assumido uma responsabilidade ilimitada perante os credores sociais.

4.6.2. PARTICIPAÇÃO DE UM DOS CÔNJUGES NOUTRAS SOCIEDADES

Esta factualidade distingue-se da situação prevista no nº 2 do artº 8º do Código Comercial, que consagra a faculdade de qualquer um dos cônjuges participar no substrato pessoal de uma sociedade, impondo a lei que neste caso **só um deles assuma, eventualmente, uma responsabilidade ilimitada.**

Como regra, este preceito estabelece que, existindo uma participação social detida em comum pelos cônjuges, em virtude do regime de bens que vigora no casamento, **só será considerado como sócio aquele que outorgou no contrato de sociedade ou** *"aquele por quem a participação tenha vindo ao casal"*(Cfr. José Miguel Duarte, in "A Comunhão dos Cônjuges em Participação Social")[16]. Para este autor, a questão não se coloca **quando a participação social pertence apenas a um dos cônjuges** que terá em exclusivo a legitimidade para administrar, onerar e alienar a referida participação, de resto, em conformidade com as regras do Código Civil aplicáveis aos bens próprios de cada um dos cônjuges. Também para o citado autor, não se aplicará o regime dos nºs 2 e 3 do artº 8º, quando **a participação social tenha sido adquirida pelos cônjuges, em regime de co-titularidade ou compropriedade,** se entre ambos vigorar o regime da separação de bens.

E, como bem refere o mesmo autor, pode nem estar em causa a titularidade da participação social, quando os cônjuges hajam casado sob o regime de adquiridos e a participação social venha à titularidade de um deles a título gratuito, por ter sido adquirida com recursos próprios ou por ter sido doada ou ainda por ter sido deixada a ambos com a cláusula de incomunicabilidade, nos termos da al. a) do nº 1 do artº 1773º do C.C., caso em que será considerada bem próprio.

---

[16] DUARTE, José Miguel, *in* "A COMUNHÃO DOS CÔNJUGES EM PARTICIPAÇÃO SOCIAL" – Revista da Ordem dos Advogados, Lisboa – Ano 65 – Setembro 2005, p. 487 a 502.

Assim, o regime consagrado neste preceito **visa as participações sociais da contitularidade dos cônjuges casados no regime da comunhão geral ou da comunhão de adquiridos, participações que, por sua vez, foram adquiridas na constância do casamento**, quando apenas um deles outorgou o contrato aquisitivo da referida participação.

Quando há participações sociais detidas em comunhão conjugal, é necessário especificar quem detém a administração daquelas participações. Independentemente da questão da pessoalidade da participação social e da diferença entre as "sociedades de pessoas" (como as sociedades em nome colectivo) e as "sociedades de capitais" (como as sociedades anónimas), certo é que **são as próprias sociedades que**, nos seus estatutos – quando consagram os casos em que podem amortizar quotas – **afastam a possibilidade de o cônjuge de sócio fundador ou de sócio que tenha adquirido a quota ingressar na sociedade** e exercer os direitos referentes à administração da sociedade.

Diz este autor, a pág. 494: *"O preceito procura antes regular uma questão de conteúdo mais amplo e que se enuncia do seguinte modo: independentemente do tipo societário em causa e das cláusulas estatutárias que configurem à sociedade uma feição mais personalista ou mais capitalista, não é conveniente, nem prático, para o normal decurso da vida societária, que ambos os cônjuges possam exercer concorrentemente as suas qualidades de sócios.".*

Em síntese: **ambos os cônjuges são titulares da participação social e detêm a qualidade de sócio**, em virtude da participação social fazer parte da comunhão conjugal. Contudo, **no plano estrito das relações entre sócios e sociedade, só o cônjuge que houver outorgado no contrato aquisitivo da dita participação é que será tido e considerado sócio**.

O nº 2 do artº 8º do C.S.C. tutela a situação em que um dos cônjuges outorga no contrato social ou adquire uma participação social na constância do casamento e, dado o regime de bens que vigora no casamento, essa quota pertence também ao seu cônjuge. Porém, **só será considerado como sócio** – e só poderá exercer os direitos sociais e políticos nas relações dentro da sociedade – o **cônjuge que tiver outorgado** na criação da sociedade ou que **tiver adquirido a quota**, ingressando na sociedade na qualidade de sócio.

4.7. SOCIEDADES ANÓNIMAS EUROPEIAS

Estas sociedades foram criadas pelo **Regulamento (CE) nº 2157/2001 do Conselho**, em vigor desde 8 de Outubro de 2004. Designadas por *"societas europaea"* ou sociedades anónimas europeias, também têm o seu capital representado e dividido em acções, os accionistas têm uma responsabilidade limitada ao valor das acções que subscreveram e a firma que as identifica como tal devem conter o aditamento "S.E.", no início ou no final da denominação que adoptaram.

Os seus fundadores deverão, contudo, ligar-se, imediata ou mediatamente, a mais de um Estado membro da União Europeia e localizar a sede estatutária da sociedade num dos Estados, ao qual se sujeitará o regime do seu registo comercial.

O citado Regulamento, apesar de ter aplicação no Direito interno Português, deixou aos Estados da UE uma margem de discricionariedade ao prever a hipótese de elas serem reguladas por normas especiais criadas pelos direitos privados de cada país, bem como pelas regras inclusas nos seus estatutos de sociedade.

Deste modo, e ao abrigo desta faculdade, o **Dec.-Lei nº 2/2005**, de 4 de Janeiro, aprovou o **regime jurídico aplicável às sociedades anónimas europeias com sede em Portugal**, bem como às sociedades anónimas europeias em que intervenham sociedades reguladas pelo nosso Direito, regime que se designa por "Regime Jurídico das Sociedades Anónimas Europeias", em anexo ao diploma legal.

As **características** deste tipo societário são:

• O **projecto de constituição** da sociedade anónima europeia, em qualquer uma das modalidades admitidas pelo Regulamento (CE), bem como a própria **constituição,** com sede em Portugal, e a alteração da sua sede devem ser realizados através de **escritura pública** (nº 1 do artº 4º do Dec.-Lei nº 2/2005 e al. f) do nº 2 do Código do Notariado);

• **Só os Notários têm competência para promover a constituição legal** destas sociedades;

• O projecto e o acto da sua constituição estão igualmente sujeitos a **registo e a publicação** que em Portugal se faz no D.R., sem prejuízo de outras publicações a que haja lugar por força de legislação especial (nº 1 do artº 4º e artº 5º);

- **O projecto de transferência da sede** de uma sociedade anónima europeia registada em Portugal para outro Estado membro da UE também deverá **ser registado e sujeito a publicação legal** (al. c) do nº 2 do artº 4º);
- Em caso de transferência de sede, os responsáveis legais deverão provar, em momento prévio a esta alteração, que os **interesses dos credores sociais**, designadamente os dos trabalhadores, se encontram devidamente acautelados ou incluir nele uma referência aos créditos que se encontram vencidos;
- Para que possa ser emitido o certificado de admissibilidade da alteração da sede, têm de apresentar, junto do RNPC, **certidão comprovativa da inexistência de dívidas ao Fisco e à Segurança Social** (nº 1 do artº 14º);
- Quando existam **créditos laborais** resultantes da violação ou da cessação de contratos de trabalho, terá de se provar que foi prestada **garantia bancária, para que seja emitido o referido certificado** (nº 2 do mesmo preceito);
- Os credores, previamente à emissão deste certificado de admissibilidade de alteração da sede social, podem **declarar vencidos todos os créditos**, no prazo de 30 dias a contar da publicação do projecto de transferência ou mudança da sede;
- Quando **a sociedade tiver pago as suas dívidas**, tem direito a **quitação** do pagamento, pela qual se reconhece a extinção destes créditos;
- Neste caso, **perante o Notário, haverá que fazer prova deste pagamento**;
- Em caso de **violação destes deveres**, a administração da sociedade ou qualquer accionista poderá, por sua iniciativa, regularizar a situação através, nomeadamente, do restabelecimento da sede efectiva em Portugal, sob pena de se considerar **imediatamente dissolvida** a sociedade, quando tiver decorrido um ano sobre a data do vício sem que este tenha sido sanado (nº 2 do artº 16º);
- A organização, composição e funcionamento dos órgãos da sociedade anónima europeia submetem-se à **legislação aplicável às sociedades anónimas;** deste modo, a mesa da assembleia geral deverá ser composta de acordo com o artº 374º do C.S.C., a direcção e o conselho de administração podem ser compostos por um número ímpar de elementos, sem limite máximo, e o conselho geral será integrado pelo

número de membros fixado nos estatutos da sociedade, não podendo, porém, exceder o número de elementos previstos para a direcção;
• As sociedades anónimas europeias **podem resultar de operações de fusão de sociedades** – caso em que deverá promover-se a notificação à Autoridade da Concorrência, no prazo de 7 dias úteis após a aprovação do projecto de fusão pela assembleia geral da sociedade participante.

4.8. AGRUPAMENTOS EUROPEUS DE COOPERAÇÃO TERRITORIAL (AECT)

Foi o **Regulamento (CE) nº 1082/2006**, do Parlamento Europeu e do Conselho, de 5 de Julho, que instituiu a figura dos agrupamentos europeus de cooperação territorial, como um novo instrumento jurídico para promover a cooperação territorial na UE mediante a criação de **entidades públicas, dotadas de personalidade jurídica, com o objectivo de facilitar e promover a cooperação territorial** entre os seus membros, com vista a reforçar a coesão económica e social.

De acordo com este Regulamento Comunitário, a cooperação territorial *"...comporta três realidades distintas: a cooperação transfronteiriça, a cooperação transnacional e a cooperação inter-regional. O AECT é uma figura jurídica particularmente adequada para executar acções ou projectos de cooperação, envolvendo parceiros estabelecidos em diferentes Estados-Membros, nomeadamente aqueles que possuam co-financiamento da União Europeia, através dos fundos estruturais»*.

Assim, esta figura jurídica revela-se adequada para executar acções ou projectos de cooperação, **envolvendo parceiros estabelecidos em diferentes Estados membros**, nomeadamente aqueles que possuam co-financiamento da União Europeia, através dos fundos estruturais.

Dado que este Regulamento (CE) nº 1082/2006 determina que os Estados membros devem tomar as disposições para garantir a sua efectiva aplicação nos respectivos ordenamentos jurídicos, o Estado Português, com o **Dec.-Lei nº 376/2007, de 8 de Novembro**, definiu:

• **Quais as entidades portuguesas** que podem ser membros de um AECT;
• Os **procedimentos** a adoptar para constituir um AECT ou para as entidades portuguesas poderem participar num AECT, a constituir noutro Estado membro da União Europeia;

• Os critérios para designar a autoridade nacional competente para receber as notificações dos futuros AECT, bem como para indicar a autoridade nacional competente em matéria de controlo da gestão de fundos públicos, pelos AECT.

No nº 1 do artº 2º, este diploma normativo consagra estes agrupamentos, estabelecendo:

"Os AECT são pessoas colectivas públicas de natureza associativa constituídas por entidades de dois ou mais Estados membros da União Europeia, que têm por missão facilitar e promover a cooperação transfronteiriça, a cooperação transnacional e a cooperação inter-regional entre os seus membros, exclusivamente no intuito de reforçar a coesão económica e social no território da União Europeia.".

Em linhas sintéticas, **os AECT caracterizam-se por**:

• Serem **entidades dotadas de personalidade jurídica** e gozar da mais ampla capacidade jurídica reconhecida às pessoas colectivas pela lei portuguesa (nº 2 do citado artº 2º);

• Terem, por atribuições específicas, a **execução de projectos ou acções de cooperação territorial co-financiados pela União Europeia**, através do Fundo Europeu de Desenvolvimento Regional, do Fundo Social Europeu ou do Fundo de Coesão;

• Poderem **realizar estudos, planos, programas e projectos ou outras formas de relacionamento** entre agentes, estruturas e entidades públicas susceptíveis de contribuírem para o desenvolvimento dos respectivos territórios, com ou sem co-financiamento público, nacional ou comunitário, bem como gerir infra-estruturas e equipamentos e ainda prestar serviços de interesse público;

• **Terem, como membros, o Estado** – através dos serviços e entidades que integram, respectivamente, na sua administração directa e indirecta – **as autarquias locais, as comunidades intermunicipais, as áreas metropolitanas, os organismos de direito público** (na acepção do segundo parágrafo do ponto 9 do artigo 1º da Directiva nº 2004/18//CE, do Parlamento Europeu e do Conselho, de 31 de Março, relativa à coordenação dos processos de adjudicação dos contratos de empreitada de obras públicas, dos contratos públicos de fornecimento e dos contratos públicos de serviços), **e as associações constituídas por entidades pertencentes a uma ou mais das categorias atrás referidas;**

- Adoptarem, quanto à tramitação para integrar um AECT o **dever de notificar o Instituto Financeiro para o Desenvolvimento Regional (IFDR), I.P., da sua intenção de participar** nesta entidade, sendo esta notificação instruída com a **cópia do convénio proposto** (elaborado de acordo com o artigo 8º do dito Regulamento), a **cópia do projecto de estatutos** (elaborado de acordo com a legislação nacional pertinente e com o artigo 9º do Regulamento), a **informação completa sobre a identidade, natureza e responsabilidade limitada, ou ilimitada, dos membros** do AECT, bem como das respectivas **funções no seio do futuro AECT**, a **memória explicativa sobre a actividade** do futuro AECT, o **modo como se propõe reforçar a coesão económica e social** no seio da União Europeia e o enquadramento de funções dos membros portugueses desse AECT, com referência às competências atribuídas na legislação nacional pertinente quanto à cooperação territorial, a **indicação da duração** do futuro AECT.

Competirá ao IFDR, I.P., verificar a conformidade da notificação com as normas contidas no Regulamento Comunitário, **aceitando ou rejeitando**, quando faltem elementos, devendo neste caso devolver à entidade proponente que pretende constituir o AECT a referida notificação, para que esta supra as deficiências existentes.

No caso de aceitação, o IFDR, I.P. proporá ao membro do Governo responsável pelo desenvolvimento regional que consulte o membro do Governo responsável pela área dos negócios estrangeiros e os membros do Governo competentes, em razão do objecto da actividade do AECT, para que estes verifiquem, respectivamente, a conformidade dos projectos de convénio com o direito comunitário europeu e os compromissos internacionais assumidos pelo Estado Português, bem como com o direito interno.

Os membros do Governo consultados deverão pronunciar-se sobre os projectos de convénio no prazo de um mês a contar da recepção dos mesmos, sob pena de, na falta de comunicação, se entender que inexistem objecções à participação no AECT.

A proposta de decisão é remetida pelo IFDR, I.P., ao membro do Governo responsável pelo desenvolvimento regional e esta deve ser tomada e notificada aos interessados no prazo de três meses a contar da recepção de uma candidatura admissível.

Finalmente, e de acordo com o artº 7º deste diploma legal, **os AECT, com sede estatutária em Portugal, deverão constituir-se mediante escritura pública**, com **publicação** na 2ª série do *Diário da República*.

5. CONSTITUIÇÃO DE SOCIEDADES

5.1. BREVES NOTAS SOBRE O PROCESSO DE SIMPLIFICAÇÃO DE PROCEDIMENTOS RELATIVOS À CONSTITUIÇÃO DE SOCIEDADES COMERCIAIS

A criação de uma empresa, especialmente de matriz societária, deve obedecer a um conjunto de formalidades e etapas impostas por lei, para que seja validamente constituída e não enferme de qualquer vício impeditivo do seu registo comercial ou susceptível de sanção aplicada por entidade competente para o licenciamento da instalação ou para a fiscalização das condições da sua laboração e actividade.

O **Dec.-Lei nº 111/2005, de 8 de Julho**, alterou profundamente o processo de constituição de sociedades, ao instituir a chamada "**Empresa na Hora**", já que, até essa data, a criação das pessoas colectivas estava sujeita a uma teia complexa de formalismos e de passos sequenciais que provocavam grande morosidade, com nefastas sequelas no investimento estrangeiro, para o qual estes constrangimentos são indesejáveis, o que se repercute na consolidação e crescimento do tecido económico e empresarial.

O regime da "Empresa na Hora" permite a **criação de empresas de forma imediata**, num único local e em regime de atendimento único. A empresa constitui-se e fica devidamente registada, com um número de segurança social, com as formalidades fiscais (relativas ao início de actividade), a inscrição no cadastro e, ainda, com as suas obrigações cumpridas junto do Ministério do Trabalho (ACT – Autoridade para as Condições do Trabalho).

Posteriormente, o **Dec.-Lei nº 125/2006, de 29 de Junho,** instituiu o regime de **constituição *on-line* de sociedades**, com especialidades em relação ao regime da "Empresa na Hora", devendo dizer-se, em abono da verdade, que essas diferenças provocaram confundibilidade entre os dois regimes.

Com o **Decreto-Lei nº 247-B/2008, de 30 de Dezembro,** o legislador:

• Regulamentou o **cartão da empresa** e Sistema de Informação da Classificação Portuguesa de Actividades Económicas **(SICAE)**;

• Introduziu **novas medidas de simplificação** no Regime do Registo Nacional de Pessoas Colectivas (RNPC) e no Código do Registo Comercial;

• Imprimiu **maior celeridade** e **simplificação** no regime especial de constituição imediata de sociedades (**a «empresa na hora»**) e a constituição *online* de sociedades comerciais e civis sob forma comercial (**«empresa *online*»**);

• Estabeleceu o **regime especial de criação imediata de representações permanentes em Portugal** de entidades estrangeiras (**«sucursal na hora»**), previsto no **Dec.-Lei nº 73/2008,** de 16 de Abril.

O cartão da empresa é o único documento físico que contem os três números relevantes para a identificação das pessoas colectivas perante quaisquer autoridades e entidades públicas ou privadas, a saber:

• O **NIPC (ou NUIPC)** – número (único) de identificação de pessoa colectiva, atribuído pelo Registo Nacional de Pessoas Colectivas (RNPC), na sequência de emissão de certificado de admissibilidade de firma ou denominação ou de inscrição no Ficheiro Central de Pessoas Colectivas;

• O **número de identificação fiscal** das pessoas colectivas e entidades equiparadas que, na generalidade dos casos, **corresponde ao NIPC** indicado pelo RNPC;

• O **número de identificação da segurança social (NISS)** da pessoa colectiva.

O cartão da empresa veio pôr de lado a utilização de dois cartões, necessários às empresas (o cartão de identificação da pessoa colectiva e o cartão de identificação fiscal), e contem toda a informação relevante para as empresas. Além da emissão do **cartão da empresa em suporte físico**, prevê-se igualmente a disponibilização, em suporte desmaterializado e de forma gratuita, do **cartão electrónico da empresa**, acessível mediante a inserção de um código de acesso automaticamente atribuído.

Como se disse a propósito do comerciante e empresário individual, com este diploma igualmente se instituiu o denominado **SICAE**, um subconjunto do ficheiro central de pessoas colectivas (FCPC) que integra a informação sobre o código da Classificação Portuguesa das Actividades Económicas (CAE) das pessoas colectivas e entidades equiparadas e que é coordenado, gerido e mantido por três organismos públicos – o Instituto dos Registos e do Notariado, I.P. (IRN, I.P.), o Instituto Nacional de Estatística (INE) e a Direcção-Geral dos Impostos (DGCI), o que permite uma informação permanentemente actualizada e harmonizada do código CAE das empresas, de modo a ultrapassar as situações de desconformidade nos códigos CAE que são atribuídos às empresas por diferentes serviços do Estado. Para este efeito estabeleceu-se que **o código CAE relevante é, para todos os efeitos legais, o constante do SICAE**, ao mesmo tempo que se prevê o acesso público, em suporte electrónico e permanentemente actualizado, à informação constante do SICAE, que se tornou um interlocutor único para as empresas.

O **certificado de admissibilidade de firma** passou a ser disponibilizado **exclusivamente por via electrónica**, no sítio da Internet. Criaram-se as condições para que **os empreendedores escolham livremente uma firma** no âmbito dos processos de constituição da empresa na hora e da empresa *on-line* e as denominações, no processo de constituição da associação na hora. Finalmente, o regime especial de constituição imediata de sociedades («empresa na hora») passou a admitir as **entidades que dependam de uma autorização especial** e as sociedades cujo **capital seja realizado com recurso a entradas em espécie**.

O processo da "Empresa na Hora" aplicava-se, apenas, aos agentes económicos que pretendessem criar **sociedades por quotas e anónimas**. Nos termos do artº 2º do supra citado Dec.-Lei nº 111/2005, **encontravam-se excluídas**:

- As sociedades que dependem de autorização especial;
- As sociedades cujo capital seja realizado com recurso a **entradas em espécie** (como bens imóveis e móveis);
- As sociedades anónimas europeias.

Com o **Dec.-Lei nº 247-B/2008, de 30 de Dezembro**, podem ser criadas, de acordo com este processo, as sociedades cujo capital seja realizado através de **entradas em bens diferentes de dinheiro e sujeitos a registo**. Contudo, é necessária **marcação prévia** regulamentada pela **Portaria nº 3/2009, de 2 de Janeiro**. Assim, quando a sociedade a constituir de forma imediata tenha um **capital total ou parcialmente realizado com entradas em bens diferentes de dinheiro e sujeitos a registo, é indispensável agendar da data da sua realização**.

Esta marcação prévia pode ser feita por via electrónica, por telefone ou solicitada ao balcão dos serviços competentes e para uma **data posterior a cinco dias úteis relativamente à data do pedido**, se assim pretender o interessado (artº 3º da Portaria). Porém, deverá disponibilizar aos serviços competentes os **documentos necessários** para que sejam devidamente apreciados (quanto à sua validade jurídica, tendo em vista a realização dos registos a que há lugar) com a antecedência de, **pelos menos, três dias úteis antes da data marcada para a realização do procedimento**.

O interessado pode optar pelo **envio em suporte electrónico**, mas deverá apresentar os **originais** na data da realização do procedimento. E **se os enviar por correio**, a data da expedição deve anteceder, pelo menos, seis dias úteis a data da realização do procedimento.

Quando os prazos para prévia apreciação não forem respeitados, o procedimento deve ser **remarcado**, desde que, com o novo agendamento, não se prejudique o regular funcionamento do serviço competente. Por outro lado, a desmarcação do procedimento por motivos imputáveis aos interessados equivale, para efeitos emolumentares, à **desistência** do mesmo. Na data marcada, **todos os actos serão praticados no mesmo dia**, em atendimento presencial único, nos termos previstos no Decreto-Lei nº 111/2005, de 8 de Julho.

Deste modo, foram suprimidas formalidades que implicavam grande morosidade no processo de constituição das empresas, factor negativo para o empreendedorismo. Também foi intenção do legislador incentivar o crescimento das actividades económicas sem prejudicar a segurança jurídica que deve presidir à criação de novas empresas e às transacções comerciais, e aproximar o regime português do modelo europeu, caracterizado pela celeridade no processo de criação de sociedades.

5.2. CARTÃO DE EMPRESA E DE PESSOA COLECTIVA

A **Portaria nº 4/2009, de 2 de Janeiro,** aprovou os **modelos do cartão da empresa** (Anexo I) **e do cartão de pessoa colectiva** (Anexo II) e regulamentou o respectivo pedido de emissão por via electrónica, introduzindo alterações ao Regulamento do Registo Comercial, na esteira das inovações introduzidas pelo Dec.-Lei nº 247-B/2008.

Para se constituir uma sociedade, os interessados devem solicitar a emissão do **cartão de empresa** (aplicável a sociedades comerciais e civis sob forma comercial, cooperativas, empresas públicas, agrupamentos complementares de empresas agrupamentos europeus de interesse económico, estabelecimentos individuais de responsabilidade limitada e comerciantes individuais, sucursais ou representações de pessoas colectivas com sede no estrangeiro que habitualmente exerçam actividade em Portugal e estejam sujeitas a registo comercial, quaisquer outras pessoas colectivas sujeitas a registo comercial, **empresários individuais inscritos no ficheiro central de pessoas colectivas.**

As entidades que estejam inscritas no FCPC e as **associações ou fundações sujeitas a registo comercial, devido ao seu reconhecimento como pessoas colectivas de utilidade pública, devem requerer a emissão do cartão de pessoa colectiva.**

5.2.1. PEDIDO DE EMISSÃO

Nos termos do artº 8º, o pedido de emissão do cartão da empresa e do cartão de pessoa colectiva pode ser efectuado:

"*a*) ***Electronicamente****, através do sítio na Internet com o endereço www.empresaonline.pt, mantido pelo IRN, I. P., ou de outro sítio designado em portaria do membro do Governo responsável pela área da justiça; ou*

b) **Presencialmente**, *nos serviços de registo com competência para a prática de actos de registo comercial ou noutros que venham a ser fixados por despacho do presidente do IRN, I. P.".*

Quando o **pedido seja efectuado electronicamente**, só é considerado validamente submetido após o **pagamento, por via electrónica, dos encargos** devidos, sendo gerada, automaticamente, uma referência para pagamento destes encargos. Se for **solicitado presencialmente**, o pagamento dos encargos deve ser efectuado directamente ao serviço receptor, sob pena de recusa de aceitação do pedido (artº 9º).

Quando a pessoa colectiva ou entidade equiparada **deva apresentar a declaração de início de actividade para efeitos fiscais**, o cartão da empresa ou o cartão de pessoa colectiva não podem ser emitidos enquanto esta declaração não for entregue. O mesmo acontece quando a entidade requerente esteja sujeita a inscrição na Segurança Social, caso em que **o cartão da empresa ou de pessoa colectiva não poderão ser emitidos enquanto o NISS não for atribuído** (artº 10º).

Em caso de **suspensão da emissão deste cartão, por mais de um ano** devido à não apresentação da declaração de início de actividade para efeitos fiscais ou da não promoção da inscrição na Segurança Social, o pedido é cancelado, sem direito à restituição das quantias já pagas.

As entidades competentes podem recusar ou suspender a emissão do cartão da empresa ou do cartão de pessoa colectiva, quando verifiquem que há **nulidades no processo legal de constituição** da pessoa colectiva ou da entidade equiparada.

5.2.2. CANCELAMENTO E VALIDADE

O cartão será **oficiosamente cancelado** se ocorrerem as seguintes situações:

"a) Extinção da pessoa colectiva ou entidade equiparada;

b) Transferência de sede da pessoa colectiva ou entidade equiparada para o estrangeiro;

c) Cessação de actividade do comerciante ou empresário individual." (nº 1 do artº 12º).

Nos casos de **perda, destruição, furto ou roubo**, o cartão pode ser cancelado, a pedido de pessoa com legitimidade para representar a pessoa colectiva ou entidade equiparada (nº 2 do mesmo preceito). A **validade do cartão** da empresa ou do cartão de pessoa colectiva depende da validade dos elementos de identificação da pessoa colectiva ou entidade equiparada, previstos no artigo 4º, nos termos do artº 13º deste diploma legal.

5.2.3. CARTÃO ELECTRÓNICO

Relativamente ao **cartão electrónico da empresa ou da pessoa colectiva,** estabelece o artº 15º que este será facultado **gratuita e automaticamente** no momento da inscrição da pessoa colectiva ou entidade equiparada no FCPC, mediante a **atribuição de um código de acesso**, tendo o mesmo valor e efeitos do que o cartão da empresa ou de pessoa colectiva. Mas será cancelado, desde que ocorram os mesmos factos previstos no nº 1 do artº 12º desta lei, acima descritos.

5.2.4. MENÇÕES

Nos termos da Portaria nº 4/2009, **o cartão da empresa contém os seguintes elementos visíveis de identificação:**

"*Nome, firma ou denominação;*
Número de identificação de pessoa colectiva (NIPC) ou número de identificação fiscal das pessoas colectivas e entidades equiparadas;
Número de identificação da segurança social (NISS) de pessoa colectiva;
Domicílio ou morada da sede;
Natureza jurídica; Data da constituição;
Código da Classificação Portuguesa de Actividades Económicas (código CAE) principal e até três códigos CAE secundários; Código da certidão permanente;
Código do cartão electrónico.".

O cartão de pessoa colectiva **só não contém o código de certidão permanente.**

E quando os ditos cartões não contenham informação sobre algum dos elementos elencados, deverá ter a inscrição X, na área destinada a esse mesmo elemento.

PARTE III. 5. CONSTITUIÇÃO DE SOCIEDADES

5.3. CAE E CERTIFICADO DE ADMISSIBILIDADE DE FIRMA OU DENOMINAÇÃO

A atribuição inicial do código CAE (relativa à actividade principal e actividade secundária da empresa, se for o caso) compete ao IRN, I.P., no momento da emissão do certificado de admissibilidade de firma, para efeitos de constituição da pessoa colectiva ou entidade equiparada, ou no momento da inscrição no FCPC, de acordo com o artº 20º do Dec.--Lei nº 247-B/2008. Todavia, dispõe o legislador, no artº 21º, que este código poderá ser **alterado oficiosamente**:

"*a*) **Pelo INE, na sequência de inquéritos ou outras operações estatísticas** *promovidos nos termos da lei;*

b) Pela **DGCI, na sequência de acções de inspecção tributária** *promovidas nos termos da lei;*

c) **Pelo IRN, I.P.**, *na sequência da inscrição de* **alteração do objecto social** *da pessoa colectiva ou entidade equiparada no FCPC.*", sendo a respectiva empresa ou entidade notificada electronicamente, através do SICAE."

5.4. MATRÍCULA

A **Portaria nº 234/2008, de 12 de Março,** alterou os artºs. 8º e 10º do Regulamento do Registo Comercial, permitindo a condensação da informação mais relevante das entidades sujeitas a registo comercial na denominada **matrícula**, que surge na primeira página da certidão do registo comercial e contem **toda a informação das sociedades** que os cidadãos e as empresas precisam de consultar, como a **identificação dos seus representantes legais**, a **duração dos seus mandatos** e a **forma de as obrigar**.

Em consequência desta alteração, dispõe o artº 8º do **Regulamento do Registo Comercial,** aprovado pela Portaria nº 657-A/2006, de 29 de Junho, com a redacção dada pela Portaria nº 1256/2009, de 14 Outubro, que a **matrícula deverá conter as seguintes menções:**

"*a*) *O número de matrícula, que corresponde ao número de identificação de pessoa colectiva ou entidade equiparada* (NIPC) *da entidade sujeita a registo, e a conservatória detentora da pasta desta última;*

b) *A natureza jurídica da entidade;*

c) **O nome completo e a firma**, *se diferente daquele,* **do comerciante individual, o seu número fiscal** *e o* **estabelecimento principal ou o local do exercício da actividade principal***, com indicação do código postal válido;*

d) **A firma ou denominação**, *o* **número de identificação de pessoa colectiva** *e a* **sede da pessoa colectiva** *e do estabelecimento individual de responsabilidade limitada, com indicação do código postal válido, bem como o objecto, o capital e a data do encerramento do exercício, e ainda, quanto a sociedades comerciais, empresas públicas, agrupamentos complementares de empresas, agrupamentos europeus de interesse económico e cooperativas, a forma de obrigar, os titulares dos órgãos sociais e a duração dos respectivos mandatos;*

e) A firma da representação permanente de pessoa colectiva, bem como o número de identificação de pessoa colectiva e o local de representação, com indicação do código postal válido, o objecto, o capital afecto, quando exista, a data de encerramento de exercício e os representantes;

f) Os fins, a forma;

g) **O código CAE** *(compreendendo o CAE principal e até três CAE secundários);*

h) **A menção do seu cancelamento***, quando este se verifique;*

i) Outros elementos identificadores da entidade sujeita a registo cuja menção no extracto da matrícula seja determinada por despacho do presidente do Instituto dos Registos e do Notariado, I. P.

2 – A matrícula das **representações permanentes** *das sociedades com sede principal e efectiva no estrangeiro deve incluir a referência a 'representação permanente', 'sucursal' ou outra equivalente, à escolha do interessado.*

3 – O registo de declaração de perda do direito ao uso de firma ou denominação determina a correspondente menção na matrícula.

4 – As **alterações ao código CAE** *constantes do Sistema de Informação da Classificação Portuguesa das Actividades Económicas (SICAE) são automaticamente reflectidas na matrícula.*

Mais estabelece, no seu **art^{o} 10°,** com a redacção dada pela citada Portaria nº 1256/2009, **as menções especiais das inscrições,** que abaixo se referem, mormente **as que respeitam ao acto de constituição da empresa** individual ou colectiva, que são:

"a) Na de **início de actividade do comerciante individual***, o nome completo e a firma, se diferente daquele, o seu número de identificação fiscal,*

a data do início de actividade, a nacionalidade, o estado civil e, sendo casado, o nome do cônjuge e o regime de bens, o ramo de actividade e a localização do estabelecimento principal;

*b) Na de **constituição de sociedade**, a firma, a sede, o prazo de duração, quando determinado, o objecto, o capital e, não estando realizado, o montante em que ficou, as quotas ou partes sociais, ou o valor nominal e a natureza das acções, a data do encerramento do exercício social, a administração, a fiscalização e a forma de obrigar a sociedade e, tratando-se de constituição de sociedade anónima europeia, para além das menções anteriores, a modalidade de constituição;*

*c) Na de **constituição de cooperativa**, a firma, a sede, o prazo de duração, quando determinado, o objecto, o capital mínimo, a direcção, a fiscalização e a forma de obrigar a cooperativa;*

*d) Na de **constituição de empresa pública**, a firma, a sede, o prazo de duração, quando determinado, o objecto, o capital, a administração, a fiscalização e a forma de obrigar a empresa;*

*e) Na de contrato de **agrupamento complementar de empresas** e na de **agrupamento europeu de interesse económico**, a firma, a sede, o prazo de duração, quando determinado, o objecto, o nome ou a firma dos membros, as contribuições genéricas dos agrupados para os encargos e a constituição do capital, havendo-o, a administração e a forma de obrigar o agrupamento;*

*f) Na de constituição de **estabelecimento individual de responsabilidade limitada**, o nome, a residência e a nacionalidade do titular, a sede, a data do início da actividade, o prazo de duração, quando determinado, o objecto e o capital;*

*g) Na de **criação de representação permanente**, a identificação da pessoa colectiva representada, por referência à firma, nacionalidade, sede, objecto e capital, e ainda a firma, o local de representação, o capital afecto, quando exigível, e a data de encerramento do exercício social;*

*i) Na de **designação dos membros dos órgãos de administração, fiscalização e liquidação**, bem como do **secretário da sociedade**, o prazo por que foram designados, se o houver, e a data da deliberação;*

*v) Na de **acção e nas dos procedimentos e providências cautelares**, o pedido, o tribunal onde o processo foi instaurado e a respectiva data de entrada;*

*ac) Na de **inabilitação e de inibição de comerciantes individuais** para o exercício do comércio e de determinados cargos, a data do trânsito em* *julgado da sentença, o prazo da inabilitação e da inibição e a especificação das inibições decretadas;".*

5.5. REGIME JURÍDICO DA "EMPRESA NA HORA" (CONSTITUIÇÃO IMEDIATA DE SOCIEDADES)

Posto que **coexistem vários regimes** para criar sociedades, faz-se, aqui, uma síntese das suas traves-mestras. De acordo com o **Decreto-Lei nº 111/2005, de 8 de Julho,** a «empresa na hora», criada através de um regime especial de constituição imediata de sociedades, caracteriza-se por:

– Ser um regime especial de constituição imediata de **sociedades comerciais e civis sob forma comercial** que adoptem os tipos de sociedades por **quotas e anónimas,** com ou sem a simultânea aquisição de **marca registada** (artº 1º);

– Não abranger as sociedades cuja constituição dependa de **autorização especial, as sociedades cujo capital seja realizado com recurso a entradas em espécie (sem prejuízo do que dispõe o Dec.-Lei nº 247-B/2008** que prevê que estas sociedades possam ser criadas segundo este regime, desde que se faça uma marcação prévia, a qual é regulamentada pela Portaria nº 3/2009, de 2 de Janeiro) e as **sociedades anónimas europeias** (artº 2º);

– Os interessados poderem **optar por uma firma** constituída por **expressão de fantasia que faz parte de uma "bolsa"** de firmas, previamente criada e reservada a favor do Estado, associada ou não à aquisição de uma **marca** previamente registada a favor do Estado, **ou apresentar o certificado de admissibilidade de firma,** emitido pelo Registo Nacional de Pessoas Colectivas, com uma firma que compuseram a seu gosto e que foi aprovada.

Salvaguardou-se, deste modo, a possibilidade de os interessados optarem por uma **firma da sua escolha,** desde que tenham pedido a sua aprovação prévia ao RNPC. Neste caso, cabe a estes serviços completarem a firma com os aditamentos impostos pela lei, com a expressão alusiva à actividade e os aditamentos obrigatórios ("Lda" ou "S.A.").

– Os interessados poderem escolher um **pacto social de acordo com um dos modelos** aprovados pelo Director-Geral dos Registos e do Notariado.

Ora, os estatutos ou o pacto social são a verdadeira "lei" da sociedade, que passa a reger as relações internas entre sócios; **qualquer lapso ou má escolha pode ter efeitos indesejáveis no futuro destas relações societárias e do destino da empresa,** pelo que se aconselha a elaboração de um pacto por um especialista de Direito, que permita ter a noção mais exacta possível das consequências inerentes a um determinado clausulado eventualmente escolhido pelos futuros sócios (vide alguns exemplos que adiante seguem nas págs. 229 e seguintes.).

– Existir um **interlocutor único** (**Conservatórias do Registo Comercial,** mesmo que não sejam as territorialmente competentes, as da área da sede das futuras sociedades) e os **CFE – Centros de Formalidades das Empresas**[17], que devem orientar e gerir todo o processo de constituição, desde a escolha da forma jurídica da sociedade às publicações legais obrigatórias, tudo num acto presencial único (artº 5º);

– Os sócios terem de apresentar os documentos comprovativos da sua identidade, capacidade e poderes de representação para o acto e declarar, sob sua responsabilidade, que o **depósito das entradas em dinheiro** será efectuado no prazo de **cinco dias úteis, a contar deste acto**, quando não tenham procedido ao depósito do capital social em instituição bancária (artº 7º);

– Ser entregue a **declaração de início de actividade** para efeitos fiscais; em caso negativo, os outorgantes serão avisados de que deverão inscrever este facto no serviço de Finanças, no prazo legal, após o que serão os serviços fiscais que deverão notificar, por via electrónica, os serviços da Segurança Social em relação aos elementos relativos ao início da actividade (artº 7º).

Pagos os encargos devidos com a constituição da sociedade, o balcão de atendimento afecta, via informática, a favor da sociedade, a firma e/ou a marca escolhidas e o NIPC associado à firma.

---

[17] Criados ao abrigo do Dec.-Lei nº 78-A/98, de 31 de Março.

– O **pacto social ser preenchido** de acordo com os elementos concretos da futura sociedade e a sua validade depender, apenas, do formaismo do **documento particular**, com o **reconhecimento presencial das assinaturas dos intervenientes** no acto, apostas no pacto ou no acto constitutivo.

Quanto ao **reconhecimento presencial das assinaturas dos subscritores do pacto de sociedade**, por força do nº 1 do artigo 38º do Decreto-Lei nº 76-A/2006, de 29 de Março, este **pode ser promovido por**:

– **Advogados e Solicitadores** – competentes para fazer reconhecimentos simples e com menções especiais e por semelhança, autenticar documentos particulares e certificar, ou fazer e certificar, traduções de documentos, nos termos previstos na lei notarial, certificar a conformidade de fotocópias com os documentos originais e tirar fotocópias dos originais que lhes sejam apresentados para certificação, nos termos do Dec.-Lei nº 28/2000, de 13 de Março;
– **Câmaras de Comércio e Indústria**, reconhecidas nos termos do Dec.-Lei nº 244/92, de 29 de Outubro;
– **Notários, Conservadores e Oficiais de Registo.**

Nos termos do nº 3 do artº 38º, previu-se que as mesmas entidades podem **certificar a conformidade de documentos electrónicos com os originais**; porém, a validade desses actos ficou condicionada ao seu registo em sistema informático, regulado pela **Portaria nº 657-B//2006**, de 29 de Junho, que regulamentou o registo informático dos actos praticados pelas Câmaras de Comércio e Indústria, Advogados e Solicitadores, atribuindo, no caso dos actos praticados por Advogados, competência à Ordem dos Advogados para o desenvolvimento e gestão deste sistema de registo.
– **Promover o registo comercial do contrato de sociedade**, a inscrição da sociedade no Ficheiro Central de Pessoas Colectivas e a codificação da actividade económica (CAE);
– **Emitir e entregar o cartão de identificação de pessoa colectiva** bem como a comunicação aos interessados do número de identificação da sociedade na segurança social;

– Ser **o Conservador do Registo Comercial quem controla, a final, a validade de todo o processo**, verificando se há erros, omissões, vícios de vontade e a regularidade dos documentos; no caso de procederem irregularidades, o Conservador deve **recusar o registo,** lavrando em despacho a sua decisão, de forma fundamentada, com os motivos da sua decisão, para que os sócios, querendo, a possam **impugnar** (nº 3 do artº 9º).

O **número de matrícula das sociedades constituídas ao abrigo deste regime corresponde ao número de identificação de pessoa colectiva** (artº 10º).

Criada a sociedade, com todos os procedimentos, serão entregues aos representantes da sociedade, a título gratuito:

- ✓ Uma certidão do pacto ou acto constitutivo e do registo;
- ✓ O recibo comprovativo do pagamento dos encargos devidos;
- ✓ Caso tenha havido aquisição de marca registada, documento comprovativo dessa aquisição em modelo aprovado pelo Instituto Nacional da Propriedade Industrial, I.P. – INPI, I.P. (artº 12º).

No prazo de **24 horas** seguintes:

- ✓ Promovem-se as **publicações legais** (na II Série do D.R. *on-line*);
- ✓ Remete-se a **declaração do início de actividade aos serviços fiscais da área da sede da empresa;**
- ✓ Comunica-se, via informática, o **início da actividade da empresa à ACT (Autoridade para as Condições do Trabalho), à Segurança Social e ao RNPC** (para efeitos de cadastro);
- ✓ **Envia-se a pasta** de documentos da sociedade para a Conservatória do Registo Comercial competente (por via postal ou electrónica, quando possível).

5.6. REGIME DA CRIAÇÃO DE SOCIEDADES ON-LINE

Este regime foi criado e regulado pelo **Dec.-Lei nº 125/2006, de 29 de Junho**, através do qual se criou a «marca na hora», e foi alterado pelo **Dec.-Lei nº 318/2007, de 26 de Setembro.**

As suas linhas principais são as seguintes:

– Abrange as **sociedades comerciais e civis sob forma comercial** que adoptem o tipo de sociedade por **quotas e anónima**, com ou sem simultânea aquisição de marca registada, através de sítio na Internet (artº 1º);

– **Não se aplica este regime**:

✓ Às sociedades cujo capital seja realizado com recurso a entradas em espécie em que, para a transmissão dos bens com que os sócios entram para a sociedade, seja exigida forma mais solene do que a forma escrita;

✓ Às sociedades anónimas europeias (artº 2º);

– **É competente para este procedimento o RNPC, independentemente da localização da sede da sociedade a constituir,** e este serviço pode acometer a Conservatórias do Registo Comercial a tramitação do procedimento (artº 3º);

• Podem aceder a este serviço as pessoas singulares e pessoas colectivas;

• A indicação dos dados e a entrega de documentos no sítio na Internet devem ser efectuadas mediante **autenticação electrónica** ou **aposição de uma assinatura electrónica;**

• Quando se trate de mais de um interessado na constituição da sociedade, poderão aceder em conjunto, em simultâneo ou sucessivamente (artº 5º);

– Os interessados **apresentam o pedido** *online*, **e podem**:

✓ **Optar por uma firma** constituída por **expressão de fantasia**, que se encontra **previamente criada** e reservada a favor do Estado, associada ou não à aquisição de uma marca previamente registada a favor do Estado, **ou verificar se poderá ser admitida e obtida uma firma que eles próprios comporão**, nos termos do nº 3 do artigo 45º do regime do RNPC;

✓ Escolher um **pacto social, de acordo com o modelo aprovado** pela Direcção-Geral dos Registos e do Notariado **ou enviar um pacto por eles elaborado**;

✓ **Preencher electronicamente** os elementos necessários à apresentação da **declaração de início de actividade, para efeitos fiscais**;

✓ Declarar, sob sua responsabilidade, que o **depósito das entradas** em dinheiro será realizado no prazo de cinco dias úteis a contar da disponibilização de prova gratuita do registo da constituição da sociedade;

✓ **Pagar, através de meios electrónicos, os encargos** pelo acto;

– Os sócios deverão enviar, através do sítio na Internet, os documentos que sejam necessários, como:

✓ Documentos comprovativos da sua capacidade e dos seus **poderes de representação** para o acto;

✓ **Autorizações especiais** necessárias à constituição da sociedade;

✓ O **relatório do revisor oficial de contas** (artº 28º do C.S.C.) no caso de sociedade cujo capital seja realizado com recurso a entradas em espécie, para as quais a lei não exija escritura pública;

✓ Os documentos entregues através de sítio na Internet, **correctamente digitalizados e integralmente apreensíveis,** têm o mesmo valor probatório dos originais.

– O pedido deve ser submetido pelos interessados no **prazo máximo de vinte e quatro horas**;

– **Podem aceder** a este regime:

✓ As **pessoas singulares** (que possuam Cartão do Cidadão, com a certificação electrónica da sua identidade e assinatura digital);

✓ As **pessoas colectivas** (representadas por quem tem poderes para as vincular);

✓ Os **advogados, solicitadores** (que disponham dos meios de certificação) **e notários** (comprovando a sua qualidade e poderes de representação); estes profissionais deverão apresentar o **pacto com reconhecimento presencial das assinaturas dos seus subscritores,** certificando a sua identidade e, se for o caso, a sua capacidade e poderes de representação, e que os mesmos manifestaram a sua vontade em constituir a sociedade;

– O pedido de constituição de sociedade só será validamente submetido após a emissão de um **comprovativo electrónico,** através do sítio na Internet, **que indique a data e a hora em que o pedido foi concluído**;
– A não conclusão do procedimento de constituição de sociedade por facto imputável ao interessado determina a **caducidade do direito ao uso da firma afecta à sociedade a constituir** (artº 11º);
– Depois de emitido o comprovativo electrónico, o pedido de constituição de sociedade é apreciado e o serviço promove o **registo do pacto** constitutivo da sociedade, comunicando este facto aos interessados, por via electrónica, a **inscrição do facto no FCPC** e a codificação da actividade económica (**CAE**);
– Este serviço deve emitir e enviar aos interessados o **cartão de identificação de pessoa colectiva** e o recibo comprovativo do pagamento dos encargos devidos, comunicando o **número de identificação da sociedade na Segurança Social** e, no caso de ter havido aquisição de marca registada, o documento comprovativo dessa aquisição, em modelo aprovado pelo Instituto Nacional da Propriedade Industrial, I.P.;

– Haverá ainda que:

✓ Promover as **publicações legais,** que devem ser efectuadas **automaticamente e por via electrónica**;
✓ Facultar aos serviços de **administração fiscal**, por meios informáticos, os dados necessários ao controlo das obrigações tributárias e para efeitos de comunicação do início de actividade da sociedade na ACT, bem como à inscrição oficiosa na Segurança Social;
✓ **Enviar a pasta da sociedade à Conservatória do Registo Comercial territorialmente competente**, nos termos do Código do Registo Comercial.

O sítio da Net, mantido pela Direcção-Geral dos Registos e do Notariado, é www.empresaonline.pt. e permite a criação das sociedades, a autenticação electrónica, a utilização da assinatura digital, a indicação dos dados e a entrega de documentos.

5.7. CONCLUSÕES

Em poucos anos transformou-se profundamente o processo de criação de empresas e sua tramitação, simplificando-se substancialmente o processo anterior que era extremamente moroso (com meses de espera pela emissão de cartões, certificados necessários à prática de actos e formalidades essenciais à constituição legal das sociedades). De tal modo o **processo é simples** que qualquer cidadão interessado poderá, junto dos organismos competentes, fazer tramitar o processo, com redução de custos e tempo. Este regime permite a **plena utilização das ferramentas digitais** e é dotado de grande celeridade e modernidade.

Contudo, os interessados na criação de sociedades deverão ter **cautelas em relação aos aspectos substantivos da sua relação societária**, ou seja, à natureza das obrigações, aos direitos e deveres que assumirão dentro da sociedade, entre si e entre a sociedade e terceiros, que, como reiteradamente se sustenta, devem encontrar-se expressamente previstos e regulados no pacto social e que, por essa razão, deverão ser previamente analisados por um competente profissional do Direito.

✓ Minuta de um pacto de sociedade por quotas com entradas em numerário

• Por documento particular

Data de celebração: ....
Dia.......................Mês.....................Ano.......................
Local:..

Documento particular que titula o contrato

I. .... Entidade sujeita a registo comercial ....
Natureza jurídica: sociedade comercial por quotas ....
Firma: "Exótica – Perfumes e Aromas, Sociedade, Lda" ....
NUIPC: ....
II. Sócios: ....
F ....F ....
(para as **pessoas singulares**, indicar o nome completo, o estado civil, a naturalidade, a residência, o número de identificação fiscal, e, no caso de ser casada, o nome do cônjuge e o regime de bens em que se encontram casados; tratando-se de **pessoas colectivas**, o NUIPC – Número Único de Matrícula e de Identificação Fiscal, e a identificação completa de quem a representa, com documentos comprovativos dos poderes em que foram investidos para intervir).

ARTIGO 1º
(Firma)

A sociedade adopta a firma "Exótica – Perfumes e Aromas, Sociedade, Lda" e tem a sua sede na Rua das Índias, 133, da freguesia de ...., no concelho de ....

ARTIGO 2º
(Transferência da sede)

A gerência poderá transferir a sede para outro local, dentro do mesmo concelho ou para concelho limítrofe, bem como criar ou extinguir, em território nacional ou estrangeiro, agências, filiais, delegações ou quaisquer outras formas de representação da sociedade e, ainda, associar-se a outras entidades, para com estas formar sociedades ou consórcios, podendo adquirir e alienar participações em sociedades com o mesmo ou diferente objecto.

ARTIGO 3º
(Objecto)

A sociedade tem por objecto a importação e venda de produtos de cosmética e perfumaria.

ARTIGO 4º
(Capital)

O capital social é de vinte e cinco mil Euros, integralmente realizado em dinheiro e corresponde à soma de duas quotas, sendo uma de vinte mil Euros, pertencente à sócia Flor de Azevedo Brito, e outra, no valor de cinco mil Euros, da sócia Renata Fraga.

ARTIGO 5º
(Prestações suplementares e suprimentos)

1 – As sócias poderão deliberar, por maioria de setenta e cinco por cento do capital, a exigibilidade de prestações suplementares até ao montante do capital social, sendo a obrigação de cada sócia proporcional à sua quota de capital.

2 – As sócias poderão fazer os suprimentos à sociedade, de que esta carecer, nos termos e condições em que forem deliberados em assembleia geral.

ARTIGO 6º
(Distribuição dos lucros)

Os lucros de cada exercício serão distribuídos, em igual proporção, pelas sócias subscritoras.

ARTIGO 7º
(Cessão de quota)

1 – A cessão de quotas entre sócias, seus cônjuges, ascendentes e descendentes é livre.

2 – A cessão de quotas a favor das demais pessoas depende do consentimento da sociedade, ficando, neste caso, atribuída a esta, em primeiro lugar, e à sócia não cedente, em segundo lugar, o direito de preferência.

ARTIGO 8º
(Falecimento de sócio e amortização de quota)

1 – No caso de falecimento de qualquer sócia, a sociedade poderá amortizar a sua quota, mediante deliberação a tomar no prazo de três meses, a contar do conhecimento do falecimento e mediante o pagamento de contrapartida aos herdeiros, calculada de acordo com as disposições legais aplicáveis.

2 – Se a deliberação de amortização não for tomada no indicado prazo, a sociedade continuará a sua actividade com a sócia sobreviva, devendo, neste caso, os herdeiros desta nomear, de entre si, um que a todos represente na sociedade, enquanto a respectiva quota se mantiver indivisa.

ARTIGO 9º
(Outros casos de amortização da quota)

A sociedade poderá amortizar quotas nas seguintes hipóteses:

a) Por acordo com o respectivo titular;

b) Quando ocorra sentença ou acordo em processo de divórcio ou de separação judicial de pessoas e bens e desde que a quota seja adjudicada, total ou parcialmente, ao cônjuge de um dos sócios;

c) No caso de a quota ser alvo de qualquer procedimento judicial;

d) Desde que qualquer sócio, culposa e deliberadamente, prejudique os interesses da sociedade.

ARTIGO 10º
(Gerência)

1 – A sociedade será administrada e representada, em juízo e fora dele, activa e passivamente, pela gerência.

2 – Fica, desde já nomeada, para exercer a gerência, a sócia Flor de Azevedo Brito.

3 – O período de duração da gerência será de três anos.

4 – A eleição de novos gerentes far-se-á em Assembleia Geral, para o efeito reunida, podendo a gerência ser entregue a terceiro, não sócio.

ARTIGO 10º
(Forma de obrigar a sociedade)

A sociedade obriga-se em todos os seus actos e contratos com a assinatura da gerente ora nomeada.

ARTIGO 11º
(Integração de lacunas)

Em tudo o que não estiver previsto no presente contrato de sociedade será aplicável o disposto no Código das Sociedades Comerciais e demais legislação subsidiária.

✓ Minuta de pacto de sociedade unipessoal por quotas

• Por documento particular e entrada em numerário

No dia 28 de Março de 2007, na Avenida da Boavista, nº ...., na cidade do Porto, é celebrado documento particular para constituição de uma sociedade comercial, com a natureza jurídica de sociedade unipessoal por quotas, com o NUIPC ...., sendo seu subscritor o sócio único João Diogo Vieira, solteiro, maior, natural de Bragança, residente na Rua........................, nº ...., da freguesia de .... e concelho de ...., portador do Cartão de Cidadão nº ...., emitido pelos serviços competentes da República Portuguesa, válido até ...., contribuinte fiscal nº ....

ARTIGO 1º
(Firma e sede)

1 – A sociedade comercial adopta a firma "Conceito – Sistemas Integrados de Design, Sociedade Unipessoal Lda" e tem a sua sede na Praça ...., nº ......, na freguesia de ...., do concelho do Porto.

2 – A sociedade poderá, sob qualquer forma legal, associar-se a outras congéneres para formar novas sociedades, com o mesmo objecto, podendo alienar e adquirir participações em sociedades com diferente objecto.

ARTIGO 2º
(Objecto)

A sociedade tem por objecto a concepção e elaboração de projectos de design gráfico.

ARTIGO 3º
(Capital)

O capital social, integralmente realizado em dinheiro, é de cinco mil euros, representado por uma só quota pertencente ao seu sócio único.

ARTIGO 4º
(Gerência)

1 – A gerência da sociedade será exercida pelo sócio único João Diogo Vieira, com ou sem remuneração, conforme vier a ser deliberado pelo referido sócio único.

2 – Para obrigar a sociedade em todos os actos e contratos é necessária a assinatura do gerente que a representará, em juízo e fora dele, activa ou passivamente.

3 – Em ampliação dos seus poderes, poderá o gerente:

a) Comprar e vender veículos automóveis e proceder aos competentes registos;

b) Comprar e vender quaisquer outros bens móveis e imóveis, façam ou não parte do activo imobilizado da empresa;

c) Subscrever contratos de locação financeira ou outros destinados a financiar a sua actividade, no âmbito do objecto social;

d) Tomar de arrendamento qualquer local para os fins sociais e alterar ou rescindir os respectivos contratos, bem como trespassar o estabelecimento;

e) Confessar, desistir e transigir em juízo e fora dele.

4 – O gerente fica autorizado a proceder ao levantamento do capital social para fazer face às despesas sociais, designadamente às ocasionadas com a constituição desta sociedade.

ARTIGO 5º
(Actas)

Deverão ser consignadas em acta as decisões do sócio único que sejam relativas aos actos para os quais, nas sociedades plurais por quotas, a lei exija assembleia geral para a referidas deliberações.

Mais **declara o sócio único, e sob sua responsabilidade**, que não é titular de quotas em outras sociedades unipessoais e que o capital social realizado foi depositado no Banco ...., em conta aberta especialmente para este efeito, em nome da sociedade, com o nº..........

O subscritor está ainda ciente de que deverá promover o **registo comercial obrigatório** deste acto de constituição de sociedade, titulado por este documento particular, no prazo de dois meses a contar da presente data.

Assinatura do subscritor, reconhecida presencialmente e pagamento do Imposto de Selo.

OBS.:

• O sócio único poderá fazer-se **representar neste acto** de constituição de sociedade, através de procuração conferida para este efeito. Neste caso, o título de criação da sociedade deverá conter a identificação completa do seu representante, a indicação da qualidade em que este intervém e juntar o documento/procuração comprovativa da outorga destes poderes de representação.

✓ Minuta de pacto de sociedade unipessoal por quotas

• Com entradas em espécie e nomeação de gerente

No dia 28 de Março de 2007, na Avenida da Boavista, nº ...., na cidade do Porto, é celebrado documento particular para constituição de uma sociedade comercial, com a natureza jurídica de sociedade unipessoal por quotas, com o NUIPC ...., sendo seu subscritor o sócio único João Diogo Vieira, casado com Rita Lacerda Pinto, sob o regime da comunhão geral de bens, ele natural de ...., ambos residentes na Rua ...., nº ...., na cidade de Braga, portador do Cartão de Cidadão nº ...., emitido pelos serviços competentes da República Portuguesa, válido até ...., com identificação fiscal nº ....

ARTIGO 1º
(Firma e sede)

1 – A sociedade comercial adopta a firma "Conceito – Sistemas Integrados de Design, Sociedade Unipessoal Lda", e tem a sua sede na Praça..........................., nº ......, na freguesia de ...., do concelho do Porto.

2 – A sociedade poderá, sob qualquer forma legal, associar-se a outras congéneres para formar novas sociedades, com o mesmo objecto, podendo alienar e adquirir participações em sociedades com diferente objecto.

ARTIGO 2º
(Objecto)

A sociedade tem por objecto a concepção e elaboração de projectos de design gráfico.

ARTIGO 3º
(Capital)

O capital social, integralmente realizado em espécie, é de trinta mil Euros, representado por uma quota, de igual valor, pertencente ao seu sócio único e corresponde **ao veículo automóvel de mercadorias**, com a marca ...., e matrícula ...., e ao mobiliário de escritório descrito em Anexo.

ARTIGO 4º
(Gerência)

1 – A gerência da sociedade será exercida pelo **sócio único João Diogo Vieira e por Jorge Barros**, com ou sem remuneração, conforme vier a ser deliberado pelo referido sócio único.

2 – Para obrigar a sociedade em todos os actos e contratos é necessária a assinatura **de um dos gerentes**, que a representará, em juízo e fora dele, activa ou passivamente.

3 – Em ampliação dos seus poderes, poderá a gerência:
a) Comprar e vender veículos automóveis e proceder aos competentes registos;
b) Comprar e vender quaisquer outros bens móveis e imóveis, façam ou não parte do activo imobilizado da empresa;
c) Subscrever contratos de locação financeira ou outros destinados a financiar a sua actividade, no âmbito do objecto social;
d) Tomar de arrendamento qualquer local para os fins sociais e alterar ou rescindir os respectivos contratos, bem como trespassar o estabelecimento;
e) Confessar, desistir e transigir em juízo e fora dele.

4 – A gerência fica autorizada a proceder ao levantamento do capital social para fazer face às despesas sociais, designadamente às ocasionadas com a constituição desta sociedade.

ARTIGO 5º
(Actas)

Deverão ser consignadas em acta **as decisões do sócio único** que sejam relativas aos actos para os quais, nas sociedades plurais por quotas, a lei exija assembleia geral para a referidas deliberações.

Mais **declara o sócio único, e sob sua responsabilidade**:
– Que não é titular de quotas em outras sociedades unipessoais;
– Que os **valores do activo** são constituídos pelos equipamentos constantes da escrituração, neles se incluindo o automóvel ligeiro

de mercadorias da marca ...., com a matrícula ...., do ano de..............., tudo perfazendo o valor de trinta mil Euros.

OBS.:

• Se o sócio entrar com um **imóvel** para a sociedade, deverá liquidar o IMT – Imposto Municipal sobre Transacções, nos termos da al. d) do nº 2 do art. 2º do C.I.M.T. e, neste caso, a constituição da sociedade deverá ser feita através de **escritura pública**, por ser esta a forma prevista na lei para a transmissão destes bens;
• Se o sócio transferir um **estabelecimento comercial ou industrial** que explorava, como empresário individual, para a sociedade e para efeitos de realização da quota, **estaremos tecnicamente perante um trespasse ou cessão onerosa**. Neste caso, de acordo com o art. 82º do Código do Procedimento e de Processo Tributário, o sócio único cedente deverá comunicar esta transmissão ao Serviço de Finanças da sua sede ou domicílio, com a antecedência mínima de 30 dias e máxima de 60 em relação à data da celebração do contrato de sociedade.
• **Na realização de entradas em espécie, quando haja bens que integram o acervo dos bens comuns do casal** que são alienados para a sociedade, **deverá intervir o cônjuge do sócio subscritor**, assinando o documento particular ou intervindo na escritura, conforme a natureza dos bens.

O subscritor está ainda ciente de que deverá promover o **registo comercial** obrigatório deste acto de constituição de sociedade, titulado por este documento particular, **no prazo de dois meses a contar da presente data**.

Assinatura do subscritor, reconhecida presencialmente e pagamento do Imposto de Selo.

✓ Minuta de um contrato de sociedade anónima

• Por escritura pública
• Com administrador único

OUTORGANTES:

PRIMEIRO – ARNALDO PEREIRA GOMES, natural da freguesia de Pinho, no concelho de Bragança, contribuinte nº ...., casado sob o regime da comunhão de adquiridos com Maria de Lurdes Gomes, residente habitualmente em 20, Boulevard de Paris, ..., Villefranche, em França, e com residência em Portugal na Avenida 5 de Outubro, da sobredita freguesia e concelho, que outorga ainda em representação de:
– Sua filha menor AMÁLIA GOMES, solteira, de quinze anos de idade, natural de Ville de Tous, em França, com nacionalidade portuguesa, contribuinte nº ...., com aquele residente;

SEGUNDO – MARIA DE LURDES GOMES, natural da mesma freguesia de Pinho, no concelho de Bragança, casada com o primeiro outorgante e com este residente nas supras identificadas moradas, contribuinte nº ....;

TERCEIRO – ALEXANDRE GOMES, solteiro, maior, natural de Saint-Rochelle, França, residente habitualmente em 20, Boulevard de Paris, ... Villefranche, em França e com domicílio em Portugal na Avenida 5 de Outubro, da freguesia de Pinho e concelho de Bragança, contribuinte nº ....;

QUARTO – LUÍS GOMES, solteiro, maior, natural da mesma sobredita freguesia, em França, e com residência na 377 Rue de La Rose, em Paris, contribuinte nº ....;

E PELOS OUTORGANTES FOI DITO:
Que pela presente escritura constituem entre o primeiro outorgante e sua representada, e o segundo, terceiro e quarto outorgantes uma

sociedade anónima sob a firma "GESTÃO DE EMPRESAS, ADMINISTRAÇÃO E FORMAÇÃO, S.A.", com sede na Rua Caminho da Luz, 10, em Gondomar, com o capital social integralmente realizado de **CINQUENTA MIL EUROS**, dividido em cinquenta mil acções de igual valor nominal de UM EURO;

Que esta sociedade fica a reger-se pelo contrato, cujas cláusulas são as seguintes:

I – NORMAS GERAIS

1ª
Constituição e Denominação

É constituída uma sociedade anónima com a firma "GESTÃO DE EMPRESAS, ADMINISTRAÇÃO E FORMAÇÃO, S.A." que durará por tempo indeterminado.

2ª
Objecto

O objecto social consiste em actividades de promoção imobiliária, compra e venda de bens imobiliários, arrendamento de bens imobiliários, administração e gestão de imóveis e de títulos a si pertencentes, construção civil e empreitadas, serviços de gestão a empresas e formação profissional.

3ª
Sede

1 – A sede social é na Rua Caminho da Luz, 10, no concelho de Gondomar.

2 – A Administração poderá deslocar livremente a sede dentro do território nacional, no mesmo concelho ou para concelho limítrofe.

3 – Poderá igualmente a Administração, sem dependência de deliberação dos accionistas, criar e extinguir sucursais, agências, delegações e outras formas locais de representação em território nacional ou estrangeiro.

4ª
Participação em outras sociedades

A sociedade pode, mediante simples decisão da Administração, adquirir ou alienar participações em sociedades de direito nacional ou estrangeiro, com objecto idêntico ao referido na cláusula segunda ou com objecto diferente, participar em sociedades de responsabilidade limitada, associar-se com outras pessoas jurídicas para, designadamente, formar novas sociedades, agrupamentos complementares de empresas, agrupamentos europeus de interesse económico, consórcios e associações em participação.

II – CAPITAL E ACÇÕES

5ª
Capital

1 – O capital social, integralmente subscrito e realizado, é de cinquenta mil euros, representado por **cinquenta mil acções, de valor nominal de um Euro cada uma**, que os fundadores subscrevem pela forma que segue:

a) Os sócios ARNALDO PEREIRA GOMES e MARIA DE LURDES GOMES subscrevem dezoito mil e setecentas acções, cada um deles;

b) Os sócios AMÁLIA GOMES e ALEXANDRE GOMES subscrevem seis mil duzentas e cinquenta acções, cada um deles;

c) O sócio LUÍS GOMES subscreve cinquenta acções.

2 – **O capital poderá ser aumentado, por uma ou mais vezes, até ao limite de cem mil euros**, por deliberação da Administração, com o parecer favorável do Fiscal Único, desde que tal se revele necessário e dentro dos cinco anos a contar da constituição da sociedade.

3 – Caso se verifique aumento de capital por entradas em dinheiro, os accionistas terão direito de preferência na subscrição de novas acções, na proporção das acções de que forem titulares à data da deliberação do aumento de capital, podendo ainda subscrever um número de acções inferior àquele de que sejam titulares, quando assim declarem querer subscrever.

6ª
Acções

1 – As acções serão nominativas ou ao portador.

2 – **Pode haver títulos representativos de uma, cinco, dez, cem, mil e dez mil acções**, sendo os mesmos assinados pelo administrador único, podendo ainda a sua assinatura ser de chancela, por aquele autorizada.

III – ADMINISTRAÇÃO E FISCALIZAÇÃO

7ª
Administração

1 – A administração da sociedade competirá a um Administrador Único.

2 – Fica, desde já, designado o accionista Arnaldo Pereira Gomes para exercer o respectivo cargo de Administrador Único, por um período de cinco anos.

3 – Em qualquer momento, poderá este contrato ser alterado para adopção de outra estrutura de administração da sociedade, designadamente do Conselho de Administração, nos termos da legislação em vigor.

4 – O Administrador Único designado, mediante autorização da Assembleia Geral, poderá exercer por conta própria ou alheia actividade concorrente, bem como poderá exercer funções em sociedades com actividade concorrente desta sociedade.

5 – **A remuneração do administrador Único** será deliberada em Assembleia Geral e poderá consistir numa percentagem nos lucros da sociedade, desde que estes não incidam sobre distribuições de reservas ou de accionistas.

6 – O Administrador Único poderá nomear mandatário para a prática de determinados actos ou categorias de actos.

8ª
Competências do Administração

Compete à Administração assegurar a gestão dos negócios sociais, sem prejuízo das atribuições legais e das previstas neste contrato, e efectuar todas as operações relativas ao objecto social, para o que lhe serão conferidos os mais amplos poderes, nomeadamente os de:

a) Adquirir, alienar ou onerar quaisquer bens imóveis e móveis, incluindo acções, quotas e obrigações, dar e tomar de arrendamento ou locação, bem como reconhecer direitos eventualmente existentes sobre eles;

b) Trespassar e tomar de trespasse quaisquer estabelecimentos;

c) Deliberar sobre a abertura ou encerramento de estabelecimentos da sociedade ou de partes importantes destes;

d) Deliberar sobre a extensão ou a redução importante da actividade da sociedade, bem como as modificações relevantes na organização da empresa;

e) Deliberar sobre a contracção de empréstimos ou outro tipo de financiamento nos mercados financeiros nacional e internacional, e aceitar a fiscalização das entidades mutuantes;

f) Prestar cauções e garantias pessoais ou reais pela sociedade;

g) Deliberar sobre o estabelecimento ou cessação de cooperação e associação com outras entidades e empresas, nos termos da cláusula 4ª deste contrato;

h) Deliberar sobre a mudança da sede e aumentos de capital, nos termos previstos neste contrato de sociedade;

i) Deliberar sobre projectos de fusão, cisão e transformação da sociedade, nos termos da lei aplicável;

j) Designar quaisquer pessoas para o exercício de cargos sociais em empresas a que a sociedade se tenha associado e nas sociedades em cujo capital venha a participar;

k) Representar a sociedade em juízo e fora dele, propondo e contestando acções, transigindo, confessando e desistindo das mesmas, comprometendo-se em convenções de arbitragem e podendo, para este efeito, delegar poderes em mandatário.

9ª
Vinculação da sociedade

1 – Todos os documentos que obriguem a sociedade, incluindo letras, livranças e aceites bancários, vinculam a sociedade desde que assinados pelo seu Administrador Único ou um mandatário da sociedade, no âmbito estrito do mandato que lhe tiver sido expressamente conferido.

2 – Os documentos de mero expediente poderão ser assinados pelo Administrador Único ou por mandatário.

3 – Fica expressamente proibido ao Administrador Único ou seu mandatário obrigar a sociedade em actos e contratos estranhos aos negócios da sociedade.

10ª
Fiscalização

A fiscalização da sociedade competirá a um **Fiscal Único, que será um Revisor Oficial de Contas independente** que não poderá apresentar qualquer das incompatibilidades previstas pela Lei, nomeadamente exercer cargos de administração na sociedade, de um modo directo ou indirecto preste serviços ou estabeleça relações comerciais com a sociedade fiscalizada;

O Fiscal Único será eleito pela Assembleia Geral pelo período de um ano.

11ª
Competências do órgão de fiscalização

O órgão de fiscalização terá as atribuições e competências previstas na lei, competindo-lhe, nomeadamente:

a) Zelar pela observância da lei e do contrato de sociedade;

b) **Verificar a regularidade dos livros, registos contabilísticos e documentos de suporte a estes;**

c) **Verificar a exactidão dos documentos de prestação de contas**;

d) **Elaborar relatório anual** sobre a sua acção fiscalizadora e dar parecer sobre o relatório, contas e propostas apresentados pela administração;

e) Emitir parecer relativo à alienação ou oneração de bens imóveis da sociedade, bem como quanto à prestação de cauções e garantias pessoais e reais do Administrador pela sociedade;

f) Cumprir as demais atribuições previstas pelo contrato social e pela lei.

IV – ASSEMBLEIA GERAL

12ª

1 – À Assembleia Geral compete deliberar sobre todas as matérias que a lei lhe atribua.

2 – A Mesa da Assembleia Geral será constituída por um Presidente, um Vice-Presidente e um Secretário, **eleitos de entre os accionistas ou estranhos**.

3 – As reuniões de Assembleia Geral deverão ser convocadas sempre que a lei o determine ou sempre que assim o requeiram um ou mais accionistas que possuem acções correspondentes a, pelo menos, 5% do capital social.

4 – A convocatória deverá ser feita pelo Presidente da Mesa mediante publicação, carta registada ou correio electrónico, com as menções obrigatórias e constantes da lei.

5 – Qualquer accionista poderá fazer-se representar nas reuniões de Assembleia Geral desde que apresentem ao presidente da mesa instrumento de representação voluntária, lavrado nos termos da lei em vigor, o qual será arquivado.

6 – A Assembleia só poderá deliberar em primeira convocação com a participação dos accionistas que representem, pelo menos, metade do capital social.

7 – **Por cada 100 acções corresponderá um voto.**

8 – As deliberações serão tomadas por maioria dos votos emitidos, salvo quando a lei estabeleça diversamente.

V – NORMAS TRANSITÓRIAS

13ª

Os sócios fundadores reunirão imediatamente após a outorga da presente escritura para elegerem os membros dos órgãos sociais que não tenham sido nomeados no pacto e estabelecerem as respectivas remunerações.

14ª
O Administrador Único designado nestes estatutos fica autorizado a celebrar anteriormente ao registo quaisquer negócios jurídicos em nome da sociedade, bem como a efectuar o levantamento das entradas para pagamento de despesas realizadas com a constituição da sociedade e aquisição de quaisquer bens.

✓ **Exemplo de estatutos de uma sociedade anónima**

LAZER E SOL-SOCIEDADE TURÍSTICA, S.A.
ESTATUTOS

CAPÍTULO I
PARTE GERAL

Artigo Primeiro
Tipo social, denominação e duração

1. A sociedade anónima adopta o tipo de sociedade anónima.
2. A sociedade adopta a denominação social "LAZER E SOL-SOCIEDADE TURÍSTICA, S.A." e rege-se pelos presentes estatutos e demais legislação aplicável.
3. A sociedade durará por tempo indeterminado.

Artigo Segundo
Objecto Social

A sociedade tem por objecto a exploração agrícola e serviços turísticos.

Artigo Terceiro
Sede, formas locais de representação e participação noutras sociedades

1. A sociedade tem a sua sede no Lugar da Pena, da freguesia de S. Gonçalo do Douro, no concelho de Penaguião.
2. A Administração poderá deslocar livremente a sede, dentro do território nacional, no mesmo concelho ou para concelho limítrofe.
3. A Administração pode, sem dependência de deliberação dos accionistas, criar, transferir ou extinguir sucursais, agências, delegações e outras formas locais de representação em território nacional ou estrangeiro.
4. A sociedade pode, mediante simples decisão da Administração, adquirir ou alienar participações em sociedades de direito nacional ou estrangeiro, com objecto idêntico ao referido na cláusula segunda ou

com objecto diferente, participar em sociedades de responsabilidade limitada, associar-se com outras pessoas jurídicas para, designadamente, formar novas sociedades, agrupamentos complementares de empresas, agrupamentos europeus de interesse económico, consórcios e associações em participação.

CAPÍTULO II
CAPITAL E ACÇÕES

Artigo Quarto
Capital social

1. O capital social, integralmente subscrito e realizado, é de cento e sessenta mil euros, representado por **trinta e duas mil acções, cada uma no valor nominal de cinco Euros**.

2. Caso se verifique aumento de capital por entradas em dinheiro, os accionistas terão direito de preferência na subscrição de novas acções, na proporção das acções de que forem titulares à data da deliberação do aumento de capital, podendo ainda subscrever um número de acções inferior àquele de que sejam titulares, quando assim declarem querer subscrever.

Artigo Quinto
Acções

1. As acções são ao portador ou nominativas.

2. **As acções poderão ser emitidas sob a forma titulada ou escriturais.** Quando tituladas, poderão existir títulos de uma, cinco, dez, cinquenta, cem, quinhentos, mil e múltiplos de mil acções (ou outros) podendo os títulos ser substituídos ou agrupados a todo o tempo, à escolha e a expensas do seu titular.

3. **Os títulos serão assinados pela Administração, podendo a assinatura ser de chancela, por esta autorizada, ou reproduzida por meios mecânicos.**

4. Tendo em vista assegurar a certeza e segurança jurídicas, **a transmissão das acções ao portador deverá ser acompanhada do documento que titular o negócio causal da respectiva transmissão.**

4. É admitida a emissão de acções escriturais, aplicando-se aos respectivos procedimentos e custos o disposto na lei.

Artigo Sexto
Obrigações

A sociedade poderá emitir obrigações em todas as modalidades admitidas por lei ou quaisquer títulos negociáveis, podendo ainda financiar-se através de quaisquer outros meios legalmente permitidos.

Artigo Sétimo
Aumento do capital social

O capital social poderá ser aumentado em numerário, por deliberação da Administração, até ao limite de dois milhões de Euros, por uma ou mais vezes, no prazo máximo de cinco anos a contar da constituição da sociedade e desde que tal se revele necessário, dependendo, para o efeito, do parecer favorável do órgão de fiscalização.

Artigo Oitavo
Transmissão de Acções Nominativas e Direito de Preferência dos Accionistas

1. **A transmissão das acções nominativas depende do consentimento da sociedade**, devendo o accionista que pretenda transmitir as acções da sua titularidade comunicar tal facto à sociedade, mediante carta registada dirigida à Administração.
2. Os accionistas terão direito de preferência na aquisição das acções que se pretendam transmitir.
3. **A concessão ou a recusa do consentimento para a transmissão das acções nominativas compete à Assembleia Geral**, convocada para o efeito nos trinta dias seguintes ao da recepção da comunicação referida no número um deste artigo.
4. Nesta Assembleia Geral os accionistas deverão manifestar se pretendem, ou não, exercer esse direito de preferência, seja na proporção do capital detido por cada accionista em primeiro lugar, seja por outra forma de repartição em segundo lugar.
5. No caso de ser exercido o direito de preferência, total ou parcialmente, a importância a pagar por cada acção será a que resultar da razão

do valor do capital próprio do último balanço aprovado, deduzido das reservas não realizadas, pelo número de acções representativas do capital social.

6. **Se a sociedade não responder à comunicação referida no número um deste artigo** no prazo de sessenta dias após a sua recepção, **presumir-se-á que nem a sociedade nem os seus accionistas pretendem exercer o seu direito de preferência** e, nestes termos, **é livre a transmissão das acções a terceiros.**

7. Quando a sociedade licitamente recuse a transmissão e delibere fundamentadamente em motivo relevante para a sociedade, deverá fazer adquirir as acções por outra pessoa, nas condições de preço e pagamento do negócio para o qual foi solicitado o consentimento, sem prejuízo do que dispõe a lei quanto à transmissão gratuita.

CAPÍTULO III
ASSEMBLEIA GERAL

Artigo Nono
Constituição

1. A cada cem acções corresponde um voto.

2. No caso de **contitularidade das acções**, só o representante comum poderá participar nas reuniões da Assembleia Geral e a este devem ser remetidas todas as notificações.

3. Aos accionistas sem direito de voto, bem como aos obrigacionistas, é vedado participar, por si ou interposta pessoa, nas reuniões da Assembleia Geral.

Artigo Décimo
Convocação

1. A convocação da Assembleia Geral será feita sempre que a lei o determine ou sempre que o Conselho de Administração e a Comissão de Auditoria considerarem conveniente.

2. As reuniões de Assembleia Geral deverão ser convocadas quando um ou mais accionistas o solicitarem, desde que detenham acções representativas de, pelo menos, 5% do capital social e o requeiram por escrito ao Presidente da Mesa, com indicação dos assuntos a incluir na ordem do dia e a fundamentação da sua necessidade.

3. As Assembleias Gerais serão convocadas pelo Presidente da Mesa ou, nos casos previstos na lei, pela comissão de auditoria.

4. Se as acções forem nominativas as assembleias gerais serão convocadas por cartas registadas enviadas para as moradas dos accionistas, constantes dos registos sociais, ou para outras moradas que os accionistas para o efeito comuniquem por escrito, ou ainda, em relação aos accionistas que comuniquem previamente o seu endereço de *e-mail* e o seu consentimento, por correio electrónico com recibo de leitura.

5. Entre a expedição das cartas registadas ou mensagens de correio electrónico referidas no número anterior e a data da realização da assembleia geral devem mediar, pelo menos, 21 (vinte e um) dias.

Artigo Décimo Primeiro
Representação em Assembleia Geral

1. Qualquer accionista, pessoa singular ou colectiva, poderá fazer-se representar nas reuniões de Assembleia Geral, desde que apresentem ao Presidente da Mesa instrumento de representação voluntária, lavrado nos termos da lei em vigor, o qual será arquivado pelo período obrigatório de conservação de documentos.

2. **O mandato pode constar de procuração ou de simples carta com assinatura** dirigida ao Presidente da Mesa da Assembleia Geral.

3. Os documentos de que constem os mandatos dos accionistas e os documentos de representação devem ser apresentados até à véspera do dia da realização da Assembleia Geral, sob pena de os mandatários ou representantes não poderem intervir como tais na Assembleia.

4. Não são admitidos votos por correspondência.

5. Por cada 100 acções corresponderá um voto.

Artigo Décimo Segundo
Quórum

1. A Assembleia poderá deliberar em primeira convocação quando estiverem presentes ou representados accionistas cujas acções correspondam a pelo menos cinquenta por cento do capital social.

2. Em segunda convocação a Assembleia poderá deliberar seja qual for o número de accionistas presentes ou representados e o capital por eles representado.

Artigo Décimo Terceiro
Mesa da Assembleia Geral

1. A Mesa da Assembleia Geral é constituída por um Presidente e um Secretário, eleitos por quatro anos, de entre os accionistas ou estranhos à sociedade, sendo reelegíveis por uma ou mais vezes.

2. Nos termos do disposto no nº 3 do artº 248º, fica nomeado Presidente da Mesa da Assembleia Geral o accionista Xavier Francisco Pimenta.

Artigo Décimo Quarto
Maioria

Sem prejuízo do disposto na lei e nos presentes Estatutos as deliberações são tomadas por maioria dos votos emitidos.

CAPÍTULO IV
DA ADMINISTRAÇÃO

Artigo Décimo Quinto
Composição do Conselho de Administração

1. A administração da sociedade compete a um Conselho de Administração composto por três membros eleitos em Assembleia Geral, os quais poderão ser accionistas ou não, designados por um prazo de quatro anos civis, sem prejuízo de reeleição.

2. Ficam desde já designados os membros do Conselho de Administração, a saber Ana Maria Santa Clara, que a este presidirá, e dois Vogais que são Marta Luísa da Silva Pimentel e Jaime da Silva Pimentel, que não serão remunerados.

3. A sociedade, por intermédio do Conselho de Administração que a representa, poderá constituir mandatários ou procuradores para a prática de determinados actos ou categoria de actos, nos termos do nº 7 do artº 391º do Código das Sociedades Comerciais.

4. A responsabilidade de cada administrador, quando remunerado, deve ser caucionada nos termos do artº 396º do Código das Sociedades Comerciais e por alguma das formas aqui previstas, podendo esta caução ser dispensada ou alterada por deliberação da Assembleia Geral que proceder à respectiva eleição.

Artigo Décimo Sexto
Competências do Conselho de Administração

1. Ao conselho de Administração compete assegurar a representação da sociedade e a gestão dos negócios sociais, sem prejuízo das atribuições legais e das previstas neste contrato, e, em geral, executar todos os actos necessários à prossecução do objecto social, para o que lhe serão conferidos os mais amplos poderes, nomeadamente os de:

A) Adquirir, locar, ou, por qualquer forma, onerar direitos, nomeadamente os incidentes sobre participações sociais em qualquer tipo de sociedades, independentemente do objecto ou lei reguladora, e em agrupamentos complementares de empresas, bem como sobre quaisquer bens imóveis e móveis;

B) Vender ou, por qualquer forma, alienar bens móveis e imóveis, desde que previamente obtenha o consentimento expresso de todos os accionistas ou deliberação unânime em Assembleia Geral convocada para o efeito;

C) Celebrar contratos de financiamento e de empréstimos, incluindo os de médio e longo prazo, internos e externos, bem como a prestação das garantias respectivas;

D) Representar a sociedade, em juízo e fora dele, activa ou passivamente, propondo e contestando acções, transigindo, confessando e desistindo das mesmas em qualquer pleito, e bem assim celebrar convenções de arbitragem;

E) Estabelecer a organização técnico-administrativa da sociedade e as suas normas de funcionamento interno;

F) Constituir mandatários, judiciais ou outros, com os poderes que julgue convenientes, incluindo os de substabelecer;

G) Proceder, por cooptação, à substituição dos administradores que faltem definitivamente, durante o mandato dos cooptados até ao fim do período para o qual os administradores substituídos tinham sido eleitos, sem prejuízo da ratificação na primeira Assembleia Geral seguinte à data da cooptação;

H) Aprovar os relatórios de gestão e contas anuais, bem como o plano actual de actividades e orçamentos de investimento e exploração;

I) Prestar cauções e garantias pessoais ou reais pela sociedade;

J) Abrir e encerrar estabelecimentos da sociedade ou partes importantes destes;

L) Deliberar sobre projectos de fusão, cisão e transformação da sociedade, nos termos da lei aplicável;

M) Deliberar sobre a extensão ou a redução importante da actividade da sociedade, bem como as modificações relevantes na organização da empresa;

N) Exercer as demais competências que lhe sejam acometidas pela Assembleia Geral.

2. O Conselho de Administração poderá encarregar um ou mais dos seus membros de se ocuparem da condução de determinadas actividades da sociedade e de certas matérias relativas à actividade de administração, sempre sem prejuízo do disposto no nº 2 do artº 407º do Código das Sociedades Comerciais.

Artigo Décimo Sétimo
Vinculação da sociedade

1. Todos os documentos que obriguem a sociedade, incluindo letras, livranças e aceites bancários, vinculam a sociedade desde que assinados conjuntamente pelo Presidente e um dos outros dois membros do Conselho de Administração ou, ainda, por um ou mais mandatários constituídos, no âmbito estrito do mandato que lhe tiver sido expressamente conferido.

2. Fica expressamente proibido ao Conselho de Administração ou ao mandatário constituído obrigar a sociedade em actos e contratos estranhos aos negócios da sociedade.

CAPÍTULO IV
FISCALIZAÇÃO DA SOCIEDADE

Artigo Décimo Oitavo
Fiscal Único

1. A fiscalização da sociedade competirá a um Fiscal Único, que será um Revisor Oficial de Contas ou uma Sociedade de Revisores Oficiais de Contas independente e que não poderá apresentar qualquer das incompatibilidades previstas pela Lei, nomeadamente ser accionista da sociedade ou nesta exercer cargos de administração e, de um modo directo ou indirecto, estar associado a qualquer grupo de interesses na so-

ciedade susceptíveis de abalar a sua capacidade de análise e de decisão, pelas circunstâncias previstas nas alíneas a) e b) do nº 5 do artº 414º e artº 414º-A, ambos do Código das Sociedades Comerciais;

2. O Fiscal Único, que terá um suplente, igualmente Revisor Oficial de Contas ou uma Sociedade de Revisores Oficiais de Contas, será eleito pela Assembleia Geral pelo período de um ano.

Artigo Décimo Nono
Competências do órgão de fiscalização

O órgão de fiscalização terá as atribuições e competências previstas na lei, competindo-lhe, nomeadamente:

A) Fiscalizar a administração da sociedade;
B) Vigiar pela observância da lei e do contrato de sociedade;
C) Verificar a regularidade dos livros, registos contabilísticos e documentos que lhe servem de suporte;
D) Verificar, quando o julgue conveniente e pela forma que entenda adequada, a extensão da caixa e as existências de qualquer espécie dos bens ou valores pertencentes à sociedade ou por ela recebidos em garantia, depósito ou outro título;
E) Verificar a exactidão dos documentos de prestação de contas;
F) Verificar se as políticas contabilísticas e os critérios valorimétricos adoptados pela sociedade conduzem a uma correcta avaliação do património e dos resultados;
G) Elaborar anualmente relatório sobre a sua acção fiscalizadora e dar parecer sobre o relatório, contas e propostas apresentados pela administração;
H) Convocar a assembleia geral, quando o presidente da respectiva mesa o não faça, devendo fazê-lo;
I) Fiscalizar a eficácia do sistema de gestão de riscos, do sistema de controlo interno e do sistema de auditoria interna, se existentes;
J) Receber as comunicações de irregularidades apresentadas por accionistas, colaboradores da sociedade ou outros;
K) Contratar a prestação de serviços de peritos que coadjuvem um ou vários dos seus membros no exercício das suas funções, devendo a contratação e a remuneração dos peritos ter em conta a importância dos assuntos a eles cometidos e a situação económica da sociedade;

L) Cumprir as demais atribuições constantes da lei ou do contrato de sociedade.

CAPÍTULO VI
EXERCÍCIO SOCIAL E APLICAÇÃO DE RESULTADOS

Artigo Vigésimo
Ano Social

O ano social coincide com o ano civil.

Artigo Vigésimo Primeiro
Lucros de Exercício

Os lucros de exercício terão o destino que lhes for dado por deliberação da Assembleia Geral, sem prejuízo das normas legais imperativas em matéria de reserva legal.

CAPÍTULO VII
DISSOLUÇÃO E LIQUIDAÇÃO

Artigo Vigésimo Segundo
Dissolução e Liquidação da Sociedade

A Assembleia Geral que delibere ou declare a dissolução da sociedade designará um ou mais liquidatários, conservando a Assembleia os poderes que legalmente lhe são acometidos, durante o período de liquidação.

5 de Dezembro de 2015

✓ Relatório do ROC, nos termos do artº 28º do Código das Sociedades Comerciais

• **Entradas em espécie (direitos de crédito)**

Introdução

1 – O presente relatório destina-se a dar cumprimento ao artº 28º do Código das Sociedades Comerciais, relativamente à entrega pela "Sociedade de Cosmética, S.A." de bens no valor de 4 500 000,00 Euros, para a realização de 900.000 acções da "Semper Pulchra – Beleza, S.A.", com o valor nominal unitário de 5,00 Euros, sendo que, após esta realização, o capital da última empresa passará a ser representado por 1.800.000 acções, com o valor nominal unitário de 5,00 Euros.

2 – A entrada em espécie consiste na **entrega de direitos de crédito** que totalizam 4.500. 000 Euros, originados aquando da realização, em 2 de Fevereiro de 2007 e 22 de Fevereiro de 2007, de dois depósitos bancários pelos montantes de 2.000.000 Euros e 2.500. 000 Euros, respectivamente, beneficiando a "Semper Pulchra – Beleza, S.A.".

3 – Os bens foram por nós avaliados em 4.500.000 Euros, de acordo com a sua avaliação ao justo valor, sendo que este montante reflecte os valores constantes na contabilidade da "Semper Pulchra-Beleza, S.A." e na contabilidade da "Sociedade de Cosmética, S.A.".

Responsabilidades

4 – É da nossa responsabilidade a razoabilidade da avaliação dos bens e a declaração de que o valor encontrado é suficiente para a realização de capital pretendida.

Âmbito

5 – O nosso trabalho foi efectuado de acordo com as Normas Técnicas e Directrizes de Revisão/Auditoria da Ordem dos Revisores Oficiais de Contas, designadamente a Directriz de Revisão/Auditoria (DRA) 841 – Verificação das Entradas em Espécie para a Realização de Capital das Sociedades, as quais exigem que o mesmo seja planeado e executado com o objectivo de obter um grau de segurança aceitável sobre se os

valores das entradas atingem, ou não, o valor nominal das acções atribuídas ao accionista que efectuou tais entradas.

Para tanto, o referido trabalho incluiu:

(i) A verificação da existência de bens;

(ii) A verificação da titularidade dos referidos bens e da existência de eventuais ónus ou encargos;

(iii) A adopção de critérios adequados na avaliação dos mesmos;

(iv) A avaliação dos bens.

Entendemos que o trabalho efectuado proporciona uma base aceitável para a emissão da nossa declaração.

Declaração

6 – Com base no trabalho realizado, declaramos que os valores encontrados atingem o valor nominal das acções atribuídas à "Sociedade de Cosmética, S.A.", que efectua tal entrada.

Lisboa, ... de ... de ...

Natalino Saudade de Abreu, ROC nº .....

| 5.000 | ARTEDESIGN, S.A. | 5.000 |

ARTEDESIGN, S.A.
Sede: Avenida das Américas, n.º ..., 2.º, 1050-000 Lisboa

Sociedade Comercial sob a forma anónima, constituída por escritura pública, celebrada no Cartório Notarial de ...., sito na Rua ...., n.º 73, em Lisboa, a Fls._ 50 a Fls._ 52 verso, do Livro de Notas para Escrituras diversas número 368 e documento complementar, celebrada em 28 de Dezembro de 2011.

Matriculada na: Conservatória do Registo Comercial de Lisboa
Com o NUIPC – Número único de matrícula e de identificação fiscal: 510000000
Capital Social: € 160.000,00 representado por 32.000 acções de € 5,00 cada

TÍTULO DE CINCO MIL ACÇÕES
- 25.000,00 € Euros -

Acção N.º 1 a 5.000

PERTENCE AO PORTADOR (1)

Lisboa, 19 de Dezembro de 2013
O Conselho de Administração,

| 5.000 | (1) – Ao PORTADOR se o endosso, no verso, for em branco, caso contrário, pertence ao subscritor do capital ou ao beneficiário do endosso. | 5.000 |

5.8. MEDIDAS DE SIMPLIFICAÇÃO PARA AS EMPRESAS

5.8.1. REGISTOS ON-LINE DE ACTOS COMERCIAIS E CERTIDÃO PERMANENTE (PORTARIA Nº 1416º-A/2006, DE 19 DE DEZEMBRO)

Com o objectivo de evitar deslocações às Conservatórias de Registo Comercial para requerer actos de registo, estes podem ser solicitados via Net, através do sítio do Ministério da Justiça e mediante um certificado digital qualificado; também é **disponibilizada, em suporte electrónico e permanentemente actualizado, a reprodução de todos os registos em vigor relativos às sociedades e outras entidades sujeitas a registo** com sede na área da C.R.C. (artº 14º).

Ao abrigo deste diploma, os interessados que pretendam efectuar registos ou ter disponível, em suporte electrónico e permanentemente actualizado, a reprodução dos registos em vigor – nisto consiste a **certidão permanente** – deverão aceder ao sítio com o endereço www.empresaonline.pt, mantido pela Direcção-Geral dos Registos e do Notariado. Porém, **para obter os certificados digitais, terão de dispor de uma assinatura electrónica** e fazer o preenchimento electrónico dos elementos necessários ao requerimento de registo e ao pedido de certidão, bem como entregar os documentos necessários à apreciação dos pedidos, ficando com o comprovativo electrónico.

5.8.2. ELIMINAÇÃO DA OBRIGATORIEDADE DE ESCRITURA PÚBLICA PARA EMPRESAS

É facultativa a celebração de escritura notarial nos seguintes casos:
- Constituição da sociedade;
- Alteração dos estatutos ou do pacto social;
- Aumento e redução do capital social;
- Alteração da sede, da firma, do objecto social;
- Transformação, fusão, cisão e dissolução de sociedades;
- Partilha, divisão e transmissão e unificação de quotas.

A validade formal destes actos não depende da celebração de escritura notarial, pelo que podem ser titulados por **documento particular**, subscrito pelos intervenientes, com posterior **registo comercial** em qualquer Conservatória. Para o registo, serão necessários documentos de suporte, além do documento particular que titula o acto (como uma declaração ou contrato).

Como **exemplo**:

✓ Para a **unificação, divisão e transmissão** de quotas – fotocópia da acta da assembleia geral, da qual conste a deliberação de prestação do consentimento dos sócios para a transmissão, no caso de consentimento expresso da sociedade, ou de documento comprovativo de a comunicação ter sido feita por escrito à sociedade e de ter sido por esta recebida;

✓ Para designar **pessoas estranhas à sociedade para exercerem a gerência**, bem como nomear sócios, ou não, para gerentes de sociedades em nome colectivo e o ROC, administradores, fiscal único, membros dos conselhos fiscal e de administração ou de supervisão de sociedades anónimas – **certidão da acta da assembleia geral**, com a respectiva deliberação e a carta de aceitação das tarefas para que foram designados;

✓ Para registar a **alteração/mudança de sede** social – **fotocópia certificada da acta da assembleia geral**, na qual se tomou a deliberação, ou **declaração escrita da gerência** ou **fotocópia da acta do conselho de administração** (quando a alteração tenha sido feita ao abrigo da permissão genérica prevista pelo artº 12º do C.S.C.) ou certidão da escritura pública, quando tenha sido adoptada esta forma solene para promover a alteração da sede.

5.8.3. PUBLICAÇÕES ON-LINE

A publicação obrigatória de actos relativos a empresas passou a ser efectuada, nos termos do Dec.-Lei nº 111/2008, de 8 de Julho, no *site* http://www.mj.gov.pt/publicacoes, gerido pela Direcção-Geral dos Registos e Notariado e abrange a constituição de sociedades e os demais actos sujeitos a registo comercial obrigatório, **competindo ao Conservador de Registo Comercial promover, oficiosamente, esta publicação.**

A **publicação do acto de constituição de uma sociedade é obrigatória** já que dela depende a eficácia jurídica do acto, que deve ser do conhecimento público. As publicações dos actos sujeitos a registo obrigatório são feitas no **Diário da República**, em sítio na Internet de acesso público (artº 71º, nº 1 do Cód. Reg. Com.) e **promovidas oficiosamente pela Conservatória do Registo Comercial da área da sede**, a expensas dos interessados, sendo depois anotadas na ficha de registo da sociedade (nº 5 do mesmo artº).

Com o Despacho Normativo nº 38/2006, de 30 de Junho, desmaterializou-se o processo de envio de actos para publicação no Diário da República. O D.R. é de edição electrónica desde 1 de Julho de 2006, sem prejuízo do suporte em papel. Ambos fazem fé plena e a publicação dos actos vale para todos os legais efeitos. O sítio da Internet www.dre.pt é gerido pela INCM – Imprensa Nacional – Casa da Moeda e garante um serviço público de acesso universal e gratuito a todos os diplomas normativos e aos actos praticados por "Outras entidades".

Os **pactos sociais são publicados na II Série do D.R.** (Parte J), nos termos do Despacho Normativo nº 38/2006, de 30 de Junho, e *on-line* no sítio http://www.mj.gov.pt/publicacoes.

Quando se trate de actos de **registo facultativo**, as partes interessadas podem requerer a sua publicação, desde que entreguem junto de qualquer Conservatória ou remetam por via postal aos serviços centrais da referida Direcção-Geral, os textos destinados a essa publicação, os quais devem conter, pelo menos, a identificação da firma e do tipo de sociedade, a indicação da sede e da Conservatória de Registo Comercial onde as entidades se encontram matriculadas, o número de matrícula e o NIPC, o montante do capital social, o capital realizado (quando este seja diferente) e o capital próprio, de acordo com o último balanço aprovado, sempre que este for igual ou inferior a metade do capital social.

5.8.4. PROCESSO DE "DISSOLUÇÃO E LIQUIDAÇÃO NA HORA" DAS SOCIEDADES

Desde que haja **deliberação unânime dos sócios e a sociedade não tenha activo nem passivo a liquidar**, o processo passa a ser de natureza administrativa, da competência das Conservatórias, eliminando-se a intervenção dos Tribunais e a instauração do processo próprio, salvo os casos especiais de liquidação.

5.8.5. ESCRITURAÇÃO

Eliminou-se os encargos burocráticos e financeiros relativos à manutenção dos **livros de escrituração comercial** (inventário, balanço, razão e copiador) e manteve-se **o livro de actas,** que não carece de prévia legalização nas Conservatórias do Registo Comercial.

5.8.6. PRESTAÇÃO DE CONTAS

Com a prestação de contas das empresas **por via informática** abrange-se uma série de declarações obrigatórias prestadas à Autoridade Tributária-AT (Finanças) e à Segurança Social e permite-se o tratamento da informação para fins estatísticos, com a eliminação dos inquéritos do Banco de Portugal e do INE.

5.8.6.1. *A INFORMAÇÃO EMPRESARIAL SIMPLIFICADA – IES*

A Informação Empresarial Simplificada, abreviadamente designada por IES, foi criada pelo Dec.-Lei nº 8/2007, de 17 de Janeiro (alterado pelos Dec.-Leis nºs 116/2008, de 4 de Julho, 69-A/2009, de 24 de Março, 292/2009, de 13 de Outubro e 209/2012, de 19 de Setembro) e agrega num **único acto** o cumprimento de quatro obrigações legais:

- A declaração anual de informação contabilística e fiscal;
- O registo da prestação de contas;

- A informação estatística ao INE;
- A informação relativa a dados contabilísticos anuais para fins estatísticos do Banco de Portugal.

Através da IES, as empresas cumprem por **via electrónica** estas obrigações que, anteriormente, tinham de ser prestadas junto de organismos distintos e com actos materialmente diferentes. Nos termos do artº 3º da Portaria nº 208/2007, de 16 de Fevereiro, **este procedimento aplicou-se aos exercícios económicos iniciados em 2006**. Esta Portaria aprovou o **modelo declarativo da IES – Folha de Rosto, Declaração Anual e os respectivos Anexos**, alterados por diplomas normativos posteriores (vide ponto 6.3. Balanço e Prestação de contas, pág. 277).

5.8.7. EMISSÃO DE CERTIFICADOS DE RESIDÊNCIA FISCAL ON-LINE

Os contribuintes podem requer e obter na hora, junto da Administração Fiscal, certificados de residência fiscal. Trata-se de um serviço *on-line* disponível no sítio das Declarações Electrónicas da Direcção-Geral dos Impostos (DGCI), em www.e-financas.gov.pt.

A certificação da residência fiscal em território nacional, necessária aos contribuintes com rendimentos obtidos em países comunitários ou com os quais Portugal celebrou uma convenção de dupla tributação, deixou de depender de requerimento prévio à DGCI, feito em impresso próprio, que era objecto de apreciação demorada. Neste mesmo sítio, os contribuintes poderão aceder a respostas às questões mais frequentes. No sítio www.dgci.min-financas.pt **os contribuintes interessados poderão, ainda, conhecer os países com os quais Portugal celebrou convenções para evitar a dupla tributação.**

5.8.8. CRIAÇÃO IMEDIATA DE REPRESENTAÇÕES PERMANENTES EM PORTUGAL E REGISTO COMERCIAL BILINGUE (EM IDIOMA INGLÊS)

Como se referiu, o **Dec.-Lei nº 73/2008, de 16 de Abril**, consagra um regime especial de criação imediata de representações permanentes em Portugal de sociedades comerciais e civis sob forma comercial, cooperativas, agrupamentos complementares de empresas e agrupamentos europeus de interesse económico com sede no estrangeiro, com a simultânea nomeação dos respectivos representantes. Este processo é da competência das Conservatórias do Registo Comercial e dos seus postos de atendimento e tem início e termo no mesmo dia, em atendimento presencial único (artº 3º). **Os interessados na criação da representação permanente devem apresentar o seu pedido junto do serviço competente e apresentar os documentos comprovativos:**

"a) Da sua identidade e da sua legitimidade para o acto;
b) Da existência jurídica da entidade que cria a representação permanente;
c) Do texto completo e actualizado do pacto social ou dos estatutos da entidade referida na alínea anterior;
d) Das deliberações sociais que aprovam a criação da representação permanente e designam o respectivo representante.".

Verificada que seja a legitimidade dos interessados para o acto e a regularidade dos documentos apresentados, **o Conservador e oficiais do Registo Comercial devem praticar os actos que seguem**, pela ordem indicada:

"a) Cobrança dos encargos que se mostrem devidos;
b) Anotação da apresentação do pedido verbal de registo no diário;
c) Registo de criação da representação permanente e da nomeação dos respectivos representantes;
d) Inscrição da criação da representação permanente no ficheiro central de pessoas colectivas e codificação da actividade económica;
e) Promoção da publicação legal dos actos de registo referidos na alínea c);
f) Comunicação aos interessados do número de identificação da representação permanente na segurança social.
2 – A firma ou denominação constante da matrícula da representação permanente deve incluir a designação «representação permanente», «sucursal» ou outra equivalente, a escolher pelos interessados."
(artº 5º).

Este registo será **recusado** se se verificar a existência de omissões, vícios ou deficiências que obstem ao registo definitivo, ou quando, em face das disposições legais aplicáveis, o acto não seja viável. Concluído o procedimento, os interessados são advertidos de que devem entregar a **declaração de início de actividade** no serviço de administração fiscal, no prazo legal, e **o Conservador entrega, imediatamente, e a título gratuito**:

"a) Cartão de identificação de entidade equiparada a pessoa colectiva;
b) Código de acesso à certidão permanente disponibilizada em sítio da Internet pelo período de um ano;
c) Recibo comprovativo do pagamento dos encargos devidos.".
(artº 7º)

A certidão permanente será disponibilizada em língua portuguesa ou, a pedido dos interessados, também em língua estrangeira, nos termos dos nºs 3 e 4 do artº 58º do Código do Registo Comercial. Finalmente, o serviço competente deverá concluir este procedimento e, no prazo de vinte e quatro horas:

"a) Disponibiliza, por meios informáticos, os dados necessários para efeitos de comunicação do início de actividade da representação permanente à Direcção-Geral dos Impostos e à Inspecção-Geral do Trabalho, bem como os dados necessários à inscrição oficiosa daquela nos serviços da segurança social e, quando for o caso, no cadastro comercial;
b) Promove as restantes diligências que venham a ser fixadas por via regulamentar ou protocolar.
2 – Os serviços fiscais devem notificar por via electrónica os serviços da segurança social dos elementos relativos ao início da actividade.".
(art. 8º)

O ponto 6.6.2. Registo Comercial Bilingue (pág. 290) contém desenvolvimentos sobre esta matéria.

5.8.9. CADASTRO COMERCIAL E INDUSTRIAL

O cadastro industrial, anteriormente obrigatório para as unidades industriais – que deviam proceder à sua inscrição na GGI-Direcção-Geral da Indústria e, depois da extinção deste organismo, na Direcção-Geral da Empresa, nos termos do Dec.-Lei nº 34/2004, de 19 de Fevereiro – foi **eliminado pelo Dec.-Lei nº 174/2006**, de 25 de Agosto.

A informação que era disponibilizada pela via do cadastro é agora carreada **no processo de licenciamento industrial,** que deve ser instruído para efeitos de instalação e laboração de acordo com a legislação em vigor e com o cumprimento de todos os requisitos previstos em legislação especial da qual se pode destacar, exemplificativamente, o **REAI** – Regulamento do Exercício da Actividade Industrial e o "**Licenciamento Zero**", aprovado pelo Dec.-Lei nº 48/2011, de 1 de Abril. Este regime pretende assegurar a simplificação do processo conducente à emissão da licença de laboração/exploração da empresa, tendo em consideração o menor risco de perigo da actividade – quer para os trabalhadores, quer para o meio em que se encontram instaladas – entre outros factores.

Assim, optou-se por **Listas e Secções** que o Dec.-Lei nº 48/2011 elenca:

Operações industriais realizadas em estabelecimentos comerciais especializados ou em secções acessórias de estabelecimentos comerciais [a que se refere a alínea *a*) do nº 2 do artigo 2º]

Secção C, divisão 10, subclasses
10130 Fabricação de produtos à base de carne.
10201 Preparação de produtos da pesca e da aquicultura.
10203 Conservação de produtos da pesca.
10320 Fabricação de sumos de frutos e de produtos hortícolas.
10520 Fabricação de gelados e sorvetes.
10711 Panificação.
10712 Pastelaria.
10720 Fabricação de bolachas, biscoitos, tostas e pastelaria de conservação.
10393 Fabricação de doces, compotas, geleias e marmeladas.
10395 Preparação e conservação de frutos e de produtos hortícolas por outros processos.

Secção D, divisão 35, subclasses
35302 Produção de gelo.

Lista E

Estabelecimentos de restauração ou de bebidas que disponham de instalações destinadas ao fabrico próprio de pastelaria, panificação, gelados e actividades industriais similares ou que vendam produtos alimentares a que corresponda alguma das CAE previstas na divisão 10 da secção C, na secção D e na secção I do anexo I do Decreto-Lei nº 209/2008, de 29 de Outubro. [a que se refere a alínea b) do nº 2 do artigo 2º]

Secção C, divisão 10, subclasses

10130 Fabricação de produtos à base de carne.

10201 Preparação de produtos da pesca e da aquicultura.

10202 Congelação de produtos da pesca e da aquicultura.

10203 Conservação de produtos da pesca e da aquicultura em azeite e outros óleos vegetais e outros molhos.

10204 Salga, secagem e outras actividades de transformação de produtos da pesca e aquicultura.

10310 Preparação e conservação de batatas.

10320 Fabricação de sumos de frutos e de produtos hortícolas.

10391 Congelação de frutos e de produtos hortícolas.

10392 Secagem e desidratação de frutos e de produtos hortícolas.

10393 Fabricação de doces, compotas, geleias e marmelada.

10394 Descasque e transformação de frutos de casca rija comestíveis.

10395 Preparação e conservação de frutos e de produtos hortícolas por outros processos.

10411 Produção de óleos e gorduras animais brutos.

10412 Produção de azeite.

10413 Produção de óleos vegetais brutos (excepto azeite).

10414 Refinação de azeite, óleos e gorduras.

10420 Fabricação de margarinas e de gorduras alimentares similares.

10510 Indústrias do leite e derivados.

10520 Fabricação de gelados e sorvetes.

10611 Moagem de cereais.

10612 Descasque, branqueamento e outros tratamentos do arroz.

10613 Transformação de cereais e leguminosas, n. e.

10620 Fabricação de amidos, féculas e produtos afins.

10711 Panificação.

10712 Pastelaria.
10720 Fabricação de bolachas, biscoitos, tostas e pastelaria de conservação.
10730 Fabricação de massas alimentícias, cuscuz e similares.
10810 Indústria do açúcar.
10821 Fabricação de cacau e de chocolate.
10822 Fabricação de produtos de confeitaria.
10840 Fabricação de condimentos e temperos.
10850 Fabricação de refeições e pratos pré-cozinhados.
10860 Fabricação de alimentos homogeneizados e dietéticos.
10891 Fabricação de fermentos, leveduras e adjuvantes para panificação e pastelaria.
10892 Fabricação de caldos, sopas e sobremesas.
10893 Fabricação de outros produtos alimentares diversos, n. e. (não especificada)

As empresas que desenvolvam as actividades previstas nas indicadas Listas e Secções deverão requerer o licenciamento das mesmas de acordo com a disciplina legal contida no Decreto-Lei nº 48/2011.

Quanto ao **cadastro comercial,** dispõe o artº 14º do mesmo diploma:

"Os titulares da exploração dos estabelecimentos referidos na alínea a) do nº 3 do artigo 2º e os agentes económicos mencionados na alínea b) do mesmo artigo estão obrigados a proceder **à comunicação electrónica** *dos dados necessários à inscrição no cadastro comercial dos seguintes factos:*
  a) A **instalação** *do estabelecimento comercial;*
  b) A **modificação** *do estabelecimento comercial;*
  c) O **encerramento** *do estabelecimento comercial."*

Esta comunicação deve ser efectuada pelo titular da exploração do estabelecimento **até 60 dias após a ocorrência do facto sujeito a inscrição** (nº 2 do artº 14º) **no «Balcão do Empreendedor».** Os titulares dos estabelecimentos deverão submeter os dados a que aludem as al.s *a)* a *e)* do nº 3 do artº 4º deste diploma legal e identificar o facto a inscrever.

Os dados são os seguintes:

"a) A identificação do titular da exploração do estabelecimento, com menção do nome ou firma e do número de identificação fiscal;

b) O endereço da sede da pessoa colectiva ou do empresário em nome individual;

c) O endereço do estabelecimento ou armazém e o respectivo nome ou insígnia;

d) A CAE das actividades que são desenvolvidas no estabelecimento, bem como outra informação relevante para a caracterização dessas actividades, designadamente a área de venda e de armazenagem do estabelecimento ou armazém, as secções acessórias existentes, o número de pessoas ao serviço, o tipo de localização e o método de venda;

e) A data de abertura ao público do estabelecimento ou de início de exploração do armazém;"

(nº 3 do artº 4º).

6. AS OBRIGAÇÕES ESPECIAIS DOS COMECIANTES/EMPRESAS

Dispõe o **artº 18º do Código Comercial**:

"*Os comerciantes são especialmente obrigados:*
1º – A adoptar uma firma;
2º – A ter escrituração mercantil;
3º – A fazer inscrever no registo comercial os actos a ele sujeitos;
4º – A dar balanço, e a prestar contas."

O cumprimento destes deveres legais é a garantia de que o exercício da empresa cumprirá condições que permitam dar a conhecer a actividade do comerciante, tutelando os interesses gerais da vida empresarial e a segurança do comércio jurídico em particular.

6.1. FIRMA

A firma está para o empresário e para a empresa como o nome está para o cidadão. É o **nome da empresa**, a identificação que individualiza a entidade e a distingue de outro operador económico que explore a mesma actividade ou não.

As **regras essenciais relativas à composição** da firma e denominação estão previstas no Dec.-Lei nº 129/98, de 13 de Maio, com as alterações do **Dec.-Lei nº 111/2005**, de 8 de Julho. Também o C.S.C. se refere concretamente à forma de composição e aos aditamentos obrigatórios das firmas das sociedades comerciais. A lei estabelece que **a firma ou denominação de uma empresa deve ser composta de forma a não induzir em erro** sobre a identificação, a natureza jurídica e a actividade da empresa ou organização, e conter os elementos que a tornem **distinta e insusceptível de ser confundida com outras anteriormente registadas**. Não se permite uma firma unicamente composta por vocábulos de uso corrente relacionados com a actividade, a técnica ou o produto ou por topónimos e indicações de proveniência geográfica.

Com as alterações do Dec.-Lei nº 111/2005, para simplificação dos procedimentos, há que registar sinteticamente:

- O RNPC não controla com rigor o verdadeiro objecto social de uma empresa;
- É **facultativo que a denominação dê a conhecer o objecto** da sociedade, **salvo nos casos em que a lei expressamente o exija**, como é o caso das **sociedades de mediação mobiliária e as empresas de trabalho temporário** em que a firma deverá incluir expressões e vocábulos que indiciem este objecto ou actividade social;
- Não é obrigatório justificar a utilização de uma **sigla** na denominação, excepto quando esta possa corresponder à actividade, ao processo produtivo ou ao produto;
- **Admite-se a inclusão do "&" na denominação** de uma empresa ("Design Hoteis & Resorts, S.A.", "Aromas & Sabores, Lda"), excepto quando sugira, indevidamente, uma partícula de ligação entre os nomes de sócios ou suas firmas.

Durante décadas, de acordo com legislação vigente, a **composição da firma ou denominação devia obedecer aos princípios seguintes**:

- **Obrigatoriedade**
- **Verdade**
- **Exclusividade (ou novidade)**
- **Unidade**

Princípio da verdade – a firma ou denominação deve fazer transparecer não só as pessoas que desenvolvem a actividade ou integram uma sociedade, bem como a natureza da actividade exercida, salvaguardando-se os interesses de quem estabelece relações jurídicas com o empresário ou a empresa colectiva.

Princípio da exclusividade – garante ao seu titular o uso legítimo de uma firma admitida, com excepção de qualquer outro agente económico que a utilize indevidamente e a usurpe ou que, simplesmente, utilize uma firma confundível com aquela e que, por esta razão, possa causar danos à actividade ou bom nome comercial de outrem. Daí que a firma deve ser composta de maneira inovadora, de modo a não ser confundível com qualquer outra previamente registada, caso em que será indeferida pelo RNPC.

Princípio da unidade – um empresário ou empresa só pode adoptar uma única firma ou denominação.

Ao abrigo do Dec.-Lei nº 111/2005, **a firma é obrigatória e exclusiva.**

Contudo, **derrogou-se o princípio da verdade,** posto que não se exige agora que a firma ou denominação traduzam o objecto, a actividade da empresa. É comum a adopção de firmas e denominações que não reflectem a natureza da actividade desenvolvida pela empresa sua titular, o que pode lançar a confusão no comércio jurídico e prejudicar a segurança que deve presidir à criação das empresas.

Como exemplos: "Três Porquinhos, Lda", "Pronto a andar, Lda.", "Catavento, S.A." que podem indiciar actividades absolutamente distintas daquelas que realmente são desenvolvidas e que foram aceites e registadas.

Quanto à **forma de composição da firma e da denominação**, esta poderá ser:

- Uma **firma-nome** – integrada pelo nome do titular da empresa ou de um ou mais sócios da sociedade;
- Uma **firma-denominação** – composta com base em expressões alusivas à actividade da empresa;
- Uma **firma-mista** – formada com ambos os elementos, ou seja, com nomes e expressões.

6.2. ESCRITURAÇÃO

Nos termos do **artº 29º e 30º do Código Comercial**, com a nova redacção introduzida pelo Dec.-Lei nº 76-A/2006, de 29 de Março, consagra o legislador:

"Todo o comerciante é obrigado a ter escrituração mercantil efectuada de acordo com a lei." (artº 29º)

e

"... pode escolher o modo de organização da escrituração mercantil, bem como o seu suporte físico, sem prejuízo do disposto no artigo seguinte." (artº 30º).

O legislador, neste último preceito, consagrou a **liberdade da empresa quanto à modalidade escolhida para organizar a sua escrituração**.

A escrituração comercial pode ser feita pelo titular da empresa ou por outrem, desde que para tanto seja autorizado- assim dispõe o artº 39º do Cód. Com., presumindo-se que, se aquele não a fizer, autorizou a sua elaboração. Também é obrigação das empresas **conservar, em boa ordem, a sua escrituração mercantil e os documentos** que lhe servem de suporte, pelo período de **10 anos** (nº 1 do artº 40º), ainda que possam ser arquivados com recurso aos meios electrónicos. **Esta obrigação abrange a documentação referente à análise, programação e execução dos tratamentos informáticos** (nº 6 do artº 115º do CIRC).

6.2.1. LIVRO DE ACTAS

Nos termos do artº 31º do Código Comercial, as sociedades são obrigadas a possuir **livros para actas.** As actas são exigidas para os **órgãos sociais de estrutura colegial ou colectiva**, como é o caso das assembleias gerais.

Se o órgão social for titulado por uma só pessoa, não se justifica a elaboração de acta, bastando a assinatura do titular que representa o respectivo órgão de estrutura singular. Se o órgão social tiver uma estrutura colegial, já se torna exigível que as suas deliberações sejam consignadas em acta, a qual deverá respeitar as normas legais e estatutárias, designadamente as relativas ao **quórum** (número de presenças) para deliberar e o **tipo de maioria** exigida pela natureza da deliberação (que pode ser simples, absoluta, qualificada ou por unanimidade)[18].

Os associados, quer nas associações, quer nas sociedades, detêm o poder de deliberar que exercem nas assembleias gerais em que se decide sobre a vida da pessoa colectiva. As reuniões de assembleia geral devem ser **devidamente convocadas**, através de convocatória endereçada a todos os que nelas devam participar, observando-se as formalidades legais e estatutárias (indicação do dia e hora, do local, da ordem do dia, etc.), sob pena de se verificarem irregularidades na convocação que podem, em última análise, justificar uma **providência cautelar de suspensão das deliberações** ou **acção de impugnação** proposta pelos sócios, para que seja decretada a nulidade ou anulabilidade das deliberações tomadas.

Tem-se por acta o documento reduzido a escrito onde é consignado, de forma narrativa e descritiva, tudo o que se passou nas reuniões de qualquer órgão colegial de modo a, no futuro, haver prova desses factos e das deliberações que hajam sido tomadas. Não obstante ser este o meio mais comum, a lei admite que, por iniciativa do órgão social ou de um sócio, possam ser contratados os serviços de **Notário** que exarará a acta em **instrumento público avulso**. O livro de actas pode ser constituído por **folhas soltas**, numeradas sequencialmente e rubricadas pela administração ou pelos membros do órgão social a que digam respeito, ou ainda pelo secretário da sociedade ou pelo presidente da mesa da assembleia geral da sociedade. Compete a estes lavrar os **termos de abertura e de encerramento** do livro de actas (a denominada legalização) e, se este for de folhas soltas, deverá ser encadernado, depois de utilizado. Estes termos consistem em apor, no início e no fim do livro, uma **simples fórmula indicativa do fim a que o livro se destina**, com assinatura do titular responsável pelo órgão, não sendo necessária a apresentação do livro junto do Registo Comercial, como era prática pas-

---

[18] A maioria simples equivale ao maior número de votos expressos, a maioria qualificada é igual a mais de metade dos votos, a qualificada traduz-se numa determinada percentagem de votos exigida por lei ou pelos estatutos sociais e a unanimidade representa a totalidade de votos que são expressos no mesmo sentido.

sada. O livro pode ter **suporte electrónico** (nº 1 do artº 39º do Código Comercial).

É neste livro que devem ser exaradas as actas das reuniões de sócios, de administradores e outros órgãos sociais e, de acordo com o artº 39º, terão de se observar **requisitos formais externos**, desde logo, não devendo ter intervalos em branco, entrelinhas ou rasuras – caso em que se deverá ressalvar o erro, a omissão ou a rasura – e nelas deverá registar-se:

- A data da reunião;
- A ordem do dia ou agenda de trabalhos;
- Os nomes dos participantes ou a lista de presenças autenticada pela mesa;
- Os votos emitidos;
- As deliberações tomadas;
- A descrição detalhada ou sintética da forma como decorreram os trabalhos;
- As opiniões emitidas a respeito de cada um dos pontos da ordem do dia;
- As divergências manifestadas;
- As declarações de voto que o participante pretenda registar na acta, assim o requerendo, tendo em vista o apuramento de responsabilidades, quando sobrevenha um litígio entre sócios;
- A data da elaboração da acta;
- A assinatura dos membros da mesa ou dos participantes na reunião.

(artº 37º do Cód. Com.).

6.2.2. ARQUIVADOR DE CORRESPONDÊNCIA

Além do livro de actas, as empresas devem dispor de um arquivador da correspondência expedida e recebida, ainda que em **suporte electrónico** (artº 40º).

6.3. BALANÇO E PRESTAÇÃO DE CONTAS

Relativamente ao balanço, dispõe o artº 62º do Código Comercial, com a redacção dada pelo Dec.-Lei nº 76-A/2006, de 29 de Março:

"Todo o comerciante é obrigado a dar balanço anual ao seu activo e passivo nos três primeiros meses do ano imediato."

Na mesma esteira, **os artºs. 65º e ss do C.S.C.** consagram o dever das sociedades prestarem contas, mediante a **apreciação anual da situação da sociedade**, estipulando:

1 – Os membros da administração devem elaborar e submeter aos órgãos competentes da sociedade o relatório de gestão, as contas do exercício e demais documentos de prestação de contas previstos na lei, relativos a cada exercício anual.

2 – A elaboração do relatório de gestão, das contas do exercício e dos demais documentos de prestação de contas deve obedecer ao disposto na lei; o contrato de sociedade pode complementar, mas não derrogar, essas disposições legais.

3 – O relatório de gestão e as contas do exercício devem ser assinados por todos os membros da administração; a recusa de assinatura por qualquer deles deve ser justificada no documento a que respeita e explicada pelo próprio perante o órgão competente para a aprovação, ainda que já tenha cessado as suas funções.

*4 – **O relatório de gestão e as contas do exercício são elaborados e assinados pelos gerentes ou administradores que estiverem em funções ao tempo da apresentação**, mas os antigos membros da administração devem prestar todas as informações que para esse efeito lhes forem solicitadas, relativamente ao período em que exerceram aquelas funções.*

*5 – **O relatório de gestão, as contas do exercício e demais documentos de prestação de contas devem ser apresentados** ao órgão competente e por este apreciados, salvo casos particulares previstos na lei, **no prazo de três meses a contar da data do encerramento de cada exercício anual**, ou no prazo de cinco meses a contar da mesma data quando se trate de sociedades que devam apresentar contas consolidadas ou que apliquem o método da equivalência patrimonial.".*

Quanto ao **exercício, as sociedades podem adoptar um período de tempo que não corresponda ao ano civil,** nos termos do artº 65º-A do C.S.C,. com as condições previstas para o 1º exercício económico, que, de acordo com este preceito normativo, terá as **limitações seguintes:**

> *"O primeiro exercício económico das sociedades que adoptem um exercício anual diferente do correspondente ao ano civil não poderá ter uma duração inferior a 6 meses, nem superior a 18, sem prejuízo do previsto no artigo 7º do Código do Imposto sobre o Rendimento das Pessoas Colectivas.".*

Conjugando o artº 62º do Código Comercial com os preceitos do Cód. Reg. Com. referentes aos actos sujeitos a registo obrigatório – que adiante serão tratados – concluímos que, quer os EIRL, quer as sociedades comerciais estão obrigados à prestação de contas.

Até à entrada em vigor da IES – Informação Empresarial Simplificada[19], criada pelo mencionado Dec.-Lei nº 8/2007, **a prestação de contas consistia essencialmente no depósito legal** das mesmas. (Cód. Reg. Com., artº 15º, al. n) – para as sociedades comerciais – e a al. e) do artº 8º para os EIRL). **Este dever cumpria-se mediante o registo por depósito e arquivamento dos documentos,** com menção correspondente na ficha de registo da entidade junto de qualquer Conservatória do Registo Comercial.

O **prazo para a prestação de contas** para os **EIRL** é de 3 primeiros meses de cada ano civil e para **as sociedades comerciais** é de **3 meses a contar da data da deliberação social que tiver aprovado as contas do exercício** (até ao dia 31 de Março). Os **documentos** exigidos por lei até à entrada em vigor da IES podiam ser fotocópias não autenticadas dos documentos originais. Agora, este registo é electrónico e automático e decorre do preenchimento do formulário da IES, acompanhada dos **documentos:**

- A **acta** da assembleia geral que aprovou as contas do exercício; esta deverá conter a prévia e regular convocação, quando não estejam presentes na referida assembleia todos os accionistas, bem como

---

[19] A IES entrou em vigor em relação aos exercícios económicos de 2006.

todas as menções obrigatórias exigidas pelo artº 63º do C.S.C. e deve ser assinada por todos os sócios presentes;
- O **relatório de gestão**, assinado por todos os membros do órgão de gestão (artº 65º do C.S.C.);
- O **balanço**;
- A **demonstração de resultados**;
- O **anexo ao balanço e à demonstração de resultados**;
- O **parecer do órgão de fiscalização** da sociedade, se existir;
- A **certificação legal das contas**, tratando-se de sociedades anónimas ou sociedades por quotas não sujeitas a revisão legal, e consequente certificação, como acontece quando facultativamente adoptaram o Fiscal Único ou Conselho Fiscal ou quando, durante 2 anos consecutivos, ultrapassaram os limites previstos pelos artºs. 262º e 263º, nº 5 do C.S.C., regime que se aplica às sociedades unipessoais por quotas.

Anteriormente à IES, a entidade com legitimidade para requerer o registo apresentava **estes documentos, juntamente com o pedido de registo**, que também podia ser **verbal**, nos termos dos artºs. 29º e 30º do C.S.C., directamente na Conservatória de Registo Comercial ou por correio. O requerimento de registo gratuito, disponibilizado por qualquer C.R.C. ou obtido por impressão no *website* http://www.dgrn.mj.pt/formcom/requiscom. pdf, era devidamente acompanhado por cheque para pagamento dos emolumentos devidos pelo registo e pela publicação subsequente. **Com a IES, estão sujeitas a registo apenas as contas aprovadas**, pelo que **este facto deverá ser assinalado**, no respectivo campo do quadro e Anexos respectivos do formulário; **se não tiverem sido aprovadas, o sistema não permitirá o cumprimento desta obrigação de prestação de contas**. Assim, quando se preenche o formulário, há que consignar, no Anexo A1, que as contas foram aprovadas e, ainda:

- A data da deliberação que as aprovou;
- Se foram aprovadas por maioria ou unanimidade;
- Se a deliberação está titulada, nos termos do artº 63º do C.S.C.;
- Se as contas foram aprovadas em assembleia geral regularmente convocada ou em assembleia universal ou, ainda, por deliberação unânime tomada por escrito.

Depois de preenchido o formulário electrónico e feito o registo automático, o interessado pode obter uma **certidão permanente da entidade, cuja validade é de 1 ano**, devendo aceder ao seu código de acesso em www.mj.gov.pt/publicações.

Os modelos dos Anexos, que fazem parte integrante do modelo declarativo da informação empresarial simplificada, foram aprovados pela Portaria nº 208/2007, de 16 de Fevereiro, sucessivamente alterados por outras Portarias, **sendo a mais recente alteração a que foi introduzida pela Portaria nº 271/2014, de 23 de Dezembro – que alterou a Folha de Rosto da declaração e os Anexos A, B, C, D e I – mantendo em vigor os demais anexos aprovados por Portaria nº 27/2012, de 27 de Janeiro – e a Portaria nº 370/2015, de 20 de Outubro – que estabelece o novo procedimento de envio da IES,** com prévia autenticação no Portal das Finanças.

Enviada a IES, é obrigatório proceder ao **depósito das contas, cuja omissão é punida com coima até € 1.500,00**, de acordo com o artº 17º do Cód. Reg. Com.. Só estão dispensadas deste dever as sociedades em nome colectivo e em comandita simples, quando não ultrapassem os limites fixados pelo nº 2 do artº 262º do C.S.C..

O **Dec.-Lei nº 250/2012, 23 de Novembro**, alterou alguns diplomas legais relevantes – designadamente o Cód. Reg. Com., o Regime do Registo Nacional de Pessoas Colectivas, o Regime Jurídico dos Procedimentos Administrativos de Dissolução e Liquidação de Entidades Comerciais – com o objectivo de fazer as empresas cumprir o seu dever de prestação de contas, penalizando-as pela omissão desta obrigação. Tal facto deve-se à constatação de que **muitas empresas apresentam a IES (cumprindo a sua obrigação fiscal) mas não promovem a prestação de contas nem o competente registo** (com o pagamento da taxa respectiva) pelo que a informação prestada através da IES não pode ser disponibilizada, nem ser objecto de publicação subsequente e de tratamento estatístico, com prejuízo dos interesses do comércio jurídico e dos seus credores.

Presume-se que tal omissão seja motivada pelo facto deliberado de **as empresas não quererem expor publicamente as suas contas** nem divulgar a situação financeira, o que subverte os valores da publicidade e da transparência. Por outro lado, o levantamento de autos de contra-ordenação não impele as empresas ao cumprmento desta obrigação de registo. **Assim, o Dec.-Lei nº 250/2012 consagrou medidas de punição para as empresas infractoras, a saber:**

- **O pagamento em dobro do emolumento** aplicável (art. 17º do Cód. Reg. Com., com a nova redacção);
- A **impossibilidade de levar a registo outros factos** das empresas (com excepção daqueles taxativamente previstos pelo nº 3 do artº 17º);
- A **dissolução e liquidação oficiosa de entidades que não prestem contas durante dois anos consecutivos.**

Umas breves notas para a **Portaria nº 92-A/2011,** de 28 de Fevereiro, que aprovou os modelos relativos aos documentos que integram o *dossier* **fiscal dos sujeitos passivos**, nos termos do artº 129º do CIRS – Código do Imposto sobre o Rendimento das Pessoas Singulares e do artº 130º do CIRC – Código do Imposto sobre o Rendimento das Pessoas Colectivas. No caso de a Administração Fiscal exigir a entrega deste *dossier*, poderá ser entregue em suporte papel ou digital.

6.3.1. REGIME DA NORMALIZAÇÃO CONTABILÍSTICA PARA MICROENTIDADES (NCM)

Cabe, aqui, reiterar o que foi dito no Ponto 1.3.5. As Microentidades (pág. 43) sobre este regime, aprovado pelo **Dec.-Lei nº 36-A/2011,** de 9 de Março. Ao abrigo deste diploma normativo, a Portaria nº 104/2011, de 14 de Março, aproou os **modelos para as demonstrações financeiras** seguintes:

- Balanço;
- Demonstração de resultados por naturezas para microentidades;
- Anexo para microentidades.

Como se referiu, a Lei nº 35/2010, de 2 de Setembro, instituíu um regime simplificado das normas e informações contabilísticas aplicáveis às microentidades – por se entender que o Sistema de Normalização Contabilística, inspirado no quadro normativo Europeu, era complexo para estas entidades – e promoveu a simplificação de procedimentos e a redução da carga administrativa destas empresas, sem prejuízo da adequabilidade e eficácia das informações para os seus utilizadores. As microentidades, assim qualificadas, quando reúnam os requisitos referidos na pág. 43 e ss, ficam dispensadas do cumprimento das normas e procedimentos inerentes ao SNC. Nos termos do nº 2 do art. 1º da **Portaria nº 111-A/2011,** de 18 de Março – que visa combater a fraude e a evasão fiscal das sociedades comerciais – as **microentidades não serão obrigadas a certificar as suas contas** nos termos do nº 11 do artº 52º do Código do IRC, **quando o seu prejuízo fiscal deduzido, nos dois últimos exercícios, não ultrapassar € 150.000, não necessitando de nomear um Revisor Oficial de Contas, ao contrário das demais sociedades comerciais que pretendam deduzir o prejuízo fiscal.**

6.4. FACTURAÇÃO ELECTRÓNICA

A **Portaria nº 1370/2007, de 19 de Outubro** consagrou, no seu artº 1º, que as **facturas ou documentos equivalentes e os talões de venda** exigíveis pelo Código do Imposto sobre o Valor Acrescentado e emitidos de acordo com o disposto no artigo 5º do Decreto-Lei nº 198/90, de 19 de Junho, com as alterações que lhe foram introduzidas, **podem ser arquivados em suporte electrónico**. Esta inovação relaciona-se com a utilização das TIC. A importância destas tecnologias e o progresso no campo da electrónica justificam que a documentação, tradicionalmente em suporte papel, possa ser arquivada através de processos informatizados e desmaterializados, contribuindo não só para a compactação de arquivos, mas também para a redução de encargos administrativos e custos envolvidos.

Em consequência, alterou-se o Código do Imposto sobre o Valor Acrescentado de modo a permitir que as facturas ou documentos equivalentes, os talões de venda, ou quaisquer outros documentos com relevância fiscal, desde que processados por computador, possam ser arquivados em suporte electrónico. Este diploma legal estabelece as condições que devem ser observadas na **transposição dos ficheiros informáticos produzidos pelos programas de facturação para suportes electrónicos não regraváveis, destinados a substituir, para efeitos fiscais, os respectivos arquivos em papel.**

Nos termos do artº 2º desta Portaria, as empresas devem **registar, sequencial e ininterruptamente, estes documentos**, respeitando o **plano de arquivo** e a **individualização de cada exercício** e estas operações devem ser executadas com rigor técnico que permita a obtenção de imagens perfeitas e legíveis dos documentos originais, sem perda de informação, garantindo-se a sua consulta e reprodução em papel ou em outro suporte electrónico.

Cada suporte deve conter um ficheiro com a lista dos documentos aí registados e o ficheiro deve:

"a) Apresentar a denominação «índice.xml»;

b) Ter o mesmo formato e estrutura de dados e seguir as regras definidas para o preenchimento do ficheiro de auditoria informática, definido por portaria do Ministro das Finanças;

c) Conter os grupos de informação constantes da portaria referida na alínea anterior, designadamente, «Cabeçalho», «Clientes», «Regimes de IVA», «Documentos comerciais» e «Produtos/serviços». (art. 3º).

Quando as facturas ou talões de venda, relativos ao mesmo período de arquivo não sejam todos registados no mesmo suporte, no grupo de dados «Cabeçalho», o campo «Comentários adicionais» deve ser preenchido com o período a que respeitam.

Os ficheiros das imagens devem ser denominados ou organizados de forma a possibilitar a procura da imagem de um documento através da sua identificação, conforme o que se encontrar preenchido no campo «Tipo de documento» e no campo «Número de documento de venda» do grupo de dados «Documentos comerciais».

Durante o **prazo obrigatório de conservação do arquivo** (previsto no artigo 52º do Código do IVA), os suportes de imagem devem garantir a impossibilidade de se efectuar uma nova gravação no suporte que substitua o original, bem como de perda de informação e ou alteração das imagens nele contidas (artº 4º).

Os **suportes electrónicos**, nomeadamente o disco compacto de leitura (CD-ROM) ou o disco versátil digital (DVD-ROM), devem conter, obrigatoriamente, um número de série, alfabético, numérico ou alfanumérico, que os identifique, atribuído pelo fabricante do suporte (artº 5º). Os sujeitos passivos do imposto são obrigados a possuir **cópias de segurança** do suporte electrónico e **os originais e as cópias de segurança devem ser armazenados em locais distintos** e em condições de conservação e segurança necessárias de modo a garantir a impossibilidade de perda dos arquivos.

De acordo com o artº 8º deste diploma legal, as reproduções integrais em papel, obtidas a partir destes arquivos têm, **para efeitos fiscais, o valor probatório dos documentos originais,** desde que verificadas as seguintes condições:

"*a) Tenham sido observadas as disposições relativas aos requisitos de integridade e legibilidade nos suportes de onde são extraídas;*
b) Permitam a leitura clara e inequívoca da informação.".

As empresas, sujeitos passivos da obrigação fiscal, devem **facultar à administração tributária, quando sejam objecto de acções de inspecção,** as **cópias dos respectivos suportes, reproduções legíveis em papel dos documentos arquivados,** bem como permitir a **realização de quaisquer tipos de análises ou pesquisas ao arquivo** dos documentos.

A **Portaria nº 363/2010, de 23 de Junho,** regulamentou o **processo de certificação dos programas informáticos de facturação,** definindo regras técnicas para as empresas que criam os respectivos *software*. Esta Portaria foi **alterada pela Portaria nº 22-A/2012, de 24 de Janeiro,** que regulamenta a **utilização obrigatória de programas informáticos de facturação certificados,** bem como a emissão de documentos equivalentes e facturas talões de venda, por equipamentos ou programas não certificados.

Estes diplomas visam reforçar o combate à fraude e evasão fiscais, garantindo a inviolabilidade dos registos efectuados pelos agentes económicos, pelo que se aconselha a sua consulta.

6.5. INSPECÇÕES E EXIBIÇÃO DOS LIVROS DE ESCRITA

Os livros de escrita, apesar da sua natureza sigilosa – posto que só ao comerciante diz respeito organizar a sua escrituração mercantil – podem ser alvo de **inspecções administrativas ou judiciárias**. As autoridades que realizarem estas diligências deverão respeitar as opções das empresas relativas à forma como organizaram a sua escrituração (artº 41º do Cód. Com.).

Em relação à **inspecção judiciária (ou judicial)**, que constitui uma das modalidades de prova em sede de processo, o Código de Processo Civil[20] dispõe que **sempre que o Tribunal julgue conveniente** pode, por sua iniciativa ou a requerimento das partes – ressalvando sempre a intimidade da vida privada e familiar bem como a dignidade humana – **inspeccionar coisas** ou pessoas, a fim de se esclarecer sobre qualquer facto que interesse à decisão da causa, podendo deslocar-se ao local da questão ou mandar proceder à reconstituição dos factos, quando a entender necessária (nº 1 do artº 490º do C.P.C.). Quando seja **uma das partes a requerer a realização desta diligência**, competir-lhe-á fornecer ao Tribunal os meios adequados à sua realização, salvo se estiver isenta ou dispensada do pagamento de custas (nº 2 do referido preceito legal).

Para levar a efeito a inspecção dos livros de escrita:

- **As partes devem ser notificadas do dia e hora da inspecção** e podem, por si ou através dos seus Advogados, prestar ao Tribunal os esclarecimentos de que necessite, alertando para os factos que considerem relevantes para a boa decisão da causa (artº 491º do C.P.C.);
- **O Tribunal pode fazer-se acompanhar de técnico competente** para o elucidar sobre a averiguação e interpretação dos factos que se propõe observar;
- **O técnico deverá ser nomeado no despacho que ordenar a diligência** e comparecer na audiência final (artº 492º, nº 2) para aí

---

[20] Código de Processo Civil aprovado pela Lei nº 41/2013, de 26 de Julho, entrou em vigor no dia 1 de Setembro de 2013.

prestar declarações complementares necessárias à produção da prova. Realizada a inspecção, deverá ser **lavrado auto** em que sejam registados todos os elementos úteis para a decisão da causa, e o Juiz pode determinar que se tirem fotografias para serem juntas ao processo (artº 493º).

No que respeita a **exibição judicial** dos livros de escrituração e documentos, estabelece o artº 435º do Código de Processo Civil:

"A exibição judicial, por inteiro, dos livros de escrituração comercial e dos documentos a ela relativos rege-se pelo disposto na legislação comercial.".

Nos termos do artº 42º do Cód. Com., tal exibição **só pode ser ordenada a favor dos interessados quando esteja em causa a sucessão universal, a comunhão ou sociedade e a insolvência.** Dispõe o artº 43º que, **fora destes casos, só pode haver exame dos livros de escrita e dos documentos a instâncias da parte interessada ou oficiosamente,** quando a pessoa a quem eles pertençam tenha interesse ou seja responsável pela causa, ao abrigo da qual se requer essa apresentação.

O exame será sempre feito no **domicílio profissional do empresário ou na sede social da empresa**, na presença daquele ou dos representantes legais desta.

Com efeito, dispõe o **artº 44º do Cód. Com.**:

"Os livros de escrituração comercial podem ser admitidos em juízo para fazer prova entre comerciantes, em factos do seu comércio, nos termos seguintes:

1º Os assentos lançados nos livros de comércio, ainda quando não regularmente arrumados, provam contra os comerciantes, cujos são; mas os litigantes, que tais assentos quiserem ajudar-se, devem aceitar igualmente os que lhes forem prejudiciais;

2º Os assentos lançados em livros de comércio, regularmente arrumados, fazem prova em favor dos seus respectivos proprietários, não apresentando o outro litigante assentos opostos em livros arrumados nos mesmos termos ou prova em contrário;

3º Quando da combinação dos livros mercantis de um e de outro litigante, regularmente arrumados, resultar prova contraditória, o tribunal decidirá a questão pelo merecimento de quaisquer provas do processo;

4º Se entre os assentos dos livros de um e de outro comerciante houver discrepância, achando-se os de um regularmente arrumados e os do outro não, aqueles farão fé contra estes, salva a demonstração do contrário por meio de outras provas em direito admissíveis.

§ Único. Se um comerciante não tiver livros de escrituração, ou recusar apresentá-los, farão fé contra ele os do outro litigante, devidamente arrumados, excepto sendo a falta dos livros devida a caso de força maior, e ficando sempre salva a prova contra os assentos exibidos pelos meios admissíveis em juízo.".

Também o **artº 436º do Código de Processo Civil** se refere expressamente à **requisição de documentos**, estabelecendo no seu nº 1:

"Incumbe ao Tribunal, por sua iniciativa ou a requerimento de qualquer das partes, requisitar informações, pareceres técnicos, plantas, fotografias, desenhos, objectos ou outros documentos necessários ao esclarecimento da verdade.", e a requisição **pode ser feita a organismos oficiais, às partes ou a terceiros** (nº 2).

Tendo as partes ou terceiros sido notificados para juntar aos autos estes elementos, **quando não cumpram a requisição, incorrem em multa**, salvo se justificarem o seu procedimento, sem prejuízo dos meios coercitivos destinados ao cumprimento da requisição (artº 437º). Sempre que o juiz verifique que os documentos requisitados por uma das partes são manifestamente impertinentes ou desnecessários para a decisão da causa e a parte requerente não tenha actuado com a prudência devida, condená-la-á ao pagamento de multa nos termos do Regulamento das Custas Processuais (nº 2 do artº 438º do C.P.C.).

Quanto às obrigações contabilísticas, dispõe o artº 115º e ss. do CIRC – Código do Imposto sobre o Rendimento de Pessoas Colectivas que todos os **lançamentos devem estar apoiados em documentos justificativos, devidamente datados**, e as operações serão registadas por ordem cronológica, sem emendas ou rasuras, devendo proceder-se **à regularização contabilística imediata dos erros** que, eventualmente, foram detectados. **Não são permitidos atrasos na execução da contabilidade superiores a 90 dias.**

6.6. REGISTO COMERCIAL

6.6.1. FINS E ENTIDADES ABRANGIDAS

Esta obrigação, especialmente prevista no artº 18º do Código Comercial, impõe a todas as empresas o dever de promover o registo dos actos a ele sujeitos. Como estabelece o nº 1 do artº 1º do Código do Registo Comercial, o registo destina-se *"...a dar publicidade à situação jurídica dos comerciantes individuais, das sociedades comerciais, das sociedades civis sob forma comercial e dos estabelecimentos individuais de responsabilidade limitada, tendo em vista a segurança do comércio jurídico.*

Com efeito, **do registo por transcrição definitivo deriva uma presunção *juris tantum* de que a situação jurídica correspondente ao facto registado existe** nesses precisos termos; contudo, **esta presunção é ilidível, afastável, desde que se prove que, não obstante o registo, tal situação jurídica é inexistente.** Donde, o registo, pela presunção que dele deriva, constitui uma fonte de certeza e de segurança no comércio jurídico e no domínio das relações jurídicas em geral.

Também de acordo com o nº 2 do artº 1º:

"O registo das cooperativas, das empresas públicas, dos agrupamentos complementares de empresas e dos agrupamentos europeus de interesse económico, bem como de outras pessoas singulares e colectivas por lei a ele sujeitas, rege--se pelas disposições do presente Código, salvo expressa disposição de lei em contrário.".

Deste preceito, e do próprio preâmbulo do Código do Registo Comercial, se infere que o **registo comercial não se limita ao registo dos comerciantes, abrangendo as pessoas, singulares ou colectivas, que se encontram profissional ou estatutariamente ligadas ao exercício do comércio**, considerado em sentido não formal. São abrangidos pelo registo comercial os **comerciantes/empresários individuais** e as **sociedades comerciais**, e ainda as **sociedades civis sob forma comercial** – como resultava do artigo 106º do Código Comercial. Também as **cooperativas** se devem sujeitar ao registo comercial, assim como os **agru-**

pamentos complementares de empresas, os **agrupamentos europeus de interesse económico**, criados pelo Regulamento (CEE) nº 2137/85 do Conselho, de 25 de Julho de 1985 e os **EIRL**. Apesar da sua distinta natureza, todas estas entidades se submetem ao mesmo regime registral, havendo apenas que atentar em relação aos actos a publicitar que são sujeitos a registo.

Preocupações relacionadas com a **certeza e a segurança jurídicas** que devem presidir à vida das empresas, e às transacções entre estas, justificam a obrigatoriedade do registo comercial dos actos e contratos cuja relevância pode afectar essa mesma segurança. O **registo comercial confere publicidade a estes actos, pois qualquer interessado pode saber, junto de uma Conservatória, qual a situação da empresa**, quais as inscrições em vigor, quem é o seu titular, como está representado o capital social, quem são os sócios, se houve, ou não, cessão de quotas, quem exerce a gerência, se são os sócios ou estranhos que a exercem, se existe alguma penhora que tenha sido ordenada e registada, e incida, eventualmente, sobre uma ou mais quotas representativas do capital social, entre outros factos sujeitos a registo e susceptíveis de serem do conhecimento público.

Esta informação é da maior importância para os credores dos empresários e das empresas já que, como dispõe o artº 11º do Código de Registo Comercial *"O registo por transcrição definitivo constitui presunção de que existe a situação jurídica, nos precisos termos em que é definida"*. Nesta conformidade, dos factos registados decorre a presunção legal sobre o estado das próprias empresas, a eficiência da sua organização e gestão, a possibilidade de solver compromissos e a idoneidade dos seus gestores, gerentes e administradores.

Há um conjunto de **actos e contratos que devem ser imperativamente registados**, em nome da lei e da segurança jurídica garantida a todos os que estabelecem relações com a empresa. Este Código foi alterado pelo **Dec.-Lei nº 76-A/2006, de 29 de Março, e pelo Dec.-Lei nº 8/2007, de 17 de Janeiro,** com vista a eliminar e simplificar actos e práticas no domínio do registo comercial e dos actos notariais. O Código de Registo Comercial em vigor incorporou inúmeras alterações, das quais destacamos as mais relevantes, introduzidas pelo mencionado Dec.-Lei nº 76-A/2006, e outros diplomas posteriores, sendo a última alteração a que foi dada pelo **Dec.-Lei nº 201/2015, de 17 de Setembro.**

6.6.2. REGISTO COMERCIAL BILINGUE

O **Decreto-Lei nº 73/2008, de 16 de Abril,** criou o registo comercial bilingue, em português e inglês (e aprovou um regime especial de **criação imediata de representações permanentes em Portugal** de entidades estrangeiras e a «Sucursal na Hora», procedendo à 28ª alteração ao Código do Registo Comercial e à 17ª alteração ao Regulamento Emolumentar dos Registos e do Notariado). Com este serviço, qualquer interessado pode obter, por via electrónica, informação sobre a situação jurídica dos registos de uma sociedade comercial em língua inglesa. Esta medida visa **permitir aos investidores estrangeiros a informação de que necessitem** sobre as empresas portuguesas, de forma mais acessível e imediata, sem ser necessário recorrer a serviços de tradução.

A escolha do idioma inglês deve-se ao facto de ser este que é utilizado universalmente nas relações negociais e é falado, ou compreendido, em qualquer parte do mundo. Todavia, foi ressalvada a possibilidade de, no futuro, e caso tal se justifique, se **utilizar outras línguas estrangeiras no registo comercial**. Uma empresa pode obter a partir de qualquer parte do mundo e através da Internet uma "certidão permanente" em língua inglesa do registo comercial de uma empresa portuguesa e fazer o respectivo pagamento com um cartão de crédito, abolindo as fronteiras criadas pelos sistemas nacionais de pagamentos.

Quanto à **criação imediata de representações permanentes em Portugal**, dispõe o artº 1º deste diploma:

"O presente decreto-lei estabelece um regime especial de criação imediata de representações permanentes em Portugal de sociedades comerciais e civis sob forma comercial, cooperativas, agrupamentos complementares de empresas e agrupamentos europeus de interesse económico com sede no estrangeiro, com a simultânea nomeação dos respectivos representantes.".

Uma empresa estrangeira que pretenda criar uma sucursal em Portugal, para melhor gerir os seus interesses no nosso país, deixa de realizar actos burocráticos e deslocar-se a vários serviços. Com a criação da «Sucursal na Hora», uma entidade com sede fora de Portugal pode criar uma sucursal no nosso País, no mesmo dia, em atendimento presencial único e sem deslocações aos serviços de Registo, aos serviços das Finanças e aos serviços da Segurança Social. Quanto ao procedimento a adoptar, vide ponto 5.8. anteriormente tratado.

6.6.3. ACTOS SUJEITOS A REGISTO OBRIGATÓRIO

Nos termos do artº 2º do Cód. Reg. Com., os **empresários individuais** deverão registar:

a) O início, alteração e cessação da actividade;
b) As modificações do seu estado civil e regime de bens;
c) A mudança de estabelecimento principal.

Só tem legitimidade para requerer o registo dos factos compreendidos nas als. a) e c) o próprio empresário ou um seu representante e as pessoas que tenham interesse (artº 29º).

Quanto às **sociedades comerciais**, as **sociedades civis sob forma comercial** e as **sociedades anónimas europeias**, estabelece o artº 15º que estão sujeitos a registo **obrigatório** os actos previstos nas **alíneas a), b), c) e alíneas e) a z) do nº 1 e no nº 2 do art. 3º**; para os **agrupamentos europeus de interesse económico**, os factos constantes do **art. 7º e 8º e das alíneas c) e d) do artigo 10º** do mesmo Código, que são:
Para as sociedades comerciais, civis sob forma comercial e sociedades anónimas europeias dispõe o artigo 3º:

"a) A **constituição**;
b) A deliberação da assembleia geral, nos casos em que a lei a exige, para aquisição de bens pela sociedade;
c) A **unificação, divisão e transmissão de quotas** de sociedades por quotas, bem como de partes sociais de sócios comanditários de sociedades em comandita simples;

e) *A transmissão de partes sociais de sociedades em nome colectivo, de partes sociais de sócios comanditados de sociedades em comandita simples, a constituição de direitos reais de gozo ou de garantia sobre elas e a sua transmissão, modificação e extinção, bem como a penhora dos direitos aos lucros e à quota de liquidação;*

f) **A constituição e a transmissão de usufruto, o penhor, arresto, arrolamento e penhora de quotas ou direitos sobre elas** *e ainda quaisquer outros actos ou providências que afectem a sua livre disposição;*

g) *A exoneração e exclusão de sócios de sociedades em nome colectivo e de sociedades em comandita, bem como a extinção de parte social por falecimento do sócio e a admissão de novos sócios de responsabilidade ilimitada;*

h) (Revogada.)

i) *A* **amortização de quotas e a exclusão e exoneração de sócios de sociedades por quotas***;*

j) *A deliberação de amortização, conversão e remissão de acções;*

l) *A emissão de obrigações, quando realizada através de oferta particular, excepto se tiver ocorrido, dentro do prazo para requerer o registo, a admissão das mesmas à negociação em mercado regulamentado de valores mobiliários;*

m) *A* **designação e cessação de funções***, por qualquer causa que não seja o decurso do tempo,* **dos membros dos órgãos de administração e de fiscalização das sociedades, bem como do secretário da sociedade***;*

n) *A* **prestação de contas** *das sociedades anónimas, por quotas e em comandita por acções, bem como das sociedades em nome colectivo e em comandita simples quando houver lugar a depósito, e de contas consolidadas de sociedades obrigadas a prestá-las;*

o) *A* **mudança da sede** *da sociedade e a* **transferência de sede para o estrangeiro***;*

p) *O* **projecto de fusão** *interna ou transfronteiriça e o* **projecto de cisão de sociedades***;*

q) *O projecto de constituição de uma sociedade anónima europeia por meio de fusão, o projecto de constituição de uma sociedade anónima europeia por meio de transformação de sociedade anónima de direito interno e o projecto de constituição de uma sociedade anónima europeia gestora de participações sociais, bem como a verificação das condições de que depende esta última constituição;*

r) *A prorrogação,* **fusão interna ou transfronteiriça, cisão, transformação e dissolução das sociedades***, bem como* **o aumento, redução ou** *reintegração do capital social e qualquer outra alteração ao contrato de sociedade;*

s) A designação e cessação de funções, anterior ao encerramento da liquidação, dos liquidatários das sociedades, bem como os actos de modificação dos poderes legais ou contratuais dos liquidatários;

t) **O encerramento da liquidação ou o regresso à actividade da sociedade;**

u) A deliberação de manutenção do domínio total de uma sociedade por outra, em relação de grupo, bem como o termo dessa situação;

v) O contrato de subordinação, suas modificações e seu termo;

x) (Revogada.)

z) A emissão de warrants[21] sobre valores mobiliários próprios, quando realizada através de oferta particular por entidade que não tenha valores mobiliários admitidos à negociação em mercado regulamentado nacional, excepto se tiver ocorrido, dentro do prazo para requerer o registo, a admissão dos mesmos à negociação em mercado regulamentado de valores mobiliários.

2 – Estão sujeitos a registo os seguintes factos relativos às **sociedades anónimas europeias**:

a) A constituição;

b) A prestação das contas anuais e, se for caso disso, das contas consolidadas;

c) O projecto de transferência da sede para outro Estado membro da União Europeia;

d) As alterações aos respectivos estatutos;

e) O projecto de transformação em sociedade anónima de direito interno;

f) A transformação a que se refere a alínea anterior;

g) A dissolução;

h) O encerramento da liquidação ou o regresso à actividade da sociedade;

i) Os restantes factos referentes a sociedades anónimas que, por lei, estejam sujeitos a registo.".

Para os agrupamentos europeus de interesse económico estabelece o artigo 7º:

"a) O contrato de agrupamento;

b) A cessão, total ou parcial, de participação de membro do agrupamento;

---

[21] De origem inglesa, *warrant* é o penhor de mercadorias depositadas.

c) A cláusula que exonere um novo membro do pagamento das dívidas contraídas antes da sua entrada;
d) A designação e cessação de funções, por qualquer causa que não seja o decurso do tempo, dos gerentes do agrupamento;
e) A entrada, exoneração e exclusão de membros do agrupamento;
f) As alterações do contrato de agrupamento;
g) O projecto de transferência da sede;
h) A dissolução;
i) A designação e cessação de funções, anterior ao encerramento da liquidação, dos liquidatários;
j) O encerramento da liquidação.".

Para os EIRL – estabelecimentos individuais de responsabilidade limitada, estatui o artigo 8º:

"a) A constituição do estabelecimento;
b) O aumento e redução do capital do estabelecimento;
c) A transmissão do estabelecimento por acto entre vivos e a sua locação;
d) A constituição por acto entre vivos de usufruto e de penhor sobre o estabelecimento;
e) As contas anuais;
f) As alterações do acto constitutivo;
g) A entrada em liquidação e o encerramento da liquidação do estabelecimento;
h) A designação e a cessação de funções, anterior ao termo da liquidação, do liquidatário do estabelecimento, quando não seja o respectivo titular.".

São ainda **obrigatoriamente** sujeitos a registo comercial os factos que integram as alíneas c) e d) do artº 10º, *ex vi* do artº 15º, que são:

*"a) O **mandato comercial escrito, suas alterações e extinção**;*
*c) A **criação, a alteração e o encerramento de representações permanentes** de sociedades, cooperativas, agrupamentos complementares de empresas e agrupamentos europeus de interesse económico com sede em Portugal ou no estrangeiro, bem como a designação, poderes e cessação de funções dos respectivos representantes;"*

O registo dos actos deve ser requerido no prazo de dois meses a contar da data em que foram titulados (nº 2 do artº 15º). Nos termos do nº 4 deste artigo, o pedido de registo de **prestação de contas de sociedades** (al. n) do artº 3º) **e dos EIRL** (al. e) do artº 8º) deverá ser feito **até ao 15º dia do 7º mês posterior à data do termo do exercício económico**. O registo de **prestação de contas consiste no depósito, por transmissão electrónica de dados, da informação constante nos seguintes documentos:**

- Acta de aprovação de contas do exercício e da aplicação de resultados;
- Balanço, demonstração de resultados e anexo a estes;
- Certificação legal de contas;
- Parecer do órgão de fiscalização, se existir.

A mesma documentação é a exigida para o registo da prestação de contas consolidadas (art. 42º do Cód. Reg. Com.). O artº 11º do Dec.-Lei nº 8/2007 – que alterou o artº 70º do Código das Sociedades Comerciais – impõe que as **sociedades devem disponibilizar, sem encargos, no sítio da Internet** – quando exista – e **na sede social, a todos os interessados, a cópia integral dos seguintes documentos:**

- Relatório de gestão;
- Certificação legal de contas;
- Parecer do órgão de fiscalização, quando exista.

6.6.4. OUTROS FACTOS SUJEITOS A REGISTO

Para além destes actos, o Cód. Reg. Com., no seu artº 9º, prevê o **registo de acções judiciais, providências cautelares, sentenças e despachos** que afectam a vida dos sócios e das sociedades, a saber:

"*a) As acções de* **interdição do comerciante individual** *e de levantamento desta;*

b) As acções que tenham como fim, principal ou acessório, declarar, fazer reconhecer, constituir, modificar ou extinguir qualquer dos direitos referidos nos artigos 3º a 8º;

c) As acções de **declaração de nulidade ou anulação** *dos contratos de sociedade, de agrupamento complementar de empresas e de agrupamento europeu de interesse económico registados;*

d) As acções de declaração de nulidade ou anulação dos actos de constituição de cooperativas e de estabelecimentos individuais de responsabilidade limitada;

e) As acções de **declaração de nulidade ou anulação de deliberações sociais**, bem como os procedimentos cautelares de suspensão destas;

f) As acções de reforma, declaração de nulidade ou anulação de um registo ou do seu cancelamento;

g) As providências cautelares não especificadas requeridas com referência às mencionadas nas alíneas anteriores;

h) As **decisões finais, com trânsito em julgado**, proferidas nas acções e procedimentos cautelares referidos nas alíneas anteriores;

i) As **sentenças de declaração de insolvência** de comerciantes individuais, de sociedades comerciais, de sociedades civis sob forma comercial, de cooperativas, de agrupamentos complementares de empresas, de agrupamentos europeus de interesse económico e de estabelecimentos individuais de responsabilidade limitada e as de indeferimento do respectivo pedido, nos casos de designação prévia de administrador judicial provisório, bem como **o trânsito em julgado das referidas sentenças**;

j) As **sentenças, com trânsito em julgado, de inabilitação e de inibição de comerciantes individuais para o exercício do comércio e de determinados cargos**, bem como as decisões de nomeação e de destituição do curador do inabilitado;

l) Os **despachos de nomeação e de destituição do administrador judicial e do administrador judicial provisório da insolvência**, de atribuição ao devedor da administração da massa insolvente, assim como de proibição da prática de certos actos sem o consentimento do administrador da insolvência e os despachos que ponham termo a essa administração;

m) Os despachos, com trânsito em julgado, de exoneração do passivo restante de comerciantes individuais, assim como os despachos inicial e de cessação antecipada do respectivo procedimento e de revogação dessa exoneração;

n) As **decisões judiciais de encerramento do processo de insolvência**;

o) As decisões judiciais de confirmação do fim do período de fiscalização incidente sobre a execução de plano de insolvência.".

Nos termos do artº 15º deste Código:

- **O registo do procedimento cautelar não é obrigatório** se já se tiver requerido o registo da providência cautelar e o registo desta não é obrigatório se já se encontrar pedido o registo da acção principal (nº 6);
- **O registo das acções e dos procedimentos cautelares de suspensão de deliberações sociais** devem ser pedidos no **prazo de dois meses a contar da data da sua propositura** (nº 7);
- **O registo das decisões finais** proferidas nas acções e procedimentos cautelares de suspensão de deliberações sociais deve ser pedido no **prazo de dois meses a contar do seu trânsito em julgado** (nº 8).

Os factos sujeitos a registo só produzem efeitos contra terceiros depois da data do respectivo registo (artº 14º, nº 1). Contudo, independentemente do seu registo, são eficazes e podem ser invocados entre as próprias partes ou seus herdeiros (nº 1 do artº 13º).

6.6.5. PROCESSO DE REGISTO

O artº 28º do Cód. Reg. Com. consagra o **princípio da instância, pelo qual é aos interessados que compete requerer o registo** dos actos e factos a ele sujeitos, salvo nos casos de oficiosidade previstos na lei. Os pedidos devem ser apresentados de forma escrita, de acordo com os modelos de requerimento de registo aprovados oficialmente, podendo, em casos especialmente previstos, ser apresentados verbalmente.

Têm legitimidade para requerer o registo dos actos respeitantes aos comerciantes/ empresários individuais ou às pessoas colectivas sujeitas a registo os próprios, os seus representantes e, ainda, todas as demais pessoas que neles tenham interesse.

Contudo, o registo do início, da alteração e da cessação de actividade do **comerciante/empresário individual**, bem como da mudança do seu estabelecimento principal, só pode ser pedido pelo próprio ou pelo seu representante. O mesmo acontece quando se trata de registar a **modificação dos seus elementos de identificação** (como estado civil, regime de bens em que se encontra casado), que só pode ser efectuado com base na declaração do interessado, devendo ser arquivados os respectivos documentos comprovativos (artº 34º).

O Ministério Público tem legitimidade para requerer os registos das acções que propõe, e das respectivas decisões finais. Quando se trate de registo de acções e outras providências judiciais, a efectuar por depósito (por mero arquivamento dos documentos que titulam os factos registráveis), apenas tem legitimidade para o requerer a entidade sujeita a registo. Mas dispõe o artº 29º-A que, quando a sociedade não promova o registo – por ser quem tem legitimidade para o fazer – **qualquer pessoa pode solicitar junto da Conservatória que esta promova o registo** por depósito de factos relativos a participações sociais e respectivos titulares.

Neste caso, a Conservatória notifica a sociedade para, no prazo de 10 dias, promover o registo, sob pena de, se o não fizer, proceder ao registo. **Não havendo oposição da sociedade**, no mesmo prazo, a Conservatória registará o facto, arquiva os documentos que lhe tiverem sido entregues e envia cópia dos mesmos à sociedade. Se a **sociedade deduzir oposição**, será apreciada pelo Conservador, depois de ouvir os interessados. No termo deste processo, sendo promovido o registo, a sociedade deverá pagar ao requerente todas as quantias que ele despendeu a título de emolumentos e encargos. Caso o pedido de registo seja indeferido, o Conservador entregará à sociedade as quantias que esta pagou, a título de emolumentos e outros encargos. A **decisão do Conservador admite recurso**, nos termos do Cód. Reg. Com. (artºs 101º e seguintes).

Finalmente, o registo pode ser pedido por quem tenha poderes de representação para intervir no respectivo título, por mandatário com procuração bastante, por Advogados, Notários e Solicitadores, e por Revisores e Técnicos Oficiais de Contas, quanto ao depósito dos documentos de prestação de contas.

Do vasto elenco de actos, salienta-se – pela sua frequência – os previstos nas **als. a), c), f), g), i), m), n), o) e r) do artº 3º do Código de Registo Comercial**, actos que reflectem as **vicissitudes** de uma sociedade e cujo registo, e subsequente conhecimento público, são de grande importância para quem tem de interagir com a empresa.

Parte IV
Sinais Distintivos do Comércio

1. SINAIS DISTINTIVOS DO COMÉRCIO

1.1. CONSIDERAÇÕES PRÉVIAS

É comum uma empresa escolher para o seu estabelecimento comercial, industrial ou de prestação de serviços, um nome que o distingue do nome do empresário ou da denominação social ou firma da sociedade, entidades que dão o suporte jurídico à actividade do estabelecimento. Nem há que confundi-los, já que a firma é o sinal individualizador da empresa ou do empresário e é obrigatória, enquanto o **nome do estabelecimento individualiza o estabelecimento, o espaço físico da empresa e é opcional ou facultativo.**

Quer o nome, quer a insígnia do estabelecimento encontram-se previstos e regulamentados pelo Direito da Propriedade Industrial ou Direito Industrial que disciplina os sinais distintivos das empresas, os seus produtos e serviços e o posicionamento da empresa em relação a outras empresas que com ela concorrem, directa e indirectamente. Numa economia de mercado há necessidade de um conjunto de normas que funcionam como um mecanismo de regulação das relações empresariais e da sua concorrência, atribuindo, a umas, direitos de **exclusivo económico** nos termos da lei, e impondo, às demais, um dever de abstenção, que se traduz na omissão de actos que sejam lesivos dos interesses e direitos que foram reconhecidos àquelas e, consequentemente, se encontram tutelados pelas normas de Direito Industrial. Estão nesta situação, precisamente, o nome e a insígnia do estabelecimento. Bem como outros sinais identificadores das empresas e que constituem um "capital" valiosíssimo que as individualiza dentro de fronteiras e no mercado internacional.

O **Direito da Propriedade Industrial**, conjuntamente com as normas que tutelam os direitos de autor (*"Copyright"*) protegem a propriedade intelectual inerente à actividade criativa do Homem, onde cabem as patentes, as obras artísticas e literárias. Contudo, há diferenças quanto ao campo de acção de cada um destes direitos. Enquanto o Direito da Propriedade Industrial confere protecção às **invenções e criações estéticas**, como as de *design* – cujas concepções, quando bem sucedidas, têm uma aplicação industrial e tecnológica – e os **sinais distintivos do comércio,** o Direito de Autor tutela a autoria de obras literárias e artísticas, como as criações originais (*v.g.* livros, artigos, desenhos, pinturas, composições musicais, sons, filmes, programas de televisão e de rádio, e sistemas computadorizados de tratamento de informação).

A esmagadora maioria das empresas adopta os denominados sinais distintivos do comércio como forma de identificar os seus produtos e serviços – que são o factor de fidelização da sua clientela e bom nome – que compreendem:

- **O nome, insígnia e logótipo,** adiante tratados;
- **A marca** – que consiste, genericamente, num sinal distintivo que a empresa coloca nos produtos, como forma de os diferenciar de outros, entendendo-se, por produto, as mercadorias e os serviços;
- **As recompensas** – que conferem o direito à colocação de uma distinção, baseada na qualidade dos produtos, como acontece com as "estrelas do Guia *Michelin*", nas unidades de Restauração e de Hotelaria;
- **As patentes e os modelos de utilidade** (títulos de propriedade industrial) – que consubstanciam direitos sobre uma invenção com aplicação industrial e dos quais se retiram novas funcionalidades e utilidades, por aplicação tecnológica;
- **Os desenhos ou modelos industriais** (que dão uma nova apresentação a um produto, de modo a torná-lo apelativo) sendo o *design* reconhecido como um importante instrumento de inovação e

comercialização dos produtos industriais porque trata da aparência estética dos produtos, influenciando a preferência dos consumidores.

Daí que o INPI – Instituto Nacional da Propriedade Industrial também tutele os "Desenhos ou Modelos", entendendo-se por um "desenho ou modelo" aquilo que traduz a aparência da totalidade ou de parte de um produto, nomeadamente, as suas linhas, contornos, cores, forma, textura e materiais do próprio produto e da sua ornamentação (como painéis publicitários, embalagens, *layouts* de apresentações em computador, fontes de letra, mobiliário, etc...) – vide artºs 173º e ss. do C.P.I.).

• **As indicações de proveniência (ou indicações geográficas) e as denominações de origem,** que contêm informações específicas e rigorosas quanto às características de certos produtos e a sua origem e devem indicar o local, a região e o país donde provêm tais produtos. **As denominações de origem**, garantia das condições climatéricas e ambientais que dão qualidade intrínseca ao produto, **depois de registadas, constituem propriedade comum dos habitantes ou empresários** dessas mesmas localidades e regiões que poderão usá-las na área respectiva, desde que devidamente autorizados pelo titular do registo (são exemplos os vinhos de regiões demarcadas, os queijos da Serra da Estrela).

Refira-se que esta matéria é sensível no contexto da UE, que prevê o **certificado de origem**, documento que atesta a proveniência de um produto e assume particular importância quando existam Acordos Preferenciais. Nas importações de países beneficiários do Sistema de Preferências Generalizadas Europeu – SPG, deverá ser emitido o "Certificado de Origem FORM A" e, nas restantes importações com origem em países em desenvolvimento, o "Certificado de Circulação EUR 1".

A propósito de denominações de origem, e a **título exemplificativo**, refere-se a **Portaria nº 793/2009, de 28 de Julho,** que reconheceu como denominação de origem **(DO)** a designação "Setúbal", que pode ser usada para a identificação do vinho licoroso que satisfaça os requisitos estabelecidos na presente Portaria e demais legislação aplicável. Este vinho, com direito à DO "Setúbal", pode ser engarrafado fora da sua área geográfica delimitada, mediante autorização prévia da entidade certificadora, nos termos do art. 2º deste diploma legal. Estabelece a mesma Portaria que a área geográfica de produção dos vinhos abrangidos por ela, conforme representação cartográfica constante do seu anexo I, inclui os concelhos do Montijo, de Palmela, de Setúbal e do município de Sesimbra, a freguesia do Castelo, tudo ao abrigo da Portaria nº 614/2008, de 11 de Julho, que designou a Comissão Vitivinícola Regional da Península de Setúbal (CVRPS) como entidade certificadora para exercer funções de controlo da produção, comércio e de certificação dos produtos vitivinícolas com direito à denominação de origem «Setúbal».

1.2. NOME DO ESTABELECIMENTO – LOGÓTIPO

É usual a adopção de um nome para o estabelecimento; e, à medida que o volume de negócios de uma empresa cresce, também pode hever tendência para abrir novas **filiais ou sucursais**, com outros estabelecimentos localizados em áreas estratégicas, dentro da mesma cidade, ou em cidades distintas, que ou adoptam nomes diferentes – género "Billy Boy", "Billy Girl", "Billy Woman" – indiciadores de uma segmentação do público-alvo a que se destinam – ou optam por uma numeração que traduz esse mesmo desenvolvimento económico empresarial, *v.g.* "Doçura & Mel 1" e "Doçura & Mel 2".

O C.P.I. define Logótipo como sinal identificativo de entidades que prestam serviços ou comercializam produtos. O **logótipo integra o nome do estabelecimento** e é usado nos anúncios, nos impressos, no papel timbrado da empresa. De acordo com o artº 304º-A, deve ser formado por um sinal ou conjunto de sinais susceptíveis de representação gráfica, combinando elementos nominativos e figurativos. Deverá ter eficácia para distinguir o estabelecimento ou a empresa (al. b) do nº 1 do artº 304º-H do C.P.I.) e ser composto de acordo com elementos verbais e imagens que indiciem, com rigor, a natureza da actividade (Princípio da verdade), nos termos do artº 304º-A do C.P.I.. Assim, não podem ser usadas palavras de uso corrente nem vocábulos susceptíveis de provocar confusão quanto à actividade.

1.2.1. INSÍGNIA E LOGÓTIPO

A insígnia, em rigor, é uma marca ou um sinal que traduz dignidade e nobreza (daí que qualifiquemos certas pessoas notáveis como insígnes).

Na sua mais correcta acepção, a **insígnia é um logótipo de cariz social** associado às medalhas, estandartes, divisas e emblemas, como os utilizados na heráldica; apesar de comummente ser associada ao logótipo, deverá ser entendida como um sinal representativo de **associações culturais, grupos recreativos ou desportivos**, entre outras colectividades de **acção social**.

Pelo contrário, **o logótipo usado pelas empresas consiste na sua identidade visual e gráfica**, ostentada na fachada do estabelecimento, usado no seu papel timbrado e outros documentos, na frota automóvel, no equipamento. É um grafismo composto de figuras e desenhos, letras e palavras, conjugados entre si, ou não, e outros sinais gráficos que individualizam a empresa utilizadora dos logótipos figurativo, nominativo e misto (artº 304º-A).

Na prática, o logótipo individualiza o estabelecimento, posto que é um sinal distintivo da empresa e é frequentemente bem cuidado, por ser objecto de um projecto elaborado, numa perspectiva globalizadora do estabelecimento/empresa, por consultores de imagem, arquitectos e *designers*, e que, só por si, **caracteriza imediatamente a empresa, sem necessidade de se identificar a firma,** por se saber que, àquele logótipo, corresponde um determinado produto ou serviço.

As regras para a composição do logótipo determinam que a empresa não poderá incluir figuras alusivas a distintivos, sinetes oficiais, sinais heráldicos, condecorações, emblemas de organismos em relação aos quais o Governo tenha concedido um direito exclusivo ao seu uso (caso da GNR, da Cruz Vermelha, dos clubes desportivos, entre outros), símbolos religiosos, ou outros que sejam ofensivas da moral e dos bons costumes, ou ainda contrários à legislação nacional e comunitária. O art. 304º-A do C.P.I. consagra:

"O logótipo pode ser constituído por um sinal ou conjunto de sinais susceptíveis de representação gráfica, nomeadamente por elementos nominativos, figurativos ou por uma combinação de ambos.".

Em todo o caso, deve ser composto de modo a distinguir uma entidade que preste serviços ou comercialize produtos, podendo ser utilizado, nomeadamente, em estabelecimentos, anúncios, impressos ou correspondência, como se disse.

O registo terá a duração de 10 anos, contados da data da respectiva concessão, **indefinidamente renovada por iguais períodos** (artº 304º-L do C.P.I.), podendo o seu titular usar no logótipo a designação 'Logótipo registado', 'Log. Registado' ou, simplesmente, 'LR' (artº 304º-M). Com o registo, o titular gozará do **direito de impedir terceiros de usar qualquer sinal idêntico ou confundível com o seu** ou que seja uma reprodução ou imitação do seu logótipo, salvo se consentir nesse uso (artº 304º-N).

O logótipo deverá manter-se inalterado, e **qualquer mudança nos seus elementos é sujeita a novo registo** (artº 304º-O). O **registo do logótipo é obrigatório**, com o objectivo de prevenir a apropriação ou o uso indevido por quem não tem a sua detenção ou registo a seu favor.

1.3. MARCA

A marca **de produtos ou de serviços** vem regulada no Código da Propriedade Industrial, a partir do artº 222º. A marca, que é **facultativa**, pode ser constituída por um sinal ou conjunto de sinais com representação gráfica, e pode incluir palavras, nomes de pessoas, desenhos, letras, números, sons, a forma do produto ou da sua embalagem, desde que promova a distinção rigorosa do produto ou serviço de uma empresa em relação aos de outras empresas. Também se pode incluir na marca frases publicitárias adoptadas para o produto ou serviço, desde que tal facto contribua para os distinguir.

A marca visa cumprir várias funções:

- **Distinguir** os produtos ou serviços de uma empresa, em relação aos de outras empresas, o que favorece o seu titular no mercado (artº 222º, nºs 1 e 2 do C.P.I.);
- **Garantir a qualidade** dos serviços ou produtos de uma empresa, não sendo, porém, este o seu objectivo fulcral;

- **Promover** os produtos e serviços prestados, por lhes ser reconhecido valor e qualidade por parte de quem é o destinatário (função publicitária).

Quanto às suas **modalidades**, podemos distinguir:

- **Marca de industrial ou fabricante** – aposta no produto por quem o produz (al. a) do artº 225º);
- **Marca de produtores agrícolas, exploradores pecuários, florestais** ou **de indústrias extractivas** (al. c) do mesmo artº);
- **Marca de artífices** – aposta nos objectos que os artesãos e artistas fabricam, alguns por conta de empresas empregadoras – como acontece com ourives, ceramistas, desenhadores de jóias (al. d) do artº 225º);
- **Marcas comerciais** – usadas pelos comerciantes, ainda que o produto tenha sido produzido por outrém, como é o caso das "marcas brancas" das grandes superfícies comerciais (al. b) do artº 225º);
- **Marcas de serviços** – usadas por determinadas empresas ou profissionais (al. e) do artº 225º).

A marca não pode ser criada apenas com sinais que se limitem a indicar a espécie, a qualidade, a quantidade, o destino, o valor, a proveniência geográfica ou meio de produção do produto ou da prestação do serviço. **Poderá ser composta por:**

- Letras, palavras, nomes de pessoas, números, frases publicitárias – **marca nominativa;**
- Figuras, desenhos, imagens – **marca figurativa;**
- Por ambas – **marca mista;**
- Por sons, representáveis graficamente em pentagrama – **marca sonora;**
- Pela forma do produto ou embalagem – **marca tridimensional.**

As marcas, especialmente as industriais, são muito importantes para o consumidor, já que garantem a qualidade do produto, das matérias-primas nele incorporadas, o processo de produção, e outros aspectos relevantes, mormente quando está em causa a saúde pública, como acontece com os produtos alimentares.

As **marcas colectivas incluem as marcas de associação e de certificação**, cujo registo confere o direito de disciplinar a comercialização dos respectivos produtos, nas condições estabelecidas na lei, nos Estatutos ou nos Regulamentos internos da entidade sua titular. Este tipo de marca está previsto e regulamentado nos **arts. 228º e ss do C.P.I.**, e, por definição:

> "1 – Entende-se por marca colectiva uma marca de associação ou uma marca de certificação.
> 2 – Podem constituir marca colectiva os sinais ou indicações utilizados no comércio para designar a **origem geográfica** dos produtos ou serviços.
> 3 – O registo da marca colectiva dá, ainda, ao seu titular o direito de disciplinar a comercialização dos respectivos produtos, nas condições estabelecidas na lei, nos estatutos ou nos regulamentos internos.".

Assim:

- A **marca de associação é um sinal que pertence a uma associação** de pessoas singulares ou colectivas e que **é usada pelos seus membros** para distinguir produtos ou serviços relacionados com o objecto da associação (artº 229º do C.P.I.);
- A **marca de certificação é um sinal que pertence a uma pessoa colectiva que controla produtos ou serviços** ou estabelece normas a que estes devem obedecer (artº 230º).

Nos termos do artº 224º do C.P.I., efectuado o registo, o seu titular tem o **direito de propriedade e do exclusivo** da marca para os produtos e serviços a que esta se destina e goza do **prazo de 10 anos para o seu uso exclusivo,** o qual pode ser **prorrogado indefinidamente** (artº 255º C.P.I.). Poderá impedir outrem que, sem o seu consentimento e no exercício de actividade económica, use marca idêntica, confundível ou imitada. E poderá reagir civil e penalmente contra quem reproduza ou imite a sua marca registada.

O direito ao registo das marcas colectivas compete:

- Às **pessoas colectivas às quais seja legalmente atribuída ou reconhecida uma marca de garantia ou de certificação** (que atesta as qualidades dos produtos ou serviços);

– Às **pessoas colectivas que tutelam, controlam ou certificam actividades económicas** (para assinalar os produtos provenientes dessas actividades ou de certas regiões, conforme os seus fins e nos termos dos respectivos estatutos ou diplomas orgânicos); estas entidades devem elaborar **regulamentos ou estatutos** que prevejam quem tem direito a usar a marca, as condições em que ela deve ser utilizada e os direitos e obrigações dos interessados, no caso de usurpação ou contrafacção (artº 231º do C.P.I.). Enquanto se mantiver em vigor o registo, o seu titular pode usar nos produtos as palavras "Marca registada", as iniciais "M.R.", ou ainda simplesmente "®".

Do registo derivam **direitos para o titular da marca**, dos quais se destaca o de **impedir terceiros de usar a mesma marca**, no exercício das suas actividades económicas, apondo nos produtos ou serviços qualquer sinal igual ou semelhante **que possa provocar confundibilidade entre os consumidores e clientes em geral**.

1.3.1. MARCA NA HORA (MNH) E MARCA ON-LINE

A Marca na Hora permite às empresas obter, no momento da criação da Empresa na Hora, uma marca pré-aprovada e pré-registada em nome do Estado, equivalente à firma escolhida da Bolsa de Firmas//Marcas disponível e criada para este efeito.

Fora deste caso, qualquer interessado no registo de uma marca deverá apresentar o seu pedido em formulário próprio, inserindo-o na base de dados para exame formal, após o que será feita a devida publicação do pedido no Boletim da Propriedade Industrial (BPI).

Segue-se prazo para **reclamação de terceiro** – eventualmente lesado com a utilização da solicitada marca – podendo o requerente do registo contestar e solicitar a prorrogação do prazo para apresentar a contestação. Este processo, que pode ter uma duração máxima de 16 meses, será apreciado e no seu termo o requerente da marca será notificado da decisão final e da publicação no referido Boletim.

Com o regime da "Marca Na Hora" (MNH), o interessado e requerente fica imediatamente com uma marca disponível, no momento em que cria a sua empresa. Neste caso, após a constituição da Empresa na Hora, ser-lhe-á entregue, juntamente com os documentos da empresa, a declaração de registo da marca e, posteriormente, o INPI remeterá para a sede da empresa o título de propriedade da marca, bem como o recibo de pagamento das taxas devidas pelo acto de aquisição do registo de marca. O regime da MNH, iniciado em 14 de Julho de 2006 prevê que qualquer interessado na obtenção de uma MNH consulte a bolsa de firmas/marcas na hora nos sítios www.inpi.pt e www.empresanahora.pt ou em qualquer um dos postos de atendimento da Empresa na Hora onde está disponível esse serviço.

Com o **Dec.-Lei nº 318/2007, de 26 de Setembro**, instituiu-se o **Regime especial de aquisição imediata e de aquisição *online* de marca registada**. Nos termos do artº 2º, a opção deve ser feita em relação a uma **marca previamente criada e registada a favor do Estado**, competindo às Conservatórias e outros serviços (Centros de Formalidades de Empresas, Agentes Oficiais de Propriedade Industrial e procuradores autorizados) disponibilizar a aquisição imediata de marca registada, dar início e concluir toda a tramitação do procedimento no mesmo dia, em atendimento presencial único no denominado Balcão (artº 4º). Os interessados na aquisição imediata de marca registada devem apresentar o pedido junto do serviço competente, manifestando a sua opção por uma das marcas previamente criadas e registadas a favor do Estado, após o que o serviço promove de imediato, os seguintes actos, pela ordem indicada:

- **Cobrança das taxas** devidas;
- **Afectação, por via informática, da marca** escolhida a favor do interessado;
- **Entrega ao interessado**, a título gratuito, d**o documento comprovativo da aquisição de marca registada**, de acordo com o modelo aprovado pelo INPI, I.P. e o recibo comprovativo do pagamento das taxas devidas;
- **Comunicação ao INPI**, I.P., por meios informáticos, da transmissão da marca registada, para que se proceda à sua inscrição oficiosa

no processo de registo e ao **RNPC** – Registo Nacional de Pessoas Colectivas.

A **Portaria nº 1359/2007, de 15 de Outubro,** na esteira do Dec.-Lei nº 318/2007, conferiu maior latitude ao processo de aquisição de marca pré-aprovada e pré-registada em nome do Estado, a denominada "marca na hora" que, até aqui, só podia ser adquirida no momento da constituição da "empresa na hora", com a particularidade de a marca ter de ser idêntica à firma escolhida para a sociedade. Com esta Portaria, **é possível adquirir uma "marca na hora" independentemente da constituição de uma sociedade**, no serviço disponibilizado pelas Conservatórias e outros organismos e facultado *online*, em sítio na Internet. A "marca na hora" também poderá ser obtida no momento da constituição da "empresa *online*". Finalmente, a aquisição de marca *online* registada é efectuada, por via electrónica, nos sítios na Internet de acesso público, www.inpi.pt e www.empresaonline.pt.

1.4. RECOMPENSAS

O artº 271º do Código da Propriedade Industrial define recompensas pela seguinte forma:

*"a) As **condecorações de mérito** conferidas pelo Estado Português ou por Estados estrangeiros;*

*b) As **medalhas, diplomas e prémios** pecuniários ou de qualquer outra natureza obtidos em exposições, feiras e concursos, oficiais ou oficialmente reconhecidos, realizados em Portugal ou em países estrangeiros;*

*c) Os **diplomas e atestados de análise, ou louvor**, passados por laboratórios ou serviços do Estado ou de organismos para tal fim qualificados;*

*d) Os **títulos de fornecedor do Chefe do Estado, Governo** e outras entidades ou estabelecimentos oficiais, nacionais ou estrangeiros;*

e) Quaisquer outros prémios ou demonstrações de preferência de carácter oficial.".

Conferidas estas recompensas, seja qual for a sua natureza e espécie, **passam a ser propriedade** dos industriais, comerciantes, agricultores e demais empresários a quem foram atribuídas (exemplo das estrelas do "Guia Michelin" para restaurantes – artº 273º).

1.5. PATENTES

A patente é um título de propriedade industrial que se funda numa **invenção** que, por natureza, terá de pressupor que **alguém concebe algo novo** (princípio da novidade), algo que não tenha sido ainda usado, divulgado ou explicado. Mas **o que foi inventado deve ser susceptível de apresentar uma solução técnica para um problema existente** e comportar a possibilidade de aplicação industrial ou noutra actividade (nº 3 do artº 55º do C.P.I.). Estaremos perante uma invenção **patenteável** se não existirem limitações à patenteabilidade (artº 53º) – só neste caso é que o inventor poderá requerer o registo da patente.

O artº 58º do C.P.I. estabelece a regra de que **o direito à patente pertence ao inventor ou aos seus sucessores por qualquer título**. Se forem **dois ou mais os autores da invenção, qualquer um tem direito a requerer a patente em benefício de todos**. Todavia, e para acautelar algumas situações, o artº 59º introduz **especialidades** de regime, relativas à **titularidade da patente**, ao consagrar:

"1 – *Se a invenção for feita durante a execução de contrato de trabalho em que a actividade inventiva esteja prevista,* **o direito à patente pertence à respectiva empresa;**

2 – *No caso a que se refere o número anterior, se a actividade inventiva não estiver especialmente remunerada, o inventor tem direito a remuneração, de harmonia com a importância da invenção.*

3 – ***Independentemente*** *das condições previstas no nº 1:*

a) Se a invenção se integrar na sua actividade, **a empresa tem direito de opção à patente** *mediante remuneração de harmonia com a importância da invenção e pode assumir a respectiva propriedade, ou reservar-se o direito à sua exploração exclusiva, à aquisição da patente ou à faculdade de pedir ou adquirir patente estrangeira;*

b) **O inventor deve informar a empresa da invenção** *que tiver realizado, no prazo de três meses a partir da data em que esta for considerada concluída;*

c) Se, durante esse período, o inventor chegar a requerer patente para essa invenção, o prazo para informar a empresa é de um mês a partir da apresentação do respectivo pedido no Instituto Nacional da Propriedade Industrial;

d) O não cumprimento das obrigações referidas nas alíneas b) e c), por parte do inventor, implica **responsabilidade civil e laboral**, *nos termos gerais;*

e) A empresa pode exercer o seu direito de opção, no prazo de três meses a contar da recepção da notificação do inventor.

4 – Se nos termos do disposto na alínea e) do número anterior, a remuneração devida ao inventor não for integralmente paga no prazo estabelecido, a empresa perde, a favor daquele, o direito à patente referida nos números anteriores.

5 – As invenções cuja patente tenha sido pedida durante o ano seguinte à data em que o inventor deixar a empresa consideram-se feitas durante a execução do contrato de trabalho.

6 – Se, nas hipóteses previstas nos nºs 2 e 3, as partes não chegarem a acordo, a questão é resolvida por arbitragem.

7 – Salvo convenção em contrário, é aplicável às **invenções feitas por encomenda***, com as necessárias adaptações, o disposto nos nºs 1, 2, 4 e 5.*

8 – Salvo disposição em contrário, os preceitos anteriores são aplicáveis ao Estado e corpos administrativos e, bem assim, aos seus funcionários e servidores a qualquer título.

9 – **Os direitos reconhecidos ao inventor não podem ser objecto de renúncia antecipada.**

Se a patente não for pedida em nome do inventor, este tem o direito de ser mencionado como tal no requerimento e no título da patente e, se o requerer por escrito, o inventor pode não ser mencionado como tal nas publicações a que o pedido der lugar.

1.5.1. PATENTES ON-LINE

Actualmente pode ser requerida uma patente *on-line*, serviço disponibilizado quer a cidadãos, quer a empresas. De resto, o Acto de Revisão da Convenção sobre a Concessão de Patentes Europeias, de 2000 – Convenção da Patente Europeia adoptada em Munique em 5 de Outubro de 1973 – visa facilitar e reforçar a protecção das invenções nos Estados-

-Membros e reduzir os custos inerentes à sua obtenção, estabelecendo um processo uniforme de concessão de patentes, de acordo com a uniformização dos Direitos internos dos Estados contratantes.

1.5.2. PATENTES POR VIA EUROPEIA

Quanto aos **pedidos de patente europeia** e patentes europeias que produzam efeitos em Portugal, dispõe o artº 75º do C.P.I. que não poderá ser contrariada e Convenção sobre a Patente Europeia de 5 de Outubro de 1973. Estes pedidos são apresentados no INPI quando o requerente de uma patente europeia tiver o seu domicílio ou sede social em Portugal, sob pena de o registo da patente não produzir efeitos em Portugal (salvo se reinvindica a prioridade de um pedido anterior apresentado em Portugal ou no Instituto Europeu de Patentes – artº 76º).

Nos termos do artº 99º, o registo confere uma **tutela de 20 anos**, contados da data do respectivo pedido, e durante a vigência da patente o seu titular pode usar nos produtos a expressão "patenteado", "patente nº" ou ainda "Pat nº" (artº 100º) desde que o titular da patente pague as taxas anuais cobradas pelo INPI, a partir da 5ª anuidade. **A patente caducará decorridos os 20 anos da sua protecção legal.**

O registo da patente confere ao seu titular:

- O **direito de exclusivo** para **explorar a invenção** em qualquer parte do território português;
- O direito de **impedir terceiros** de importar, possuir, fabricar, armazenar, introduzir no comércio ou facultar a utilização de um produto já patenteado, podendo o titular da patente **opor-se a todos os actos que constituam violação da sua patente** (artº 101º).

1.6. MODELOS DE UTILIDADE (MU)

Quanto aos **modelos de utilidade,** dispõe o artº 117º do C.P.I. que podem ser protegidas – como modelos de utilidade – **as invenções** novas, implicando actividade inventiva, **se forem susceptíveis de aplicação industrial**.

O objectivo é tutelar invenções através de um procedimento administrativo mais simplificado e acelerado do que o das patentes, daí que o inventor possa optar por pedir o registo a título de modelo de utilidade ou de patente, podendo requerer ambas as protecções. **A tutela legal do MU é de 6 anos, prorrogável por 2 vezes, cada uma com a duração de 2 anos** (artº 142º).

1.7. DESENHOS OU MODELOS

O artº 173º do C.P.I. consagra que o modelo ou desenho industrial *"...designa a aparência da totalidade, ou de parte, de um produto resultante das características de, nomeadamente, linhas, contornos, cores, forma, textura ou materiais do próprio produto e da sua ornamentação."*.

Produto é qualquer artigo industrial ou de artesanato que pode incluir:

- Os componentes da montagem de um **produto complexo** (entendido como o produto composto por componentes múltiplos, susceptíveis de serem dele retirados para o desmontar e serem recolocados para o montar novamente);
- As **embalagens**;
- Os **elementos de apresentação**;
- Os **símbolos gráficos e os caracteres tipográficos**, excluindo os programas de computador (artº 174º).

1.8. O CÓDIGO DA PROPRIEDADE INDUSTRIAL E A TUTELA DOS SINAIS DISTINTIVOS DO COMÉRCIO

O reconhecimento legal e a consequente **protecção jurídica destes sinais dependem de um processo formal prévio de registo ou depósito**, conforme os casos, junto da entidade administrativa competente, o INPI, com o preenchimento de um conjunto de requisitos e formalidades essenciais específicos para cada um dos direitos que o requerente pretende registar, *v.g.* a exigência de uma actividade inventiva nova para as patentes. O Direito da Propriedade Industrial prevê as regras a que está sujeita a concessão, protecção e validade destes direitos, não só para proteger os interesses privados das empresas titulares, mas também porque alguns destes direitos, como as Patentes, os Modelos de Utilidade e os Desenhos e Modelos pressupõem um interesse social e contribuem para o desenvolvimento da pesquisa e investigação, bem como da indústria.

Assim, são conferidos **direitos de exclusivo** sobre essas inovações, embora sempre limitados no tempo, mas que garantem que as empresas titulares desses direitos possam recuperar os investimentos despendidos nas suas actividades inventivas ou criativas. Por estas razões, existe um **potencial valor económico que se deve defender com estes direitos que versam bens imateriais** e que justificam que o titular da empresa requeira os competentes registos.

Porém, resulta do artº 7º do C.P.I. que a prova dos direitos de propriedade industrial faz-se por meio de títulos, correspondentes às suas diversas modalidades, os quais deverão conter os elementos necessários para a perfeita identificação do direito a que se referem. Também os **certificados de direitos de propriedade industrial emitidos por organizações internacionais** para produzir efeitos em Portugal têm o valor destes títulos.

O Código da Propriedade Industrial, aprovado pelo Dec.-Lei nº 36/ /2003, de 5 de Março foi alterado com o objectivo de permitir a **modernização nos procedimentos**, e a Lei nº 46/2011, de 24 de Julho, introduziu a mais recente redacção. Assim actualizado, transpôs para a ordem jurídica interna instrumentos de direito comunitário, como a Directiva nº 98/44/CE, de 6 de Julho, relativa à **protecção das invenções biotecnológicas** e a Directiva nº 98/71/CE, de 13 de Outubro, relativa à protecção legal de desenhos e modelos, para além de ter integrado um conjunto de regras que decorrem do Acordo sobre Aspectos dos Direitos de Propriedade Industrial relacionados com o Comércio (ADPIC), celebrado no âmbito da Organização Mundial do Comércio, de que Portugal é Estado membro, de pleno direito, desde Janeiro de 1996.

Pretendeu-se, em especial, **simplificar os pedidos de licenças obrigatórias, aperfeiçoar os procedimentos cautelares, reforçar as garantias dos particulares e das empresas**, abandonar a exigência de redacção dos dizeres das marcas e dos nomes de estabelecimento em língua portuguesa e prever o recurso a instrumentos extrajudiciais de resolução de conflitos. No seu artº 1º estabelece, desde logo, que a **função da propriedade industrial** é *"(...)garantir a lealdade da concorrência, pela atribuição de direitos privativos sobre os diversos processos técnicos de produção e desenvolvimento da riqueza."*.

Parte V
O Estabelecimento Comercial

1. O ESTABELECIMENTO: NOÇÃO E ELEMENTOS

O estabelecimento **é o espaço físico onde um empresário ou a empresa desenvolve a sua actividade económica**. Pode ser uma nave industrial, um estaleiro, uma loja, uma média ou grande superfície, uma pequena banca num mercado municipal, um escritório, um atelier, e outros espaços. É esta a noção corrente de estabelecimento, tal como o vemos na realidade fáctica.

Para o Direito, o estabelecimento é uma "universalidade" de facto e de Direito, uma **unidade jurídica** composta por coisas, bens e direitos titulados pela mesma entidade – a empresa ou o empresário – que, por via de regra, têm um destino unitário. O estabelecimento, no plano do Direito, deve ser tido como uma **entidade composta por uma pluralidade de coisas e de direitos**, além de ser o espaço físico onde se desenvolve a actividade económica. O estabelecimento integra:

- **Bens móveis e imóveis** (equipamentos industriais e máquinas, matérias-primas e produto acabado);
- **Acções e obrigações, títulos de crédito**;
- O próprio **nome do estabelecimento, o logótipo, as marcas, patentes** e outros direitos conexionados com a propriedade industrial;
- **As licenças e os alvarás**;
- **Os contratos** de diversa natureza celebrados pelo seu titular – arrendamento, contratos de trabalho e de outra natureza, relativos à contratação do pessoal ao serviço;
- As **relações com a Banca e os fornecedores, as relações com a clientela** – comumente designadas por "aviamento" e cuja natureza é praticamente imaterial mas da maior relevância para o sucesso do empreendimeto e para o lucro da empresa.

A noção do estabelecimento como uma realidade unitária está patente na Lei nº 6/2006, de 27 de Fevereiro, que aprovou o **N.R.A.U.** – Novo Regime do Arrendamento Urbano. Este regime foi revisto pela **Lei nº 31/2012, de 14 de Agosto**, com o propósito de introduzir maior flexibilidade nas negociações entre os contratantes, conferir maior liberdade nas estipulações relativas à duração dos contratos, permitir a transição do regime dos contratos de arrendamento urbano celebrados anteriormente ao NRAU e criar um procedimento simplificado de despejo. E a **Lei nº 79/2014, de 19 de Dezembro, procedeu à 2ª alteração da Lei nº 6/2006**. Apesar da alteração substantiva que introduziu na relação arrendatícia, o N.R.A.U. restringiu a sua disciplina ao âmbito do arrendamento para fins habitacionais, deixando praticamente intocado o regime do arrendamento para fins não habitacionais (comércio, indústria, escritórios), o objecto desta obra. Em face das alterações que foram introduzidas no regime do arrendamento para fins não habitacionais, destacamos neta obra, as mais relevantes, com o objectivo de definir as suas traves-mestras.

Em matéria de arrendamento para fins não habitacionais, o NRAU – a propósito da transmissão por acto entre vivos da posição de arrendatário – mantém o entendimento vertido no Código Civil, quando disciplina o **trespasse de estabelecimento comercial ou industrial** e estabelece, no nº 2 do artº 1112º:

"*Não há trespasse:*
a) Quando a transmissão não seja acompanhada de transferência, em conjunto, das instalações, utensílios, mercadorias ou outros elementos que integram o estabelecimento".
b) Quando a transmissão vise o exercício, no prédio, de outro ramo de comércio ou indústria ou, de um modo geral, a sua afetação a outro destino.

A *contrario sensu*, **o trespasse só assim poderá ser considerado quando a natureza unitária do estabelecimento seja preservada no negócio**, o que implica que em caso de transferência da titularidade de um estabelecimento, seja qual for a actividade económica nele exercia, esta se faça com todos os bens e direitos que o compõem, **conferindo-se a este conjunto ou universalidade jurídica o mesmo destino**.

2. O ARRENDAMENTO COMERCIAL

O NRAU revisto pela Lei nº 31/2012, visava conferir às partes contratantes maior liberdade para estipular quanto à duração do contrato e criar um procedimento especial de despejo do locado, de modo a facilitar a recolocação do imóvel no mercado do arrendamento.

O contrato de **arrendamento,** de acordo com o artº 1023º do Código Civil, **é o contrato de locação que versa sobre coisa imóvel**, ao contrário do **aluguer** – que incide sobre **coisa móvel**; estes contratos são duas sub-espécies da locação, contrato que consubstancia uma relação jurídico-obrigacional em que "*...uma das partes se obriga a proporcionar à outra o gozo temporário de uma coisa, mediante retribuição*" (artº 1022º do C.C.).

O arrendamento urbano pode ser tomado para fins habitacionais ou não habitacionais, de acordo com o artº 1067º do C.C.; o que nesta obra importa realçar ó o que se destina a **fins não habitacionais**, ou seja, o que é **tomado pelo locatário ou inquilino para, no locado, desenvolver uma actividade de natureza comercial, industrial ou de serviços**. Dispõe este preceito normativo que, quando as partes nada estipulem em relação ao fim a que se destina o arrendamento, este deverá ser gozado no âmbito das "**...suas aptidões, tal como resultem da licença de utilização.**" (nº 2). **Quando não exista licença de utilização, o contrato valerá como arrendamento habitacional se o local for habitável ou como não habitacional, se não for habitável, salvo se tiver sido dado este destino ao local** (nº 3).

2.1. FORMALIDADES DO CONTRATO

Com o NRAU, o **Dec.-Lei nº 160/2006, de 8 de Agosto**, consagrou os procedimentos e formalismos do contrato de arrendamento para fins não habitacionais. E fê-lo através de disciplina normativa avulsa por entender que, por ser matéria de pormenor, não deveria ser incluída no corpo sistematizado do Código Civil que, em relação a outros contratos típicos ou nominados, não lhes dá igual relevo e regulamentação.

Quanto às **formalidades** a observar na celebração deste contrato, o NRAU concedeu uma ampla liberdade às partes outorgantes, limitando as menções obrigatórias que dele devem constar. De acordo com um dos princípios fundamentais do nosso ordenamento jurídico-privado – **o princípio da liberdade de forma, previsto no artº 219º do C.C. – não impõe qualquer formalismo solene para a sua celebração, como a escritura pública notarial**.

O arrendamento para fins não habitacionais encontra-se disciplinado na Subsecção VIII do C.C., sob a epígrafe *"Disposições especiais do arrendamento para fins não habitacionais"* nos artºs 1108º a 1113º deste Código. Ao abrigo da revisão operada pelo NRAU, o contrato de arrendamento urbano (para fins habitacionais e não habitacionais) deve ser **reduzido a escrito** (artº 1069º do C.C.).

As menções obrigatórias são as constantes do artº 2º do Dec.-Lei nº 160/2006, cuja disciplina se mantém em vigor:

- **Identificação dos outorgantes**, com a naturalidade, data de nascimento e estado civil, o número de identificação fiscal e, tratando-se de uma empresa, a sua firma, sede, representante legal, o NIPC;
- **Identificação e localização** do arrendado, ou da sua parte;
- Indicação do **fim não habitacional;**
- Existência da respectiva **licença de utilização**, com o seu número, a data de emissão (para controle da sua validade) e a entidade que a emitiu ou, quando esta não seja exigível, mencionar tal facto;
- Valor da **renda** estipulada;
- **Data** da celebração do contrato.

2.2. DURAÇÃO DO CONTRATO

Quanto ao **prazo** de duração do contrato de arrendamento para fins não habitacionais, dispõe o n.º 1 do art.º 1110º do C.C. (com a redacção que lhe foi dada pela Lei n.º 31/2012) que as regras respeitantes à duração, denúncia e oposição à renovação dos contratos são livremente estabelecidas entre as partes, e que na falta de estipulação dos contratantes, se aplicarão as disposições do arrendamento para habitação.

Porém, o **n.º 2 do art.º 1110º encurtou o prazo previsto no NRAU (de 10 anos)** ao estabelecer:

*"Na falta de estipulação, o contrato considera-se celebrado por prazo certo, pelo período de **5 anos**, não podendo o arrendatário denunciá-lo com antecedência inferior a um ano."*.

A estipulação do **prazo supletivo de 5 anos** traduz uma alteração significativa na duração destes contratos. O **RAU** – Regime do Arrendamento Urbano (aprovado pelo Dec.-Lei n.º 329-B/2000, de 22 de Dezembro, revogado pelo NRAU) consagrava, no seu art.º 117º – por remissão para o art.º 98º – **um prazo mínimo de duração contratual de 5 anos** (e de 3 anos para as sociedades de gestão e de investimento imobiliário e os fundos de investimento imobiliário). O NRAU previu o prazo de 10 anos para o caso de as partes nada terem convencionado quanto à duração do contrato e agora o NRAU, assim revisto, reduziu este prazo para 5 anos, limite mais adequado aos presumidos interesses das partes contratantes, já que o anterior prazo de 10 anos poderia considerar-se excessivo e mais parecer uma penalização do silêncio das partes, no tocante à duração do contrato.

2.3. OUTRAS CLÁUSULAS

Além das menções essenciais, os contratantes **poderão aditar cláusulas acessórias** que exprimam as suas reais vontades e mútuo consenso, como:

- A identificação de zonas ou **locais afectos ao uso privativo** ou exclusivo do locatário;

- A descrição do **estado de conservação do locado** bem como dos **bens que o integrem** e sejam pertença dele;
- A referência à **natureza do direito do locador** (especialmente aconselhável sempre que este contrata como titular de um direito real de gozo temporário, como o **usufruto** vitalício ou intervém na qualidade de **procurador do locador**);
- O número de **inscrição matricial** ou a indicação de que o prédio se encontra **omisso na matriz**;
- O **regime da renda e eventual actualização**;
- O **Regulamento de Propriedade Horizontal,** que deverá ficar anexado ao contrato e assinado pelas partes;
- As regras relativas à duração, denúncia e oposição à renovação do contrato;
- As estipulações quanto a **obras de conservação** ordinária e extraordinária, sob pena de, no silêncio do contrato, a responsabilidade pela sua realização pertencer ao senhorio, sem prejuízo das regras gerais sobre as benfeitorias necessárias;
- A autorização para sublocar o arrendado;
- Outras cláusulas lícitas e não contrárias aos bons costumes e à ordem pública.

2.4. A LICENÇA DE OCUPAÇÃO/UTILIZAÇÃO

A exigência legal da **licença de utilização** (ou alvará de autorização de utilização ou ocupação) emitida pela Câmara Municipal competente é um requisito essencial, pois é **o título ou documento que atesta o fim para o qual o imóvel pode ser arrendado.**

Os **prédios construídos antes da entrada em vigor do RGEU** – Regulamento Geral das Edificações Urbanas (aprovado pelo Dec.-Lei nº 38 382, de 7 de Agosto de **1951**, que **entrou em vigor a 13 de Agosto do mesmo ano) estão isentos desta obrigação,** devendo-se anexar apenas ao contrato de arrendamento um **documento autêntico que ateste a data da construção do imóvel**, que pode ser emitido pelos serviços camarários competentes para o licenciamento de obras. Quanto a estes prédios – que não tenham sido objecto de reconstrução, ampliação ou qualquer alteração – o seu titular pode requerer à competente Câmara Municipal uma vistoria para verificação das suas condições, para posterior emissão de um dodumento comprovativo de que o prédio reúne as condições de habitabilidade ou ocupação.

Em todo o caso, dispõe o nº 1 do artº 60º do **RJUE** – Regime Jurídico da Urbanização e Edificação (aprovado pelo Dec.-Lei nº 555/99, de 16 de Dezembro, com as várias alterações dadas por outros diplomas, sendo a última introduzida pelo Dec.-Lei nº 214-G/2015, de 2 de Outubro,) que *"As edificações contruídas ao abrigo do direito anterior e as utilizações respetivas não são afectadas por normas legais e regulamentares anteriores"*.

O artº 64º estabelece que as autorizações de utilização serão emitidas no prazo de 10 dias a contar da recepção do requerimento apresentado pelo gestor da obra (elaborado nos termos do artº 63º) ou do seu responsável, com termo de responsabilidade, com declaração e demonstração de que a execução e a conclusão da obra obedeceram aos projectos de arquitectura e projectos das especialidades, entre outros requisitos.

Em relação aos alvarás de licença e de autorização de utilização de prédios, dispõe a al. d) do nº 1 do seu artº 98º que a ocupação de edifícios ou das suas fracções autónomas sem autorização de utilização ou em desacordo com o uso fixado no respectivo alvará ou comunicação prévia fará incorrer em **contraordenação e coima** (a não ser que as referidas licenças não tenham sido emitidas pela Câmara no prazo legal por facto a esta imputável). Esta responsabilidade concorre com a responsabilidade criminal, civil e disciplinar eventualmente imputada ao dono da obra e ao titular do prédio.

Compete ao **senhorio/locador a prova da existência ou da não exigibilidade desta licença, pelo que a falta de alvará de utilização poderá ser punida com coima de € 500 a € 100.000 (limite máximo) quando se trate de pessoa singular ou de € 1.500 a € 250.000 (limite máximo) quando seja pessoa colectiva. Com realce para a questão vertente, a disciplina contida no artº 100º do RJUE que faz subsumir a infracção das normas tuteladoras da legalidade urbanística contidas neste diploma ao crime de desobediência, previsto e punido pelo artº 348º do Código Penal.

Da mesma forma, pode o Presidente da Câmara Municipal competente, nos termos do artº 109º do RJUE, determinar a cessação da utilização de prédios ou das suas fracções autónomas – quando não exista alvará de utilização ou quando sejam usadas em violação do alvará emitido, isto é, com fim diverso – e fixar prazo para a desocupação, sob pena de despejo administrativo.

Nos casos de utilização para fins habitacionais, quando exista risco de vida ou doença aguda comprovada por atestado médico, é que este processo de despejo pode ser sustado, em caso de habitação, prosseguindo depois de os moradores seram realojados, a expensas da pessoa a quem competia ter o prédio ou fracção regularizada com a licença de utilização.

Em conclusão: o estabelecimento não pode ser arrendado para fim diverso daquele que estiver indicado na respectiva licença de utilização, daí que seja essencial para as partes contratantes indagar desse mesmo fim. Assim entende o legislador ordinário quando consagra no artº 1070º do Código Civil:

"1 – O arrendamento urbano só pode recair sobre locais cuja aptidão para o fim do contrato seja atestada pelas entidades competentes, designadamente através de licença de utilização, quando exigível.".

2.5. OBRAS

No que respeita a obras, estabelece o artº 1111º do C.C. que **as partes são livres** de estabelecer as regras relativas à responsabilidade pela sua realização, quer se trate de obras de conservação ordinária ou extraordinária, requeridas por lei ou pelo fim do contrato.

Porém, **se nada for convencionado, é ao senhorio que competirá realizar as obras de conservação, considerando-se o arrendatário autorizado a realizar as obras exigidas por lei ou requeridas pelo**

fim do contrato (obras necessárias para adaptar o locado ao fim que contratou, colocando divisórias, tectos falsos, redes para serviços informáticos, gradeamentos de janelas, revestimento de paredes, colocação de pavimentos, etc...).

2.6. MORTE DO ARRENDATÁRIO

A **morte do arrendatário faz caducar o contrato de arrendamento**, a não ser que haja sucessor que, com o primitivo arrendatário, explorasse em comum o estabelecimento (ou exercesse profissão liberal) – artº 58º, nº 1 da Lei nº 79/2014. Neste caso, **o sucessor deverá comunicar ao senhorio a sua intenção de prosseguir a exploração** do estabelecimento, no prazo de 3 meses a contar do óbito.

Assim se alterou a disciplina contida no artº 1113º do C.C. que estabelecia regra contrária, no sentido que a morte do arrendatário não operava a caducidade do contrato, a não ser que os seus sucessores **renunciassem à transmissão.**

De resto, o artº 27º da citada Lei manda aplicar aos contratos de arrendamento para fins não habitacionais celebrados antes da entrada em vigor do Dec.-Lei nº 257/95, de 30 de Setembro, as disposições constantes do seu capítulo II.

Destas normas relevam:
- **Quando um estabelecimento seja trespassado ou cedida a sua exploração** ou cessão do arrendamento para o exercício de profissão liberal – nos contratos de arrendamento sem duração determinado, isto é, celebrados por tempo indeterminado – **o locador pode denunciar o contrato desde que o faça mediante comunicação ao arrendatário com a antecedência não inferior a 5 anos sobre a data em que pretenda a sua cessação** (nº 3 do artº 28º);
- **O mesmo prazo para a denúncia do contrato deve ser observado quando o locatário seja uma sociedade e se opere uma transmissão intervivos da posição ou posições sociais que determine a mudança da titularidade em mais de 40%;**

– A cessação do contrato nestes casos confere ao locatário o **direito a ser compensado pelas obras licitamente feitas no locado**, ainda que as benfeitorias tenham sido realizadas sem estipulação contratual e sem terem sido autorizadas pelo locador;

Exemplificativamente, seguem minutas de contratos de arrendamento celebrados para fins não habitacionais que prevêm diferentes períodos de duração, bem como estipulações várias e específicas, ao abrigo da liberdade contratual das partes.

✓ Exemplo de contrato de arrendamento não habitacional (com um clausulado exaustivo)

PRIMEIRO OUTORGANTE:
"REDE DE INVESTIMENTOS IMOBILIÁRIOS NACIONAIS, S.A.", Pessoa Colectiva nº ...., com sede na Urbanização Infante D. Henrique, 100, da freguesia da Sé, no concelho do Porto, aqui representada pelo seu Administrador Único JOSÉ SARAIVA, divorciado, com residência habitual em 223, Rue des Fleurs, em Paris, França e, quando em Portugal, na Praceta dos Jardins em Flor, 33, em Braga, portador do Cartão do Cidadão nº ...., emitido pelos Serviços competentes da República Portuguesa, válido até ...., contribuinte fiscal nº ....

SEGUNDO OUTORGANTE:
JAIME PINHO DA SILVA, natural de Angola, portador do Cartão do Cidadão nº ...., emitido pelos Serviços competentes da República Portuguesa, válido até ...., contribuinte fiscal nº ...., casado com Esmeralda Peixinho da Silva, ambos residentes no Largo dos Rouxinóis, sem número, da freguesia de Barca, no concelho de Braga,

É celebrado o presente contrato de arrendamento para fins não habitacionais, que, livremente e de boa-fé, fazem submeter às cláusulas seguintes:

1ª

A sociedade primeira outorgante é a dona e legítima possuidora de uma **fracção autónoma** designada pela Letra "X" do prédio em regime de propriedade horizontal sito no Largo da Fonte, com entrada pelo nº 20, no 2 andar traseiras, da freguesia e concelho de Braga, inscrito na competente matriz predial urbana sob o art. ....

2ª

Esta fracção tem a área total de 300 metros quadrados, com a área coberta de 200 metros quadrados, e **destina-se a escritório**, conforme a Licença de Utilização nº ...., emitida pela Câmara Municipal de Braga, em .... de .... de ...., que se anexa a este contrato.

3ª
(Objecto do contrato)

Pelo presente contrato, a primeira outorgante dá de arrendamento ao segundo a supra referida fracção, a qual integra **3 salas para escritório**, devidamente compartimentadas por divisórias amovíveis, com a área de 50, 60 e 80 metros quadrados, cada uma delas, um corredor comum de acesso às salas e instalações sanitárias para serventia de todas elas.

4ª
(Duração do contrato)

Este contrato é feito pelo prazo de 1 ano, sendo tacitamente renovado, por iguais e sucessivos períodos de tempo, se não for denunciado por qualquer um dos outorgantes, nos termos da legislação em vigor.

5ª
(Renda)

A renda anual é de doze mil Euros, a pagar em doze mensalidades de mil Euros, no primeiro dia útil do mês anterior àquela a que disser respeito, na sede da primeira outorgante ou do seu legal representante.

6ª
(Sublocação)

1 – O segundo outorgante poderá sublocar uma ou duas salas que compõem o escritório objecto deste contrato, devendo fazê-lo apenas a pessoas singulares ou colectivas cuja actividade económica seja igual à daquele ou se inscreva na área de actividade económica do mesmo.

2 – Em caso de sublocação, o segundo outorgante deverá notificar o primeiro, no prazo de 15 dias, **identificando o sublocatário bem como o título pelo qual lhe cede parcialmente uma ou duas salas da fracção,** objecto deste contrato, ou seja, se tal cedência é feita gratuitamente ou, caso seja a título oneroso, qual o valor da renda que o segundo outorgante recebe do ou dos sublocatários, nos termos do disposto no art. 1061º e da al. g) do art. 1038º do Código Civil.

3 – Em qualquer caso de sublocação, que aqui expressamente se autoriza, o **segundo outorgante não poderá cobrar de qualquer um dos sublocatários uma renda que seja proporcionalmente superior àquela que é devida pelo arrendamento.**

7ª
(Obras e benfeitorias)

1 – As partes desde já estabelecem entre si que o segundo outorgante realizará as **obras de adaptação do locado** aos fins da sua actividade devendo, para este efeito, indicar quais são e obter prévio consentimento da primeira outorgante.

2 – As **obras de conservação normal e ordinária** caberão ao segundo outorgante, de acordo com critérios de necessidade de preservar em bom estado o locado e ficarão a pertencer a este, não conferindo ao segundo outorgante o direito a qualquer indemnização ou retenção.

3 – Competirá à primeira outorgante a realização das **obras extraordinárias**, designadamente as que se relacionem com a estrutura do prédio, fachadas e canalizações, nos termos da lei.

4 – Tratando-se de **obras ou reparações urgentes** previstas no nº 3 desta cláusula, o segundo outorgante poderá executá-las, sem prejuízo do direito de ser reembolsado pelo seu valor ou compensado do mesmo pelo valor das rendas, devendo, neste caso, avisar a primeira outorgante de que pretende executar as obras e juntar documento comprovativo da despesa efectuada e paga.

8ª
(Despesas e encargos)

1 – Todas as despesas decorrentes do fornecimento de água, energia eléctrica, comunicações e outros **serviços prestados ao segundo outorgante** serão da responsabilidade deste e deverão por este ser directamente contratadas.

2 – Os encargos com a **administração do condomínio e a fruição das partes comuns** bem como o pagamento dos serviços de interesse comum ficam a cargo do segundo outorgante, devendo a primeira apresentar ao segundo, no prazo de 1 mês, o comprovativo do seu pagamento, para que o segundo outorgante efectue o pagamento à primeira no mês seguinte e em simultâneo com o da renda subsequente.

9ª
(Transmissão da posição de arrendatário)

1 – A segunda outorgante poderá transmitir a sua posição contratual a terceiros ou a um ou ambos os sublocatários, desde que na fracção se continue a exercer o mesmo ramo de actividade profissional ou económica.

2 – Para este efeito deverá comunicar, por escrito, à primeira outorgante, enviando-lhe o escrito particular pelo qual operou a referida transmissão.

3 – Neste caso, o transmissário sucederá ao segundo outorgante em todos os direitos e obrigações que, para este, emergem do presente contrato.

Feito em triplicado, será um exemplar para cada uma das partes e o terceiro para ser devidamente selado.

Data

Assinaturas (do representante legal, com carimbo da empresa)

✓ Exemplo de contrato de arrendamento comercial (pelo prazo de 6 meses)

ENTRE:

JENUÍNA PACHECO PAIVA, viúva, residente na Rua dos Heróis, 13, da freguesia e concelho de Matosinhos, com o Cartão de Cidadão nº ...., válido até .... contribuinte fiscal nº ...., na qualidade de senhoria e como PRIMEIRA OUTORGANTE,

E

EMPRESA DE FORMAÇÃO E PROJECTOS DE INCLUSÃO SOCIAL, LDA., com o NUIPC ...., sociedade comercial por quotas matriculada na competente Conservatória do Registo Comercial sob o nº ...., com sede na Rua de Porto Seguro, 999, da freguesia de Leça do Balio, no concelho de Matosinhos, aqui representada pela sua sócia e gerente Mariana Pestana, portadora do cartão do cidadão nº ...., emitido pelos Serviços competentes da República Portuguesa, válido até ...., contribuinte fiscal nº ...., como SEGUNDA OUTORGANTE,

É celebrado, nesta data, livremente e de boa-fé, o contrato de arrendamento comercial que fazem submeter às cláusulas que seguem:

1ª

A primeira outorgante é dona e legítima proprietária da **Fracção autónoma** designada pela Letra "D", correspondente ao 1º andar direito do prédio urbano sito na Rua de Florbela Espanca, nºs 234 a 238, da freguesia de Matosinhos, deste concelho, com entrada pelo nº 236 da indicada Rua de Florbela Espanca.

2ª
(Objecto do contrato)

A referida fracção autónoma compõe-se de um amplo salão e uma instalação sanitária, com a área total de 61,50 metros quadrados, encontrando-se inscrita na respectiva matriz predial urbana sob o artigo 3421-D.

3ª
(Alvará de Utilização)

À descrita fracção foi atribuído Alvará de Licença de Utilização nº 111/00, emitido em ... de .... de ....., pela Câmara Municipal de Matosinhos, destinando-se a "**Escritório**", como melhor se alcança da cópia autenticada do mesmo Alvará que se anexa ao presente contrato e passa a fazer parte integrante deste, para todos os legais efeitos.

4ª
(Fim do contrato)

Pelo presente contrato, a Primeira outorgante dá de arrendamento à Segunda a supra identificada fracção, a qual se destina a ser nela instalada uma **sala para formação profissional** e execução de cursos/acções de formação desenvolvidos pela Segunda contratante.

5ª
(Duração)

O prazo de duração do contrato é de **seis meses**, com início no dia 1 de Janeiro de ..... e termo no dia 30 de Junho de ....., sendo renovável por iguais e sucessivos períodos de tempo, caso não seja denunciado, no seu termo, por qualquer uma das partes contratantes.

6ª
(Renda)

1 – A renda mensal é de 300,00 Euros (Trezentos Euros) que serão pagos à primeira outorgante, através de cheque emitido à ordem desta, no primeiro dia útil do mês anterior àquele a que disser respeito.

2 – A renda será actualizada anualmente, de harmonia com os factores de actualização aplicáveis aos arrendamentos comerciais, devendo, para este efeito, a primeira outorgante comunicar à segunda, através de carta enviada com uma antecedência mínima de, pelo menos, trinta dias, o valor da nova renda e do coeficiente aplicado.

7ª
(Obras)

1 – Tendo em vista adaptar o locado ao fim a que este se destina, desde já, expressamente, a primeira outorgante autoriza a segunda a realizar obras que compreendem a pintura de paredes e tectos, a colocação de divisórias e outras necessárias à instalação das condições de higiene e segurança impostas por lei e pelos Regulamentos aplicáveis à Formação.

2 – Para além destas, a segunda outorgante não poderá realizar obras ou benfeitorias sem a autorização expressa da primeira, salvo as que digam respeito à conservação e manutenção do locado em boas condições.

3 – As obras de conservação ordinária ficam a cargo da primeira outorgante, a senhoria.

9ª
(Benfeitorias)

Findo o contrato de arrendamento, terá a segunda outorgante o direito a levantar as benfeitorias que haja feito, concretamente as divisórias ou estruturas amovíveis que eventualmente coloque na sala, ficando as demais a pertencer ao locado.

Feito em triplicado, ficando um exemplar para cada uma das partes contratantes, e o terceiro para ser entregue no Serviço de Finanças, para pagamento do imposto de selo, vai ser assinado, depois de lido e o acharem conforme à sua real vontade.

Matosinhos, ... de ....de ....

A PRIMEIRA OUTORGANTE:

A SEGUNDA OUTORGANTE:

2.7. CESSAÇÃO DO CONTRATO DE ARRENDAMENTO

Dispõe o nº 1 do art. 1110º do C.C. que:

"As regras relativas à duração, denúncia e oposição à renovação dos contratos de arrendamento para fins não habitacionais são livremente estabelecidas pelas partes, aplicando-se, na falta de estipulação, o disposto quanto ao arrendamento para habitação."

Para a cessação dos contratos de arrendamento para fins habitacionais, o NRAU prevê, as seguintes formas:

- **Acordo das partes**;
- **Resolução**;
- **Caducidade**;
- **Denúncia**.

Nos termos da lei geral, há traços distintivos entre elas e a cada uma corresponde um impulso, um formalismo e efeitos diferenciados.

A **revogação por acordo**, ou acordo revogatório, pressupõe um consenso, uma tomada conjunta de posições declarativas que reflectem a vontade de colocar um termo final no negócio celebrado, **quando assim as partes bem o entenderem**, ou seja, sem terem de aguardar que se cumpra qualquer prazo eventualmente estabelecido para o fim do contrato.

A **resolução** do contrato, prevista pelo art. 432º e ss. do C.C., pode fazer-se mediante declaração de um dos contratantes à contraparte e é equiparada, quanto aos seus efeitos, à anulabilidade do negócio jurídico (287º do C.C.), **podendo dever-se a uma alteração anormal das circunstâncias** que motivaram as partes a celebrar o negócio (art. 437º do C.C.).

A **caducidade**, prevista pelo art. 328º do mesmo Código, **prende-se com o decurso do tempo e os seus efeitos na relação jurídica**. Se as partes estabeleceram um prazo determinado para a duração do contrato, este caducará quando ocorra esse mesmo facto extintivo, que é o momento, a data a partir da qual o contrato não produzirá mais os seus efeitos jurídicos. Como exemplo, podemos referir o contrato celebrado por tempo determinado, *v.g.*, 1 ano, cuja execução e duração ficará temporalmente circunscrita a esse mesmo período de 1 ano, caso não seja renovado nos termos da lei.

Finalmente, a **denúncia** pressupõe a **declaração unilateral de uma parte à outra que, independentemente do motivo**, poderá fazer cessar o vínculo que as uniu.

Na **relação arrendatícia**, estas figuras apresentam as mesmas características. Deste modo, é fundamento para a resolução do contrato de arrendamento para fins habitacionais o **incumprimento pela outra parte, dos deveres** que lhe assistem.

Nos termos do art. 1083º do C.C. constitui **fundamento** para resolver o contrato de arrendamento, pelo senhorio, **o incumprimento do locatário que, pela sua gravidade e consequências, torne inexigível a sua manutenção**. Nesta previsão se incluem as seguintes situações:

a) A violação reiterada e grave de regras de higiene, de sossego, de boa vizinhança ou de normas constantes do regulamento do condomínio;
b) A utilização do prédio contrária à lei, aos bons costumes e à ordem pública;
c) O uso do prédio para fim diverso daquele a que se destina;
d) O não uso do locado por mais de um ano, salvo nos casos previstos no nº 2 do artigo 1072º;
e) A cessão, total ou parcial, temporária ou permanente e onerosa ou gratuita, quando ilícita, inválida ou ineficaz perante o senhorio.". (nº 2)

A excepção prevista pelo nº 2 do art. 1072º integra as situações de força maior ou de doença, o cumprimento de deveres militares ou profissionais do locatário ou do seu cônjuge ou, ainda, de quem com aquele viva em união de facto, que impeçam de ocupar o locado por período nunca superior a 2 anos, ou a necessidade de o locatário prestar apoio continuado a pessoas com deficiência e com grau de incapacidade superior a 60%, sejam seus familiares ou não.

Para além destas causas, constitui fundamento para resolução do contrato de arrendamento, por parte do senhorio, a **mora do locatário igual ou superior a 3 meses, no pagamento da renda**, encargos e despesas que lhe caibam realizar, bem como a **oposição que ele coloque à realização de obras ordenadas por autoridade pública** (nº 3 do art. 1083º do C.C., com a redação que lhe foi dada pelo NRAU).

Quanto à **resolução por iniciativa do locatário,** haverá fundamento para tal quando **o locador se recuse a realizar obras da sua responsabilidade, e cuja falta comprometa a habitabilidade** do locado ou afecte o fim a que este se destina (nº 4 do mesmo artigo).

A resolução pode ser feita judicial ou extrajudicialmente e, neste caso, opera mediante **comunicação à parte contrária,** com invocação dos fundamentos ou motivos que determinam o incumprimento da obrigação.

Registe-se que o Dec.-Lei nº 1/2013, de 7 de Janeiro, procedeu à instalação e à definição das regras do funcionamento do **Balcão Nacional do Arrendamento** (abreviadamente designado BNA) e do **procedimento especial de despejo,** previstos nos artigos 15º a 15º-S da Lei nº 6/2006, de 27 de Fevereiro, na redação que lhe foi conferida pela Lei nº 31/2012, de 14 de Agosto, rectificada pela Declaração de Rectificação nº 59-A/2012, de 12 de outubro.

Finalmente, quanto à **denúncia,** há especialidades de regime consoante seja exercida pelo locatário ou pelo locador e vem regulada nos arts. 1100º a 1103º.

Tratando-se de um contrato de arrendamento para fins não habitacionais, o legislador apenas se limitou a consagrar que a denúncia obedece às mesmas regras aplicáveis para o arrendamento habitacional. Ora, e salvo melhor opinião, parece haver hipótese de aplicação analógica destas regras ao contrato de arrendamento não habitacional, apenas quando se verifique a situação prevista na al. b) do art. 1101º do C.C. que admite a denúncia do contrato, pelo senhorio, nos casos seguintes:

"*a) Necessidade de habitação pelo próprio e pelos seus descendentes em 1º grau;*

b) **Para demolição ou realização de obra de remodelação ou restauro profundos que obriguem à desocupação do locado;*".*

Não obstante, o art. 1110º abre as portas à **livre estipulação das partes, em matéria de denúncia,** pelo que caberá aos contratantes ajustarem entre si o melhor regime que a ambos satisfaça. Só na ausência desta estipulação é que serão aplicadas, subsidiariamente, as normas relativas ao arrendamento habitacional.

3. TRESPASSE DO ESTABELECIMENTO

O contrato de arrendamento para fins não habitacionais permite a transmissão de um estabelecimento comercial ou industrial mediante *"a transmissão por acto entre vivos da posição de arrendatário, sem dependência da autorização do senhorio"* (art. 1112º do C.C.), desde que se verifique um conjunto de requisitos cumulativos, sem os quais não se configurará um trespasse, que são:

- A transferência do estabelecimento como **um todo**, incluindo *"as instalações, os utensílios, mercadorias ou outros elementos"* que o integram (al. a) do nº 2 do indicado normativo, *a contrario sensu*);
- A manutenção, no locado, do **mesmo ramo de comércio ou de indústria ou da mesma actividade** (sob pena de o locador poder resolver o contrato – nº 5 do art. 1112º do C.C.).

O legislador acolhe a mesma noção de trespasse vertida no RAU e em legislação anterior, reiterando a natureza jurídica do estabelecimento como um todo, como uma universalidade de direito, conforme foi assinalado.

Diz-nos, contudo, a prática dos negócios que é usual fazer-se a transmissão de um estabelecimento sem todos os elementos que o integram, muitas das vezes "esvaziado" dos equipamentos, máquinas e mercadorias, reduzindo-se, neste caso, o negócio à mera transferência do logótipo do estabelecimento, dos seus alvarás e licenças (onde se incluem as licenças para a colocação de toldos e reclamos luminosos, de ocupação de espaços para esplanadas, entre outras emitidas pelas Câmaras Municipais), conjuntamente com o contrato de arrendamento.

Como notas a destacar na celebração do trespasse, regista-se que:

- O trespasse não carece de formalismo solene. Para ser celebrado validamente, **bastará reduzir o contrato a escrito e comunicar ao senhorio a realização deste negócio**;
- A alienação de estabelecimento comercial, próprio ou comum, depende do **consentimento de ambos os cônjuges**, salvo se estiverem casados sob o regime da separação de bens (al. b) do nº 1 do art. 1682º-A do C.C.).

Note-se ainda que, salvo convenção em contrário, deverá ser dada a **preferência ao locador**, no trespasse por venda ou dação em cumprimento, salvo convenção em contrário. O trespassante deverá notificar o locador da intenção de realizar o trespasse, **comunicando o valor e as condições do negócio para que este, querendo, exerça o seu direito legal de preferência** (nº 3 e nº 4 do art. 1112º do C.C.).

O trespasse, como a maioria dos negócios previstos na nossa lei, pode ser objecto de um **contrato-promessa**. As partes, estando interessadas na sua celebração, podem, no momento, não reunir todas as condições para celebrar o **contrato definitivo**, designadamente por não possuírem as licenças e alvarás necessários para a celebração do contrato, elementos fundamentais de um estabelecimento.

Deste modo, as partes podem vincular-se através de uma promessa bilateral ou sinalagmática – da qual emergem obrigações para ambas as partes promitentes – promessa que deverá ser bem elaborada, de modo a reflectir a real vontade das partes, caracterizar o negócio prometido e prevenir litígios futuros, no caso de o negócio não poder ser concluído ou celebrado por facto imputável, ou não, a qualquer uma das partes.

Para ilustrar esta situação, junta-se, aqui, uma minuta de um **contrato-promessa de trespasse** de um estabelecimento comercial que apresenta, ainda, a curiosidade de os promitentes trespassários prometerem pagar parte do preço convencionado com o valor que atribuem à **cessão da sua posição contratual** num outro contrato-promessa, de **compra e venda de uma fracção**, onde eles são os promitentes compradores (pág. 346).

Este exemplo serve igualmente o propósito de demonstrar como se podem reunir, no mesmo contrato, regras e cláusulas relativas a matrizes contratuais distintas, ao abrigo da liberdade contratual tutelada pelo nosso Direito, no art. 405º do Código Civil, que, no caso em apreço, são as regras referentes ao contrato de **trespasse e à cessão de posição contratual**.

✓ Exemplo de contrato de trespasse de estabelecimento comercial

Primeiro Outorgante:
"Docelândia – Empresa de Eventos e Aniversários, Lda", Pessoa Colectiva nº ...., com sede na ...., representada pela sua sócia e gerente Marianela de Vasconcelos Salgado, solteira, maior, residente na ....portadora do Cartão do Cidadão nº ...., emitido pelos Serviços competentes da República Portuguesa, válido até ...., contribuinte fiscal nº ...., com poderes bastantes para o acto, conforme certidão da competente Conservatória do Registo Comercial, que se anexa e passa a fazer parte integrante deste contrato;

Segunda Outorgante:
Dulcineia Pires da Silva, divorciada, natural da freguesia de Leça da Palmeira, em Matosinhos, residente na Rua do Sol, 123, da sobredita freguesia, portadora do cartão de cidadão nº ...., válido até ...., com o NIF ....

Celebram, nesta data, livremente e de boa fé, o contrato de trespasse de estabelecimento comercial que submetem às cláusulas seguintes:

1ª

A primeira outorgante é **dona e legítima possuidora de um estabelecimento comercial licenciado** para a realização de eventos e festas de aniversários, com entrada pelo número 11 da Rua do Catavento, da freguesia e concelho de Matosinhos, inscrito na competente matriz urbana sob o artigo ...., com o valor patrimonial de .... Euros.

2ª

O estabelecimento supra identificado está instalado no **local arrendado** a José Cardoso Pires, pela renda anual de seis mil Euros.

3ª

A primeira outorgante notificou o locador para exercer o seu **direito de preferência**, tendo este renunciado expressamente a ele.

4ª

Pelo presente contrato a **primeira trespassa à segunda** aquele descrito estabelecimento comercial, com todo o seu activo, equipamentos, mercadorias, alvarás e todas as licenças para o exercício da actividade, o direito ao arrendamento e demais pertenças, mas livre de qualquer passivo.

5ª

O trespasse ora contratado é feito pelo **preço** de cem mil Euros e será pago em cinco **prestações mensais e sucessivas** de vinte mil Euros cada uma, recebendo a cedente, nesta data, a primeira prestação, da qual dá aos cessionários a devida quitação, vencendo-se as restantes quatro prestações, respectivamente nos dias 30 de Março, 30 de Abril, 30 de Junho e 30 de Julho de ....

6ª

Por estar conforme com a real vontade das partes, ambas aceitam este contrato nos precisos termos em que foi exarado e vão assinar.

Data
Assinaturas

Anexos:
- Certidão da C.R.C. que comprova a qualidade de gerente com poderes para obrigar a sociedade trespassante;
- Licenças e Alvarás;
- Contrato de arrendamento e outros documentos a que alude o contrato.

✓ **Exemplo de um contrato-promessa de trespasse**

• **Com cedência de posição contratual dos promitentes trespassários**

Entre:

Primeiros Outorgantes – Paula Silva, casada sob o regime da comunhão de adquiridos com João Paulo Santos, contribuintes fiscais nºs .... e ...., respectivamente, ambos residentes na Rua do Lago, 444, 1º Esqº, da freguesia de Águas Santas, no concelho da Maia,

e

Segundos Outorgantes – Armindo Oliveira e mulher, Rosa Gomes, casados sob o regime da comunhão geral, contribuintes fiscais nºs .... e ...., respectivamente, residentes nas Rua Padre Américo, 22, em Vermoim, na Maia,

É celebrado, livremente e de boa-fé, o presente contrato-promessa de trespasse, que reciprocamente aceitam e fazem submeter às cláusulas seguintes:

1ª

Os primeiros promitentes são **donos e legítimos proprietários de um estabelecimento industrial e comercial** denominado "Bom Pão III", que se dedica à fabricação e venda de pão quente, sito no rés-do-chão do prédio com entrada pelo nº 7 da Rua Brilhante, na freguesia de Águas Santas, no concelho da Maia, e que se encontra inscrito na matriz predial respectiva sob o artigo 657.

2ª

Do estabelecimento faz parte integrante o serviço de cafetaria que inclui a venda de cafés e bebidas, e cujo equipamento, maquinaria, mobiliário e demais pertenças se encontram devidamente descritos na relação que se anexa a este contrato-promessa e que se dá por integrada, para todos os legais efeitos (Anexo I).

3ª

Pelo presente acordo, os primeiros **prometem trespassar aos segundos**, e estes **prometem tomar de trespasse** àqueles, o estabelecimento identificado na cláusula anterior, pelo valor global de 150.000,00 Euros.

4ª

O preço será pago da forma seguinte:

a) Nesta data, os segundos pagam aos primeiros promitentes a quantia de € 75.000,00, valor que as partes atribuem à **cedência da posição contratual** que os segundos promitentes detêm no contrato-promessa de compra e venda celebrado, em 30 de Maio de ...., entre estes e a sociedade comercial por quotas "VILABELA – Empreendimentos Imobiliários, Lda", Pessoa Colectiva nº 500 213 321, com sede na Rua da Aurora da Liberdade, nº 7, em Milheiros, na Maia, nos termos e condições que constam do mesmo contrato-promessa, cuja cópia se anexa a este contrato e do qual passa a fazer parte integrante, dando os primeiros a competente quitação aos segundos (Anexo II);

b) € 25.000,00, que serão pagos através de cheque visado, no prazo de 30 dias a contar da data de celebração deste contrato-promessa;

c) € 25.000,00, igualmente titulados por cheque visado, a pagar no prazo de 60 dias a contar da data de celebração deste contrato-promessa;

d) O remanescente do preço, ou seja, € 75.000,00, que os segundos pagarão na data de assinatura do contrato definitivo de trespasse.

5ª

1 – Nos termos da cláusula 2ª do **contrato-promessa de compra e venda**, celebrado entre os segundos promitentes e a sociedade "VILABELA – Empreendimentos Imobiliários, Lda", acima identificada, esta prometeu vender e aqueles prometeram comprar a fracção autónoma, com Letra a designar, destinada a uma habitação do Tipo T2, localizada no Bloco C, provisoriamente identificada com o número 307, com lugar de aparcamento, conforme melhor resulta da Planta que também se anexa a esta promessa (Anexo III);

2 – Nos termos da cláusula 7ª deste contrato-promessa de compra e venda, os promitentes-compradores, e aqui segundos outorgantes, reservaram o **direito de nomear um terceiro** para adquirir os direitos

e assumir as obrigações para eles emergentes deste contrato, desde que notifiquem, por escrito, a promitente vendedora, e até ao momento da designação de data para a celebração de escritura pública de compra e venda;

3 – Assim, e para efeitos da cedência da posição contratual a que se refere a alínea a) da Cláusula 4ª desta promessa, os **segundos promitentes comunicarão** à "VILABELA – Empreendimentos Imobiliários, Lda", acima identificada, previamente à data designada para a celebração do trespasse, **a nomeação dos primeiros, nos termos do art. 453º e seguintes do Código Civil.**

6ª

O estabelecimento será transmitido livre de passivo e de quaisquer ónus ou encargos, com todos os elementos que o integram, designadamente o mobiliário, máquinas e equipamentos industriais, mercadorias e utensílios, licenças e alvarás, bem como o direito ao respectivo arrendamento.

7ª

1 – O trespasse será celebrado depois dos primeiros promitentes obterem o Alvará relativo ao serviço de cafetaria, o qual foi já requerido junto da Câmara Municipal da Maia, em 31 de Janeiro de ....

2 – No caso de esta Câmara Municipal não emitir o Alvará de Licença de Ocupação a que alude o número anterior, será esta **promessa considerada nula e de nenhum efeito**, devendo as partes restituir, reciprocamente, aquilo que houverem prestado ao abrigo desta promessa de trespasse, obrigando-se os promitentes trespassários a pagar aos promitentes trespassantes o valor de € 1.000,00 por cada mês em que se tiver verificado a posse, fruição e exploração do estabelecimento.

Feito em duplicado, e ficando um exemplar para cada uma das partes, vai ser, depois de lido, rubricado e assinado pelos contratantes.

Data e assinaturas dos outorgantes:

Anexos:

• Anexo I – Relação dos bens móveis, mercadorias, equipamentos do estabelecimento;
• Anexo II – Contrato-Promessa de compra e venda entre os Promitentes Trespassários e a "VILABELA";
• Anexo III – Planta da fracção;
• Contrato de arrendamento, Alvarás e Licenças.

4. LOCAÇÃO DO ESTABELECIMENTO

4.1. NOÇÃO

Estabelece o artº 1109º do Código Civil:

"1 – A transferência temporária e onerosa do gozo de um prédio ou de parte dele, em conjunto com a exploração de um estabelecimento comercial ou industrial nele instalado, rege-se pelas regras da presente subsecção com as necessárias adaptações;

2 – A transferência temporária e onerosa de estabelecimento instalado em local arrendado não carece de autorização do senhorio, mas deve ser-lhe comunicada no prazo de um mês.".

A este contrato dá-se o nome de locação de estabelecimento, o qual pode estar **instalado em prédio da titularidade de quem cede a sua exploração ou da propriedade de terceiro** (senhorio do cedente).

4.2. CARACTERÍSTICAS

A locação de estabelecimento comercial, quer seja da propriedade de um dos cônjuges, quer de ambos, depende de **consentimento de ambos os cônjuges,** salvo se estiverem casados no regime da separação de bens (al. b) do nº 1 do artº 1682º-A do C.C.).

Esta figura contratual, comummente conhecida como **cessão de exploração**, também tem implícita a cedência do estabelecimento como um todo, com todos os bens que o integram (*v.g.* móveis, equipamentos, clientela, marcas e patentes, licenças e alvarás, contratos financeiros e comerciais). Neste contrato, as partes outorgantes ajustam ceder a exploração de um estabelecimento por um **período de tempo determinado, findo o qual podem prorrogar a sua duração ou o cedente passar a explorar de novo o negócio cedido**. Este negócio **não carece de formalismo solene**, pelo que basta reduzir a escrito o contrato de locação do estabelecimento para que seja válido.

Porém, e como forma de prevenir conflitos emergentes de um clausulado impreciso ou insuficiente, aconselha-se que as partes elaborem um **inventário** das existências e de todo o activo do estabelecimento e verifiquem a existência dos alvarás e licenças, especialmente dos que são específicos e indispensáveis ao normal desenvolvimento da actividade, cuja inexistência importa a aplicação de coimas e sanções por parte de autoridades administrativas – designadamente as que intervêm no processo de licenciamento e de fiscalização do estabelecimento. Na ausência da escritura pública – que permite que o Notário detecte falhas e/ou irregularidades – torna-se imperioso adoptar a **cautela possível** quanto à celebração do contrato de locação do estabelecimento, para regular, de forma precisa, aspectos do negócio que, em sede judicial, são frequentemente difíceis de sanar por as partes não terem previsto a disciplina das suas relações para o período da cessão da exploração. Compreendem-se, neste caso, as rendas devidas por espaços adjacentes ao estabelecimento (garagens para veículos ligeiros do cessionário), o valor do consumo de energia eléctrica, os contratos de distribuição comercial que podem ser alterados a bel-prazer do cessionário, a imputação superveniente de que o estabelecimento não é lucrativo e não permite o "apuramento" previsto nas negociações prévias, entre outros aspectos que acabam por transformar o negócio numa relação jurídica controvertida, com grande conflitualidade.

✓ Exemplo de contrato de locação de estabelecimento comercial

ENTRE:

Primeiro Outorgante – Miguel Teixeira da Cunha, casado, sob o regime da comunhão de adquiridos com Natércia Brito da Costa, ambos naturais de Moçambique e residentes na Rua de Goa, 1111, em Vila do Conde, ele portador do Cartão do Cidadão nº .... e ela do Cartão do Cidadão nº ...., emitidos pelos Serviços competentes da República Portuguesa, válidos, respectivamente até .... e ...., com os NIF ....

Segunda Outorgante – "Beijinhos e Parabéns, Prendas, Lda", com o NUIPC .... e sede na ...., representada pela sua sócia e gerente Iva Carla Martins, solteira, maior, residente na ....portadora do Cartão do Cidadão nº ...., emitido pelos Serviços competentes da República Portuguesa, válido até ...., contribuinte fiscal nº ...., com poderes bastantes para o acto conforme certidão da competente Conservatória do Registo Comercial que se anexa e passa a fazer parte integrante deste contrato;

É celebrado, nesta data, livremente e de boa fé, o contrato de locação de estabelecimento comercial, que submetem às cláusulas seguintes:

1ª

O primeiro outorgante é **dono e legítimo proprietário e possuidor de um estabelecimento comercial** que se dedica à comercialização de artigos para festas e outros acessórios de moda, sito na Rua da Música, número 10, rés-do-chão, da freguesia de Nevogilde, no concelho do Porto, inscrito na competente matriz urbana sob o artigo ...., e descrito na competente Conservatória do registo Predial sob o artigo .... e aí inscrito a seu favor sob a inscrição ...., com o valor patrimonial de .... Euros.

2ª

1 – Pelo presente contrato o primeiro **cede a locação do referido estabelecimento** à sociedade segunda outorgante, pelo prazo de 3 anos,

com início no dia 1 de Março de .... e termo no dia 28 de Fevereiro de ....

2 – Findo este prazo, se as partes assim o entenderem, poderão **renovar** este contrato por iguais e sucessivos períodos de tempo, salvo se uma das partes o denunciar, comunicando tal intenção à contraparte através de carta registada com aviso de recepção, com a antecedência mínima de 3 meses em relação ao termo do contrato.

3ª

Esta locação será feita com a utilização, pela cessionária, de **todos os equipamentos, máquinas, alvarás e licenças para o exercício da actividade**, e demais pertenças que se encontram no dito estabelecimento comercial e que constam de uma **relação** que se anexa a este contrato e faz dele parte integrante.

4ª

Findo o contrato, a segunda outorgante deverá **devolver** o estabelecimento com todas as suas pertenças, substituindo todos os equipamentos, utensílios e móveis que, pelo seu normal desgaste e utilização, se tenham inutilizado ou deteriorado.

5ª

Por esta locação, a sociedade cessionária **pagará ao cedente a quantia global de 300.000,00 Euros, em três prestações anuais e sucessivas de igual valor**, de 100.000,00 Euros, cada uma, respectivamente nos dias 31 de Dezembro de ......, 31 de Dezembro de .... e 31 de Dezembro de ......, através de transferência bancária para a conta de depósito do cedente primeiro outorgante.

6ª

1 – Ficarão a cargo da segunda outorgante todas as **despesas** com a água, a energia eléctrica e seguro multi-riscos.

2 – Será da responsabilidade do primeiro outorgante o pagamento das despesas com taxas, contribuições e impostos e multas devidas ao Estado que decorram de factos anteriores à data do presente contrato.

7ª

1 – Desde já expressamente se autoriza a segunda outorgante a realizar as **obras** de conservação ordinária, necessárias à manutenção do estabelecimento em boas condições de funcionamento, salubridade e higiene, de acordo com todos os regulamentos em vigor para a actividade económica que nele se desenvolve.

2 – No que respeita a benfeitorias úteis e voluptuárias, deverá a segunda outorgante solicitar, por escrito, autorização para a sua realização, não podendo proceder ao seu levantamento, no termo do contrato, nem reclamar qualquer indemnização do primeiro pela sua realização.

8ª

A segunda outorgante fica responsável por todos os **danos** que, com a sua exploração, causar no estabelecimento, designadamente ao seu bom nome comercial no mercado, por facto que lhe seja imputável.

9ª

A **mulher do primeiro outorgante** declara aceitar este contrato e todas as suas cláusulas, consentindo nesta locação, nos precisos termos que se encontra exarada.

Por estar conforme com a real vontade das partes, ambas aceitam este contrato nos precisos termos em que foi exarado e vão assinar.

Data e assinaturas

Anexos:

- Certidão da C.R.C. que comprova a qualidade de gerente com poderes para obrigar a sociedade trespassante;
- Licenças e alvarás;
- Relação dos bens que se encontram no estabelecimento, devidamente rubricada e assinada por ambos os contratantes.

Parte VI
Acordos de Distribuição Comercial Técnicas de Venda e Práticas Comerciais Desleais

1. ACORDOS DE DISTRIBUIÇÃO COMERCIAL

1.1. CONSIDERAÇÕES INICIAIS

Longe vai o tempo em que o produtor ou o comerciante se encarregavam, por si ou por interpostas pessoas, de distribuir os seus produtos pelos clientes ou de fazê-los escoar no mercado interno ou externo, criando para este efeito dependências, lojas, filiais e sucursais ou contratando pessoal para essas funções, como gerentes de comércio, caixeiros-viajantes e auxiliares de comércio. Actualmente, as empresas lançam mão de acordos de distribuição comercial, que, como sustenta MONTEIRO, A. Pinto[22], são *"aqueles contratos, típicos ou atípicos, que disciplinam as relações jurídicas entre o produtor e o distribuidor "lato sensu" com vista à comercialização dos bens e serviços do primeiro."*. Assim, a distribuição comercial – como uma actividade que tem por fim colocar os produtos no mercado do consumidor final – foi ganhando relevo económico e autonomia, com o recurso às empresas de logística e transportes de mercadorias.

Como salienta José Engrácia Antunes[23], hoje *"...o produtor concentra-se exclusivamente na função produtiva e renuncia à tarefa de comercialização, confiando esta a empresários ou intermediários autónomos especializados (v.g.,*

---

[22] *In* "Contratos de Distribuição Comercial", Almedina, Coimbra, 2004.
[23] *In* "Os contratos de distribuição comercial", Revista de Ciências Empresariais e Jurídicas nº 16-2010, IPP – Instituto Politécnico do Porto.

transportadores, armazenistas, comissários, mediadores, agentes, concessionários, franquiados, etc.).

Sem prejuízo das vendas que o produtor promove em lojas que abre directamente ao público, na dependência da sua unidade produtiva ou anexas a ela, facto é que há empresários e empresas especializadas que se dedicam à comercialização de bens produzidos ou importados de outras regiões e países, e que vendem em áreas geográficas que dominam, exercendo a sua actividade com um maior ou menor grau de autonomia, mas sempre numa lógica integrada de operar concertadamente com importadores, produtores e comerciantes.

Trata-se de uma modalidade de distribuição que José Engrácia Antunes classifica de **distribuição indirecta** (com o contrato de agência ou representação comercial, o contrato de concessão comercial, a franquia, o contrato de mediação e o contrato de comissão), **em antítese com a distribuição clássica ou directa, desenvolvida pelos próprios produtores e comerciantes**. Deparamo-nos com uma realidade em que as empresas **expandem** os seus negócios, contratando, no mercado interno ou em mercados internacionais, outras entidades, que podem ser empresários ou empresas responsáveis pela distribuição e comercialização dos bens e produtos. Estes acordos constituem instrumentos jurídicos ao alcance dos vários agentes económicos, que **permitem conquistar novos clientes e mercados para os produtores, comerciantes e marcas** representadas, além de facultarem ao distribuidor e representante comercial pôr em marcha uma **boa oportunidade de negócio**. Esta forma de vender acompanhou a evolução das novas tecnologias da informação e comunicação, possibilitando a formalização de contratos de compra e venda entre os clientes ou empresas compradoras do produto e as empresas vendedoras ou representadas de uma forma ágil, com recurso a *softwares* específicos.

Continuando a citar José Engrácia Antunes, estes acordos de distribuição são, maioritariamente e na sua natureza jurídica, **contratos atípicos**, porque não previstos nem regulados expressamente na lei, sendo celebrados com base no princípio da **autonomia privada**, trave-mestra do nosso ordenamento jurídico-civil: a **liberdade contratual** do artº 405º do C.C. Daí que o legislador português não sinta a necessidade premente de regular ou tipificar estes acordos e contratos porque, salvaguardados os princípios gerais de Direito, a boa-fé, a ordem pública e a licitude do seu objecto, não violam de direitos e garantias das partes contratantes. Excepção feita ao contrato de agência ou representação comercial que, como se verá adiante, tem disciplina normativa específica.

1.2. PERFIL E COMPETÊNCIAS DO DISTRIBUIDOR E DO REPRESENTANTE COMERCIAL

As oportunidades de negócio do distribuidor e do representante comercial dependem do seu perfil que se caracteriza por um conjunto de traços:

- Domínio do ramo de actividade e conhecimento do produto;
- Adequada percepção do mercado local ou regional onde se integram e exercem a sua actividade, bem como a concorrência;
- Bom conhecimento da empresa representada e das suas políticas e procedimentos;
- Conhecimento dos potenciais clientes finais, dos seus hábitos e preferências de consumo;
- Competências pessoais e sociais adequadas, como vocação para vender, persistência, lealdade, facilidade para comunicar, capacidade para gerir o tempo, saber planear e ser organizado, ter noções de contabilidade e, fundamentalmente, ser capaz de desenvolver relações com clientes e ter a noção do que é uma parceria.

No princípio, o negócio pode exercer-se no próprio domicílio pessoal do representante, sem instalações físicas complexas, com um salão para exposição de produtos, uma loja ou um armazém, evoluindo para um futuro posto de venda e atendimento; porém, o **distribuidor e o representante comercial deverão cumprir escrupulosamente as orientações que se prendem com a estratégia de planeamento ou de marketing da empresa com a qual contrataram e representam**. Deste modo, deverão ser cuidadosos com a forma como se apresentam aos clientes, como organizam mostruários, catálogos e as demonstrações dos produtos.

Na sociedade global em que vivemos, qualquer interessado em iniciar a sua actividade como distribuidor ou representante comercial pode aceder, via Internet, a *sites* de todos os continentes, onde as empresas publicitam a sua intenção de investir e de alargar mercado através desta forma de contratação de parceiros, *sites* onde se podem cadastrar ou registrar, enviando os *curricula* e obtendo informação sobre as comissões praticadas, o sistema de relatórios e os aspectos relevantes para a negociação e contratação, processo no termo do qual poderão ser recrutados como distribuidores e representantes comerciais, beneficiando, designadamente, de formação profissional específica para o exercício desta actividade.

A actividade de representação comercial cobre praticamente todas as actividades económicas, desde o agronegócio (indústria de rações, ferramentas), a alimentação e bebidas, o artesanato e produtos desportivos, os artigos para festas, brindes e presentes, a bijuteria e marroquinaria, a moda, o vestuário e calçado, os brinquedos, as embalagens e a electrónica, à construção civil e os transportes, a óptica, o mobiliário e a decoração, a hotelaria, o meio ambiente e a indústria farmacêutica.

1.3. CARACTERIZAÇÃO GENÉRICA DO DISTRIBUIDOR E DO REPRESENTANTE COMERCIAL COMO AGENTE ECONÓMICO

Podemos caracterizar este agente económico como um profissional de vendas que:

- **Actua de forma autónoma** e é titular de uma empresa de distribuição ou de representação;
- É responsável pelas vendas de equipamentos e produtos de um produtor, **em determinado círculo territorial ou circunscrição geográfica**;
- Por via de regra, domina um segmento de actividade económica (venda por grosso ou atacado, venda a retalho ou por distribuição);
- É um **vendedor independente**;
- **Pode ser conhecido por representante de vendas ou gerente de conta.**

As suas principais **funções** são:

- Visitar periodicamente os clientes;

- Manter actualizado o registo da clientela;
- **Avisar a empresa representada sobre a qualidade do crédito dos clientes**;
- Elaborar e enviar à representada os **relatórios**, nos prazos contratualmente fixados;
- Cumprir os procedimentos relativos ao crédito, expedição e entrega dos produtos e mercadorias;
- Encontrar e contactar potenciais **novos clientes**;
- Tratar as **reclamações** e assegurar o processo de **devolução e/ou substituição de produtos com defeito**;
- Apresentar à marca ou à representada as recomendações e sugestões propostas pelos seus clientes;
- Arquivar pedidos de venda e relatórios;
- **Prever as tendências do mercado** onde opera;
- Desenvolver e apresentar novas ideias para captar mais clientela ou manter aquela que tenha sido já angariada;
- Elaborar um **plano de vendas**;
- Participar em feiras, mostras, exposições, debates e colóquios relevantes para a actividade.

A sua actividade – que tem como suporte jurídico uma série diferenciada de contratos negociados com estipulações concretas e adequadas aos reais interesses dos contratantes ou o contrato de agência ou representação comercial – é propiciadora de lucro, já que as empresas, nacionais e internacionais, com necessidade de alargar mercados, passar fronteiras, aumentar o seu volume de vendas ou fidelizar clientelas à sua marca, vêm nesta parceria o meio útil e adequado para atingir estes objectivos, sem necessidade de criar dependências, filiais ou sucursais, com todos os inconvenientes que decorrem do lançamento de novos estabelecimentos noutros países, cujos ordenamentos jurídicos, normas de licenciamento da laboração ou exploração da actividade ou regime fiscal podem divergir significativamente dos regimes dos países onde têm a sua sede.

Por outro lado, e como se disse, as novas tecnologias que permitem a utilização de *callcentres*[24], as televendas, os *e-mails*, os telefones celulares,

---

[24] São o conjunto de recursos materiais, humanos e organizativos que permitem gerir à distância a carteira de clientes.

a Internet e o *e-comerce* ou comércio electrónico, possibilitam ao distribuidor ou ao agente um trabalho com mais qualidade, especialmente no que se relaciona com a gestão de *stocks*, o contacto com a sua clientela e a actualização da base de dados, as formalidades para encomendar bens e produtos aos representados, entre outros aspectos.

1.4. O CONTRATO DE AGÊNCIA OU DE REPRESENTAÇÃO COMERCIAL

1.4.1. NOÇÃO E REQUISITO DE FORMA

Esta figura contratual, comummente usada entre empresas e seus agentes económicos muito antes de se encontrar prevista e regulada na lei portuguesa, era um contrato atípico ou inominado, celebrado nos termos do artº 405º do Código Civil. Foi utilizado como um instrumento técnico-jurídico para obter resultados exigidos pela constante mutação da vida económica e empresarial e uma nova forma de fazer negócios e contratar. A sua regulamentação legal, vertida no **Dec.-Lei nº 178/86, de 3 de Julho, reflecte, consequentemente, a importância que a representação comercial adquiriu no mundo dos negócios**; este regime jurídico, **alterado pelo Dec.-Lei nº 118/93**, de 3 de Abril, é similar ao adoptado por todos os países da UE já que se baseia na Directiva nº 86/653/CEE, do Conselho, de 18 de Dezembro de 1986.

De acordo com o artº 1º do citado Dec.-Lei:

"Agência é o contrato pelo qual uma das partes se obriga a promover por conta da outra a celebração de contratos, de modo autónomo e estável e mediante retribuição, podendo ser-lhe atribuída certa zona ou determinado círculo de clientes.".

Quanto à **forma**, a lei portuguesa não **impõe que seja reduzido a escrito**.

Qualquer uma das partes tem a **faculdade de exigir que seja subscrito documento assinado pelos contratantes** com todas as estipulações, forma a que poderão submeter-se as eventuais e futuras alterações, aditamentos e modificações do contrato.

Este direito não é renunciável, pelo que não será lícito exigir a quem quer que seja que abdique deste direito.

1.4.2. CARACTERIZAÇÃO

1.4.2.1. *AUTONOMIA, SIGILO E DEVER DE NÃO CONCORRÊNCIA*

Cumpre, aqui, salientar as características essenciais deste contrato. Da definição legal resulta que o agente ou representante comercial é um indivíduo ou uma pessoa colectiva cuja actividade consiste na prospecção de mercados, na angariação de clientela, na fidelização dos clientes que angariou para o outro contraente, tudo integrado na estratégia que o seu representado definiu, mas que exerce a sua actividade com **autonomia**, a qual não poderá ser cerceada. Nesta esteira, a **al. a) do art. 7º** do mesmo diploma, a propósito das obrigações do agente, consigna que este é obrigado a respeitar as instruções da outra parte que *"não ponham em causa a sua autonomia"*. Logo, **esta vinculação é incompatível com a existência de um contrato de trabalho entre a representada e o agente**, dado que a relação jurídico-laboral pode pressupor a subordinação técnica, que consiste no dever de o trabalhador acatar todas as instruções dimanadas da sua entidade patronal, respeitantes aos métodos de trabalho, procedimentos e práticas.

Ao contrário de um trabalhador sem isenção de horário de trabalho – que deve observar os limites temporais estabelecidos pelo empregador na realização da sua prestação – **o agente é um empresário que trabalha nos períodos de tempo que lhe forem mais propícios ou favoráveis**, podendo, inclusive, promover os seus contactos negociais e concluir os contratos com os seus clientes durante os fins-de-semana ou num jantar fora de horas. Não obstante a sua autonomia, **o agente não pode, mesmo depois de findo o contrato, utilizar ou divulgar segredos que lhe tenham sido confiados** no âmbito desta relação ou de que tenha tomado conhecimento no exercício das suas funções de representante comercial. Está, portanto, obrigado ao dever de **sigilo** (artº 8º).

Também não poderá concorrer com a sua representada, quer durante a execução do contrato de agência, quer **no período máximo de 2 anos**, a contar da cessação do contrato, desde que a tal se encontre vinculado por cláusula expressa ou escrita, assim se obrigando ao **dever de não concorrência** (artº 9º). Este pacto de não concorrência será objecto de uma **compensação** (al. g) do artº 13º).

Se nada for convencionado em contrário, o agente pode ter a colaboração de **subagentes** e, por acordo escrito das partes, o agente pode deter a **exclusividade** dentro da mesma zona ou círculo de clientes, o que impedirá a empresa representada de constituir outro agente no mesmo espaço de influência do primeiro (artº 4º).

1.4.2.2. COMISSÕES E DESPESAS

Pelo exercício das suas funções, o agente tem direito a receber uma retribuição (artº 15º) que se traduz no **direito à comissão** (artº 16º). Esta comissão deverá ser **calculada de acordo com uma percentagem, estipulada no próprio contrato, aplicada aos contratos que ele promoveu e concluiu** antes de ter cessado o contrato de agência. Após o termo do contrato, só poderá invocar este direito se provar que os contratos, apesar de não terem sido concluídos e celebrados no período de vigência do contrato de representação comercial, foram, todavia, por ele conduzidos, preparados e negociados (nº 3 do artº 16º).

Já no tocante a **despesas** que o agente tenha de realizar para contactar os seus clientes e com estes negociar, **não tem direito ao seu reembolso**, por motivos óbvios que se prendem com a sua própria autonomia (artº 20º).

A comissão deverá ser paga até ao último dia do mês seguinte ao trimestre em que o direito a ela se venceu que, regra geral, é a data em que o contrato é cumprido ou haja de ser cumprido.

1.4.2.3. COBRANÇA E CONVENÇÃO DEL CREDERE

O agente só pode efectuar a cobrança dos créditos resultantes dos contratos por si celebrados se for autorizado, por escrito, pela

representada. Se os cobrar sem a necessária autorização, os clientes poderão não ficar exonerados da sua obrigação, junto da marca ou da empresa representada, salvo se esta vier a ratificar este acto, conforme consagra o artº 770º do Código Civil, para as obrigações em geral.

O agente pode garantir também, através de convenção escrita, o cumprimento de obrigações de terceiros, em contratos que ele negociou ou concluiu, só sendo válida esta estipulação quando se especifique o contrato e se identifiquem as entidades garantidas. A esta situação se chama a **convenção *del credere*** prevista no artº 10º deste diploma legal.

Fundamental é que o agente tem, entre outros direitos legalmente consagrados, o de receber listagens periódicas referentes aos contratos que por si foram angariados e concluídos, e as relações das comissões que lhe são devidas, podendo, se quiser, exigir que lhe sejam facultadas as informações necessárias ao seu apuramento rigoroso, designadamente através de extracto dos **livros de contabilidade da empresa representada**.

1.4.2.4. FORMAS DE CESSAÇÃO DO CONTRATO

O contrato de agência ou representação comercial pode cessar por:

- **Mútuo acordo** – que deve constar de documento escrito (artº 25º);
- **Caducidade** – nos termos do artº 26º (decorrido o prazo da sua vigência ou verificada a condição que as partes tenham previsto para lhe pôr termo, v.g. o agente perfazer os 65 anos, ou a morte deste ou a extinção da empresa representante);
- **Resolução** – quando uma das partes não cumpra, por culpa sua, e de forma grave e reiterada, as obrigações que decorrem do contrato.

Quando haja fundamento para resolver o contrato, qualquer parte deverá **comunicar** à outra, por escrito, a sua decisão de pôr termo à relação, com a indicação dos motivos que fundamentam esta decisão e no prazo de 1 mês a contar da data em que tomou conhecimento dos factos que a motivam (declaração de resolução – artº 31º). A resolução gera, para a contraparte, o direito a ser **indemnizada** por danos que tenha sofrido e que resultem do não cumprimento das obrigações legais. Trata-se de uma responsabilidade civil contratual, prevista nos artºs 798º e seguintes do C.C. (falta de cumprimento da obrigação, por culpa do devedor ou do credor).

1.4.2.5. INDEMNIZAÇÃO DE CLIENTELA

No contrato de agência há uma indemnização típica que é a denominada **indemnização de clientela**, prevista no artº 33º do seu regime jurídico. De acordo com este preceito normativo:

"1 – Sem prejuízo de qualquer outra indemnização a que haja lugar, nos termos das disposições anteriores, o agente tem direito, após a cessação do contrato, a uma indemnização de clientela, desde que sejam preenchidos, cumulativamente, os requisitos seguintes:

a) O agente tenha angariado novos clientes para a outra parte ou aumentado substancialmente o volume de negócios com a clientela já existente;

b) A outra parte venha a beneficiar consideravelmente, após a cessação do contrato, da actividade desenvolvida pelo agente;

c) O agente deixe de receber qualquer retribuição por contratos negociados ou concluídos, após a cessação do contrato, com os clientes referidos em a)."

Este direito inexiste se o contrato tiver cessado por motivos imputáveis ao agente ou se este, por acordo, cedeu a sua posição contratual a terceiro. **E extingue-se este direito** se o agente, ou os seus herdeiros, não o exercerem no prazo de 1 ano a contar da data da cessação do contrato, devendo ainda, caso ela não seja paga voluntariamente pela representada, intentar acção judicial para a sua cobrança, no prazo subsequente de 1 ano, a contar da data desta comunicação.

1.4.2.6. DIREITO DE RETENÇÃO

Para além desta indemnização, o pode agente reagir, como forma de garantir o pagamento dos créditos vencidos e vincendos a que tenha direito a ser pago, mediante o exercício do direito de retenção, previsto especificamente no artº 35º deste diploma legal.

À semelhança da lei geral, que, no artº 754º do C.C. consagra este **direito real de garantia** como uma forma excepcional de tutela privada de direitos, também **o agente, constituído em credor do seu credor, fica legalmente habilitado a reter na sua posse os valores e objectos que lhe tenham sido confiados em virtude do contrato**. Poderá, assim, reter no seu armazém, as mercadorias e os produtos que se destinavam a venda, até que lhe sejam pagos os créditos de que é titular.

✓ Exemplo de um contrato de agência entre uma empresa colectiva e uma pessoa singular

Primeiro Outorgante – "Joy & Jóia – Fabricantes de ourivesaria, S.A.", Pessoa Colectiva nº ...., com sede na Rua do Ouro, s/ número, na freguesia e concelho de Gondomar, aqui representada pelo seu Administrador Único, Alberto Mendonça, casado, natural da mesma freguesia de Gondomar, residente na Urbanização do Douro, 100, da freguesia de ...., no sobredito concelho,
E
Segundo Outorgante – Armando Tavares Linho, solteiro, maior, contribuinte fiscal nº ...., com domicílio profissional na Travessa da Prata, 200, da freguesia de ...., no concelho de Lisboa.

Os identificados outorgantes celebram, nesta data, o presente contrato de agência ou representação comercial, que subordinam às cláusulas que seguem:

1ª

1 – **O segundo outorgante obriga-se a promover, em nome e por conta da Segunda**, a venda de artigos em ouro e jóias, fabricadas pela Primeira e com a sua marca "Joy & Jóia".

2 – A sua área de influência e negociação será a do concelho de Lisboa, pelo que só o Segundo outorgante será representante comercial da Primeira nesta identificada área da Zona Centro.

2ª

As condições de venda, os preços e as formas de pagamento dos produtos serão os constantes das condições que forem estabelecidas pela Primeira Outorgante, de acordo com os catálogos fornecidos, em cada colecção, ao Segundo.

3ª
(Exclusividade)

No território confiado ao Segundo outorgante, a Primeira compromete-se a não conceder a outrem, sejam pessoas singulares ou colectivas, a representação ou venda dos mesmos produtos.

4ª

A Primeira contraente obriga-se a fornecer ao Segundo todos os documentos necessários ao exercício da sua actividade, incluindo apólice de seguro das mercadorias, da contrastaria, e minuta de contrato para a compra e venda, com concessão de crédito, para ser celebrado com os clientes angariados pelo Segundo.

5ª
(Comissão)

1 – Por todos os contratos promovidos e celebrados pelo Segundo, com clientes por si angariados, terá este a receber, a título de comissão, 15%.
2 – **Esta comissão será calculada tendo por referência o preço de venda das peças de ouro e das jóias, depois de deduzidas as despesas relativas aos transportes, impostos e outras taxas devidas.**

6ª

Todas as despesas efectuadas pelo Segundo, no exercício da sua actividade de agente, consideram-se compreendidas na retribuição ajustada na cláusula 5ª deste contrato.

7ª
(Dever de não concorrência)

1 – Durante o período de vigência deste contrato, o Segundo não poderá concorrer com a Primeira Outorgante, por conta própria ou por conta de outrem, em seu nome ou por interposta pessoa.
2 – **Findo este contrato, e nos dois anos subsequentes, o Segundo outorgante compromete-se a observar as regras de não concorrência**, prevista no número anterior, **sendo-lhe devida, a este título, uma compensação de € 2.000,00 (dois mil Euros) por cada ano** e que serão pagos no termo de cada ano, contado a partir da data de cessação deste contrato.

8ª
(Duração)

Este contrato tem a duração de três anos, com início em 2 de Janeiro de 2016 e termo em 1 de Janeiro de 2018, podendo renovar-se automaticamente, se não for denunciado por qualquer uma das partes, com a antecedência de dois meses em relação ao seu termo e por carta registada, com aviso de recepção, ou mensagem electrónica enviada para o endereço electrónico privativo do representante legal da Primeira Outorgante, com recibo.

9ª

O contrato pode ser resolvido, com efeitos imediatos e sem necessidade de aviso prévio, quando qualquer um dos outorgantes, de forma grave e reiterada, violar qualquer uma das suas obrigações emergentes, quer deste contrato, quer da lei.

10ª
(**Convenção de arbitragem**)

Para a resolução dos litígios que possam emergir deste contrato, desde já acordam as partes contraentes em submetê-los à apreciação de uma entidade de arbitragem voluntária institucionalizada, que conste da listagem nacional dos tribunais arbitrais autorizados, com sede no concelho do Porto.

11ª

1 – Em tudo o que for omisso este contrato, aplicar-se-ão as normas relativas ao contrato de agência ou representação comercial, constantes do Dec.-Lei nº 178/86, de 3 de Julho, com a nova redacção do Dec.-Lei nº 118/93, de 13 de Abril, bem como a demais legislação subsidiária aplicável.

2 – Todas as alterações ou aditamentos ao presente contrato deverão ser reduzidas à forma escrita, e assinadas pelos ora contraentes.

Data e assinaturas:

✓ Exemplo de contrato de representação comercial

- **Com veiculação de imagem**
- **Venda de produtos pela Internet**

Primeiro Outorgante:
"Rábano – Produtos Biológicos, Unipessoal, Lda", Pessoa Colectiva nº ...., com sede na Rua de Além, 222, na freguesia de Leça de Balio, no concelho de Matosinhos, aqui representada pela sua sócia única e gerente Renata Vieira,
E
Segunda Outorgante:
Estela Gonzalez, solteira, maior, com domicílio na Calle de Astúrias, 100, na cidade de Pontevedra, na Galiza, Espanha,

Celebram o presente contrato de representação comercial, com imagem e venda de produtos através da Internet, o qual se regerá pelas cláusulas que seguem:

1ª

A Primeira Outorgante dedica-se à produção de frutos secos, como nozes, amêndoas, avelãs e pinhões, em regime de agricultura biológica, bem como à fabricação de compotas de frutos vermelhos (groselhas, amoras e morangos), de estilo caseiro, sem conservantes, nem aditivos e com a marca registada "Secos & Doces".

2ª
(Objecto)

1 – Por este contrato, a Segunda Outorgante obriga-se a promover, em nome e por conta da Primeira, a venda dos géneros identificados na cláusula 1ª, via Internet.

2 – Para este efeito, mais se obriga a divulgar, na sua página na Internet, as imagens dos referidos produtos, com a publicitação das suas características, indicação dos processos artesanais de fabrico, propriedades nutritivas, prazos de validade e todas as demais informações pertinentes que lhe sejam transmitidas pela Primeira Outorgante.

3 – Deverá, ainda, realizar todos os contactos e-mail e prestar as informações complementares que lhe sejam solicitadas, bem como receber os pedidos de encomenda que lhe sejam dirigidos.

3ª

As condições de venda, os preços e as formas de pagamento dos produtos serão os constantes das condições que forem estabelecidas pela Primeira Outorgante, de acordo com as tabelas que lhe serão fornecidas por esta, e que deverão ser também publicitados na mesma página.

4ª
(Exclusividade)

Nos termos deste contrato, a Primeira Outorgante compromete-se a manter a exclusividade da Segunda, não podendo contratar qualquer outra pessoa singular ou colectiva para prestar os mesmos serviços nem vender os mesmos produtos na Galiza.

5ª

1 – A Primeira contraente obriga-se a entregar à Segunda, mensalmente, os produtos que, contratualmente, venham a ser considerados adequados ao stock que a Segunda deverá gerir, de forma a promover a expedição e/ou entrega das encomendas que lhe sejam endereçadas via Net.

2 – Para este efeito, a Segunda deverá organizar todos os meios que possibilitem o armazenamento destes produtos, em perfeitas condições de higiene e salubridade, reservando a Primeira o direito de, sempre que assim o entender, proceder à vistoria deste depósito ou armazém.

6ª
(Preço pela criação e manutenção da página Web e Comissão)

1 – A Primeira pagará à Segunda Outorgante € 1.000,00 para que esta crie uma página específica, atractiva e inovadora, com a lista dos produtos e as respectivas imagens, todas da maior qualidade possível e com o recurso aos idiomas castelhano e inglês.

2 – Pela manutenção desta referida página, a Primeira pagará à Segunda a quantia de € 50,00, até ao dia 3 de cada mês, para que esta possa ser actualizada permanentemente.

3 – Por todas as vendas promovidas pela Segunda Outorgante, a Primeira pagará, a título de comissão, 5%.

4 – Esta comissão será calculada tendo por referência o preço de venda, depois de deduzidas as despesas relativas aos transportes e impostos devidos, e será paga mensalmente, na mesma data, e de acordo com a relação de vendas apuradas.

5 – No caso de incumprimento da Primeira Outorgante, designadamente dos prazos para o pagamento, a Segunda Outorgante suspenderá a exibição da página criada para a divulgação e venda dos produtos da Primeira, sem prejuízo do ressarcimento que lhe couber pela produção de outros danos.

7ª
(Dever de não concorrência e sigilo)

1 – Durante o período de vigência deste contrato, a Segunda compromete-se a não fornecer os mesmos serviços a outra entidade concorrente com a Primeira Outorgante, nem a divulgar qualquer segredo de organização ou de fabrico a que tenha tido acesso, em função deste contrato.

2 – Findo este contrato, e nos dois anos subsequentes, o Segundo outorgante compromete-se a observar as regras de não concorrência, prevista no número anterior, sendo-lhe devida, a este título, uma compensação de € 5.000,00 (cinco mil Euros) por cada ano, que serão pagos até ao termo de cada um deles, contado a partir da data de cessação deste contrato.

8ª
(Duração)

Este contrato durará por tempo indeterminado.

9ª
(Rescisão e indemnização)

1 – O contrato pode ser rescindido por qualquer um dos outorgantes, devendo, porém, a parte interessada notificar a contraparte, com dois meses de antecedência.

2 – Tratando-se de incumprimento grave e reiterado, por facto imputável a qualquer um dos contraentes, esta rescisão terá efeitos imediatos e a parte faltosa constituir-se-á na obrigação de indemnizar a outra.

3 – Para este efeito, desde já as partes acordam em que será pago, a título de indemnização, a quantia global de € 25.000,00 (vinte e cinco mil Euros).

10ª

1 – Em tudo o que for omisso este contrato, aplicar-se-ão as normas relativas ao contrato de agência ou representação comercial, constantes do Dec.-Lei nº 178/86, de 3 de Julho, com a nova redacção do Dec.-Lei nº 118/93, de 13 de Abril, bem como a demais legislação subsidiária aplicável.

2 – Todas as alterações ou aditamentos ao presente contrato deverão ser reduzidas à **forma escrita**, e assinadas pelos ora contraentes.

Data e assinaturas:

2. A DISTRIBUIÇÃO COMERCIAL

2.1. NOÇÃO E CARACTERIZAÇÃO

Os agentes económicos celebram contratos de distribuição comercial que, com o contrato de agência e o de franquia (ou *franchising*) integram a ampla categoria dos contratos de distribuição comercial. Em todas estas matrizes estabelece-se uma relação entre dois sujeitos, pessoas singulares ou colectivas, em que uma das partes se obriga a colocar no mercado interno ou externo e a vender os produtos e os serviços da contraparte. Por estes motivos, é comum alguma confusão entre os operadores do comércio em relação a estes diferentes contratos.Todavia, há diferenças entre eles.

No contrato de agência estamos perante um vínculo obrigacional em que um dos sujeitos se compromete a promover e a celebrar negócios jurídicos por conta e no interesse de outro sujeito (a parte principal), recebendo uma retribuição variável por essas funções – a comissão, calculada com base no número de contratos concluídos e celebrados e no valor destes (pois o contrato é oneroso); **no contrato de distribuição comercial ou de concessão, o distribuidor ou concessionário desenvolve a sua actividade da seguinte forma:**

- **Em nome próprio;**
- **Por sua conta e risco;**
- **Adquirindo as mercadorias e produtos para posterior revenda;**
- Sem receber remuneração do concedente;

- **Estabelecendo as suas próprias margens de lucro na comercialização;**
- Com o recurso a estruturas físicas próprias;
- Com trabalhadores por ele contratados;
- **Sem ter de acatar directivas específicas** sobre a forma de negociar ou concluir os seus contratos.

Também, como se verá, o *franchising* apresenta diferenças substantivas, não podendo ser confundidos estes tipos contratuais.

No sector económico do comércio – considerado como actividade de intermediação entre o produtor e o consumidor – há uma panóplia de **modalidades de venda**; algumas suscitam sérias reservas e são até postergadas, por propiciarem a fraude e a publicidade enganosa. Outras reflectem o que, comummente, se designa por *"vendas agressivas"* que, também de acordo com a óptica dominante do legislador, destroem *"o equilíbrio e a razoabilidade contratuais"*, como se infere do preâmbulo do Dec.-Lei nº 272/87, de 3 de Julho, que regulamentou as vendas ao domicílio e as vendas por correspondência, proíbindo as vendas em cadeia – ou em pirâmide – bem como as vendas forçadas, que são consideradas violadoras de *"uma saudável actividade comercial"*.

Excluídas estas modalidades de venda, realizadas fora dos estabelecimentos comerciais, encontramos a venda de produtos através de contratos de distribuição comercial, em que um agente económico celebra, preferencialmente por escrito, um acordo de fornecimento e distribuição de produtos a outrem, com a estipulação de preço e outras condições. Neste domínio, não poderá deixar de vigorar a liberdade contratual, como princípio tutelado pela nossa ordem jurídica, desde que sejam observados os princípios essenciais da boa-fé e da legalidade, se respeite a ordem pública e os bons costumes (requisitos comuns para todo o objecto negocial), se cumpra a vontade real dos contraentes – que deverá corresponder à vontade declarada e expressa no contrato – e não se comprometa o adequado clima de concorrência leal.

Pelo que vem descrito, o **contrato de distribuição ou concessão comercial consubstancia uma relação jurídico-obrigacional entre duas partes contratantes – a concedente e a concessionária –** através da qual **a primeira se obriga a vender à segunda, e esta se obriga a comprar à primeira, bens ou serviços que revenderá, em seu nome e por conta própria**, sem prejuízo do respeito que deva a práticas comerciais observadas pela concedente.

Citando, de novo, José Engrácio Antunes, *"...a concessão comercial representa ainda um contrato consensual (art. 219º do Código Civil), oneroso (originado vantagens patrimoniais para os contraentes), "intuitos personae" (celebrado em atenção às especiais qualidades de outra parte, gerando deveres reforçados de lealdade e boa-fé) e de adesão (regra geral, elaborado mediante o recurso a cláusulas contratuais gerais)".*

Não obstante a definição que nos apresenta este autor, na realidade dos negócios empresariais, as partes clausulam – é certo, com a observância escrupulosa dos princípios da boa-fé, da conformidade à lei e à ordem pública, à licitude do objecto contratual, obedecendo ao regime da leal concorrência – mas sempre com a latitude que lhe confere o princípio da liberdade contratual, estabelecendo cláusulas e "desenhando" o acordo com a forma que mais lhes aprouver e satisfizer, adequadamente, os seus legítimos interesses.

Para exemplo, junta-se um **contrato misto**, através do qual o distribuidor vende produtos que adquiriu pelo preço que ajustou com o outro contraente, o concedente, e onde se fixam mutuamente as vantagens que dependem das quotas compradas, colocando-se, gratuitamente, à disposição do comprador, o concessionário, equipamentos, mobiliário e outros dispositivos que permitam a publicidade dos referidos produtos, ou seja, **enxertando no contrato de distribuição um contrato típico, porque previsto e regulado na lei, e gratuito, que é o contrato de comodato**, Este negócio é típico de estabelecimentos de restauração e de estabelecimentos de venda de bebidas e similares, como as cafetarias (venda de café à chávena), as confeitarias, entre outros.

Neste contrato, juntam-se ao contrato de distribuição as regras de negócios típicos ou nominados e aditam-se aquelas que melhor tutelam os interesses das contraentes, dentro dos limites da lei.

✓ Contrato de fornecimento, comodato e publicidade

ENTRE:
"Aromas e Travos – Cafés e Acessórios, Lda", Pessoa Colectiva nº ...., com sede na Rua da Torrefacção, 100, em Guimarães, aqui representada pelo seu gerente Manuel Pereira Pinto, como Primeira Outorgante,
E
Cristina Paiva Barreiro, solteira, maior, contribuinte fiscal nº ...., com domicílio profissional na Rua da Vila Alta, 500, da freguesia de Ramalde, no concelho do Porto, na qualidade de Primeira Outorgante,

É celebrado, livremente e de boa-fé, o presente contrato misto de fornecimento, comodato e publicidade que submetem às cláusulas seguintes:

1ª

1 – A Primeira outorgante é o **agente** ou representante comercial dos produtos com a marca registada COFEESHOP e está autorizada a distribuir, em regime de exclusividade e na zona geográfica do Norte de Portugal, os produtos da sua representada que consistem em cafés, seus derivados e complementos, como sacos de açúcar e sacarina timbrados, entre outros.

2 – A Segunda outorgante é a titular do **estabelecimento de cafetaria** denominado "Relax and Cofee", sito no rés-do-chão do nº 100 da Praceta da Paz, em Santo Tirso.

2ª
(Objecto)

Pelo presente contrato, **a Primeira obriga-se a fornecer** à Segunda o café e outros produtos por ela agenciados ou comercializados, bem como a promover a necessária e adequada **publicitação** no estabelecimento da Segunda outorgante e esta obriga-se a adquirir à Primeira, em regime de exclusividade, os referidos artigos, bem como a autorizar, quer a colocação da respectiva publicidade, quer a sua promoção.

3ª
(Obrigações da Segunda Outorgante)

Nos termos deste contrato, a Segunda outorgante obriga-se a:

a) **Vender**, em exclusivo, no seu estabelecimento comercial, os produtos elencados no Anexo I, nas quantidades e pelos preços e condições constantes da sua tabela em vigor, aplicando-se às encomendas os preços que vigorarem nas datas da sua execução;

b) **Não adquirir a terceiros**, nem publicitar no seu estabelecimento, os identificados artigos e mercadoria, ou outros análogos;

c) **Servir,** no dito estabelecimento, café à chávena **com a qualidade dos produtos** que lhe foi exigida pela Primeira Outorgante;

d) Empregar todos os meios ao seu alcance para **manter o nível das vendas destes produtos,** bem como um stock mínimo permanente e adequado;

e) Ceder à Primeira outorgante o espaço no seu estabelecimento que permita a **colocação do material publicitário da marca**, entre ambas as partes acordado, nos termos do Anexo II, responsabilizando-se, desde já, pelo licenciamento, junto da Câmara Municipal, de toldos, reclamos luminosos, esplanadas e outras licenças exigidas por lei;

f) **Zelar pela boa conservação e reparação do material e equipamento que lhe forem confiados,** no âmbito deste contrato, sem prejuízo do direito à assistência que lhe deva ser prestada pela Primeira outorgante, para as devidas montagens, afinações e adaptações futuras no mesmo espaço, e assistência técnica em caso de avaria;

g) **Devolver à Primeira** todo o equipamento que lhe tenha sido confiado, como mesas e cadeiras, toldos e guarda-sóis constantes da Relação do Anexo II, após o termo deste contrato, salvo se expressamente convencionarem em contrário, neste mesmo Anexo.

4ª
(Obrigações da Primeira Outorgante)

Nos termos deste contrato, deverá a Primeira outorgante:

a) **Fornecer** à Segunda os produtos que constam do Anexo I, garantindo que estes serão fabricados e rotulados em conformidade com as leis e regulamentos em vigor, designadamente os de natureza comunitária, bem como serão sujeitos a elevados e rigorosos controlos de qualidade em todos os níveis da sua produção;

b) **Substituir**, prontamente e assim que lhe for solicitado pela Segunda outorgante, **os produtos** que não reúnam as qualidades descritas na alínea anterior, e, uma vez que se verifiquem defeitos, promover os necessários exames que deverão ser realizados por técnicos e peritos por si nomeados;

c) **Abastecer** o estabelecimento da Segunda Outorgante quinzenalmente, de modo a evitar os inconvenientes de uma armazenagem excessiva ou de grande volume que pode diminuir a qualidade dos produtos a consumir no estabelecimento;

d) **Colocar** à disposição da Segunda, durante o período de vigência deste contrato, e a **título gratuito**, os materiais e equipamentos relacionados no Anexo II, como mesas e cadeiras, máquina de café, moinho e outros, conforme relação que passa a fazer parte integrante deste contrato.

5ª
(Prazo)

Este contrato tem o seu início em 1 de Janeiro de 2015 e durará por 3 anos, podendo ser automaticamente renovado por iguais períodos, se não for expressamente denunciado por uma das partes, através de carta registada com aviso de recepção, enviada com a antecedência mínima de 30 dias em relação ao termo do prazo.

6ª
(Rescisão)

1 – **Qualquer um dos outorgantes poderá rescindir** este contrato, com efeitos imediatos, desde que a contraparte não cumpra, por causa que lhe seja imputável, qualquer uma das obrigações expressamente clausuladas e assumidas;

2 – É considerada **falta grave** e motivo para rescisão imediato deste ontrato o incumprimento voluntário de uma das obrigações contratuais, por mais de oito dias contados a partir da recepção de pedido, formulado pelo outro contraente por carta registada com aviso de recepção ou correio electrónico devidamente identificado pela parte, para correcção de defeito e avaria ou para cumprimento do faltoso;

3 – O incumprimento culposo das obrigações derivadas deste contrato fará incorrer a parte culpada em **responsabilidade civil** e na **obrigação de indemnizar** a parte lesada pelos prejuízos sofridos e pelos lucros cessantes que venham a ser apurados e reclamados;

4 – Em virtude da Primeira outorgante ter efectuado à Segunda um desconto de € 0,80 (oitenta cêntimos) por cada quilograma de café que esta, na data deste contrato, se obrigou a adquirir à Primeira, em caso de rescisão ficará a Segunda obrigada a **restituir à Primeira o valor correspondente ao desconto** supra indicado e referente à quantidade de café que, tendo-se obrigado a adquirir durante a vigência do contrato, não adquiriu por força da rescisão.

7ª
(Cessão da posição contratual)

1 – A primeira outorgante fica, desde já, autorizada a transmitir a sua posição contratual, aqui assumida, e em qualquer altura da execução deste contrato, à sociedade que venha a constituir ou em cujo capital venha a participar;

2 – Fica, porém, obrigada, em caso de trespasse ou locação do seu estabelecimento, a transmitir os direitos e obrigações para ela decorrentes deste contrato para o trespassário ou cessionário.

8ª
(Modificações e aditamentos)

Só serão permitidas eventuais modificações e aditamentos a este contrato, bem como aos seus Anexos, desde que sejam feitos por documento escrito e assinado por ambas as contraentes.

Data e assinaturas:

3. A FRANQUIA OU *FRANCHISING*

3.1. CONSIDERAÇÕES PRÉVIAS

Esta figura jurídica serve de suporte a um sistema de distribuição e comercialização de produtos, serviços e tecnologias, com uma configuração muito distinta do contrato de representação comercial ou da mera distribuição. **Nesta relação há dois parceiros independentes: franquiador e franquiado** (ou franchisador e franchisado), através da qual o primeiro cede ao segundo, mediante contrapartidas, o direito de usufruir de uma série de vantagens económicas que decorrem da experiência ou *know-how*, do conhecimento de mercado, da marca registada e vendida, de uma determinada fórmula ou segredo de fabrico, do uso de um símbolo ou de uma determinada decoração ou do **conceito de negócio**, entre outros aspectos desenvolvidos e que são propriedade da empresa franquiadora.

O franquiado, ao desenvolver o seu negócio por sua conta e risco mas baseado nestas vantagens, **pagará uma remuneração à franquiadora** e respeitará um conjunto de condições e regras definidas por esta que, a serem violadas, ocasionarão danos, já que o que está em causa é o nome internacional, a reputação da empresa, conexionada com a qualidade dos produtos, o conforto das instalações, o conceito inovador do ponto de venda ou consumo.

Ao contrário da representação comercial, **a franquia não está ainda regulamentada em Portugal, nem em muitos outros países euro-**

peus, sendo um **contrato atípico**, por não se encontrar nem previsto nem disciplinado pela lei. Não obstante, há normas comunitárias que gozam de aplicabilidade directa a este contrato e vigoram na ordem jurídica interna, por força do Regulamento (CEE) nº 4087/88, de 30 de Novembro e do **Regulamento (CE) nº 2790/99**, de 22 de Dezembro, da Comissão, relativos à aplicação do artº 81º do Tratado CE. Com este diploma visa-se salvaguardar as regras de uma concorrência leal, no espaço da UE e no seu mercado comum, com o primado do Direito Comunitário. Ao abrigo deste Regulamento, disciplina-se a actividade económica de categorias de acordos verticais de compra e de venda de bens e serviços celebrados por empresas que não sejam concorrentes e **de práticas comerciais concertadas, naqueles se incluindo os acordos de franquia**. O **Código Deontológico Europeu para o Franchising**, apesar de ser apenas vinculativo para os membros da FEF – Federação Europeia de Franchising, também constitui o modelo orientador desta prática negocial.

3.2. NOÇÃO E CARACTERIZAÇÃO

Por não existir uma lei-quadro, o *franchising* tem sido conceptualmente construído por intermédio da doutrina e da jurisprudência. Para definir este contrato releva o Código de Deontologia Europeu do Franchising, aplicável em Portugal desde Janeiro de 1991 e que corresponde à versão actualizada do Código elaborado pela FEF – Federação Europeia da *Franchise*, para o qual contribuíram todas as associações e federações nacionais membros da dita FEF. **Este Código Deontológico tem como objectivo a consagração de um conjunto de regras essenciais de boa conduta e de bons costumes a serem adoptados e respeitados por todos os operadores económicos que celebram este contrato.**

De acordo com este diploma, o *franchising* consiste:

- Num **sistema de comercialização de produtos, serviços e/ou tecnologias**;
- Que se desenvolve através de uma estreita e **permanente colaboração entre empresas independentes** (as franchisadoras e as franchisadas);

- Mas que estabelece **para as franchisadas a obrigação** de explorarem economicamente a sua actividade sempre de acordo com o **Conceito** das empresas franchisadoras ou licenciadoras.

Poderá adiantar-se, como noção, que **é um contrato ou acordo mediante o qual uma das partes (franquiadora) se obriga a ceder à outra (franquiada), mediante uma contrapartida, determinado conhecimento ou experiência em dada área de negócio (*know-how*), para que esta produza, comercialize ou preste serviços com a mesma natureza,** apresentação e qualidade; o franquiado fica autorizado a usar um conjunto de símbolos exclusivos do franquiador, internacionalmente reconhecidos, como a marca, devendo obedecer a todas as orientações dadas pela empresa cedente.

O direito concedido pela empresa franquiadora abrange:

- **O direito/dever de usar o logótipo e a marca;**
- **O saber-fazer** (o conjunto de conhecimentos práticos não patenteados que decorrem da experiência do franchisador e que é secreto, mas identificado);
- Outros **direitos tutelados pela Propriedade Industrial e Intelectual**;
- A **assistência comercial e técnica.**

O **saber-fazer secreto e identificado** reporta-se a um conjunto de conhecimentos que não são do âmbito geral ou de fácil acesso para quem não tenha sido licenciado mas que será descrito e testado de modo a que a empresa franchisada possa utilizá-los na sua actividade, para optimizar o seu lucro. Estes negócios conquistaram mercados em continentes longínquos daqueles onde nasceram, como é o caso da MacDonald's, a *Pizza Hut*, a Avis *Rent-a-Car*, os Hotéis de *Design*, a *Nike*, a *Adidas*. Também em Portugal há casos de sucesso e negócios que prosperaram e atingiram este patamar de desenvolvimento, interessando parceiros internacionais na criação de novas empresas para comercialização dos seus produtos e marcas.

Esta relação ou parceria entre empresas é um modelo experimentado há décadas, que apresenta vantagens mas não está isento de **desvanta-**

gens, como a exigência de fortes investimentos iniciais. É o franquiador que concede ao seu parceiro "licença" para desenvolver a sua actividade com base no modelo de negócio que aquele criou. Consequentemente, como forma de garantir a preservação da sua imagem de qualidade junto de novos clientes e noutros países, **o franquiador exige ao franquiado um conjunto de condições físicas e logísticas que reclamam um grande investimento,** com a construção, aquisição ou o arrendamento de espaços, a compra de equipamentos industriais, mobiliário e elementos decorativos que obedecem à imagem de marca da empresa licenciadora, e outros aspectos igualmente relevantes para a filosofia, o conceito e a marca da franquiadora.

Em contrapartida, o **franquiador proporciona:**

- **Produtos ou serviços amplamente reconhecidos e divulgados;**
- Uma **marca que é garante da qualidade** ou da preferência de um segmento fiel de consumidores;
- **Apoio e assistência na procura e instalação do ponto de venda;**
- **Projecto de decoração** da fachada e do interior da loja;
- Definição dos pormenores relativos a uniformes do pessoal;
- **Técnicas de venda inovadoras;**
- Ciclos de **formação inicial e contínua,** para especialização dos recursos humanos;
- Uma equipa de profissionais que asseguram a melhoria do rendimento da empresa franqueada;
- **Campanhas publicitárias concertadas;**
- Uma **estratégia de marketing;**
- **Monitorização para combater a concorrência.**

3.3. OBRIGAÇÕES DO FRANQUIADOR

A empresa franquiadora é a que dá início a uma rede de franchising, assegurando a sua perenidade através do cumprimento de uma série de obrigações como:

- **Conceber e explorar,** com sucesso, um **determinado conceito de produto ou serviço,** bem como uma empresa piloto, antes de se abalançar à difusão desta rede;

- **Dispor de uma licença** relativa ao **uso exclusivo de sinais distintivos do seu produto e/ou serviço**, como **uma marca, um logótipo, um nome e demais direitos** protegidos pelas normas de Direito da Propriedade Industrial que garantem, **em qualquer ponto do mundo, a identificação, pela sua clientela, desses mesmos produtos e serviços;**
- **Assegurar uma formação profissional**, inicial e contínua, dos franchisados e seus colaboradores, e a **assistência técnica e comercial** durante a vigência do contrato.

3.4. OBRIGAÇÕES DO FRANQUIADO

A empresa licenciada ou franquiada deverá:

- **Manter a identidade e a reputação** da franquiadora;
- **Fornecer à franquiadora toda a informação** relativa ao seu desenvolvimento económico e sua *perfomance* no mercado, e os ratios financeiros indispensáveis ao controlo da gestão;
- **Permitir o acesso à franquiadora** e seus legais representantes, em qualquer momento, às suas instalações e contabilidade, sem prejuízo de poderem ser fixadas regras quanto a horários para estes fins;
- **Não divulgar a terceiros os segredos** a que tenha acedido por causa do contrato que celebrou com a franquiadora.

3.5. FORMALIDADES E MENÇÕES OBRIGATÓRIAS DO CONTRATO

O contrato de franquia deverá ser reduzido a **escrito**, com respeito pelas normas do Direito interno aplicável e do Direito Comunitário, respeitar as regras constantes do Código de Deontologia e exprimir os interesses da rede de *franchising*, assegurando a continuidade da tutela jurídica de que gozam os direitos de propriedade industrial e intelectual exclusivos da empresa franquiadora. Quando se trate de contratantes de diferente nacionalidade, deverá ser **traduzido por técnico com habilitação própria e sob compromisso de honra**, na língua oficial do país em que se encontra estabelecida a empresa franquiada, com dois exemplares, sendo cada um deles para cada uma das partes contraentes.

As **menções obrigatórias devem prever**:

- Direitos e obrigações do franquiador;
- Direitos e obrigações do franquiado;
- Os bens fornecidos ou os serviços prestados ao franquiado;
- As vantagens económicas ou condições financeiras para o franquiado;
- A contrapartida financeira do franquiador;
- As condições de utilização, pelo franquiado, dos sinais distintivos de comércio pertencentes ao franquiador (a marca, o logótipo e qualquer outro que oriente a sua clientela);
- A **duração** do contrato – que deverá permitir ao franquiado a amortização do seu investimento inicial – as condições para a sua renovação e as cláusulas de resolução do mesmo;
- As condições que permitam a **cessão ou transmissão dos direitos do franquiado e o exercício do direito de preferência pelo franquiador**, em caso de transmissão do estabelecimento;
- O direito eventualmente concedido ao franquiado para **adaptação do Conceito à realidade local ou regional ou à clientela específica** (*v.g.* a inclusão de menus regionais ou tradicionais, como acontece com a MacDonald's em Marrocos e na China);
- As cláusulas relativas à restituição, pelo franquiado ao franquiador e no termo do contrato, dos elementos corpóreos e incorpóreos que pertencem a este.

Para **exemplificação**, junta-se um contrato de franquia simples; há outros paradigmáticos da forma como, não só os produtos, mas também a própria prestação de serviços, podem ser licenciados entre empresas, por constituírem um modelo inovador. Há contratos de franquia com uma rede ou malha muito apertada de **cláusulas muito exaustivas** que tentam prever e regular todos os aspectos da relação negocial, com o objectivo fulcral de proteger os interesses da Marca (Conceito), sem detrimento do franquiado, ao qual se proporciona uma boa oportunidade de negócio. Aconselha-se, portanto, a leitura cuidadosa do clausulado que possa ser proposto pela empresa licenciadora (franchisadora).

Chama-se, particularmente, a atenção para os seguintes aspectos:

- O **pagamento** estabelecido e aceite entre as partes, que deverá ser bem apreciado, já que a retribuição da empresa franquiadora incidirá sobre a facturação bruta da franquiada;
- As **cláusulas penais** previstas pela franquiadora em caso de incumprimento do franquiado, que podem ser muito onerosas para este;
- A **terminologia** utilizada pela franquiadora na proposta do contrato que pode ser decalcada no Direito do seu país, sem correspondência no Direito Português; é o caso concreto do termo **Restrição**, usado em contratos redigidos de acordo com a legislação anglo-saxónica, que poderá equivaler a inibição, interdição, encerramento do estabelecimento.

Há que ter um cuidado extremo, quer com a tradução da proposta de contrato, quer com a interpretação literal do vocábulo e do conceito introduzido na disciplina entre as partes, pelo que se aconselha os serviços de Advogado na fase dos contactos pré-negociais, para evitar a eclosão de litígio judicial, emergente da celebração e formalização de contratos que, na realidade, não são contratos de franquia.

✓ **Exemplo de um contrato de franquia**

CONTRATO DE FRANQUIA

I – IDENTIFICAÇÃO DAS PARTES
ENTRE
"FUNNY GAMES – Computação e Videojogos, S.A.", também designado por **Franquiador**,
e
"**Espaço Lúdico, S.A.**", também designado por **Franquiado**,

II – CONSIDERANDOS
Considerando que:
1. O **Franquiador** é titular da marca *Funny Games*, registada em Portugal, na classe .... e com o número ...., cujo grafismo constitui o Anexo I a este contrato, que dele faz parte integrante e vai rubricado pelas partes;
2. A marca *Funny Games* respeita a jogos didácticos auxiliadores da aprendizagem (produtos ou serviços prestados);
3. A marca *Funny Games* tem no mercado, quer nacional, quer internacional, uma reconhecida imagem e uma relevante implantação, ligadas à sua reconhecida qualidade, à importância dos produtos por ela identificados, à rectidão comercial e empresarial do Franquiador e de qualquer uma das empresas que se encontram licenciadas para a sua utilização ou exploração nos mercados;
4. O **Franquiado** está interessado em vender, em regime de retalhista, os produtos identificados com a supra identificada marca *Funny Games*, para o que dispõe de uma estrutura empresarial própria e independente, organizada para a actividade de venda a retalho, nomeadamente um espaço comercial sito em ...., cuja titularidade detém em virtude de ter adquirido as referidas instalações (compra, arrendamento, etc.)
5. O **Franquiador** detém o *know-how*, a organização e experiência e a capacidade para fabricar e distribuir os seus produtos com a referida marca, obrigando-se a cooperar, assessorar e transmitir o *know-how* e experiência adquirida ao **Franquiado**, para que este promova a comer-

cialização dos produtos representados pela dita marca, sempre em conformidade com os termos e condições estabelecidos no presente contrato;

6. O **Franquiado** afecta toda a sua organização e capacidade, bem como o seu estabelecimento comercial e demais instalações, ao desenvolvimento da actividade de venda dos produtos fabricados pelo **Franquiador** e distribuídos sob a *supra* referida marca.

É celebrado entre as partes, livremente e de boa-fé, o presente contrato de franquia, nos termos dos considerandos *supra* e subordinado às cláusulas seguintes:

III – CLAUSULADO

1ª
(Objecto)

1. O Franquiado obriga-se a vender ao público, exclusivamente, os produtos da marca *Funny Games*, no seu estabelecimento comercial sito na Rua ...., submetendo a exploração do seu negócio aos critérios comerciais recomendados pelo Franquiador.

2. O Franquiado obriga-se a não vender, nem ter no *seu* estabelecimento, quaisquer artigos ou produtos que não detenham a marca *Funny Games*, salvo autorização expressa em contrário dada pela forma escrita pelo Franquiador.

2ª
(Âmbito territorial)

1. **O Franquiador transmite ao Franquiado, em exclusivo, o direito de franquia dos seus produtos com a marca *Funny Games*, para o território demarcado no mapa anexo a este contrato** como Anexo II, o qual passa a fazer parte integrante do mesmo e vai rubricado pelas partes.

2. O **Franquiador** obriga-se a não celebrar com terceiros qualquer contrato de conteúdo idêntico ao presente, tendo por objecto a venda ao público dos produtos com a marca *Funny Games*, no âmbito territorial referido no número anterior.

3ª
(Local de venda e não concorrência)

1. Fica expressamente proibido ao **Franquiado** a transferência da sua actividade para local diverso do aludido na cláusula primeira, a transmissão ou cessão de exploração do estabelecimento comercial aí indicado, ressalvada a expressa autorização do **Franquiador**, sujeita a forma escrita,

2. O **Franquiado** coibir-se-á de explorar ou, de alguma forma, deter a titularidade, dentro ou fora da zona de exclusividade, de estabelecimento comercial no qual seja exercido o comércio de produtos ou prestação de serviços análogos ou semelhantes aos que são objecto do presente contrato, durante o seu período de vigência e um ano após a respectiva cessação.

3. O incumprimento do disposto nos números anteriores constitui fundamento para que o **Franquiador** declare, licitamente, a resolução do presente contrato, ao **Franquiado**.

4ª
(Loja)

1. **O Franquiador decidirá quais as obras de decoração interior ou outras relacionadas com a ornamentação do estabelecimento comercial** indicado na cláusula primeira, incluindo equipamentos, mobiliário, vitrinas, iluminação e outros elementos de *design* associados com a própria imagem da marca.

2. As obras ou instalações de carácter estável e permanente serão efectuadas pelo **Franquiado**, que **deverá suportar os custos inerentes às mesmas**, devendo, para o efeito, obter, junto das autoridades competentes, as respectivas autorizações e licenças exigidas pela legislação aplicável.

3. O equipamento, mobiliário e todos os acessórios e bens móveis decorativos, constantes do Anexo III que integra o presente contrato, serão custeados pelo **Franquiador**, sendo propriedade sua, pelo que este poderá proceder à sua retirada, findo o presente contrato.

4. O **Franquiador** poderá, todavia, e sempre que o pretenda, alterar a imagem e a decoração da loja, assim como modificar o seu mobiliário e equipamento, desde que observe as condições adiante referidas.

5. O **Franquiado apenas poderá efectuar qualquer alteração na loja depois do consentimento expresso do Franquiador,** o qual deverá ser dado por escrito.

6. O **Franquiado** obriga-se a conservar o estabelecimento em perfeito estado de conservação, garantindo que a sua imagem se encontra em harmonia com a do **Franquiador**.

5ª
(Marcas, símbolos e sinais distintivos do comércio)

1. O **Franquiado utilizará no estabelecimento e no exercício da sua actividade os rótulos, as marcas, os logotipos ou qualquer outro símbolo ou sinal distintivo do comércio dos produtos do Franquiador** com a identificada marca *Funny Games*, obrigando-se a não se servir de quaisquer outros símbolos, rótulos ou marcas distintos daqueles que se encontram aprovados pelo **Franquiador,** bem como de utilizar os mesmos fora do seu estabelecimento ou do exercício da sua actividade.

2. Findo o período de vigência do presente contrato, por qualquer forma, o **Franquiado** prescindirá instantaneamente de utilizar a marca, símbolos e outros sinais distintivos do comércio dos produtos do **Franquiador**, obrigando-se a remover do estabelecimento esses sinais ou símbolos e a reconstituir o local, de modo a que não possa existir qualquer relação, mesmo que aparente, com o **Franquiador**.

6ª
(Responsabilidades do Franquiado)

1. O **Franquiado constitui uma empresa totalmente independente,** pelo que assume directa, pessoal e exclusivamente o risco e as consequências da sua actividade empresarial, incluindo a contratação de trabalhadores e recursos humanos de que carecer para o exercício da sua actividade económica.

2. O **Franquiado** obriga-se a requerer e possuir todas as autorizações, alvarás e licenças de carácter administrativo, de qualquer natureza, que sejam necessárias ao exercício da sua actividade.

3. Na sua qualidade de empresa independente, o **Franquiado** assumirá exclusivamente os custos de exploração da sua actividade comercial (luz, telefone, rendas, salários, etc.), sendo, ainda, exclusivamente

responsável pelo cumprimento das obrigações por si, **Franquiado,** contraídas e de qualquer natureza, nomeadamente civil, comercial, administrativa, penal, laboral e fiscal.

4. **Os trabalhadores que forem contratados pelo Franquiado terão o seu vínculo laboral exclusivamente com este**, o qual será o único responsável pelo cumprimento de todas as obrigações emergentes dos contratos celebrados.

5. O **Franquiado** não poderá, expressa ou tacitamente, actuar em nome do **Franquiador**, pelo que não detém a qualidade de agente, com ou sem poderes de representação.

7ª
(Gestão comercial)

1. **O Franquiador obriga-se a prestar assessoria ao Franquiado**, designadamente no que diz respeito à gestão comercial, devendo este **seguir as ordens e directivas que lhe sejam indicados pelo Franquiador,** independentemente da forma da sua comunicação, cooperando nos cursos que, sobre gestão comercial e vendas, sejam dados pelo **Franquiador.**

2. **As acções publicitárias, quer no interior, quer no exterior do estabelecimento e em qualquer espaço geográfico, serão planeadas e efectuadas pelo Franquiador**, sem prejuízo de o **Franquiado** ser obrigado a colaborar nessas campanhas.

3. O **Franquiado** não poderá desenvolver qualquer tipo de publicidade no seu estabelecimento ou zona exclusiva, sem prévia autorização do **Franquiador**, suportando aquele, em qualquer caso, os custos inerentes.

8ª
(Encomendas de produtos)

1. A ordem de encomenda de produtos será elaborada de comum acordo entre o **Franquiado** e o **Franquiador**.

2. O **Franquiador** obriga-se a entregar ao **Franquiado**, no seu estabelecimento, os produtos adquiridos, nas melhores condições de qualidade, apresentação e serviço e nas datas indicadas nas respectivas encomendas.

3. O **Franquiador** obriga-se a efectuar as reposições dos produtos esgotados com a maior brevidade e eficiência possíveis, sempre e desde que detenha as existências na sua sede.

Cláusula 9ª
(Pagamentos)

1. O **Franquiado pagará ao Franquiador**, por depósito em conta bancária, **o valor correspondente a 10% do preço de venda ao público dos produtos vendidos na semana anterior**, devendo tal depósito efectuar-se cada segunda-feira.

2. O preço de venda dos produtos ao **Franquiado** será o correspondente ao preço líquido fixado de € ...., acrescido do IVA em vigor, ficando as despesas de entrega a cargo do **Franquiador**.

3. Semestralmente realizar-se-ão os correspondentes acertos nas contas, mediante inventários detalhados e balanços, os quais deverão considerar os preços dos produtos entregues pelo **Franquiador** e os depósitos em conta efectuados pelo **Franquiado**.

Cláusula 10ª
(Obrigações do Franquiado)

1. O **Franquiado deverá observar**, em todo o momento e na sua actividade comercial, **a imagem e a qualidade de prestação dos serviços ao cliente, de acordo com os padrões do Franquiador** e segundo as indicações e instruções que este lhe transmita, abstendo-se da prática de qualquer acto que, de qualquer forma, possa causar dano à imagem da marca.

2. O **Franquiado permitirá a entrada no seu estabelecimento, e em qualquer momento, dos representantes do Franquiador,** com a finalidade de inspeccionar o local e comprovar o cumprimento das obrigações decorrentes do presente contrato.

3. O **Franquiador terá acesso a todos os dados contabilísticos do Franquiado e respectivos documentos de suporte**, com vista a verificar o cabal cumprimento, pelo **Franquiado,** das obrigações que para ele decorrem do presente contrato.

4. O **Franquiado** deverá celebrar um contrato de seguro de responsabilidade civil que cubra, de forma suficiente e adequada, os riscos de

incêndio, inundação, dano e roubo do estabelecimento, do mobiliário e da mercadoria.

5. A apólice do seguro deve estar sempre devidamente actualizada, devendo ser enviada cópia da mesma ao **Franquiador,** sempre que o solicite.

Cláusula 11ª
(Preços de venda ao público)

1. O **Franquiado** deve vender os produtos de acordo com o preço de venda recomendados pelo **Franquiador**, o qual consta das respectivas etiquetas apostas nos produtos ou de listas por ele fornecidas.

2. **O Franquiador** pode recomendar, em épocas diversas do ano, diversos preços para produtos semelhantes ou diferentes, com o objectivo de permitir promoções ou saldos que visem o escoamento mais rápido dos produtos.

Cláusula 12ª
(Cessão da posição contratual e outras transmissões)

1. **O presente contrato é celebrado tendo em conta a pessoa do Franquiado e a sua pressuposta aptidão para a exploração da franquia, pelo que este não poderá transmitir, gratuita ou onerosamente, sem prévio consentimento escrito do Franquiador, os direitos e obrigações que para ele derivam deste contrato.**

2. Igualmente fica vedada aos sócios do **Franquiado** a cessão das participações sociais que detêm no capital social do **Franquiado**, sem o consentimento prévio e escrito do **Franquiador**, sendo que, na data da celebração do presente contrato, será entregue compromisso escrito nesse sentido.

Cláusula 13ª
(Resolução do contrato)

1. O incumprimento por qualquer das partes das obrigações por si assumidas no presente contrato dará direito à outra parte a proceder à resolução do mesmo, se tal incumprimento não for sanado no prazo de ...... dias.

2. Constituem, nomeadamente **causas de resolução do contrato**:

a) **A falta ou atraso no pagamento, por parte do Franquiado, do preço dos produtos adquiridos,** em conformidade com o disposto na cláusula nona;

b) **A liquidação, dissolução ou suspensão da actividade do Franquiado;**

c) A morte ou incapacidade do **Franquiado**, desde que os respectivos herdeiros não tenham comunicado ao **Franquiador** a intenção de assumirem a sua posição no presente contrato e no prazo de 15 dias a contar do falecimento ou da incapacidade;

d) **A insolvência, suspensão de pagamentos, falência, arresto ou penhora dos produtos ou bens de qualquer das partes;**

e) **O atraso do Franquiado,** superior a 2 meses a contar da data da celebração do presente contrato, relativamente ao **início da actividade**.

3. O direito à resolução deverá ser exercido através de carta registada com aviso de recepção, de uma parte à outra, enviada para as direcções respectivas que constam deste contrato.

Cláusula 14ª
(Consequências da cessação do contrato)

1. Ocorrendo a cessação do contrato, por qualquer causa, deverá o **Franquiado**:

a) **Cessar, de imediato, a utilização da imagem, marca, sinais ou símbolos distintivos dos produtos e do comércio do Franquiador**, retirando do estabelecimento esses sinais;

b) Proceder à imediata devolução dos produtos da marca que se encontrarem em *stock*, apenas aceitando o **Franquiador** a devolução daqueles produtos que se encontrem em perfeito estado de conservação;

c) Devolver ao **Franquiador** o mobiliário e os bens e outros elementos da propriedade deste e que se encontrem no estabelecimento;

d) Proceder a acerto de contas final com o **Franquiador**.

2. A extinção do contrato não dará lugar a qualquer indemnização a favor de qualquer das partes, com excepção da obrigação de indemnizar em consequência do incumprimento do mesmo.

Cláusula 15ª
(Vigência e duração)

O presente contrato entra em vigor na data da sua assinatura por ambas as partes e a sua duração será de ..... anos, podendo renovar-se por períodos sucessivos de um ano, mediante acordo das partes.

Feito em _____, com dois exemplares e com _____ anexos _____, ficando um exemplar para cada parte.

O Franquiador,
O Franquiado,

4. CONTRATOS CELEBRADOS À DISTÂNCIA E FORA DOS ESTABELECIMENTOS COMERCIAIS. CONTRATOS CELEBRADOS COM RECURSO A CENTROS TELEFÓNICOS DE RELACIONAMENTO (*CALL CENTERS*)

4.1. CONSIDERAÇÕES PREÂMBULARES

A evolução das técnicas de venda deu origem a transacções em que não existe um contacto presencial entre empresas e consumidores. Desde logo, os chamados **contratos celebrados à distância** e outros contratos equiparados, actualmente disciplinados pelo Dec.-Lei nº 24/2014, de 14 de Fevereiro, com a primeira alteração do Dec.-Lei nº 47/2014, de 28 de Julho.

O primeiro regime jurídico aplicável aos contratos celebrados fora do estabelecimento comercial **foi vertido no Dec.-Lei nº 272/87**, de 3 de Abril, que transpôs uma Diretiva comunitária relativa à proteção dos consumidores, em **contratos negociados fora dos estabelecimentos comerciais, marco importante na política de defesa do consumidor**, designadamente ao impor o cumprimento de deveres de informação pré-contratual perante o consumidor, o respeito de determinados requisitos quanto à celebração desses contratos e reconhecer a existência do direito de resolução, a exercer no prazo de sete dias úteis a contar da celebração do contrato.

O seu artº 8º definiu o conceito de vendas por correspondência – em que o consumidor pode encomendar pelo telefone, correio ou outros meios de comunicação determinados bens e serviços que o distribuidor comercial retalhista os divulga através de catálogos, revistas, jornais específicos, impressos e outros meios de divulgação audiovisuais – e **o seu artº 13º proibiu as vendas em cadeia ou vendas em pirâmide** (ou em bola de neve) – vendas em que o distribuidor faz depender a redução do preço dos bens ou serviços, ou estabelece a sua gratuitidade, no caso de o comprador, directa ou indirectamente, angariar um número de clientes ou dado volume de negócios ao vendedor. Também **no artº 14º foram proibidas as vendas forçadas** – em que a falta de resposta do consumidor a uma proposta de venda que lhe tenha sido feita ou dirigida equivale à sua aceitação.

Sem prejuízo da proibição legal destas modalidades de venda, facto é que o surgimento de novas formas de venda determinou a permanente necessidade de transpor Diretivas comunitárias relativas à proteção dos consumidores em matéria de contratos celebrados à distância, pelo que a disciplina legal aplicável a estes tipos contratuais foi-se alterando através de diplomas sucessivos, de modo a melhorar algumas soluções e regular novas modalidades de venda, salvaguardando direitos e interesses dos consumidores. **Refira-se o Dec.-Lei nº 143/2001, de 26 de Abril, que consagrou a disciplina dos contratos celebrados à distância e dos contratos celebrados no domicílio**, e considerou ilegais determinadas formas de venda de bens ou de prestação de serviços assentes em processos de aliciamento enganosos.

Com a publicação, no Jornal Oficial da União Europeia, da **Diretiva nº 2011/83/UE**, do Parlamento Europeu e do Conselho, de 25 de Outubro de 2011 – relativa aos direitos dos consumidores, foram postas em crise anteriores Diretivas e **reforçou-se o nível de defesa dos consumidores, aproximando as legislações dos Estados Membros em matéria de informação pré-contratual, requisitos formais e direito de livre resolução nos contratos celebrados à distância e nos contratos celebrados fora do estabelecimento comercial** consagrando-se o princípio da harmonização total, que enforma a actual disciplina normativa.

Aspectos inovadores do regime contido no Dec.-Lei nº 24/2014 (alterado pelo Dec.-Lei nº 47/2014):

a) Ampliação do conteúdo da informação a disponibilizar ao consumidor (v.g. a informação sobre existência de depósitos ou outras

garantias financeiras e sobre a funcionalidade e interoperabilidade dos conteúdos digitais) em sede de informação pré-contratual;
b) Obrigação de o fornecedor de bens ou do prestador de serviços indicar, no seu sítio na Internet – no caso de comércio electrónico – a eventual aplicação de restrições à entrega e meios de pagamento que aceita;
c) **Direito de livre resolução** dos contratos celebrados à distância e celebrados fora do estabelecimento comercial, exercido nos 14 dias seguidos contados nos termos do artº 10º, com a obrigação de o fornecedor de bens ou o prestador de serviços fornecer ao consumidor um **formulário de livre resolução** cujo modelo se encontra no Anexo a este Dec.-Lei;
d) Nos casos em que o consumidor pretenda que a prestação do serviço se inicie durante o prazo em que decorre o exercício do direito de resolução, o prestador do serviço deve exigir que o consumidor apresente um pedido expresso neste sentido, feito através de suporte duradouro, sem prejuízo de o consumidor, ainda assim, exercer o direito de livre resolução com o pagamento de um montante proporcional ao que for efetivamente prestado.

O artº 3º deste diploma legal define:

– **Contrato celebrado à distância** – *"o contrato celebrado entre um consumidor e o fornecedor de bens ou o prestador de serviços sem presença física simultânea de ambos, e integrado num sistema de venda ou prestação de serviços organizado para o comércio à distância mediante a utilização exclusiva de uma ou mais técnicas de comunicação à distância até à celebração do contrato, incluindo a própria celebração;*

– **Contrato celebrado fora do estabelecimento comercial** – *"o contrato que é celebrado na presença física simultânea do fornecedor de bens ou do prestador de serviços e do consumidor em local que não seja o estabelecimento comercial daquele, incluindo os casos em que é o consumidor a fazer uma proposta contratual, **incluindo os contratos:***
i) *Celebrados no estabelecimento comercial do profissional ou através de quaisquer meios de comunicação à distância imediatamente após o consumidor ter sido, pessoal e individualmente, contactado num local que não*

seja o estabelecimento comercial do fornecedor de bens ou prestador de serviços;
ii) **Celebrados no domicílio do consumidor;**
iii) **Celebrados no local de trabalho do consumidor;**
iv) **Celebrados em reuniões em que a oferta de bens ou de serviços seja promovida por demonstração perante um grupo de pessoas reunidas no domicílio de uma delas,** a pedido do fornecedor ou do seu representante ou mandatário;
v) Celebrados durante uma deslocação organizada pelo fornecedor de bens ou prestador de serviços ou por seu representante ou mandatário, fora do respetivo estabelecimento comercial;
vi) Celebrados no local indicado pelo fornecedor de bens ou prestador de serviços, a que o consumidor se desloque, por sua conta e risco, na sequência de uma comunicação comercial feita pelo fornecedor de bens ou prestador de serviços ou pelo seu representante ou mandatário;".

Para efeitos desta disciplina, o **estabelecimento comercial será qualquer instalação imóvel de venda a retalho**, onde o fornecedor de bens ou prestador de serviços exerça a sua atividade de forma permanente, **ou qualquer instalação móvel de venda a retalho** onde o fornecedor de bens ou prestador de serviços exerça a sua atividade de forma habitual.

O legislador não inclui no campo de aplicação deste regime legal os **contratos à distância relativos a serviços financeiros** – o que, na óptica de Marcelino Abreu não faz sentido, porquanto também este contrato se desenvolve com a mesam óptica dos contratos celebrados à distância. Como afirma este autor (*in* Revista da ordem dos Advogados, Março/Abril 2014, pág.s 44 e 45) *"teria, pois, o legislador sido mais feliz se tivesse aproveitado para, num mesmo diploma legal, regular todas estas matérias."*.

Para conferir **maior protecção ao consumidor**, o artº 9º exige para estes contratos a **forma escrita, sob pena de se considerarem nulos e de nenhum efeito**, com as **menções obrigatórias** do artº 4º (como a **caracterização do bem ou do produto**, o seu **preço total** – incluindo taxas e impostos e custos com os portes de correio, transporte e entrega

– **a duração do contrato** – quando este naõ seja instantâneo ou de duração indefinida – **a existência e prazo da garantia**, a existência e condições da **assistência pós-venda**, a existência do **direito de livre resolução do contrato** e, se for o caso, as situações em que não assiste ao comprador este direito e as circunstâncias que fundamentam a sua inexistência. De acordo com este regime, **o fornecedor de bens e serviços deve prestar, na fase prévia à celebração do contrato, todas as informações de forma clara e compreensível**, em suporte papel ou outro que seja duradouro, sob pena de se considerar que o consumidor não foi informado nos termos da lei (por aplicação do artº 8º do Dec.-Lei nº 446/85, de25 de Outubro, relativo às cláusulas contratuais gerais).

Matéria nevrálgica para a defesa do consumidor é a consagração, em texto de lei, do direito à reflexão *"...de livre arrependimento do consumidor"* (nas palavras de Marcelino de Abreu, Advogado, Mestre em Direito, actual membro do ODC – Observatório de Direito do Consumo, da Ordem dos Advogados) que se traduz no seu direito de resolver livremente o contrato celebrado à distância, o qual não pode ser cerceado ou onerado com qualquer penalização por parte do fornecedor de bens e serviços nem pode ficar dependente da invocação de qualquer justificação.

Nos termos do art. 6º deste regime, o fornecedor de bens ou prestador de serviços é obrigado **a confirmar a celebração do contrato à distância no prazo de cinco dias contados dessa celebração** ou, como prazo limite, **no momento da entrega do bem ou antes do início da prestação do serviço** (nº 1). Esta confirmação **realiza-se com a entrega ao consumidor das informações pré-contratuais** (previstas no nº 1 do artº 4º em suporte duradouro) e **só será dispensado deste dever de confirmação** do contrato o fornecedor de bens ou prestador de serviços que, antes da celebração do contrato, forneça ao consumidor as informações pré-contratuais em suporte duradouro (nº 3 deste preceito normativo).

De acordo com o **nº 1 do artº 10º, o direito de livre resolução por parte do consumidor e sem custos opera-se no prazo de 14 dias a contar:**

"a) Do dia da celebração do contrato, no caso dos contratos de prestação de serviços;

*b) Do dia em que o consumidor ou um terceiro, com exceção do transportador, indicado pelo consumidor **adquira a posse física dos bens, no caso dos contratos de compra e venda**, ou:*

i) Do dia em que o consumidor ou um terceiro, com exceção do transportador, indicado pelo consumidor adquira a posse física do último bem, no caso de vários bens encomendados pelo consumidor numa única encomenda e entregues separadamente;

ii) Do dia em que o consumidor ou um terceiro, com exceção do transportador, indicado pelo consumidor adquira a posse física do último lote ou elemento, no caso da entrega de um bem que consista em diversos lotes ou elementos,

iii) Do dia em que o consumidor ou um terceiro por ele indicado, que não seja o transportador, adquira a posse física do primeiro bem, no caso dos contratos de entrega periódica de bens durante um determinado período;

*c) **Do dia da celebração do contrato, no caso dos contratos de fornecimento de água, gás ou eletricidade, que não estejam à venda em volume ou quantidade limitados, de aquecimento urbano ou de conteúdos digitais que não sejam fornecidos num suporte material.***"

Quando o fornecedor de bens ou prestador de serviços não cumpra o dever de informação pré-contratual quanto ao prazo para o exercício deste direito de livre resolução, este prazo é de 12 meses, e inicia-se a partir do termo do prazo inicial dos 14 dias que, inicialmente, tinha o consumidor para resolver o contrato (n.º 2 do art.º 10º).

Porém, **se no decurso deste prazo de 12 meses, o fornecedor de bens ou prestador de serviços cumprir o dever de informação pré-contratual**, o prazo de 12 meses interrompe-se e o consumidor dispõe do prazo de 14 dias contado a partir da receção desta informação, como inicialmente (n.º 3). Em todo o caso, o n.º 4 deste artigo possibilita às partes a **fixação de prazo mais alargado que os 14 dias para o exercício do direito de livre resolução. O direito de resolver o contrato pode ser exercido por meio de carta, contacto telefónico, pela devolução do bem ou outro meio susceptível de ser comprovado** (n.º 1 do art.º 11º). Assim, não carece de forma mais solene, exigindo a lei que tal declaração de vontade seja manifestada inequivocamente antes de decorrido o prazo legal para a resolução livre do contrato.

Questão de relevo é a da existência de **contratos coligados**. É o caso de **um contrato celebrado à distância conexionado com um contrato de crédito ao consumo para financiamento do preço com a aquisição do bem ou serviço**. A resolução do primeiro importará a resolução automática dos contratos acessórios ao contrato celebrado à distância ou fora do estabelecimento comercial, não havendo direito a indemnização ou pagamento de quaisquer encargos e sem prejuízo do que dispõe o artº 16º deste regime legal.

Citando, de novo, Marcelino Abreu, diz este autor *"Outra inovação deste diploma legal é a constante do seu artº 28º: a proibição de cobrança de "qualquer tipo de pagamento relativo a fornecimento não solicitado de bens, água, gás, eletricidade, aquecimento urbano ou conteúdos digitais ou a prestação de serviços não solicitada pelo consumidor, exceto no caso de bens ou serviços de substituição fornecidos em conformidade com o nº 4 do artº 19º" sendo que "a ausência de resposta do consumidor na sequência do fornecimento ou da prestação não solicitados não vale como consentimento".* ***O silêncio não tem, pois, valor de declaração negocial."***

Dada a clareza deste autor e a relevância das suas conclusões para o consumidor que, com frequência, se confronta com estes contratos, resta sufragar integralmente as suas asserções.

Para ilustrar o que ficou dito, segue o ANEXO modelo-tipo que faz parte integrante do regime jurídico dos contratos celebrados à distância e fora dos estabelecimentos comerciais, para o exercício do direito de resolução contratual.

ANEXO

(a que se refere alínea j) do nº 1 do artigo 4º)

A. Formulário de informação sobre o direito de livre resolução

Direito de livre resolução

O consumidor tem o direito de livre resolução do presente contrato no prazo de 14 dias de calendário, sem necessidade de indicar qualquer motivo.

O prazo para exercício do direito de livre resolução expira 14 dias a contar do dia seguinte ao dia (1)

A fim de exercer o seu direito de livre resolução, tem de nos comunicar (2) a sua decisão de resolução do presente contrato por meio de uma declaração inequívoca (por exemplo, carta enviada pelo correio, fax ou correio eletrónico). Pode utilizar o modelo de formulário de resolução, mas tal não é obrigatório. (3)

Para que o prazo de livre resolução seja respeitado, basta que a sua comunicação referente ao exercício do direito de livre resolução seja enviada antes do termo do prazo de resolução.

Efeitos da livre resolução

Em caso de resolução do presente contrato, ser-lhe-ão reembolsados todos os pagamentos efetuados, incluindo os custos de entrega (com exceção de custos suplementares resultantes da sua escolha de uma modalidade de envio diferente da modalidade menos onerosa de envio normal por nós oferecida), sem demora injustificada e, em qualquer caso, o mais tardar 14 dias a contar da data em que formos informados da sua decisão de resolução do presente contrato. Efetuamos esses reembolsos usando o mesmo meio de pagamento que usou na transação inicial, salvo acordo expresso em contrário da sua parte; em qualquer caso, não incorre em quaisquer custos como consequência de tal reembolso

(4)
(5)
(6)

Instruções de preenchimento:
(1) Inserir um dos seguinte textos entre aspas:
a) No caso de um contrato de prestação de serviços ou de um contrato de fornecimento de água, de gás ou de eletricidade, caso não sejam postos à venda em volume ou quantidade limitados, de aquecimento urbano ou de conteúdos digitais que não sejam fornecidos num suporte material: «da celebração do contrato.»;
b) No caso de um contrato de compra e venda: «em que adquire ou um terceiro por si indicado, que não seja o transportador, adquire a posse física dos bens.»;
c) No caso de um contrato em que o consumidor encomendou vários bens numa única encomenda e os bens são entregues separadamente: «em que adquire ou um terceiro por si indicado, que não seja o transportador, adquire a posse física do último bem.»;
d) No caso de um contrato relativo à entrega de um bem constituído por vários lotes ou partes: «em que adquire ou um terceiro por si indicado, que não seja o transportador, adquire a posse física do último lote ou da última parte.»;
e) No caso de um contrato de entrega periódica de bens durante um determinado período: «em que adquire ou um terceiro por si indicado, que não seja o transportador, adquire a posse física do primeiro bem.».
(2) Inserir aqui o seu nome, endereço geográfico e, eventualmente, número de telefone, número de fax e endereço de correio eletrónico.
(3) Se der ao consumidor a possibilidade de preencher e apresentar por via eletrónica informação sobre a resolução do contrato através do seu sítio Internet, inserir o seguinte: «Dispõe também da possibilidade de preencher e apresentar por via eletrónica o modelo de formulário de livre resolução ou qualquer outra declaração inequívoca de resolução através do nosso sítio Internet [inserir endereço Internet]. Se fizer uso dessa possibilidade, enviar-lhe-emos sem demora, num suporte duradouro (por exemplo, por correio eletrónico), um aviso de receção do pedido de resolução.».
(4) No caso de um contrato de compra e venda em que não se tenha oferecido para recolher os bens em caso de livre resolução, inserir o seguinte: «Podemos reter o reembolso até termos recebido os bens devolvidos, ou até que apresente prova do envio dos bens, consoante o que ocorrer primeiro.».

(5) No caso de o consumidor ter recebido bens no âmbito do contrato, inserir o seguinte:
a) Inserir:
– «Recolhemos os bens.», ou
– «Deve devolver os bens ou entregar-no-los ou a ... [insira o nome da pessoa e o endereço geográfico, se for caso disso, da pessoa que autoriza a receber os bens], sem demora injustificada e o mais tardar 14 dias a contar do dia em que nos informar da livre resolução do contrato. Considera-se que o prazo é respeitado se devolver os bens antes do termo do prazo de 14 dias.»;
b) Inserir:
– «Suportaremos os custos da devolução dos bens.»,
– «Tem de suportar os custos diretos da devolução dos bens.»,
– Se, num contrato à distância, não se oferecer para suportar os custos da devolução dos bens e se estes, pela sua natureza, não puderem ser devolvidos normalmente pelo correio: «Tem de suportar os custos diretos da devolução dos bens, ... EUR [inserir o montante].»; ou se o custo da devolução dos bens não puder ser razoavelmente calculado antecipadamente: «Tem de suportar os custos diretos da devolução dos bens. Estes custos são estimados em aproximadamente ... EUR [inserir o montante] no máximo.», ou
– Se, num contrato celebrado fora do estabelecimento comercial, os bens, pela sua natureza, não puderem ser devolvidos normalmente pelo correio e tiverem sido entregues no domicílio do consumidor no momento da celebração do contrato: «Recolheremos os bens a expensas nossas.»;
c) «Só é responsável pela depreciação dos bens que decorra de uma manipulação que exceda o necessário para verificar a natureza, as características e o funcionamento dos bens.».

(6) No caso de um contrato de prestação de serviços ou de um contrato de fornecimento de água, gás ou eletricidade, caso não sejam postos à venda em volume ou quantidade limitados, ou de aquecimento urbano, inserir o seguinte: «Se tiver solicitado que a prestação de serviços ou o fornecimento de água/gás/eletricidade/aquecimento urbano [riscar o que não interessa] comece durante o prazo de livre resolução, pagar-nos-á um montante razoável proporcional ao que lhe foi fornecido até ao momento em que nos comunicou a sua resolução do presente contrato, em relação ao conjunto das prestações previstas no contrato.».

B. Modelo de formulário de livre resolução

(só deve preencher e devolver o presente formulário se quiser resolver o contrato)

– Para [inserir aqui o nome, o endereço geográfico e, eventualmente, o número de fax e o endereço de correio eletrónico do profissional]:

– Pela presente comunico/comunicamos (*) que resolvo/resolvemos (*) do meu/nosso (*) contrato de compra e venda relativo ao seguinte bem/para a prestação do seguinte serviço (*)

– Solicitado em (*)/recebido em (*)

– Nome do(s) consumidor(es)

– Endereço do(s) consumidor(es)

– Assinatura do(s) consumidor(es) (só no caso de o presente formulário ser notificado em papel)

(*) Riscar o que não interessa

4.2. CONTRATOS CELEBRADOS COM O RECURSO AOS CALL CENTERS

Estes contratos são **celebrados pelos consumidores com o recurso a centros telefónicos de relacionamento colocados à sua disposição pelos fornecedores de bens e serviços (os *call centers*)**. A disciplina jurídica destes contratos – em que o único ponto de contacto entre as partes é, precisamente, este centro telefónico que, por comprovada experiência, pode coarctar as defesas e garantias do consumidor (que não dispõe de informação adequada para concluir o contrato) está vertida no **Dec.-Lei nº 134/2009, de 2 de Junho,** diploma que estabeleceu o regime jurídico aplicável à prestação de serviços de promoção, informação e apoio aos consumidores e utentes, através de centros telefónicos de relacionamento, os denominados *call centres*. De acordo com o artº 2º deste diploma legal, **submetem-se a esta disciplina** todos os profissionais que coloquem à disposição do consumidor um centro telefónico de relacionamento *(call center)*[25], sejam **prestadores de serviços públicos essenciais, sejam pessoas de direito privado.**

Este regime jurídico justifica-se por vivermos num mercado em que **o relacionamento entre o consumidor e a empresa tende a ser cada vez menos presencial** e a prestação de serviços de apoio ao cliente, através de centros telefónicos de relacionamento, traz benefícios para as empresas – que reduzem custos – e para os consumidores – que, de uma forma mais cómoda, podem obter a informação e o apoio de que necessitam. Porém, face à experiência colhida, constata-se que **este tipo de relacionamento entre empresas e clientes nem sempre permite o exercício dos direitos elementares do consumidor**, especialmente para reclamação pelas informações que lhes foram prestadas. Daí que, para **salvaguardar o direito à informação** do consumidor, este diploma regulou a forma como esta é prestada e estabeleceu as regras que podem contribuir para a eficiência do serviço.

---

[25] Para efeitos deste diploma, considera-se *call center* a estrutura organizada e dotada de tecnologia que permite a gestão de um elevado tráfego telefónico para contacto com consumidores ou utentes, no âmbito de uma actividade económica, destinada, designadamente, a responder às suas solicitações e a contactá-los, com vista à promoção de bens ou serviços ou à prestação de informação e apoio (al. a) do art. 5º deste diploma legal).

Destas regras, destacam-se:

- A **proibição de fazer o consumidor esperar em linha mais de 60 segundos**;
- A obrigação de **disponibilizar ao consumidor uma opção que lhe permita o cancelamento do serviço** ou obter informação quanto aos procedimentos a adoptar para este efeito, quando se trate de serviço de execução continuada ou periódica;
- A proibição de **práticas** como o **reencaminhamento da chamada para outros números que impliquem um custo adicional** para o consumidor (salvo se, devidamente informado do seu custo, o consumidor expressamente o consentir), a **emissão de qualquer publicidade durante o período de espera** no atendimento, o **registo em base de dados do número de telefone utilizado pelo consumidor** para efectuar a ligação telefónica (excepcionadas as situações legalmente autorizadas), o **dever do profissional se abster de abusar da confiança, da falta de experiência ou de conhecimentos do consumidor** ou aproveitar-se do estado de necessidade ou fragilidade em que o consumidor se encontre.

A violação destes deveres faz incorrer o prestador de serviço em **contra-ordenação**, punível com coimas que oscilam entre € 250 e € 3740 ou € 500 e € 44 890, consoante o infractor seja pessoa singular ou pessoa colectiva; a negligência é sempre punível, e neste caso os limites máximos e mínimos serão reduzidos para a metade (artº 10º do referido diploma legal). **A fiscalização** e a instrução dos processos de contraordenação competem à **ASAE – Autoridade de Segurança Alimentar e Económica e a aplicação de coimas e demais sanções cabe à CACMEP** – Comissão de Aplicação de Coimas em Matéria Económica e de Publicidade.

5. PRÁTICAS COMERCIAIS DESLEAIS DAS EMPRESAS

5.1. NOÇÃO E REGIME JURÍDICO

O **Dec.-Lei nº 57/2008, de 26 de Março** consagrou o regime jurídico aplicável às práticas comerciais desleais das empresas, nas relações com os consumidores, ocorridas antes, durante ou após uma transacção comercial relativa a um bem ou serviço, proibindo-as redondamente (art. 4º). Este diploma legal transpôs para o nosso Direito a Directiva nº 2005/29/CE, do Parlamento Europeu e do Conselho, de 11 de Maio, relativa à mesma matéria. Do seu preâmbulo resulta que **só o desenvolvimento de práticas comerciais leais pode garantir a confiança dos consumidores no mercado**, uma **sã concorrência entre empresas** e o **desenvolvimento de transacções comerciais transfronteiriças**. Daí que se proíbam as práticas comerciais desleais que têm um efeito nocivo no mercado por distorcerem o comportamento económico dos consumidores. Este diploma foi **alterado pelo Dec.-Lei nº 205/2015, de 23 de Setembro**, que classificou as acções e omissões enganosas como práticas enganosas das empresas.

De acordo com o art. 3º, al. e) deste regime legal, considera-se que contribui para a **distorção substancial do comportamento económico do consumidor** *"a realização de uma prática comercial que prejudique sensivelmente a aptidão do consumidor para tomar uma decisão esclarecida, conduzindo-o, por conseguinte, a tomar uma decisão de transacção que não teria tomado de outro modo;"*.

Nestas práticas, inclui-se a **publicidade de produtos e serviços** e a promoção comercial em relação directa com a promoção e a venda e fornecimento de bens e produtos, assumindo-se as práticas comerciais desleais mais usuais que são as **práticas comerciais enganosas** e as **práticas comerciais agressivas**.

5.2. PRÁTICAS COMERCIAIS DESLEAIS EM ESPECIAL

O legislador definiu, nos artºs 5º e 6º as práticas comerciais desleais e as práticas comerciais desleais em especial, incluindo nesta segunda categoria as **acções e omissões enganosas**.

Para as omissões enganososas dispõe o artº 9º (estabelecendo o número de elementos essenciais de informação para que o consumidor possa tomar uma decisão de transacção esclarecida); as práticas desleais integram práticas que limitam a liberdade de escolha do consumidor (que recorrem ao **assédio e à coacção** – incluindo o recurso à força física) a **influência indevida** (entendida como a utilização, pelo profissional, de **poder para pressionar o consumidor**, mesmo sem recurso ou ameaça de recurso à força física, acabando por limitar a sua capacidade para decidir).

O artº 6º prevê como **práticas comerciais desleais em especial**:

"*a) As práticas comerciais susceptíveis de distorcer substancialmente o comportamento económico de um único grupo, claramente identificável, de* **consumidores particularmente vulneráveis, em razão da sua doença mental ou física, idade ou credulidade**, *à prática comercial ou ao bem ou serviço subjacentes, se o profissional pudesse razoavelmente ter previsto que a sua conduta era susceptível de provocar essa distorção;*".

Segundo Luis Manuel Teles de Menezes Leitão (*in* "As práticas comerciais desleais nas relações de consumo", Revista da Ordem dos Advogados, Lisboa, Abril/Jun. 2011, pág. 428) **a enumeração legal das práticas desleais não é exaustiva**, pois o próprio artº 6º refere a expressão "em especial", daí que, e citando Elsa Dias Oliveira, seja entendimento daquele autor que qualquer prática que preencha os requisitos do artº 5º deverá subsumir-se ao conceito de prática comercial desleal. Considera, ainda, que quando o artº 6º delimita expressamente um grupo de consumidores particularmente vulneráveis, mais não faz do que prever o **comportamento de crianças, adolescentes e idosos** que *"devido a qualquer razão, sejam particularmente vulneráveis à prática utilizada ou ao bem ou serviço em causa – e essa vulnerabilidade seja previsível para o profissional –, na avaliação do impacto da prática comercial, devem ser tidas em conta as características da pessoa média desse grupo e não já o consumidor tout court.".*

Sufragando este entendimento, é opinião da aqui autora que a consagração em texto de lei das práticas comerciais desleais é da máxima relevância, pois é do conhecimento público que, com maior frequência e sem escrúpulo, muitas empresas, através dos seus vendedores, se aproveitam de forma ilícita da notória incapacidade de cidadãos, induzindo-os a celebrar contratos para a aquisição de bens e produtos, bem sabendo que os compradores não têm, nem poderiam ter, a compreensão das regras relativas ao próprio contrato, às formas de pagamento, às penalidades decorrentes do seu incumpriemento, entre outros aspectos.

5.3. ACÇÕES ENGANOSAS EM QUALQUER CIRCUNSTÂNCIA

O artº 8º elenca e qualifica como acções enganosas em qualquer circunstância as seguintes práticas comerciais:

"a) Afirmar ser signatário de um código de conduta, quando não o seja;
b) Exibir uma marca de certificação, uma marca de qualidade ou equivalente sem ter obtido a autorização necessária;
c) Afirmar que um código de conduta foi aprovado por um organismo público ou outra entidade quando tal não corresponda à verdade;
d) Afirmar que um profissional, incluindo as suas práticas comerciais, ou um bem ou serviço foram aprovados, reconhecidos ou autorizados por um organismo público ou privado quando tal não corresponda à verdade ou fazer tal afirmação sem respeitar os termos da aprovação, do reconhecimento ou da autorização;
e) Propor a aquisição de bens ou serviços a um determinado preço sem revelar a existência de quaisquer motivos razoáveis que o profissional possa ter para acreditar que não pode, ele próprio, fornecer ou

indicar outro profissional que forneça os bens ou serviços em questão ou equivalentes, àquele preço durante um período e em quantidades razoáveis, tendo em conta o bem ou serviço, o volume da publicidade feita ao mesmo e os preços indicados;

f) Propor a aquisição de bens ou serviços a um determinado preço e, com a intenção de promover um bem ou serviço diferente, recusar posteriormente apresentar aos consumidores o bem ou o serviço publicitado;

g) Propor a aquisição de bens ou serviços a um determinado preço e, com a intenção de promover um bem ou serviço diferente, recusar as encomendas relativas a este bem ou serviço ou a sua entrega ou fornecimento num prazo razoável;

h) Propor a aquisição de bens ou serviços a um determinado preço e, com a intenção de promover um bem ou serviço diferente, apresentar uma amostra defeituosa do produto;

*i) Declarar falsamente que o bem ou serviço está disponível apenas durante um período muito limitado ou que só está disponível em condi*ções especiais por um período muito limitado a fim de obter uma decisão imediata e privar os consumidores da oportunidade ou do tempo sufici*entes para tomarem uma decisão esclarecida;*

j) Comprometer-se a fornecer o serviço de assistência pós-venda numa língua, usada para comunicar antes da decisão negocial, que não seja uma das línguas oficiais do Estado membro em que o profissional se encontra estabelecido e posteriormente assegurar este serviço apenas em língua diversa, quando o profissional não anunciou de forma clara esta alteração ao consumidor antes de este se ter vinculado;

l) Declarar que a compra ou venda de um bem ou a prestação de um serviço é lícita ou transmitir essa impressão quando tal não corresponda à verdade;

m) Apresentar como característica distintiva da oferta do profissional direitos do consumidor previstos na lei;

n) Utilizar um conteúdo editado nos meios de comunicação social para promover um bem ou serviço tendo sido o próprio profissional a financiar essa promoção quando tal não for indicado claramente no conteúdo ou resultar de imagens ou sons que o consumidor possa identificar com clareza;

o) Fazer afirmações substancialmente inexactas relativas à natureza e à amplitude do risco para a segurança pessoal do consumidor ou da sua família se o consumidor não adquirir o bem ou assentir na prestação do serviço;

p) Promover um bem ou serviço análogo ao produzido ou oferecido por um fabricante específico de maneira a levar deliberadamente o consumidor a pensar que, embora não seja esse o caso, o bem ou serviço provêm desse mesmo fabricante;

q) [Revogada];

r) **Criar, explorar ou promover um sistema de promoção em pirâmide em que o consumidor dá a sua própria contribuição em troca da possibilidade de receber uma contrapartida que decorra essencialmente da entrada de outros consumidores no sistema e não da venda ou do consumo de produtos;**

s) **Alegar que o profissional está prestes a cessar a sua actividade ou a mudar de instalações quando tal não corresponde à verdade;**

t) Alegar que o bem ou serviço pode aumentar as possibilidades de ganhar nos jogos de fortuna ou azar;

u) **Alegar falsamente que o bem ou serviço é capaz de curar doenças, disfunções e malforma**ções;

v) Transmitir informações inexactas sobre as condições de mercado ou sobre a possibilidade de encontrar o bem ou serviço com a intenção de induzir o consumidor a adquirir o bem ou a contratar a prestação do serviço em condições menos favoráveis do que as condições normais de mercado;

x) Declarar que se organiza um concurso ou uma promoção com prémio sem entregar os prémios descritos ou um equivalente razoável;

z) **Descrever o bem ou serviço como «grátis», «gratuito», «sem encargos» ou equivalente se o consumidor tiver de pagar mais do que o custo indispensável para responder à prática comercial e para ir buscar o bem ou pagar pela sua entrega;**

aa) Incluir no material de promoção comercial factura ou documento equiparado solicitando o pagamento, dando ao consumidor a impressão de já ter encomendado o bem ou serviço comercializado, quando tal não aconteceu;

ab) Alegar falsamente ou dar a impressão de que o profissional não está a agir para fins relacionados com a sua actividade comercial, industrial, artesanal ou profissional ou apresentar-se falsamente como consumidor;

ac) Dar a impressão falsa de que o serviço pós-venda relativo ao bem ou serviço está disponível em Estado membro distinto daquele em que o bem ou serviço é vendido.

5.4. PRÁTICAS COMERCIAIS AGRESSIVAS

Dada a relevância das soluções consagradas – cujo conhecimento pelos consumidores evitará situações que se subsumem ao tipo criminal da burla – destaca-se, nesta obra, a definição legal de **práticas comerciais consideradas agressivas em qualquer circunstância** (artº 12º), entendidas como **qualquer conduta que:**

- Crie a impressão de que o **consumidor não pode deixar o estabelecimento** sem que tenha celebrado um contrato;
- Permita contactar o consumidor através de **visitas ao seu domicílio, mesmo ignorando o pedido para que o profissional parta e não volte**, excepto em circunstâncias e na medida em que tal se justifique para o cumprimento de obrigação contratual;
- Consista em **solicitações persistentes e não solicitadas,** por telefone, fax, *e-mail* ou qualquer outro meio de comunicação à distância, excepto em circunstâncias e na medida em que tal se justifique para o cumprimento de obrigação contratual;
- **Obrigue o consumidor** – que pretenda pedir uma indemnização ao abrigo de uma apólice de seguro – **a apresentar documentos** que, de acordo com os critérios de razoabilidade, **não sejam relevantes para estabelecer a validade do pedido,** ou **deixar sistematicamente sem resposta a correspondência relativa a este pedido,** com o objectivo de dissuadir o consumidor do exercício dos seus direitos contratuais;
- Inclua em anúncio publicitário uma **exortação directa às crianças para comprarem ou convencerem os pais** ou outros adultos a comprar-lhes os bens ou serviços anunciados;
- **Exija o pagamento imediato ou diferido** de bens e serviços ou **a devolução ou a guarda de bens** fornecidos pelo profissional que o consumidor não tenha solicitado, sem prejuízo do disposto no regime dos contratos celebrados à distância acerca da possibilidade de fornecer o bem ou o serviço de qualidade e preço equivalentes;
- Vise informar o consumidor de que a sua **recusa em comprar o bem ou contratar a prestação do serviço põe em perigo o emprego ou a subsistência do profissional;**
- Transmita **a impressão falsa de que o consumidor já ganhou, vai ganhar** ou, mediante a prática de um determinado acto, **ganha um**

prémio ou outra vantagem, quando não existe qualquer prémio ou vantagem **ou quando a prática de actos para reclamar o prémio** ou a vantagem implica, para o consumidor, pagar um montante em dinheiro ou incorrer num custo.

De acordo com o artº 3º deste decreto-lei, **considera-se**:

- *"Consumidor* – *"qualquer pessoa singular que, nas práticas comerciais abrangidas pelo presente decreto-lei, actue com fins que não se incluam no âmbito da sua actividade comercial, industrial, artesanal ou profissional;*
- **Profissional** – *qualquer pessoa singular ou colectiva que, no que respeita às práticas comerciais abrangidas pelo presente decreto-lei, actue no âmbito da sua actividade comercial, industrial, artesanal ou profissional e quem actue em nome ou por conta desse profissional;*
- **Produto** – *qualquer bem ou serviço, incluindo bens imóveis, direitos e obrigações;*
- *Prática comercial da empresa nas relações com os consumidores, ou, abreviadamente,* **prática comercial** – *qualquer acção, omissão, conduta ou afirmação de um profissional, incluindo a publicidade e a promoção comercial, em relação directa com a promoção, a venda ou o fornecimento de um bem ou serviço ao consumidor."*

Este diploma legal **não proíbe as práticas publicitárias que usem afirmações claramente exageradas** ou que não são para ser interpretadas literalmente, por se entender que **qualquer cidadão médio rapidamente se apercebe que são declarações não sérias**, aplicando-se, aqui, um princípio essencial de Direito Civil, em matéria de formação da vontade do contratante.

5.5. ENTIDADES REGULADORAS E SUAS ATRIBUIÇÕES

As entidades administrativas competentes para fiscalizar são a **ASAE – Autoridade de Segurança Alimentar e Económica** ou a entidade reguladora do sector, a **Direcção-Geral do Consumidor – DGC** (em matéria de publicidade), o **Banco de Portugal**, a **Comissão do Mercado de Valores Mobiliários** e o **Instituto de Seguros de Portugal**, quando as práticas se relacionem com os sectores financeiro e de seguros (artº 19º).

Na esfera das suas atribuições competir-lhes-á:

- Ordenar as **medidas cautelares** de cessação temporária de uma prática comercial desleal;
- **Proibir previamente** uma prática comercial desleal iminente.

Os contratos celebrados sob a influência de alguma prática comercial desleal são **anuláveis a pedido do consumidor**, nos termos do artº 287º do Código Civil (*ex vi* do artº 14º deste Dec.-Lei), **no prazo de um ano a contar da cessação do vício**, e **o consumidor pode requerer, em vez da anulação do contrato, a sua modificação**, segundo juízos de equidade.

Ora, citando Luis Manuel Teles de Menezes Leitão[26]:

"*Numa solução pouco comum, a lei admite, no entanto, que o consumidor possa, em lugar da anulação, requerer a modificação do contrato segundo juízos de equidade (art. 14º, nº 2). Esta solução não consta da Directiva 2005/29//CE e é pouco conforme com as práticas comerciais desleais, as quais não se caracterizam por induzir a um desequilíbrio contratual, que necessitasse de ser corrigido equitativamente, mas antes por conduzir à celebração dos contratos com base em acções ou omissões enganosas ou agressivas, Dificilmente por isso a modificação do contrato celebrado constituirá um remédio adequado perante a violação dos direitos dos consumidores.*".

À mesma conclusão chega a aqui autora, porquanto:

- O consumidor lesado – por efeito de alguma prática comercial desleal, proibida neste regime legal – pode, de acordo com o seu artº 15º, exercer o **direito a ser ressarcido nos termos gerais da responsabilidade civil**, regulada no Código Civil;
- A **Lei de Defesa do Consumidor – aprovada pela Lei nº 24/96, de 31 de Julho**, e alterada pela Lei nº 47/2014, de 28 de Julho – **prevê que o consumidor** (bem como as associações de defesa do consumidor, a Direcção-Geral do Consumidor e o Ministério Público) **intente acção inibitória p**ara prevenir, corrigir ou fazer cessar práticas lesivas dos seus interesses (artº 10º), que corre

---

[26] Vide "As práticas comerciais desleais nas relações de consumo", Revista da Ordem dos Advogados, Lisboa, Ano 71, Abril/Junho 2011, pág. 443.

nos Tribunais e é isenta de custas. A sentença condenatória define o âmbito da abstenção e/ou correcção, fazendo cessar a prática comercial desleal, e pode arbitrar **indemnização dos danos patrimoniais e não patrimoniais emergentes dos defeitos dos produtos ou serviços fornecidos (artº 11º e 12º)**.

6. O LIVRO DE RECLAMAÇÕES

O **Dec.-Lei nº 156/2005, de 15 de Setembro** estabeleceu, para os fornecedores de bens e prestadores de serviços, a **obrigaçãode de disponibilizar o livro de reclamações, de forma a possibilitar o exercício de queixa no local onde um determinado conflito ocorreu. Este diploma foi sendo alterado sucessivamente, sendo a mais recente redacção a que foi introduzida pelo Dec.-Lei nº 242/2012, de 7 de Novembro.** Na base da criação e exigência do livro de reclamações está a preocupação relacionada com o exerício eficaz da cidadania, e o respeito dos direitos dos consumidores.

Inicialmente, este livro estava vocacionado para os empreendimentos turísticos, designadamente os estabelecimentos hoteleiros e, em particular, os de restauração e bebidas, tendo em vista a salvaguarda da saúde pública e das normas de salubridade que devem ser escrupulosamente observadas nestas empresas. A adopção obrigatória do livro de reclamações, em formulário normalizado que pode ser exigido por qualquer cliente ou utente, permite identificar as condutas contrárias à lei e os seus autores, bem como alcançar a igualdade material entre partes, a que se refere a Lei de Defesa do Consumidor.

6.1. ENTIDADES OBRIGADAS A DISPONIBILIZAR O LIVRO DE RECLAMAÇÕES

Actualmente, o livro de reclamações é obrigatório nas empresas e entidades que exercem as actividades elencadas no Anexo II deste diploma:

– Nos **serviços e organismos da Administração Pública**, com atendimento ao público;
– Nos **estabelecimentos de restauração ou de bebidas**;
– Nos **empreendimentos turísticos** – que integram os estabelecimentos hoteleiros, os meios complementares de alojamento turístico, os parques de campismo públicos e privados, todas as demais tipologias de empreendimentos turísticos previstos e como tal qualificados pela respectiva lei-quadro (Dec.-Lei nº 39/2008, de 7 de Março, com a 3ª alteração dada pelo Dec.-Lei nº 15/2014, de 23 de Janeiro – Regime Jurídico da Instalação, Exploração e Funcionamento dos Empreendimentos Turísticos);
– Nas **agências de viagens e turismo**;
– Nos **estabelecimentos termais**;
– Nas **empresas de animação turística**, recintos com diversões aquáticas e outros equipamentos de animação turística, como tal qualificados por lei;
– Nas **entidades organizadoras de campos de férias**;
– Nos **operadores sujeitos à Entidade Reguladora da Saúde**;
– Nas **unidades privadas que actuem na área do tratamento ou recuperação de toxicodependentes**;
– Nas **unidades de saúde privadas** que utilizem, com fins de diagnóstico, de terapêutica e de prevenção, radiações ionizantes, ultra-sons ou campos magnéticos;
– Nas **unidades privadas de diálise** que prossigam actividades terapêuticas no âmbito da hemodiálise e técnicas de depuração extracorporal afins ou da diálise peritoneal crónica;
– Nas **unidades privadas de saúde** – legalmente consideradas "estabelecimentos não integrados no Serviço Nacional de Saúde que tenham por objecto a prestação de quaisquer serviços médicos ou de enfermagem, com internamento ou sala de recobro";
– Nas unidades de saúde privadas de medicina física, de reabilitação, de diagnóstico, terapêutica e prevenção e de reinserção familiar e sócio-profissional;
– Nas **clínicas e consultórios dentários privados**;
– Nos **laboratórios privados** que desenvolvam actividades de diagnóstico, de monitorização terapêutica e de prevenção no domínio da patologia humana, independentemente da forma jurídica adoptada;

– Nos **estabelecimentos em que sejam exercidas actividades de apoio social** no âmbito da segurança social relativas a crianças, jovens, pessoas idosas ou pessoas com deficiência, bem como os destinados à prevenção e reparação de situações de carência, de disfunção e de marginalização social;
– Nas **entidades responsáveis pelo serviço de apoio domiciliário**;
– Nos estabelecimentos com a actividade de **mediação imobiliária ou de angariação imobiliária**;
– Nas **escolas de condução**;
– Nos **centros de inspecções técnicas periódicas de automóveis**;
– Nas **agências funerárias**;
– Nas **instalações consulares**.

E ainda é obrigatório nas empresas e entidades que exercem as actividades elencadas no Anexo I, a saber:

– **Estabelecimentos de comércio a retalho e conjuntos comerciais**, bem como **estabelecimentos de comércio por grosso com revenda ao consumidor final**;
– **Postos de abastecimento de combustíveis**;
– **Lavandarias**, estabelecimentos de limpeza a seco e de engomadoria;
– **Salões de cabeleireiro, institutos de beleza ou outros** de natureza similar, independentemente da denominação adoptada;
– **Estabelecimentos de tatuagens** e **colocação de *piercings***;
– Estabelecimentos de **comércio, manutenção e reparação de velocípedes, ciclomotores, motociclos e veículos automóveis novos e usados**;
– **Estabelecimentos de manutenção física**, independentemente da designação adoptada;
– **Recintos de espectáculos de natureza artística**;
– **Parques de estacionamento** subterrâneo ou de superfície;
– **Farmácias**;
– **Estabelecimentos de aluguer de velocípedes, de motociclos e de veículos automóveis**;
– **Estabelecimentos de reparação de bens pessoais e domésticos**;
– **Estabelecimentos de aluguer de videogramas** (imagens/filmes que podem ser reproduzidos em ecrãs de televisores e computadores);

- **Cartórios notariais** privados;
- Empresas de **construção civil**;
- Estabelecimentos das **empresas de promoção imobiliária**;
- Estabelecimentos das **empresas de administração de condomínios**;
- Estabelecimentos das **empresas de avaliação imobiliária**;
- **Centros de estudos e de explicações**.

O livro de reclamações é também obrigatório, nos termos da alteração introduzida pelo Dec.-Lei nº **Dec.-Lei nº 242/2012**, nos estabelecimentos que prestem:

- **Serviços essenciais a que se refere a Lei nº 23/96**, de 26 de Julho;
- **Serviços de transporte** rodoviários, ferroviários, marítimos, fluviais, aéreos;
- Serviços de **comunicações electrónicas e postais**;
- Serviços de **abastecimento de água, saneamento de águas residuais e de gestão de resíduos urbanos**, incluindo os serviços e organismos da Administração Pública que actuem neste sector.

Nos estabelecimentos das **instituições particulares de Segurança Social com acordos de cooperação com os Centros Distritais de Segurança Social**, a saber:

- Creches;
- Ensino pré-escolar;
- Centros de actividade de tempos livres;
- Lares para crianças e jovens;
- Lares para idosos;
- Centros de dia;
- Apoio domiciliário;
- Lares para pessoas com deficiências;
- Centros de actividades ocupacionais para deficientes;
- Centros comunitários;
- Cantinas sociais;
- Casa-abrigos;

– Estabelecimentos das empresas de ocupação de actividades de tempos livres ou outros de natureza similar independentemente da denominação adoptada.

Da mesma forma são obrigadas a ter livro de reclamações:

– As **instituições de crédito, sociedades financeiras, instituições de pagamento, instituições de moeda eletrónica e prestadores de serviços postais**, que efectuem serviços de pagamento;
– Os estabelecimentos das **empresas de seguros,** de **mediadores, corretores de seguros e sociedades gestoras de fundos de pensões.**
– **Marinas;**
– **Clínicas veterinárias;**
– **Estabelecimentos particulares e cooperativos de educação pré-escolar e dos ensinos básico e secundário.**
– **Estabelecimentos do ensino superior** particular e cooperativo.

Refira-se que os escritórios de Advogados não se encontram adstritos ao cumprimento desta obrigação, por se entender, e bem, que os serviços prestados não poderão nunca subsumir-se a uma actividade mercantil, além de se encontrarem abrangidos pelo segredo profissional, nos estritos termos das regras deontológicas que enformam o exercício da actividade, de acordo com o Estatuto da Ordem dos Advogados.

Acresce que qualquer cliente pode, no exercício do seu direito de queixa, denunciar, junto dos órgãos jurisdicionalmente competentes (Conselhos de Deontologia das Delegações Regionais da Ordem dos Advogados) a prática de infracções disciplinares dos seus membros, a fim de ser instaurado competente processo disciplinar, cuja decisão pode acarretar eventual aplicação de sanção.

6.2. PROCEDIMENTOS

O utente que pretenda reclamar deve lavrar a sua queixa na folha de reclamação, nos termos do artº 4º, identificando correctamente o estabelecimento, o prestador de serviços e os factos que fundamentam a sua queixa, devendo a entidade contra a qual a queixa é formulada prestar os esclarecimentos necessários à correcta identificação, e verificar se a mesma foi exarada na forma devida. Uma vez preenchida a folha de reclamações pelo consumidor ou utente, o fornecedor do bem, o prestador de serviços ou o funcionário do estabelecimento deverá **remeter o original da folha de reclamações à entidade reguladora do sector ou à entidade de controlo de mercado competente**, no prazo de 10 dias (artº 5º, nº 1). Para assegurar que a reclamação é efectivamente enviada à entidade administrativa de controle de mercado, **a lei prevê que também o consumidor envie o seu duplicado, como reclamação** (nº 5 do mesmo artº). O triplicado não pode ser destacado do livro de reclamações do estabelecimento. O reclamante deve ter sempre conhecimento da decisão que recaiu sobre a sua queixa.

O **modelo do livro** de reclamações e as regras relativas à sua edição e venda, bem como o **modelo de letreiro** que deve ser afixado nos estabelecimentos comerciais, são aprovados por Portaria conjunta dos membros do Governo que tutelam as Finanças e a defesa do consumidor (artº 7º). Assim, o modelo em vigor para as empresas privadas é o Modelo 1898 disponibilizado pela INCM, aprovado pela **Portaria nº 896/2008, de 18 de Agosto. Para os organismos do sector público o modelo oficial consta da Portaria nº 355/07, de 28 de Maio.**

Parte VII
Contratos Financeiros

1. A QUESTÃO DO FINANCIAMENTO

1.1. QUESTÕES PRÉVIAS

Qualquer pessoa singular ou colectiva que pretenda iniciar uma actividade económica deverá começar pelo cálculo, o mais realista e rigoroso possível, do valor do investimento de que necessitará para o negócio. Assim, terá que elaborar um rol referente aos **espaços físicos** (escritórios, naves industriais ou locais de produção, armazéns), às **máquinas** para a produção, aos **meios de transporte** (*v.g.* a frota de automóveis ligeiros para colaboradores ou veículos de carga e transporte de mercadorias), outros **equipamentos** essenciais (mobiliário de escritório, computadores, redes de comunicação, sistemas de ar condicionado, balcões frigoríficos, montras e expositores, etc...), as matérias-primas necessárias para a actividade, entre outros.

Elaborado que seja este inventário, que deverá ter em conta não só a fase de arranque da empresa, mas também as etapas do seu desenvolvimento, há que obter orçamentos para comparar preços de mercado e se decidir pela aquisição dos bens corpóreos, através de contratos de compra e venda ou por via do aluguer e arrendamento.

Há ainda que prever as despesas e os custos relacionados com o lançamento da actividade e que incluem as taxas e emolumentos devidos pela constituição legal, os registos, as publicações, as licenças e alvarás, os processos de licenciamento específico da actividade, os estudos de mercado, os projectos relativos à elaboração da imagem da empresa (o logótipo, os materiais publicitários), o registo de patentes e de marcas, as campanhas de divulgação publicitária.

Para além destes custos, deverá prever-se o **fundo de maneio** ideal que garantirá o equilíbrio financeiro mínimo da empresa e incluir uma verba para os imprevistos, para evitar que se confronte, repentinamente, com uma dificuldade de tesouraria problemática. O fundo de maneio, **conceito usado na análise financeira das empresas e que se relaciona com a forma como se financia o seu ciclo de exploração ou de actividade normal**, tem a ver com a forma como são geridos os *stocks* de existências (rubrica contabilística que inclui as sub-rubricas de mercadorias, matérias-primas e produtos acabados, entre outras), as dívidas de clientes e as dívidas aos fornecedores.

A gestão do fundo de maneio é importante, já que dela depende a própria solvabilidade da empresa, isto é, a capacidade de fazer face aos compromissos normais da sua exploração, à medida que eles vão surgindo, e a garantia de que a empresa tem meios para satisfazer as dívidas que contraiu e que se vão vencendo. Logo, é fundamental que o grau de liquidez seja adequado ao grau de exigibilidade do seu passivo circulante ou de curto prazo.

Com esta previsão, a empresa fica habilitada com **os planos de investimento e de financiamento** que serão de grande valia, designadamente para obter financiamento junto da Banca ou de outras entidades.

Por todos estes motivos, há opções que deverão ser feitas em relação às fontes de financiamento que poderão depender dos capitais próprios ou alheios.

1.2. OS CAPITAIS PRÓPRIOS E OS CAPITAIS ALHEIOS

O auto-financiamento diz respeito aos **recursos próprios** de quem se abalança na empresa: o empresário ou os sócios podem libertar estes recursos financeiros, provenientes do aforro ou poupança, de rendimentos próprios, de heranças ou doações, entre outras fontes. Em termos contabilísticos, **estes valores poderão consubstanciar a entrada ou participação do sócio no capital social, ou as prestações suplementares** que, eventualmente, venham a ser feitas à sociedade e poderão ser remunerados através de dividendos, a receber em data posterior à afectação destes recursos.

Quando o empreendedor ou os promotores da empresa (sócios e accionistas) não puderem libertar a totalidade dos recursos financeiros, haverá que recorrer ao **financiamento externo ou aos capitais alheios,** capitais que serão mutuados para assegurar o seu funcionamento. A maior ou menor facilidade para obtenção do crédito depende da rentabilidade prevista ou esperada pela empresa e da capacidade que terá para gerar receitas e desenvolver a sua actividade com sucesso e lucro. Só assim poderá criar fundos que lhe permitirão pagar os encargos fixos e reembolsar o capital mutuado, nos prazos acordados. Logo, há que **prever um plano de reembolso prudente e rigoroso e negociar uma taxa de juro para os capitais alheios**, obtidos por via do empréstimo bancário (**mútuo bancário com garantia reais**, como a hipoteca, ou com **garantias pessoais**, como um fiador, sub-fiador, um avalista), o empréstimo de terceiros (mútuo mercantil ou comercial), o empréstimo de sócios (contrato de **suprimento**), a locação financeira ou *leasing*, o **aluguer de longa duração**, o crédito dos fornecedores.

Quanto aos **suprimentos**, estes consistem em verdadeiros empréstimos feitos pelo sócio à sociedade, que não se destinam a realizar a sua quota nem consubstanciam uma prestação suplementar. Trata-se de uma prestação acessória que o sócio realiza para além da obrigação de entrada no capital social e que pode ser onerosa, conferindo ao sócio o direito a ser remunerado por tal prestação. Os suprimentos **podem ser previstos no pacto social como uma obrigação** (artºs 209º e 244º do C.S.C.) porém, salvo disposição contratual em contrário, **não dependem de prévia deliberação**, pelo que **qualquer sócio é livre de realizar os suprimentos de que a sociedade careça para fazer face às dificuldades transitórias ou pontuais de tesouraria**.

Já no que respeita as **prestações suplementares**, dispõe o artº 210º do C.S.C. que estas **só poderão ser exigidas aos sócios se esta obrigação se encontrar prevista nos estatutos da sociedade, e unicamente em dinheiro**. O contrato de sociedade deverá prever o montante global das prestações suplementares, quais os sócios que ficam obrigados a realizá-las, e o critério de repartição das prestações suplementares entre os sócios a elas vinculados.

Como o reembolso dos capitais alheios pode estar sujeito a prazos de vencimento e de exigibilidade diferentes, podemos distinguir entre capitais alheios de médio e longo prazo (passivo de médio e longo prazo) e capitais alheios de curto prazo (passivo de curto prazo).

Para ilustrar estas diferentes formas de obter os recursos financeiros das empresas, junta-se minuta exemplificativa de contrato de mútuo bancário com garantia real.

✓ Exemplo de um contrato de mútuo com hipoteca

• Por aumento da conta corrente

No dia quinze de Fevereiro de dois mil e ...., no cartório Notarial de ...., pelas dezassete horas, perante mim, Leopoldo Veiga, Notário, compareceram como outorgantes:

PRIMEIROS:
Elga Maria de Lorna Campos, contribuinte fiscal nº ...., com o Cartão do Cidadão nº ...., emitido pelos Serviços competentes da República Portuguesa, válido até ...., e marido Jorge Faria de Carvalho, contribuinte fiscal nº ...., com o Cartão do Cidadão nº ...., emitido pelos Serviços competentes da República Portuguesa, válido até ...., casados sob o regime da comunhão de adquiridos, ambos naturais da freguesia de ...., no concelho de .... e residentes na Rua das Rosas, nº 130, em Águas Santas, concelho da Maia; .... sendo a mulher a sócia e gerente da Sociedade Comercial "Floral Perfumaria – Sociedade Unipessoal, Lda", ..., com sede na Rua ...., nº................, na freguesia de ...., na Maia, matriculada................ sob o número................ na Conservatória do Registo Comercial de................

SEGUNDO:
a) Vítor Nuno da Silva, portador do Cartão do Cidadão nº ...., emitido pelos Serviços competentes da República Portuguesa, válido até ...., divorciado, natural de ...., em Vila Nova de Gaia, residente na Avenida da Liberdade, 40, rés do chão, da freguesia de Santa Marinha, em Vila Nova de Gaia, que, na qualidade de procurador, outorga em representação do "**BANCO POPULIS, S.A.**", Pessoa Colectiva nº ...., com sede na Rua ...., nº ...., na cidade do Porto, matriculada na Conservatória de Registo Comercial do Porto sob o número ...., com o capital social de setecentos e sessenta milhões de euros, conforme públicas formas de procurações já arquivadas neste Cartório,

respectivamente, sob o nº 380 a fls 103 do mesmo maço de documentos relativo ao livro de notas nº 449-F e nº 22 a fls 76 do maço de documentos relativo ao livro de notas nº 549-F.

Verifiquei a identidade dos outorgantes pela exibição dos Cartões de Cidadão.

Pelos outorgantes, fazendo-o o segundo na qualidade em que intervém, foi dito:

– Que, em sete de Junho de dois mil e ………., o **Banco concedeu à sociedade** "Floral Perfumaria – Sociedade Unipessoal, Lda", ………………, com sede na Rua …………………………., nº ………………., na freguesia de ………………………., na Maia, matriculada na Conservatória de Registo Comercial da Maia sob o número ………………., adiante designada por sociedade, **um crédito sob a forma de conta corrente até ao montante de cem mil euros, pelo prazo de seis meses, renováveis**.

– Que, nesta data, o Banco, por aditamento ao referido contrato de crédito, **aumenta o montante da conta corrente até ao limite máximo de duzentos e cinquenta mil euros**, vencendo juros à taxa Euribor a três meses, acrescida de um vírgula cinquenta pontos percentuais, arredondada para o quarto de ponto percentual imediatamente superior, o que, na presente data, corresponde a uma taxa de quatro por cento ao ano ou da sobretaxa legal máxima que no momento vigorar.

– Que **em garantia** do cumprimento das referidas obrigações assumidas pela sociedade até ao montante em capital de duzentos e cinquenta mil euros, respectivos juros e demais encargos, os **primeiros outorgantes constituem a favor do Banco, que a aceita, a hipoteca sobre um talhão de terreno para construção** urbana, designado por Lote número três, sito na Rua da Praia, em Vila Moura, Quarteira, Loulé, sob o nº ……, da Quarteira, aí registado a seu favor pela inscrição G-dois, inscrito na respectiva matriz urbana sob o artigo 12334.

– Que o referido terreno faz parte do alvará de loteamento número …………, cuja autorização de loteamento se encontra registada na citada Conservatória pela inscrição F-um ...

– Que, da hipoteca constituída, foi requerido **registo** provisório pela apresentação setenta e três, de vinte e sete de Dezembro de dois mil e seis.

— Que, além do capital de duzentos e cinquenta mil euros, a **hipoteca fica também a caucionar os juros remuneratórios** à taxa de quatro por cento, acrescida de quatro por cento em caso de mora e a título de cláusula penal e, bem assim, quaisquer despesas judiciais e extrajudiciais, incluindo honorários de advogado e solicitador que o Banco haja de fazer para garantia e cobrança de tudo quanto constitua o seu crédito, as quais, somente para efeitos de registo, se fixam em dez mil euros.

— Que ficam abrangidas pela presente hipoteca todas as construções e benfeitorias que vierem a ser efectuadas no prédio dado de hipoteca, pelo que os primeiros outorgantes se obrigam a, quando necessário, proceder aos competentes averbamentos.

— Que o Banco poderá, sempre que o julgar conveniente, mandar inspeccionar ou examinar, bem como avaliar à custa dos primeiros outorgantes, e da sociedade, o prédio hipotecado, designadamente para os efeitos do artigo setecentos e um do Código Civil, ficando as respectivas despesas cobertas pela hipoteca constituída.

— Que os documentos, seja de que natureza for, em que a sociedade figure como responsável e que se encontrem em conexão com as obrigações caucionadas pela presente hipoteca, têm **força executiva**, nos termos do art. 707º do Código de Porcesso Civil.

— Que o arresto, penhora, qualquer outra forma de apreensão judicial ou a alienação do prédio hipotecado, assim como o incumprimento de qualquer das obrigações cujo pagamento cauciona, determina o imediato vencimento de tudo quanto constitua o crédito do Banco.

— Que são da conta dos primeiros outorgantes e ou da sociedade todas as despesas com a constituição, registo, distrate e cancelamento da presente hipoteca bem como as contribuições, taxas e impostos que incidam sobre o prédio hipotecado, enviando oportunamente ao Banco os documentos comprovativos do seu pagamento.

Foram exibidos: ....
Foi cobrado o selo da verba ....., da T.G.I.S., no montante de ..... Euros.
Esta escritura foi lida e explicada quanto ao seu conteúdo aos outorgantes.

Assinaturas

2. A LOCAÇÃO FINANCEIRA OU *LEASING*

2.1. NOÇÃO E OBJECTO

O regime jurídico dos contratos de locação financeira, vertido no Dec.-Lei nº 149/95, de 24 de Junho, justificou-se pela crescente internacionalização da economia portuguesa e sua integração no mercado único europeu. Este regime, alterado sucessivamente por outros diplomas normativos, foi revisto pelo **Dec.-Lei nº 30/2008**, de 25 de Fevereiro, com o objectivo de descongestionar os Tribunais e evitar pendências desnecessárias ocasionadas pelo incumprimento dos contratos. Entre outras medidas, este diploma legal estabeleceu a **desnecessidade de propor uma acção judicial para cancelar o registo comercial do contrato de *leasing*, bastando a via administrativa**, com a utilização preferencial das comunicações electrónicas.

Os Tribunais devem consultar oficiosamente os referidos cancelamentos quando sejam propostas acções judiciais para a restituição dos bens locados e **uma locadora financeira não terá de instaurar acção declarativa para entrega do bem locado** – como acção definitiva que visa obstar à caducidade da medida cautelar que tenha sido decretada pelo Tribunal – **quando tenha duduzido providência cautelar**. Evita-se a duplicação de processos que têm o mesmo objectivo: a entrega, pelo locatário à locadora, do bem objecto da locação financeira.

Para reduzir as desvantagens das empresas portuguesas em relação às empresas que operam nos demais Estados membros, o regime jurídico da locação financeira introduziu **inovações como:**

– A **simplificação do formalismo do contrato de locação financeira;**
– **A redução dos prazos mínimos da locação;**
– **O alargamento do objecto deste contrato**;
– A possibilidade das instituições de locação financeira realizarem operações de locação simples (denominada **locação operacional) de bens móveis,** quando estes bens não tenham sido restituídos no termo do contrato.

Com o Dec.-Lei nº 30/2008 alterou-se o regime jurídico para conferir celeridade e eficácia ao processo de restituição dos bens locados, uma vez resolvido o contrato. Nos termos do artº 1º do Dec.-Lei nº 149/95, entende-se por **locação financeira:**

"o contrato pelo qual uma das partes se obriga, mediante retribuição, a ceder à outra o gozo temporário de uma coisa móvel ou imóvel, adquirida ou construída por indicação desta, e que o locatário poderá comprar, decorrido o período acordado, por um preço nele determinado ou determinável mediante simples aplicação dos critérios nele fixados."

Daqui decorre que o *leasing* se apresenta como uma actividade de natureza parabancária, no sentido de que não se trata de mutuar capitais, mediante uma remuneração, que se traduz no juro, mas de uma outra figura que cruza o mútuo com a compra e venda, possibilitando que:

• A **entidade locatária** (cliente da sociedade de locação financeira) **goze um dado bem móvel ou imóvel;**
• **Cuja escolha lhe pertence total e exclusivamente,** incluindo a designação do fornecedor;
• Mediante o pagamento de um preço (**a renda**);
• Por um determinado lapso de tempo;
• Com a **faculdade de o adquirir, no termo do mesmo contrato, por um valor residual.**

Apesar de, em termos práticos, o *leasing* se assemelhar a um verdadeiro financiamento bancário, tem **vantagens** comparativamente a este, já que o **processo de análise e decisão de uma proposta de locação financeira é rápido,** a **formalização do contrato não reveste nenhuma** complexidade, a **entrega do bem e o pagamento ao seu fornecedor também são céleres** e o pagamento de parte do capital, correspondente ao valor residual, é diferido para o termo do contrato. Acessoriamente, as sociedades de locação financeira podem alienar, ceder a exploração ou realizar actos de administração sobre bens que lhe tenham sido restituídos, quer por resolução do contrato, quer porque o locatário não quis adquirir o bem locado, no termo do contrato (al. a) do nº 2 do artº 1º do Dec.-Lei nº 285/2001).

Através da locação financeira, estabelece-se uma relação jurídica entre uma entidade locadora ou financiadora e o locatário, que pode ter por objecto *"quaisquer bens susceptíveis de serem dados em locação"* (nº 1 do artº 2º do Dec.-Lei nº 149/95). Neste caso se incluem **imóveis, equipamentos, máquinas industriais e outros bens móveis, e móveis sujeitos a registo, como veículos**. Dispõe o nº 2 do mesmo artº que *"quando o locador construa, em regime de direito de superfície, sobre terreno de locatário, este direito presume-se perpétuo, sem prejuízo da faculdade de aquisição pelo proprietário do solo, nos termos gerais."*. Estará nesta previsão a situação do locatário que recorre a esta forma de financiamento, através da qual a locadora constrói, a seu pedido ou sob sua indicação, uma edificação em solo cuja propriedade é do locatário.

O **direito de superfície**, como direito real limitado, encontra-se previsto e regulado nos artºs 1524º e seguintes do Código Civil e consiste *"na faculdade de construir ou manter, perpétua ou temporariamente, uma coisa em terreno alheio, ou de nele fazer ou manter plantações."*. Trata-se de um direito que concorre com o direito real máximo, a propriedade, e que, por conseguinte, a limita e comprime até ao momento em que se extingue, tornando perene o direito de propriedade e possibilitando o exercício de todos os poderes directos e imediatos do proprietário sobre a coisa (a obra ou o terreno e suas plantações).

Feita esta ressalva, a situação frequente de recurso ao *leasing* versa bens móveis, imóveis e automóveis, com o objectivo de os empresários e as empresas reduzirem os custos inerentes à compra destes bens.

2.2. CARACTERÍSTICAS DO CONTRATO DE LOCAÇÃO FINANCEIRA

O contrato de locação financeira caracteriza-se, essencialmente, pelos aspectos seguintes:

- Pode ser celebrado por **documento particular**;
- Quando o bem locado for um imóvel, **as assinaturas dos contraentes devem ser reconhecidas presencialmente, salvo se efectuadas perante funcionário de registo**, aquando da apresentação do pedido de registo;
- Tratando-se de bens **imóveis ou móveis sujeitos a registo** (como viaturas automóveis, motociclos, embarcações e aeronaves) deverá ser promovida a **inscrição da locação financeira na Conservatória do Registo Predial ou Automóvel**;
- No caso de imóveis, as entidades com competência para o reconhecimento das assinaturas ou os serviços de registo comercial devem certificar-se da existência da respectiva **licença de utilização ou de construção**;
- O **prazo** para a locação financeira de coisas **móveis** não deve exceder o tempo que corresponda ao período presumível da sua utilização económica;
- O contrato de locação financeira **não pode ter uma duração superior a 30 anos**, considerando-se reduzido a este limite temporal quando tenha sido estipulado prazo superior;
- **Não sendo estabelecido o prazo para a sua duração,** o contrato deve considerar-se celebrado pelo prazo de **18 meses ou de 7 anos**, conforme se trate de bens **móveis ou imóveis**;
- A **renda** fixada deverá possibilitar, dentro do período de vigência do contrato, a recuperação de mais de metade do capital correspondente ao valor do bem locado e cobrir todos os encargos com a sua aquisição ou construção, bem como a margem de lucro da sociedade locadora;
- O **valor residual** deverá corresponder ao montante não recuperado;
- Os limites (mínimo e máximo) do valor residual deverão ser fixados pelo Banco de Portugal, que terá em apreço a evolução da economia e do sector de actividade da locação financeira;
- A **primeira renda** não poderá vencer-se depois de ultrapassado 1 ano sobre a data em que o contrato deve produzir os seus efeitos;

- Por regra, o **contrato produz efeitos a contar da sua celebração**, salvo se as partes o subordinarem a **condição suspensiva**, caso em que só começa a produzir efeitos quando se verificar a efectiva aquisição ou construção do bem locado, quando se operar a tradição ou a sua entrega ao locatário ou, ainda, fizerem depender a produção destes efeitos da verificação de outro facto juridicamente relevante;
- O **valor de cada renda** não pode ser inferior ao valor dos juros correspondentes ao período a que a mesma disser respeito;
- O contrato pode ser **resolvido por qualquer uma das partes** com fundamento no incumprimento das obrigações que, para ambas, emergem daquele;
- Resolvido o contrato por incumprimento de uma das partes, para **promover o cancelamento do registo** comercial, é suficiente a **prova da comunicação à parte contrária da resolução** do contrato;
- Findo o contrato por resolução ou pelo decurso do prazo por que foi celebrado, quando o bem locado não tenha sido comprado pelo locatário e não for restituído ao locador, este pode promover o cancelamento do registo comercial por via electrónica e propor, no Tribunal, **a providência cautelar para a entrega imediata do bem locado**;
- O locador deverá carrear para o **procedimento cautelar** todos os elementos que justificam a sua pretensão, com excepção do cancelamento do registo – cuja consulta deve ser efectuada oficiosamente pelo Tribunal – e depois de decretada a providência serão **ouvidas as partes para que o Tribunal antecipe o juízo sobre a causa principal**. Só não o poderá fazer quando o locador não tenha trazido para o procediemto todas as informações necessárias à decisão definitiva sobre o caso.

2.3. DIREITOS E DEVERES DOS CONTRAENTES

Ao **locador** compete:

- **Adquirir ou mandar construir o bem** a locar;
- **Vender o bem locado, no fim do contrato, quando o locatário pretenda adquiri-lo**;
- **Defender a integridade da coisa locada e examiná-la**;
- Fazer suas, sem o dever de compensar o locatário, todas as peças e elementos acessórios que tenham sido incorporados no bem locado;

- **Opor-se à transmissão da posição contratual assumida pelo locatário**, quando o cessionário não oferecer garantias suficientes para o cumprimento do contrato celebrado, quando se trate de bens de equipamento.

Ao **locatário** cabe:
- **Pagar pontualmente as rendas**:
- Facultar ao locador o exame da coisa;
- **Não dar ao bem locado um destino diferente** daquele que foi fixado no contrato, nem transferi-lo para outro local, salvo autorização do locador;
- Promover todas as **reparações urgentes ou necessárias na coisa**, para evitar a sua destruição ou deterioração, bem como aquelas que foram ordenadas por autoridade pública competente;
- **Não ceder o gozo da coisa a outrem**, quer a título gratuito (comodato), quer oneroso (sublocação), salvo se para tanto for autorizado ou a lei o permitir;
- **Avisar a sociedade locadora**, logo que lhe for possível, **dos vícios ou perigos de que tenha tomado conhecimento** ou quando saiba que terceiros se arrogam direitos em relação à coisa locada (exemplo de uma penhora com apreensão material e remoção dos bens);
- **Celebrar contrato de seguro** que cubra as eventualidades de perda ou deterioração da coisa ou os danos por ela causados;
- **Restituir o bem, no termo do contrato, quando não optar pela sua compra.**

A sociedade locadora está legalmente **impedida** de prestar serviços complementares da actividade de locação, nestes se compreendendo a **manutenção e assistência técnica** dos bens locados; todavia, esta poderá recorrer a contratação de terceiros, para este fim (regime de *outsourcing* imperativamente introduzido pelo Dec.-Lei nº 285/2001).

2.4. FASES DA CONTRATAÇÃO

– O locatário escolherá o equipamento e apresentará à sociedade locadora uma Proposta de Operação, formalizada através de um formulário próprio que, salvaguardadas pequenas diferenças de pormenor, se apresenta como um modelo uniforme;

– A proposta, uma vez analisada e aprovada pela sociedade locatária, depois de aceite pelo proponente, levará à emissão do contrato de locação financeira;

– Este contrato será remetido ao locatário, devidamente acompanhado de outros documentos indispensáveis à celebração do mesmo;

– Recepcionado o contrato, assinado pelo locatário, a locadora encomendará ao fornecedor, escolhido por aquele, a coisa objecto da locação.

Seguem-se **minutas** relativas a contratos de **locação financeira imobiliária e mobiliária.** Na primeira prevê-se a locação de um imóvel para nele o locatário desenvolver a sua actividade económica. Trata-se de um contrato com um clausulado típico e exaustivo, que prevê todos os aspectos relativos à relação jurídica em apreço, que tangem a posse titulada do locatário, as suas obrigações legais no decurso da execução do contrato (*v.g.* obras ou benfeitorias, a tutela do imóvel perante ofensa de terceiros, os seguros que cubram as eventualidades infortunísticas, o dever de tolerar as inspecções periódicas da coisa locada, a possibilidade de ceder a sua posição contratual a terceiro, mediante autorização prévia e expressa da locadora, entre outros deveres (Pág. 448).

E porque esta figura jurídica permite, mediante autorização da contraparte, a **cessão da posição contratual** que deriva do *leasing* para o locatário, também se ilustra esta situação com um outro contrato em que o locatário cede a sua posição a outrem (Pág. 470).

Também se junta **acordo de pagamento** das prestações em dívida pela locatária, celebrado com a locadora de equipamentos (locação financeira mobiliária), **no âmbito de uma providência cautelar para apreensão do equipamento locado e para pôr termo ao processo judicial pendente.** Trata-se, portanto, de um acordo que pode ser celebrado extra-judicialmente e que, uma vez integralmente cumprido pela devedora, porá fim à lide, nos precisos termos acordados entre as partes (Pág. 476).

✓ Contrato de locação financeira imobiliária

OUTORGANTES:

PRIMEIRO:... NIF........................, titular do Cartão do Cidadão nº .... emitido pelos Serviços competentes da República Portuguesa, válido até ...., divorciado, natural da freguesia e concelho de .... e residente na ...., que outorga como **LOCATÁRIO** e doravante como tal, abreviadamente, designado;

SEGUNDO: ...., casado, natural da freguesia de ...., no concelho de ...., e ...., casado, natural da freguesia de ...., no concelho de ...., ambos com domicílio profissional na ...., que intervêm em nome e representação, como **procuradores do BANCO .... S.A.**, N.U.I.P.C. ...., com sede na ...., com o capital social de .... Euros, matriculada na Conservatória do Registo Comercial do .... sob o número ...., que outorga como **LOCADOR**, doravante abreviadamente designado por "Banco".

Entre o Banco, como Locador, e o primeiro outorgante como Locatário, celebra-se o presente Contrato de Locação Financeira Imobiliária que se rege pelas seguintes Condições Particulares e Gerais, que reciprocamente aceitam:

Considerando:

A) Que o **Banco é dono e legítimo possuidor do imóvel** identificado infra na Cláusula Primeira;

B) Que o **Locatário** conhece e inspeccionou já o referido imóvel e constatou que o mesmo satisfaz os seus propósitos e é adequado ao exercício da sua actividade, pelo que **solicitou ao Banco a cedência da utilização do mesmo com recurso à locação financeira**;

SECÇÃO I
CONDIÇÕES PARTICULARES

CLÁUSULA PRIMEIRA
(Objecto do Contrato-Promessa)

Pelo presente, o **BANCO** dá em locação financeira imobiliária ao **LOCATÁRIO** e este, por sua vez, toma em locação financeira imobiliária, nos termos previstos no Dec.-Lei nº 149/95, de 24 de Junho, o seguinte imóvel:..

CLÁUSULA SEGUNDA
(Valor da Locação Financeira)

Os outorgantes expressamente atribuem a este contrato o valor de € .... O montante do financiamento do Locador não poderá, em caso algum, exceder este montante.

CLÁUSULA TERCEIRA
(Contratantes)

1. LOCADOR: BANCO ...., S.A., NUIPC ...., com sede na ...., matriculado na Conservatória do Registo Comercial do .... sob o nº ...., com o capital social de ...., adiante designado por **LOCADOR**.

2. LOCATÁRIO: ...., NIF ...., titular do Cartão do Cidadão ...., emitido pelos Serviços competentes da República Portuguesa, válido até ...., divorciado, natural da freguesia e concelho de ...., residente em...

CLÁUSULA QUARTA
(Prazo do contrato)

Prazo: 10 anos, contados a partir de .... de .... de 2015.

CLÁUSULA QUINTA
(Pagamentos)

1. São **120 (cento e vinte) rendas mensais**, postecipadas, iguais e sucessivas, com vencimento aos dias quatro de cada mês, vencendo-se a primeira em ....../....../......

O valor das rendas devidas será calculado e actualizado por aplicação da taxa indexante EURIBOR a trinta dias, em vigor no último dia útil do mês anterior ao do início de cada período de contagem de juros, acrescida de uma margem ou *spread* de três por cento ao ano, com arredondamento para 1/8 de ponto percentual igual ou superior. À taxa indexante e margem referidas corresponde, a título meramente indicativo, e com referência à data de ...., uma taxa nominal de ....% e uma taxa anual efectiva (TAE) de ....%, calculada nos termos do DL 220/94, de 23 de Agosto.

A EURIBOR designa a taxa de juro do mercado monetário interbancário, obtida a partir da média da oferta de liquidez entre um conjunto de 57 Bancos, para um período correspondente ao período de contagem de juros em causa, divulgada pela Federação Bancária Europeia, pelas onze horas da manhã (hora de Bruxelas).

O período de contagem de juros será o equivalente ao período compreendido entre as datas de vencimento de duas rendas sucessivas, tendo o primeiro início em //até //.

2. O **Locatário autoriza** o "Banco Global, S.A." **a debitar** a sua conta de depósitos à ordem com o número .... Agência .... aberta junto do Banco .... S.A., pelo valor total ou parcial de todas as respectivas obrigações pecuniárias emergentes da celebração do presente contrato, no respectivo vencimento, obrigando-se a manter tal conta com a provisão necessária para o efeito. Para efectivação do pagamento de quaisquer quantias que sejam devidas em virtude do presente contrato, fica ainda o Banco autorizado a debitar quaisquer outras contas de depósito de que o Locatário seja ou venha a ser titular ou contitular solidário no próprio Banco, bem como a proceder à compensação de quaisquer dívidas emergentes do presente contrato, com quaisquer outros créditos de qualquer deles sobre o Banco.

3. Fica expressamente convencionado que, na vigência do prometido contrato de locação financeira, o **Locatário poderá efectuar entregas extraordinárias, no valor mínimo de ...... mil euros** cada, que importem o reembolso parcial antecipado do capital correspondente ao valor do bem locado, sem qualquer penalização, mediante um pré-aviso escrito de cinco dias úteis, desde que cada entrega coincida com a data de vencimento das rendas acima referidas e permaneça em dívida montante não inferior ao valor residual estabelecido.

CLÁUSULA SEXTA
(Valor residual)

O **LOCADOR** promete vender ao **LOCATÁRIO**, no termo do contrato, o imóvel objecto deste contrato, pelo valor de € ...., correspondente a cinco por cento do valor desta locação financeira o qual poderá ser alterado por mútuo acordo e simples troca de correspondência.

CLÁUSULA SÉTIMA
(Titulação do Contrato)

Em garantia do bom e pontual cumprimento de todas as obrigações e responsabilidades a assumir pelo Locatário perante o Banco, emergentes do contrato de locação financeira imobiliária, incluindo o pagamento das rendas, cláusula penal, valor residual, despesas e demais encargos a convencionar nos termos desta promessa, o **Locatário entrega ao Banco uma livrança em branco**, por si subscrita, e pelo presente documento **autoriza o Banco** a, através de qualquer dos seus procuradores ou colaboradores, **proceder, livre e integralmente, ao preenchimento do referido título de crédito**, designadamente quanto à data de emissão, montante em dívida, data de vencimento e ao local de pagamento, pelo valor correspondente à totalidade dos créditos e encargos emergentes deste contrato de locação financeira imobiliária, e que em cada momento o Banco seja credor. Do mesmo modo, fica o Banco autorizado a **descontar essa livrança** e utilizar o seu produto para pagamento dos créditos emergentes deste contrato.

CLÁUSULA OITAVA
(Despesas)

Todas as despesas e encargos emergentes do presente contrato, dos respectivos actos de registo predial, bem como do cumprimento das obrigações fiscais inerentes, são da responsabilidade do **LOCATÁRIO**, podendo o Banco, por expressa autorização já conferida, debitar quaisquer contas de depósito de que ele seja ou venha a ser titular ou contitular solidário no próprio Banco, bem como a proceder à compensação das mencionadas obrigações com quaisquer outros créditos dele(s) sobre o Banco.

SECÇÃO II
CONDIÇÕES GERAIS DO PRESENTE CONTRATO DE LOCAÇÃO FINANCEIRA IMOBILIÁRIA, ADIANTE DESIGNADO ABREVIADAMENTE POR "CONTRATO"

ARTIGO 1º
(Objecto)

O Contrato tem por objecto a locação financeira do bem imóvel acima identificado na Cláusula Primeira das Condições Particulares.

ARTIGO 2º
(Aquisição do bem imóvel)

1. O **imóvel acima identificado foi previamente inspeccionado e escolhido pelo LOCATÁRIO**, o qual assume inteira e exclusiva responsabilidade por esta escolha e destina-se ao exercício da actividade fixada no Artigo Décimo Sexto das presentes Condições Gerais.

2. O **LOCADOR financia a aquisição**, mas fica desde já convencionado que o montante global do seu investimento na operação nunca poderá exceder o valor fixado como montante do contrato, indicado nas Condições Particulares, pelo que, acima deste valor, não poderão ser-lhe exigidas quaisquer importâncias, ainda que as mesmas se venham a revelar necessárias à cobertura financeira da operação.

ARTIGO 3º
(Contabilização das despesas)

1. O LOCADOR tem aberta conta na sua escrita, em nome do LOCATÁRIO, onde poderá debitar todas as despesas, impostos e encargos relativos à operação acordada.

2. As condições de abertura, funcionamento, remuneração e encerramento de tal conta constam de correspondência do LOCADOR e/ou do LOCATÁRIO.

3. Se o LOCATÁRIO não proceder ao reembolso dos saldos em dívida dentro do prazo para tal fixado, o LOCADOR pode resolver o contrato.

ARTIGO 4º
(Locação)

O **BANCO** dá em locação financeira imobiliária ao **LOCATÁRIO** e este, por sua vez, toma em locação financeira imobiliária, nos termos previstos no DL 149/95, de 24 de Junho, o bem imóvel acima identificado. **A locação financeira entra em vigor na data de assinatura do Contrato** e é celebrada pelo prazo convencionado nas Condições Particulares.

ARTIGO 5º
(Promessa unilateral de venda)

1. No termo do Contrato, o **Locatário poderá adquirir** o imóvel locado contra o pagamento do valor residual convencionado nas Condições Particulares e desde que não se encontre vencida e não paga qualquer quantia que seja devida ao Locador. Esta promessa de venda fica sujeita a resolução, nos termos do contrato, pelo não cumprimento das obrigações do LOCATÁRIO, o que este declara aceitar.

2. Para esse efeito, o Locatário deverá notificar o Locador do exercício da opção de compra com, pelo menos, noventa dias de antecedência sobre a data de vencimento da última renda, sob pena de caducidade desta opção.

3. O valor residual, se outra modalidade não for convencionada, deverá ser pago na data do termo do contrato.

4. Igualmente, desde que não se encontre vencida e não paga qualquer quantia que seja devida ao Locador, o **Locatário poderá exercer a opção de compra** dos imóveis locados, antecipadamente ao termo do contrato, notificando o Locador para esse efeito, com, pelo menos, noventa dias de antecedência. Neste caso, o preço da transmissão será igual ao capital em dívida, sem penalização.

5. Por capital em dívida entende-se a quantia igual à soma das rendas vincendas e do valor residual, actualizadas à taxa do contrato.

6. A **escritura pública de transmissão** deverá ser realizada entre a data de termo do contrato de locação financeira, ou a data de exercício antecipado da opção de compra, e os noventa dias subsequentes, em local (Lisboa ou Porto), dia e hora a indicar, por carta registada com aviso de recepção, a remeter para a sede social do Locador pelo Loca-

tário, com, pelo menos, quinze dias úteis de antecedência, competindo ao Locatário a obtenção de todos os documentos referentes ao imóvel e necessários à celebração da mesma escritura publica.

ARTIGO 6º
(Restituição)

1. Não sendo exercida a opção de compra, o Locatário deverá restituir ao Locador o imóvel objecto do Contrato, no prazo máximo de quinze dias após o termo da locação financeira e totalmente livre e desocupado de pessoas e bens.

2. Se o Locatário não proceder à restituição no prazo referido no número anterior, e sem prejuízo do direito do Locador reivindicar a posse os imóveis locados, o Locatário fica obrigado a pagar ao Locador, por cada dia de atraso na respectiva restituição, uma importância igual a 3.5% da última renda vencida, se esta for mensal, 2% se esta for trimestral, ou 1% se for semestral.

3. Em harmonia com o disposto no anterior nº 1, o Locatário não fica exonerado do dever de cumprimento de todas as suas obrigações que à data se encontrarem vencidas ou cujo facto gerador tenha ocorrido anteriormente ao termo do contrato. A falta de pagamento dos valores referidos determina para o Locatário a obrigação de pagar juros de mora, calculados à taxa do contrato, acrescida de quatro pontos percentuais, sobre os montantes em dívida.

ARTIGO 7º
(Obrigação de pagamento de renda)

1. O Locatário pagará ao Locador, mensal e postecipadamente, uma renda cujo montante, periodicidade, datas de vencimento, local e forma de pagamento se encontram determinados nas Condições Particulares.

2. A renda base é constituída por uma parte de dívida com a remuneração do montante do investimento ainda não amortizado financeiramente, sendo o remanescente correspondente à amortização do investimento, deduzido do valor atribuído ao imóvel e do valor residual fixado.

ARTIGO 8º
(Revisão de rendas)

1. O valor das rendas será alterado, pelo Locador, sempre que ocorrerem variações no indexante previsto nas Condições Particulares. As alterações que vierem a ser efectuadas incidirão apenas sobre as **rendas vincendas**.

2. A taxa de Locação poderá igualmente ser alterada se, no decurso da vigência deste contrato, for alterado o DL 150/99, de 11.09 e respectiva TGIS, (isenção do imposto de selo), variando a taxa de Locação no mesmo sentido e em igual amplitude ao imposto de selo que vier a ser definido para este tipo de contrato.

3. A actualização das rendas, efectuada de acordo com o estabelecido nos números anteriores, que implique uma redução no seu montante, fica condicionada à inexistência de quaisquer valores vencidos e não pagos por parte do Locatário ao Locador.

ARTIGO 9º
(Obrigação de pagamento de impostos, encargos, seguros e despesas de expediente)

1. Para além da renda convencionada, o LOCATÁRIO deverá reembolsar o Locador ou pagar directamente a quem competir:

a) As **despesas notariais, fiscais e de registo** predial provisório e definitivo da aquisição e locação financeira do imóvel;

b) Todos os **impostos e taxas**, sejam ordinários, extraordinários, retroactivos ou correctivos, de natureza predial ou outra, a que o imóvel e instalações, objecto de locação, estejam ou venham a estar sujeitos, incluindo os tributos para as autarquias locais, bem como todos os encargos de idêntica natureza que incidam e venham a incidir sobre o prédio ou instalações objecto deste contrato, ou sobre a própria locação financeira, por forma a que o valor da renda e após os efeitos da indexação, seja sempre recebida pelo LOCADOR, líquida de quaisquer encargos;

c) O valor do **imposto municipal sobre as transmissões onerosas de imóveis** que venha a ser devido, nos termos e para os efeitos previstos no número seis do artigo onze do Código do Imposto Municipal sobre as Transmissões Onerosas de Imóveis, aprovado pelo DL 287/2003, de 12.11;

d) A quota-parte de todas as **despesas de condomínio** respeitantes à fracção autónoma locada, comprometendo-se o Locatário a efectuar o pagamento respectivo directamente ao Administrador do Condomínio, designadamente dos montantes que venham a ser exigidos a título de conservação e limpeza, contribuição para a conta-poupança condomínio, obras de reparação, beneficiação e benfeitorias no edifício. Esta obrigação mantém-se durante toda a vigência do sobredito contrato de locação financeira e, em caso de resolução do contrato, até à efectiva entrega das fracções locadas ao Banco Locador;

e) O montante dos **prémios** de seguros celebrados em nome do LOCADOR, como se estipula infra;

f) Todos os encargos administrativos e fiscais, notariais e de registos devidos pela celebração do presente contrato de locação financeira imobiliária, nos quais se compreendem, nomeadamente, os custos de requerimentos de certidões camarárias, das Repartições de Finanças ou outras de que o LOCADOR careça e das escrituras e registos provisórios ou definitivos;

g) A importância dos gastos de expediente de qualquer natureza e bem assim as despesas que haja de fazer para cobrança dos seus créditos ou para a conservação dos seus bens e direitos que são objecto deste contrato.

2. Os pagamentos ou reembolsos deverão ser efectuados nos prazos constantes dos avisos do LOCADOR.

ARTIGO 10º
(Despesas com eliminação de onerações e encargos)

O LOCATÁRIO é responsável pelas despesas cuja realização se venha a tornar necessária para a eliminação de quaisquer eventuais encargos ou onerações a que o imóvel locado, objecto do presente contrato, esteja sujeito, em virtude de facto imputável ao anterior proprietário, incluindo, designadamente, **as penhoras registadas** ao abrigo de privilégios creditórios.

ARTIGO 11º
(Lugar de pagamento, domiciliação e juros)

1. O pagamento das rendas será efectuado por débito de uma conta aberta em nome do LOCATÁRIO aos balcões do Banco ...., S.A.,

para o que desde já autoriza o débito da referida conta pelos montantes das rendas nas datas dos respectivos vencimentos.

2. Se a ordem de pagamento for devolvida por falta de saldo da conta acima referida, o LOCADOR cobrará **juros de mora** e poderá **resolver o contrato**, se o achar mais conveniente.

3. Em todo o presente contrato a expressão "Juro" ou "Juro de Mora", sem associação a uma outra taxa específica, terá por base a taxa de locação financeira do contrato.

ARTIGO 12º
(Obrigações do LOCATÁRIO)

1. O LOCATÁRIO compromete-se a não invocar qualquer pretensão contra:

a) Roubo, furto ou qualquer delito de que tenha sido vítima nas instalações locadas;

b) Destruição total ou parcial do imóvel, ou a sua expropriação;

c) Obstáculos levantados por terceiros à utilização das instalações, devendo neste caso agir contra terceiros sem chamar o LOCADOR à demanda.

2. O LOCATÁRIO deverá **informar o LOCADOR**, dentro do prazo de cinco dias de calendário, a contar do momento em que dele tenha conhecimento, de todos os actos e pretensões de terceiros que ponham em causa o seu direito e lhe acarretem ou possam acarretar prejuízo, e **obriga-se a defender, por sua conta, a integridade do imóvel locado e do seu uso**.

3. Dando prévio conhecimento ao Locador, o Locatário deverá realizar as **benfeitorias necessárias** ou as obras de conservação do imóvel, incluindo as que lhe sejam impostas pelas autoridades competentes, sendo que, neste ultimo caso, deverá executá-las prontamente e por sua conta e responsabilidade.

4. Todas as demais obras, **incluindo benfeitorias úteis**, deverão obter o prévio e expresso **acordo escrito do Locador**, podendo este, se assim o entender, exigir que as obras sejam coordenadas ou fiscalizadas por entidade idónea, por si indicada e por conta do Locatário, designada por coordenador de obra.

5. Serão por conta e da responsabilidade do Locatário a obtenção das licenças administrativas necessárias à utilização do imóvel ou à autorização e legalização de eventuais obras a realizar.

ARTIGO 13º
(Licenças)

O Locatário deverá ainda obter as licenças administrativas adequadas e cumprir todas as normas legais que regulem o exercício da actividade que desenvolve no imóvel locado, ou ao fim a que o mesmo se destina, de forma a que o Locador não possa ser responsabilizado pelo seu respectivo incumprimento.

ARTIGO 14º
(Cessão da posição do LOCADOR)

O LOCADOR fica desde já autorizado a transmitir livremente a outras instituições de crédito a sua posição contratual emergentes do Contrato, sem necessidade de adicional ou posterior anuência do LOCATÁRIO.

ARTIGO 15º
(Vícios do bem objecto do contrato)

1. Logo após a assinatura do presente contrato de locação financeira, o LOCATÁRIO entrará na **posse do imóvel** objecto deste contrato.

2. A celebração do contrato de locação financeira implica, para o LOCATÁRIO, que **aceita o imóvel locado no estado em que se encontre, mais o considerando nas devidas condições para o exercício normal da sua actividade**; mais aceita o LOCATÁRIO que, a partir desse momento, todo e qualquer risco que sobre o mesmo recaia é da sua inteira responsabilidade, para o que efectuará a cobertura dos riscos em adequada apólice de seguro.

3. A partir desta data, o LOCATÁRIO não poderá deduzir contra o LOCADOR qualquer reclamação com fundamento no estado das instalações ou exercer qualquer direito ou acção em virtude de possíveis **defeitos ou vícios** da coisa locada, aparentes ou ocultos, mesmo quando sejam impeditivos da sua utilização.

4. Serão de conta e da responsabilidade do Locatário as eventuais consequências, incluindo as de natureza pecuniária, de quaisquer acções movidas por terceiros ou relacionadas com direitos que a este sejam reconhecidos contra o Locador ou referentes ao imóvel locado ou à sua utilização.

5. Tendo em atenção que o Locador não responde pelos vícios do imóvel locado, compete igualmente ao Locatário tomar as devidas providências, incluindo judiciais contra o alienante ou qualquer terceiro sobre todos os direitos relativos ao imóvel ou à sua aquisição.

6. Qualquer acção a mover contra as entidades envolvidas nos trabalhos de adaptação, ou reparação dos defeitos ou vícios da obra deverá sempre ter o acordo escrito do LOCADOR.

ARTIGO 16º
(Afectação e utilização da coisa)

1. O **imóvel locado** através do presente contrato **só poderá ser utilizado para o exercício de uma actividade industrial, comercial, ou de prestação de serviços**, genericamente admitidas nas normas legais que regulam o contrato de Locação Financeira, e no integral respeito do fim previsto na respectiva Licença de Utilização.

2. O LOCATÁRIO obriga-se a utilizar as instalações locadas com a prudência normalmente usada por um proprietário, de forma a que o LOCADOR não possa incorrer em qualquer obrigação ou ónus por causas relacionadas com esse exercício.

3. O LOCATÁRIO obriga-se também a suportar as consequências, nomeadamente as de natureza pecuniária, resultantes de acções movidas por terceiros, ou de direitos que lhe sejam reconhecidos contra o LOCADOR, por força de **danos causados pelas instalações e sua utilização**. No caso de o LOCADOR, por esse motivo, ser obrigado a pagar quaisquer importâncias, o LOCATÁRIO compromete-se a reembolsá-lo integralmente, logo que para tal seja avisado, nos termos ajustados no Artigo 3º.

4. O LOCATÁRIO declara, também, conformar-se com todas as decisões administrativas e normas legais referentes à utilização da coisa, nomeadamente no que diz respeito às **normas de higiene, salubridade e segurança** das pessoas e dos bens, e a executar a expensas suas, sem recurso para o LOCADOR, os trabalhos exigidos para esse efeito.

ARTIGO 17º
(Obras, reparações e benfeitorias)

1. O LOCATÁRIO obriga-se a manter as instalações em bom estado de conservação, efectuando as reparações necessárias, e a restitui-las no

final do contrato em condições normais de utilização quando não opte pela sua aquisição.

2. O LOCATÁRIO obriga-se também a executar, por sua conta e risco, todas as grandes reparações que venham a tornar-se necessárias, no decurso do contrato, bem como todas as reparações que se mostrem indispensáveis por vícios ou defeitos da construção, mesmo que não existam sinais exteriores dessas insuficiências da obra, se não for possível fazê-las a cargo do responsável pelos vícios ou defeitos.

3. O LOCATÁRIO **poderá instalar no imóvel locado os equipamentos necessários para o exercício da actividade** a que ele se destina, com a condição de que não afectem a sua segurança e solidez.

4. Todas as **obras de alteração**, nomeadamente as que impliquem modificações na distribuição dos espaços interiores, demolições de paredes ou a sua abertura, e ainda a retirada de vigas ou soalhos, deverão ser previamente comunicadas por escrito ao LOCADOR, que a elas se poderá opor se afectarem a segurança, solidez e conservação do imóvel.

5. Em qualquer caso, os trabalhos a realizar, qualquer que seja a sua natureza, serão **executados por conta e risco do LOCATÁRIO**. Nas grandes reparações o LOCADOR poderá exigir a fiscalização por entidade idónea e por si aceite, cujos honorários o LOCATÁRIO suportará, reservando-se o LOCADOR o direito a exigir a demolição, por conta e risco do LOCATÁRIO, das obras que tenham sido realizadas sem observância das disposições precedentes, e que não obtenham a sua aprovação, bem como a indemnização dos prejuízos que por tal facto tenha sofrido.

6. Quaisquer obras, benfeitorias, instalações ou construções, incluindo aquelas que sejam impostas por disposições legislativas ou regulamentares, efectuadas pelo LOCATÁRIO, quer no decurso do contrato, quer no caso de não exercício de opção de compra adiante prevista, obriga-se o LOCATÁRIO a **deixá-las nas instalações locadas, sem que lhe seja devida qualquer compensação ou indemnização pelas despesas** que tenha efectuado.

7. Os equipamentos e materiais não incorporados no edifício e que, como tal, não possam ser considerados pertença do imóvel por destinação, manter-se-ão propriedade do LOCATÁRIO e deverão por ele ser retirados, se abandonar as instalações, tendo porém o encargo de deixar estas em estado de boa conservação após a retirada desses equipamentos ou materiais.

8. Durante a vigência do contrato o LOCATÁRIO deverá permitir, sem prejuízo do exercício normal da sua actividade e de qualquer outro interesse atendível, que os **representantes do LOCADOR visitem as instalações** para se certificarem do seu estado de conservação e também fornecer, a pedido do LOCADOR, todas as justificações e elementos de prova do pontual cumprimento das obrigações legais e contratuais.

ARTIGO 18º
(Transmissão da Posição Contratual e Sublocação)

1. A transmissão da posição contratual do Locatário ou a cedência de utilização do imóvel locado, por qualquer forma, incluindo **trespasse, total ou parcial, depende de prévia autorização expressa e por escrito do Locador.**

2. A manifestação do acordo do LOCADOR a qualquer contrato de sublocação que o LOCATÁRIO venha a celebrar, relativo a parte das instalações que são objecto do presente contrato, deverá ser dada por documento escrito, estando as respectivas cláusulas sujeitas ao prévio acordo do LOCADOR, comprometendo-se este a analisar o referido contrato de sublocação e a manifestar-se com a máxima brevidade possível.

3. O eventual **sublocatário** das referidas instalações deverá, no âmbito do contrato de sublocação, **manifestar o conhecimento das cláusulas do presente contrato de locação financeira**, aceitando que a validade do contrato de sublocação se encontra dele dependente, implicando a sua resolução a resolução do contrato de sublocação, comprometendo-se, nesse caso, a desocupar de imediato as referidas instalações, sem que ao LOCADOR sejam oponíveis quaisquer meios de defesa que subsistam entre o LOCATÁRIO e o sublocatário.

4. No caso de não cumprimento do estipulado nas cláusulas anteriores, o LOCADOR poderá resolver o presente contrato nos termos do Artigo 24º, sujeitando-se o LOCATÁRIO às condições de indemnização previstas no Artigo 25º.

ARTIGO 19º
(Responsabilidade pelo Risco)

1. O Locatário será responsável pelos danos sofridos no imóvel ou pelos prejuízos causados ao Locador ou a terceiros e resultantes, directa ou indirectamente, da utilização do imóvel.

2. Se, apesar do disposto na lei e no presente Contrato, o **Locador** for chamado a indemnizar terceiros por qualquer dano emergente da titularidade ou utilização do imóvel, gozará do **direito de regresso** contra o Locatário por todas as quantias despendidas.

ARTIGO 20º
(Seguros do LOCATÁRIO)

1. O LOCATÁRIO obriga-se a celebrar e trazer pontualmente pagos e em vigor os seguintes contratos de seguro:

a) Cobertura de **responsabilidade civil extracontratual** por danos causados pelos imóveis locados a qualquer terceiro ou edifício vizinho;

b) Cobertura de todo o conjunto patrimonial que constitui o imóvel locado, incluindo todas as instalações especiais, benfeitorias e acabamentos, contra os riscos de incêndio, raio e explosão, tempestades, inundações, danos por água, furto, roubo, aluimento de terras, demolição e remoção de escombros, queda de aeronaves, choque ou impacto de veículos terrestres, choque ou impacto de objectos sólidos, derrame acidental de óleo, quebra de vidros, queda ou quebra de antenas, queda ou quebra de painéis solares, greves, tumultos, alterações de ordem pública, actos de terrorismo, vandalismo, maliciosos ou de sabotagem, fenómenos sísmicos.

2. O **capital seguro** contra os riscos enumerados será o indicado como valor do contrato nas Condições Particulares, e deverá ser actualizado anualmente de acordo com o índice para o efeito publicado pelo Instituto de Seguros de Portugal.

3. No que respeita aos seguros a celebrar pelo Locatário deverá ser respeitado o seguinte:

a) Tendo em atenção que o Locatário escolheu e inspeccionou o imóvel locado com vista à celebração do Contrato, incumbe-lhe a obrigação de **verificar a conformidade do seguro com as suas características, o fim a que se destina e as condições concretas da sua utilização**;

b) Se, em execução do estabelecido na alínea anterior, o Locatário verificar a necessidade de subscrição de seguros com capital, âmbito, cobertura ou natureza diferentes ou complementares dos aqui exigidos, deverá o Locatário, por sua conta, celebrar e manter em vigor os seguros adequados que cubram todas as situações e riscos emergentes;

c) As eventuais consequências resultantes do não cumprimento do referido nas alíneas anteriores serão exclusivamente imputáveis ao Locatário.

ARTIGO 21º
(Responsabilidade do LOCATÁRIO)

1. Os seguros exigidos nos termos da cláusula anterior deverão ser celebrados pelo locatário até à data de entrada em vigor do Contrato, momento em que deverá **fazer prova perante o Locador da realização dos mesmos**, devendo ainda ser remetida e entregue ao Locador uma **cópia das respectivas apólices**, no prazo de dez dias de calendário sobre aquela data.

2. Os prémios dos contratos de seguros, subscritos nos termos da cláusula anterior, bem como os impostos e outros encargos conexos e todas as penalidades ou subprémios, serão suportados e pagos directamente pelo LOCATÁRIO no vencimento respectivo, o qual deverá ainda comprovar a regularidade da situação perante o Locador.

3. Verificando-se o não pagamento pelo Locatário dos prémios de seguro, poderá o Locador proceder a tais pagamentos, debitando-os posteriormente ao Locatário.

ARTIGO 22º
(Cláusulas obrigatórias)

Nos contratos de seguros mencionados nas cláusulas antecedentes, deverá ficar devidamente explicitado e figurar nas respectivas apólices que:

a) O imóvel seguro é propriedade do Locador e que o mesmo se encontra cedido em locação financeira imobiliária;

b) Em caso de sinistro, seja qual for a sua natureza, a correspondente indemnização deverá ser paga pela empresa seguradora directamente ao Locador;

c) As apólices não poderão ser alteradas, suspensas ou anuladas sem prévio conhecimento e consentimento do locador;

d) Ao locador assiste o direito de participar sinistros e de proceder ao accionamento do seguro.

ARTIGO 23º
(Reconstrução de imóveis sinistrados)

1. A destruição total ou parcial dos bens dados em locação financeira não acarretará, salvo o que adiante se estipula, a rescisão do contrato ou a diminuição de renda e de quaisquer dos encargos e indemnizações nele previstos.

2. O LOCATÁRIO obriga-se a notificar à sua seguradora e ao LOCADOR todo o sinistro, qualquer que seja a sua importância, ainda que dele não resulte dano visível.

3. O LOCATÁRIO obriga-se, se o LOCADOR o exigir, a **reconstruir o imóvel,** objecto do contrato, sem o direito de regresso contra ele.

4. No caso de o bem sinistrado se não encontrar seguro, ou no de a sua destruição ou danificação ficarem a dever-se a um sinistro não segurável, ou ainda de o sinistro estar abrangido pela apólice mas a companhia de seguros recusar, por qualquer motivo, o pagamento de indemnização, o contrato de locação financeira continuará a produzir todos os seus efeitos, ficando o **LOCATÁRIO obrigado a reparar os bens sinistrados por sua exclusiva conta e risco,** sem o que o LOCADOR o poderá resolver, nos termos e com as sanções previstas.

5. O LOCADOR poderá mandatar o LOCATÁRIO para cumprir as formalidades necessárias à contratação dos seguros, obtenção das autorizações administrativas necessárias para reparar as instalações sinistradas, repondo-as na situação em que se encontravam antes da ocorrência do sinistro, salvas as modificações que possam ser efectuadas de comum acordo.

6. Se a reparação ou construção não puder ser efectuada por **denegação de autorização administrativa** ou qualquer outra causa alheia à vontade do LOCATÁRIO, proceder-se-á do seguinte modo:

a) Em caso de **sinistro parcial,** qualquer que seja a importância relativa da parte destruída ou danificada, o contrato continuará a produzir todos os efeitos em relação à parte utilizável. A **renda será reduzida** na proporção do montante de indemnização atribuída, líquida de todos os encargos e impostos em relação ao valor fixado no número cinco do artigo quinto supra. A redução da renda produzirá efeitos a partir da data em que tenha sido paga ao LOCADOR a indemnização devida pela Companhia de Seguros ou por outras entidades. O **preço de venda do imóvel**, decorrente da promessa de venda prevista no artigo quinto supra, **será reduzido** na mesma proporção. Se o LOCATÁRIO pretender exercer, na sequência do sinistro, a opção de compra, a indemnização paga pela seguradora, líquida de todos os encargos e impostos, será deduzida ao preço de compra devido pelo LOCATÁRIO e fixado nos termos dos números quatro e cinco do artigo quinto. No caso de a indemnização atribuída se mostrar superior ao preço de compra, a diferença será entregue pelo LOCADOR ao LOCATÁRIO. Na falta de atribuição ao LOCADOR de uma indemnização pelo sinistro, qualquer que seja a sua causa, não haverá redução de renda nem do preço de venda, independentemente da importância relativa da parte do imóvel destruída ou danificada.

b) No caso de o sinistro ter provocado a **destruição total do imóvel**, o contrato considera-se resolvido a contar da data em que seja certificada a impossibilidade de reconstrução. Até essa data, o LOCATÁRIO continuará obrigado ao pagamento da renda e demais encargos do contrato. O montante das indemnizações atribuídas pela seguradora, por força do sinistro, pertencerá ao LOCADOR até à concorrência do preço de compra do imóvel, fixado nos termos dos números quatro e cinco do artigo quinto e o eventual excesso deverá ser entregue ao LOCATÁRIO. Se, pelo contrário, o total de indemnizações atribuídas, líquidas de todos os encargos e impostos, for inferior ao preço de compra indicado, o LOCATÁRIO ficará obrigado a pagar a diferença ao LOCADOR. Neste caso, o preço de compra será acrescido de juros calculados mensalmente à taxa de locação desde a data de resolução do contrato até à data de efectiva percepção, pelo LOCATÁRIO, quer das indemnizações atribuídas, quer do suplemento eventualmente devido pelo LOCATÁRIO. Não sendo atribuída ao LOCADOR qualquer indemnização, o LOCATÁRIO obriga-se a pagar àquele, a título de indemnização pelos prejuízos sofridos com o sinistro, uma quantia igual à do preço de compra do imóvel, determinado, para a data de resolução, nas condições fixadas no número quatro do artigo quinto. Esta quantia será acrescida de juros, calculados desde a data de resolução até à do pagamento efectivo de indemnização, à referida taxa de locação. Em qualquer caso, o LOCATÁRIO terá o direito de exercer a opção de compra que lhe é conferida pelo artigo quinto, sem ter de aguardar o decurso do prazo aí fixado. Este direito só pode ser exercido nos trinta dias seguintes à resolução do contrato.

ARTIGO 24º
(Incumprimento Contratual e Caducidade)

1. Para além dos demais casos de resolução decorrentes da lei e do Contrato, este poderá ser resolvido em caso de **incumprimento de qualquer das obrigações do Locatário** se este, interpelado para o efeito, por carta registada com aviso de recepção, não suprir a sua falta no prazo de trinta dias de calendário a contar da data de emissão daquela notificação.

2. O **Locador poderá ainda resolver** o contrato nos seguintes casos:

a) Se, no decurso de obras de adaptação, ocorrer qualquer **embargo administrativo ou judicial** ou se não foram emitidas as competentes licenças administrativas de utilização decorrentes das obras de adaptação realizadas;

b) Se se verificarem os pressupostos de **insolvência, falência, recuperação de empresa, dissolução ou liquidação do Locatário**, ou contra ele correr execução ou providência cautelar em que esteja ou possa estar em causa o imóvel locado;

3. **A resolução far-se-á por simples declaração do Locador dirigida ao Locatário por carta registada com aviso de recepção.**

4. Resolvido o Contrato, o Locatário, que não terá direito a qualquer indemnização ou compensação, deverá restituir o imóvel ao Locador em bom estado de conservação, no prazo máximo de quinze dias de calendário a contar da data de resolução, sob pena de se constituir na obrigação de pagar ao Locador uma quantia, conforme previsto no anterior Artigo 6º.

5. A **resolução** do contrato **não exonera o Locatário** do dever de cumprimento de todas as suas obrigações que à data se encontrarem vencidas, ou cujo facto gerador tenha ocorrido anteriormente à resolução, e confere ao Locador para além do direito de conservar as rendas

vencidas e pagas, o direito de receber do Locatário, a título de **indemnização por perdas e danos**, uma importância igual a vinte por cento das rendas vincendas com o valor residual, sempre sem prejuízo, porém, do direito à reparação integral por maior dano.

6. Em **alternativa ao direito à resolução** do Contrato previsto nos números anteriores, poderá o Locador, em caso do Locatário se constituir em incumprimento de qualquer uma das suas obrigações contratuais, exercer os seus direitos de crédito sobre este, que se considerarão todos vencidos no momento da verificação do incumprimento. Neste caso todos os créditos vencerão juros a partir do referido vencimento.

7. A **caducidade** do Contrato não exonera o Locatário do dever de cumprimento de todas as suas obrigações que à data se encontrarem vencidas ou cujo facto gerador tenha ocorrido anteriormente à caducidade e conferem ao Locador o direito a conservar as rendas vencidas e pagas.

8. Sem prejuízo do direito do Locador resolver o Contrato, exigir o seu cumprimento ou verificando-se a caducidade do Contrato, em caso de não pagamento ou reembolso pontual de quaisquer encargos, despesas, rendas ou valor residual por parte do Locatário, serão devidos **juros de mora** calculados à taxa do Contrato, acrescida de quatro pontos percentuais.

ARTIGO 25º
(Outras causas de resolução do Contrato)

1. Locador e Locatário acordam em considerar que a **falta de cumprimento pontual ou o incumprimento**, temporário ou definitivo, das obrigações emergentes de outras operações de concessão de crédito entre ambos celebradas ou a celebrar, é causa objectiva de perda de interesse contratual na manutenção da vigência do Contrato, pelo que, caso o Locatário não ponha termo à mora ou incumprimento, no prazo para tanto fixado pelo Locador nos termos previstos no número um do artigo anterior, ao Locador assiste o direito de resolver o Contrato.

2. Locador e Locatário acordam ainda que a falta de cumprimento pontual, pelo Locatário, das respectivas obrigações contratuais emergentes do Contrato, por período superior a trinta dias de calendário após notificação do Locador, confere a este o direito de declarar **anteci-**

padamente vencidas e de exigir o **imediato cumprimento das obrigações** emergentes de outros contratos de que o Locatário e o Locador sejam partes, relativos a operações de concessão de crédito celebradas e a celebrar, incluindo financiamentos, empréstimos, aberturas de crédito, descobertos.

ARTIGO 26º
(Expropriação de qualquer dos bens locados)

1. Se qualquer um dos imóveis locados for objecto de **expropriação total**, o contrato considerar-se-á automaticamente resolvido. Todavia, a LOCATÁRIA ficará obrigada a pagar ao LOCADOR as rendas vincendas no período decorrente entre a data de expropriação e o recebimento efectivo da indemnização. Se o montante líquido da indemnização for superior ao preço do imóvel, tal como decorre dos números quatro e cinco do artigo quinto, o LOCADOR deverá entregar ao LOCATÁRIO a correspondente diferença.

2. No caso de **expropriação parcial**, o contrato continuará a produzir efeitos em relação à parte do imóvel ou aos imóveis disponíveis, se esta (estes) satisfizer(em) o interesse que levou o LOCATÁRIO a contratar. A renda, bem como o preço de compra fixado no número um do artigo quinto, serão reduzidos na proporção do montante da indemnização para o preço do imóvel fixado nos termos dos números quatro e cinco do artigo quinto supra. Estas reduções operam efeitos a partir da data do pagamento da indemnização.

3. Se a parte disponível do imóvel não satisfizer o interesse do LOCATÁRIO, o contrato considerar-se-á resolvido, aplicando-se o disposto no nº 1 deste artigo.

ARTIGO 27º
(Circulabilidade de informação)

1. Todos os **dados pessoais** facultados pelo LOCATÁRIO, e pelos seus representantes, poderão ser processados automaticamente pelo LOCADOR, destinando-se a permitir a identificação adequada do cliente e dos seus representantes e, ainda, a favorecer o estabelecimento e desenvolvimento de relações comerciais entre as partes, bem como a aplicação de operações informáticas para concretização do presente contrato.

2. Com as finalidades indicadas no parágrafo anterior e autorizando o seu tratamento automático pelas entidades infra referidas, o LOCATÁRIO e os seus representantes autorizam, desde já e com expressa dispensa do dever de sigilo bancário, que os seus dados pessoais sejam transmitidos pelo LOCADOR a empresas que integrem ou venham a integrar o Grupo Banco.

3. Sem prejuízo no disposto nos parágrafos anteriores, os órgãos sociais e o pessoal do Grupo Banco .... têm o dever de observar uma **total discrição** nas suas relações com os clientes, sendo qualquer quebra ilícita no **sigilo** bancário punível nos termos legais.

ARTIGO 28º
(Foro competente)

Para apreciação e decisão de qualquer questão emergente do Contrato, será territorialmente competente, salvo norma legal imperativa contrária, o Foro da Comarca do Porto, ou da situação dos imóveis locados, à escolha do Locador, foros esses que as partes convencionam, com expressa exclusão de qualquer outro.

Porto, ...

O LOCATÁRIO:

O LOCADOR

✓ Cessão da posição contratual

• Assumida por um dos outorgantes em contrato de locação financeira imobiliária

Aos ... de .... de ...., em Lisboa:
PRIMEIRO OUTORGANTE: "**TUNING – Indústria de acessórios e componentes para automóveis, Lda**", Pessoa Colectiva nº ...., com sede na Zona Industrial da Maia, Sector ...., Lote ....., na freguesia de Outeiro, Gemunde, na Maia, sociedade matriculada na competente Conservatória de Registo Comercial sob o nº ...., com o capital social de 560 000,00 Euros e, neste acto, representada por ADALBERTO VELOZ DA SILVA, contribuinte fiscal nº ...., natural da freguesia de ...., deste concelho da Maia, portador do Cartão do Cidadão nº ...., emitido pelos Serviços competentes da República Portuguesa, válido até ...., solteiro, maior, residente na Travessa de ...., sem número, da dita freguesia de ...., deste concelho da Maia, na qualidade de sócio e único gerente com poderes bastantes para o acto e adiante designada por **cedente**;

SEGUNDO OUTORGANTE: "**MOTOR – Sociedade de automóveis, Lda**", Pessoa Colectiva nº ...., com sede na sobredita Zona Industrial da Maia, Sector ...., Lote ....., na mesma freguesia de Outeiro, Gemunde, na Maia, sociedade matriculada na Conservatória de Registo Comercial da Maia sob o nº ...., com o capital social de 60 000,00 Euros e, neste acto, representada por ANA VAZ PERES, contribuinte fiscal nº ...., natural da freguesia de ...., do concelho de ...., portadora do BI nº ...., emitido em ..... de .... de ...., pelo Arquivo do Porto, casada, sob o regime da separação de bens, com LUIS SOUSA SÁ, e residente na Rua ...., nº ...., da cidade da Maia, adiante designada por **cessionária**;

TERCEIRO OUTORGANTE: "**BANCO POPULIS, S.A.**", Pessoa Colectiva nº ...., com sede na Rua ...., nº ...., na cidade do Porto, matriculado na Conservatória de Registo Comercial do Porto sob o número ...., com o capital social de setecentos e sessenta milhões de euros, neste acto representada por VITOR MANUEL DA SILVA, contribuinte fiscal nº ...., natural de ...., portador do Cartão do Cidadão nº ...., emitido pelos Serviços competentes da República Portuguesa, válido até ...., com escritório na Rua ...., nº ...., na Maia, na qualidade de procurador com poderes bastantes para o acto e adiante designado por **locador**;

DISSE O PRIMEIRO OUTORGANTE:
– Que, por **contrato particular** efectuado no .... Cartório Notarial de Competência Especializada do ...., a 22 de Agosto de ...., **celebrou com a locatária,** um **contrato de locação financeira** com a sociedade "BANCO POPULIS, S.A.", representada pelo terceiro outorgante, na qualidade de locadora, o qual teve como objecto a **fracção autónoma** designada pela Letra "XX" que corresponde a um armazém e/ou indústria, no rés do chão do Bloco C, com entrada principal pelo nº 3 do prédio urbano sujeito ao regime de propriedade horizontal pela inscrição F-um, sito na Rua ...., nºs ...., da freguesia de ...., no concelho da Maia, descrito na Conservatória de Registo Predial desta cidade sob o número ...., da respectiva ficha da Freguesia e inscrito na matriz predial urbana sob o artigo ...., com aquisição registada pela inscrição G-1 e a **locação financeira registada pela inscrição** F-1;
– Que tal contrato de locação financeira foi celebrado pelo prazo de 120 meses, obrigando-se ao pagamento de uma renda de 63 292,84 Euros e cento e dezanove rendas de 2 849,55 euros, estando em dívida, à data de 26 de Abril de 2007, a quantia de 194 011,70 (cento e noventa e quatro mil e onze euros e setenta cêntimos);
– Que, pelo presente **escrito particular**[27], cede à representada **do segundo** outorgante, "MOTOR – Sociedade de automóveis, Lda", a **posição contratual que assumiu no referido contrato de locação financeira;**

---

[27] A alteração contratual pode ser celebrada por mero escrito particular, nos termos do art. 223º do Código Civil e do nº 1 do art. 3º do Dec.-Lei nº 149/95, de 25 de Junho.

– Que, **com esta cessão, se transferem para a representada** do segundo outorgante, o **novo locatário, todas as obrigações e responsabilidades vencidas e vincendas** que para a cedente emanam daquele mencionado contrato perante a locadora, bem como todos os direitos que dele decorrem para a locatária, nomeadamente o direito à **opção de compra**.

DISSE O SEGUNDO OUTORGANTE:
– Que, para a sua representada "MOTOR – Sociedade de automóveis, Lda", **aceita esta cessão da posição contratual** nos precisos termos aqui exarados, expressamente se vinculando a cessionária ao cumprimento integral, como locatária, do referido contrato, cujo conteúdo declara conhecer na íntegra, assim como bem conhece a situação da presente relação entre locadora e locatária;
– Que a sua representada assume o pagamento das responsabilidades vencidas e não liquidadas pela cedente, bem como todas as despesas, encargos, impostos e taxas, designadamente a Contribuição Autárquica e o IMI – Imposto Municipal sobre Imóveis originados até à presente data e que venham ainda a ser liquidados à locatária, posteriormente a esta data.

DISSE O TERCEIRO OUTORGANTE:
– Que, pelo presente documento particular, em nome da sua representada, **presta o consentimento a esta cessão**.

Feito em quatro exemplares, destina-se um a instruir o registo predial competente e ficam cada um dos três restantes na posse de cada um dos outorgantes.

✓ Contrato de locação financeira mobiliária

• Equipamentos industriais

CONTRATO Nº ....

ENTRE:
1º Outorgante – "Globaleasing – Sociedade de Locação Financeira Mobiliária, S.A.", com sede na ...., em Lisboa, contribuinte nº ...., matriculada na Conservatória do Registo Comercial de Lisboa sob o nº ...., com o capital social de .... Euros, integralmente realizado, adiante designada por LOCADOR, e

2º Outorgante: "Maria Papoilla – Confecções de Criança, Lda", com sede na Rua ...., nº ...., na cidade do Porto, pessoa colectiva nº ...., com o capital social de .... Euros, registada na Conservatória do Registo Comercial do Porto sob o nº ...., adiante designada por LOCATÁRIO, é celebrado o presente contrato de Locação Financeira Mobiliária que se rege pelas disposições do Dec.-Lei nº 285/2001, de 3 de Novembro e demais legislação que lhe seja subsidiariamente aplicável e ainda pelas Condições Particulares e Gerais seguintes:

CONDIÇÕES PARTICULARES
1ª – EQUIPAMENTOS:
1 Máquina de ponto corrido Marca Juki
1 Máquina de corte e cose Marca Juki
1 Máquina de cavear Marca Drager
1 Prensa para colar telas Marca Juki
1 Ferro com caldeira Marca Juki
2ª – FORNECEDOR(ES): "BAYER – REPRESENTAÇÕES TÊXTEIS, S.A."
3ª – PREÇO AQUISIÇÃO/VALOR DO CONTRATO: 9. 350,00 Euros (IVA não incluído, à taxa legal em vigor)
4ª – LOCAL DE ENTREGA/UTILIZAÇÃO: RUA S. BRÁS, 15, ÁGUAS SANTAS, MAIA

5ª – DURAÇÃO DO CONTRATO: 16 MESES
6ª – PERIODICIDADE DAS RENDAS: MENSAL
7ª – NÚMERO DE RENDAS: 16
8ª – RENDAS: (A – Antecipada / P – Postecipada) (I – Indexada / F – Fixa)
9ª – VALOR DAS RENDAS:
1 renda (s) de: Base: .... IVA (21%) .... Total: ....
15 renda(s) de: Base: .... IVA (21%) .... Total:...................
10ª – VALOR RESIDUAL: (6%) Base:...... IVA (21%)......... TOTAL:.........

11ª – INÍCIO DO CONTRATO: O contrato iniciará a sua vigência na data de recepção, nos escritórios do Locador, da seguinte **documentação** devidamente preenchida: Factura do Fornecedor; Auto de Recepção do Equipamento; Contrato de Locação Financeira; Seguro do equipamento; Garantias acordadas; Autorização de Transferência Bancária Permanente e cheque no montante da 1ª renda (aplicável no caso de rendas antecipadas), despesas de preparação do dossier e prémio de seguro.

12ª – DATA DE VENCIMENTO DAS RENDAS: As rendas vercer-se-ão de acordo com a periodicidade indicada na alínea nº 6, aos dias:

a) 1, se o Auto de Recepção for assinado até ao dia 14 do mês, inclusive;

b) 15, se o Auto de Recepção for assinado a partir do dia 15 do mês, inclusive.

13ª – ALTERAÇÃO DAS RENDAS: As rendas, quando indexadas, serão alteradas utilizando-se como referência a Prime Rate indicada pelo Banco..........

A indexação só será aplicável quando a variação daquela taxa exceder .... ponto percentual, relativamente à data de início de vigência do presente contrato ou de qualquer uma das suas alterações.

14ª – SEGURO: De acordo com o disposto no art. 6º das cláusulas gerais, o Locatário obriga-se a cobrir os seguintes riscos:

Responsabilidade civil ilimitada

Danos próprios com a substituição em novo e franquia de .....% – € ....

O Locatário declara aceitar os termos das Cláusulas Gerais, constituídas por uma folha única em anexo e as Cláusulas Particulares que fazem parte deste documento.

Feito em três exemplares, em .... de .... de ....

O LOCADOR   O LOCATÁRIO

(Carimbo e assinatura com reconhecimento presencial "na qualidade" e com poderes para o acto)

✓ Acordo de pagamento e promessa de venda sem novação[28]

1º Contraente:
"GLOBAL – Sociedade de Crédito, S.A.", com sede na ...., Pessoa Colectiva nº ...., matriculada na Conservatória de Registo Comercial de .... sob o nº ...., com o capital social de ....Euro, doravante designada, abreviadamente por "GLOBAL";

2º Contraente:
"Maia e Maia – Indústria Gráfica, Lda", com sede em ...., na freguesia de ...., concelho de ...., Pessoa Colectiva nº ...., doravante designada por "**Devedora**";

Considerando que:
 a) A GLOBAL e a Devedora celebraram em ....../......./...... o contrato de locação financeira nº ...., aqui designado por "Contrato";
 b) A **Devedora não pagou**, nas datas acordadas, as rendas emergentes do Contrato, vencidas, respectivamente, em ....../......./......, .../......./....../, .../......./...... e ....../......./......;
 c) A GLOBAL, face ao incumprimento do Contrato, procedeu à respectiva resolução, mediante envio à Devedora de carta registada com aviso de recepção, com data de ....../....../......;
 d) A **Devedora não restituiu** o Equipamento locado nem procedeu ao pagamento de qualquer dos valores em dívida;
 e) Na sequência destes eventos, a GLOBAL intentou uma **Providência Cautelar de Apreensão Judicial de Bens**, cujo processo corre os seus termos na Comarca de ...., sob o nº ....;
 f) A Devedora reconhece, aceita e declara que o Equipamento locado é propriedade exclusiva da GLOBAL;
 g) As partes pretendem **resolver o presente litígio de forma amigável** e definitiva;

---

[28] Dispõe o art. 857º do C.C. que *"Dá-se novação objectiva quando o devedor contrai perante o credor uma nova obrigação em substituição da antiga"*.

É, livremente, ajustado o presente Acordo de Pagamento ("**Acordo**") que as partes se obrigam a cumprir, pontualmente e de boa fé, o qual se regerá pelas cláusulas seguintes:

Primeira
(Reconhecimento de dívida)

A Devedora reconhece, expressamente, dever à GLOBAL o montante de Euro .... (por extenso), proveniente do remanescente em dívida do contrato de locação financeira nº ....;

Segunda
(Condições de Pagamento, Vencimento e Cláusula Penal)

1. A quantia em dívida será paga pela Devedora em 36 **prestações mensais** e sucessivas, sendo a Primeira no valor de Euro .... (por extenso) e as trinta e cinco prestações seguintes no valor de Euro ....(por extenso), cada uma delas;

2. A primeira prestação vencer-se-á em ...../...../....., e as restantes vencer-se-ão no primeiro dia útil de cada um dos meses subsequentes, até final;

3. Para pagamento de cada prestação, a Devedora compromete-se a depositar na conta com o NIB ...., junto do Banco ...., nas datas referidas no nº anterior, os montantes indicados nos nºs 1 e 2 desta Cláusula do presente acordo, mais se comprometendo a enviar cópia do respectivo documento comprovativo para a GLOBAL;

4. A **mora** superior a dez dias no pagamento de qualquer uma das prestações, nos termos e condições ora acordados, importará o imediato vencimento das restantes, podendo a GLOBAL exigir da Devedora o pagamento imediato do capital ainda em dívida, bem como o dos juros de mora calculados à taxa de 10%, desde a data de vencimento da prestação ou prestações em dívida, até integral pagamento.

Terceira
(Uso e venda dos bens)

1. A GLOBAL, como contrapartida do ora acordado, concede à Devedora o uso do Equipamento durante a pendência do Acordo, extinguindo-se essa cedência caso se verifique o incumprimento do mesmo;

2. Na pendência do Acordo, a Devedora compromete-se a usar o Equipamento com diligência, devendo proceder às reparações que se mostrem necessárias, cujo custo será integralmente suportado por si;

3. Após integral cumprimento do Acordo, a GLOBAL obriga-se a vender o Equipamento à Devedora, estando já incluído o valor dessa venda no montante a pagar na última prestação prevista neste Acordo.

Quarta
(Incumprimento)

Em caso de incumprimento do presente Acordo, a GLOBAL poderá, imediatamente:

a) Exigir da Devedora **o pagamento imediato da dívida**, incluindo os respectivos juros de mora, calculados sobre os montantes em dívida até integral pagamento, nos termos e condições previstas no nº 4 da Cláusula Segunda do presente Acordo;

b) Intentar quaisquer procedimentos judiciais que entenda adequados, tendentes à cobrança dos montantes em dívida;

c) Requerer **o prosseguimento dos autos** do procedimento cautelar atrás referido;

d) **Preencher a livrança caução** junta ao contrato de locação financeira a que alude este acordo, nos precisos termos da autorização de preenchimento de ...../...../......

O presente Acordo, composto por 4 páginas, assinadas e rubricadas pelas partes, é feito em 2 exemplares, ficando um na posse da GLOBAL e outro na posse da Devedora.

Porto, ...

Parte VIII
O Comércio Eletrónico e a Contratação Online

1. O COMÉRCIO ELETRÓNICO

1.1. NOÇÃO E CARACTERIZAÇÃO

Em plena **era digital**, os cidadãos e as empresas encontram na Internet, e nos aparentemente infindáveis recursos que ela disponibiliza, o meio privilegiado para realizar transacções comerciais e celebrar negócios. Daí que possamos considerar obsoleta a tradicional classificação das **formas de comércio,** segundo a qual o aparelho comercial desenvolve a sua actividade com recurso a uma exclusiva ou predominante estrutura física, como o estabelecimento, a loja aberta ao público, a média e a grande superfície comercial.

Ao lado das empresas que possuem um **ponto de venda,** independente ou em associação (caso das franquias ou *franchising*) ou integrado num outro ponto de venda, titulado por uma empresa distinta, existem **empresas sem pontos de venda**. Nesta categoria se incluem as que promovem a **venda automática, o marketing directo, as vendas por catálogo, a venda multicanal, a televenda e o comércio electrónico.**

O comércio electrónico – que inclui as transacções comerciais e as relações estabelecidas entre as empresas (*business to business*) e as relações que elas desenvolvem com os consumidores (***business to consumers***) – baseado nas tecnologias da informação e da comunicação, expandir-se-á necessariamente, criando novos "rostos" para as empresas e novas formas de concluir negócios. A Internet é indiscutivelmente um meio de **comunicação global**, a que acedem cidadãos de todo o mundo.

Rapidamente se transformou num instrumento para celebrar contratos, quer nos **websites** interactivos – que possibilitam a contratação *on--line* – quer através de **correio electrónico**.

Podemos hoje falar de **contratos internacionais** – celebrados **entre partes que têm o seu domicílio, a sua sede ou estabelecimento relevante em países diferentes** ou que são **executados num país diferente daquele em que se localizam os contraentes**. Porém, esta forma de contratar e de vender produtos e serviços cria dificuldades quanto à determinação do Direito a aplicar ao próprio contrato e quanto ao Tribunal competente territorialmente para apreciar e julgar os conflitos que decorrem da celebração e/ou execução destes contratos.

A verdade, porém, é que esta forma de negociar e contratar é uma realidade instalada nas sociedades e nas empresas. Como refere Hugo Lança Silva, a pág. 178 *in "As leis do comércio electrónico: tentativa de desconstrução de um complexo puzzle":*

"...o comércio electrónico não é uma construção teórica para deleite de querelas dogmáticas em claustros de bibliotecas, mas uma realidade económica de extrema pertinência, que carrila infindáveis vantagens para o comércio e para o mercado. Basta pensarmos que facilmente se constrói um simples site, anglicanismo para sítio, para situar a empresa numa situação de concorrência perfeita com qualquer outra, em qualquer parte do mundo. A globalização que tanto se alarde nos nossos dias, se teve a sua génese nas Descobertas dos bravos marinheiros lusitanos, encontra o seu epicento na Internet."

Para uma **definição de comércio electrónico**, este autor, citando Alexandre Dias Pereira (*in "Serviços da Sociedade da Informação: alguns problemas jurídicos do comércio electrónico na Internet"*, FDUNI. n.2 – 2001, p.4), diz ser a *"**negociação realizada por via electrónica, isto é, através do processamento e transmissão electrónica de dados, incluindo texto, som e imagem.**".*

Apesar de alguns autores classificarem o comércio electrónico em várias modalidades, tendo em apreço os pólos da relação, o que está em causa, nesta obra, é apenas o comércio propriamente dito, as relações estabelecidas entre empresas, entre si, ou empresas e particulares. **Fora desta órbita** teremos de colocar as relações electrónicas que se estabelecem entre cidadãos e suas respectivas Administrações Públicas, dotadas de *imperium*, relações que integram o **governo electrónico** (*e-govern-*

ment) e a justiça electrónica (*e-justiçe*), com outros balcões electrónicos que são plataformas através das quais os Estados e as suas administrações comunicam com os cidadãos, resolvem questões, tutelam interesses e tramitam procedimentos de forma desmaterializada, sem recurso ao suporte físico do papel, com redução de custos e celeridade. É esta a opinião do citado autor Hugo Lança Silva, que aqui se sufraga na íntegra.

1.2. VANTAGENS E DESVANTAGENS DO COMÉRCIO ELECTRÓNICO

O comércio electrónico (ou *e-commerce*) apresenta as seguintes vantagens:

- **Custos reduzidos** – para realizar transacções basta um computador com Internet, o serviço de acesso e o programa adequado;
- **Fácil acesso** aos *sites* de fornecedores de bens e serviços de todo o mundo;
- **Pronto pagamento do preço**, frequentemente por ordem dada *on-line*;
- **Rápida realização da prestação**, também vulgarmente *on-line*.

Uma transacção comercial pode concretizar-se em minutos ou segundos, o que se traduz numa mais-valia para quem oferece os seus produtos e serviços e para os interessados na sua aquisição. Porém, há **desvantagens** que devem ser objecto de reflexão. De acordo com o citado autor, cuja opinião igualmente se subscreve aqui, "...*a contratação electrónica levanta problemas particulares, nomeadamente ao nível da validade das vinculações, validade formal das declarações emitidas por via electrónica, e emissão de facturas, pagamentos electrónicos, a licitude de certas práticas publicitárias praticadas em rede, os deveres de informação, a putativa responsabilidade dos prestadores de serviço na rede, entre outras, que exigem soluções específicas.*" (págs. 181, 182).

Na óptica da aqui autora, a maior desvantagem prende-se com a **dificuldade em identificar e localizar os contraentes**, já que os nomes e os dados utilizados nos *sites* podem não corresponder às denominações reais, aos domicílios ou às sedes efectivas das pessoas e entidades que propõem a venda ou procuram os bens e os serviços.

Há **sufixos genéricos** como **".com"** que **não indiciam a origem geográfica** do *site*, limitando-se a indicar que se trata de **um sítio comercial**. Mesmo quando se identifica o país, como acontece com os sufixos *".pt"* (Portugal), *".de"* (Alemanha), *".fr"* (França), sabe-se, apenas, que o **nome do domínio se encontra registado na entidade acreditada nestes Estados** (em Portugal, a Fundação para a Computação Científica Nacional). Para além destes, há **segundos domínios** que facilitam a identificação, *v.g.* www.google.pt., que, neste caso, indica que a página *Google*, de origem americana, se encontra traduzida para o idioma português, facilitando a sua consulta a cidadãos que não dominem o idioma de origem. Como a *Google*, há muitas outras que disponibilizam o seu sítio em diversos idiomas.

Apesar de não existir ainda uniformidade entre os países, quanto a esta matéria, **em Portugal exige-se que as entidades que registam os seus domínios façam coincidir o nome destes com as suas próprias firmas ou denominações** (emitidas e aprovadas pelo RNPC) sejam empresas individuais ou colectivas ou profissionais liberais.

Quando sejam **titulares de marcas registadas em Portugal**, o nome do domínio deve corresponder à marca nominativa ou aos elementos nominativos da marca mista, tal como esta se encontra registada a favor do seu titular e como consta do registo, nacional ou internacional.

1.2.1. O DOCUMENTO ELECTRÓNICO

O Dec.-Lei nº 290-D/99, de 2 de Agosto, alterado pelo Dec.-Lei nº 88/2009, de 9 de Abril, consagrou o **regime jurídico dos documentos e actos jurídicos electrónicos**.

Nos termos do **artº 2º** deste regime, entende-se por:

"a) «***Documento electrónico***» *o documento elaborado mediante processamento electrónico de dados;*

b) **«Assinatura electrónica»** *o resultado de um processamento electrónico de dados susceptível de constituir objecto de direito individual e exclusivo e de ser utilizado para dar a conhecer a autoria de um documento electrónico;*

c) **«Assinatura electrónica avançada»** *a assinatura electrónica que preenche os seguintes requisitos:*

   i) Identifica de forma unívoca o titular como autor do documento;
   ii) A sua aposição ao documento depende apenas da vontade do titular;
   iii) É criada com meios que o titular pode manter sob seu controlo exclusivo;
   iv) A sua conexão com o documento permite detectar toda e qualquer alteração superveniente do conteúdo deste;".

Quanto à sua **forma e força probatória, o artº 3º** dispõe:
*"1 – **O documento electrónico satisfaz o requisito legal de forma escrita** quando o seu conteúdo seja susceptível de representação como declaração escrita.*

*2 – **Quando lhe seja aposta uma assinatura electrónica qualificada certificada por uma entidade certificadora credenciada**, o documento electrónico com o conteúdo referido no número anterior **tem a força probatória de documento particular assinado, nos termos do artigo 376º do Código Civil**.*

3 – Quando lhe seja aposta uma assinatura electrónica qualificada certificada por uma entidade certificadora credenciada, o documento electrónico cujo conteúdo não seja susceptível de representação como declaração escrita tem a força probatória prevista nos artigos 368º do Código Civil e 167º do Código de Processo Penal.

4 – O disposto nos números anteriores não obsta à utilização de outro meio de comprovação da autoria e integridade de documentos electrónicos, incluindo outras modalidades de assinatura electrónica, desde que tal meio seja adoptado pelas partes ao abrigo de válida convenção sobre prova ou seja aceite pela pessoa a quem for oposto o documento.

5 – Sem prejuízo do disposto no número anterior, o valor probatório dos documentos electrónicos aos quais não seja aposta uma assinatura electrónica qualificada certificada por entidade certificadora credenciada é apreciado nos termos gerais de direito.".

Assim sendo, o **documento electrónico tem a mesma validade do documento assinado,** quando cumprir todos os requisitos legais relativos à **assinatura digital e certificação.**

1.2. REGULAÇÃO JURÍDICA GLOBAL

Os contratos internacionais interferem com dois ou mais ordenamentos jurídico-estaduais, pois nos pólos da relação há contraentes que têm uma nacionalidade distinta e se domiciliam ou têm sede em diferentes Estados. Daí que se torne necessário regular a actividade do comércio electrónico através de normas de Direito Transnacional, já que este comércio não depende das normas jurídicas produzidas por um Estado.

Há **usos e costumes** que são como que uma fonte espontânea deste tipo de contratos comerciais, seguidos por aqueles que recorrem a este meio de comunicação e incorporados nos contratos celebrados. **Não há organismos que representem interesses de classe e que, como tal, produzam normas positivas reguladoras desta actividade**, pelo que que **a regulação normativa dos contratos internacionais está nos seus primórdios** mas, atendendo ao crescimento exponencial deste comércio, urge elaborar instrumentos supra-estaduais e intergovernamentais que funcionem como uma lei-quadro.

Eis alguns dos **instrumentos normativos**:

• **Convenção de Viena sobre a Venda Internacional de Mercadorias** que abrange os contratos celebrados com recurso à Internet entre "empresários";

• A **OMPI – Organização Mundial sobre a Propriedade Intelectual**, com um centro de arbitragem e mediação que visa dirimir conflitos relacionados com nomes de domínios e que adoptou duas Convenções Internacionais (designadas por "Tratados sobre a Internet", essencialmente vocacionados para a protecção dos direitos de autor);

• A **Convenção das Nações Unidas sobre a Utilização de Comunicações Electrónicas em Contratos Internacionais**, adoptada pela Assembleia-Geral em 2005 e com regras relevantes quanto ao reconhecimento legal das comunicações electrónicas, os requisitos de forma, o momento e o lugar do envio e da recepção dessas comunicações e a formação destes contratos, sendo que esta Convenção ainda não vigora internacionalmente:

• A **Lei-Modelo da CNUDCI – Comissão das Nações Unidas para o Direito Comercial Internacional sobre Comércio Electrónico**, de 1996.

Aos referidos diplomas normativos acrescem as **Directivas Comunitárias que visam proteger os consumidores em matéria de contratos celebrados à distância, disciplinar aspectos legais da sociedade de informação**, em particular **o comércio electrónico, regular o tratamento de dados pessoais e proteger a privacidade** no sector das comunicações electrónicas. **Não existe, portanto, um Direito Electrónico Europeu**, nem um ramo jurídico autónomo com vocação para disciplinar esta matéria que, além de ser relativamente recente, é difusa e de difícl regulação global, super-estadual ou não. Na ausência de uma lei uniforme e adoptada pela comunidade internacional, **há que escolher um ordenamento jurídico estadual para disciplinar estes contratos internacionais**, sendo que **esta escolha é feita de acordo com as regras de conflitos do Direito Internacional Privado**.

1.3. DIREITO APLICÁVEL AOS CONTRATOS INTERNACIONAIS (DE COMPRA E VENDA)

Já em 1980, a **Convenção de Roma** sobre a Lei Aplicável às Obrigações Contratuais consagrara um conjunto de princípios em relação aos contratos internacionais. De acordo com esta Convenção, **os agentes económicos, nas suas relações interempresariais, podem escolher o Direito Estadual aplicável aos seus contratos**, de acordo com o princípio da liberdade contratual, corolário da sua autonomia privada, que, entre nós, também se acolhe em absoluto, em matéria de contratos. A prática mais comum é as partes designarem um Direito de um outro Estado, que não seja o do fornecedor e do adquirente, de modo a não beneficiar um contraente em detrimento da contraparte.

Nas relações **entre empresas e consumidores, este princípio tem de ser fortemente limitado**, já que, por regra, é o adquirente dos produtos e dos serviços a parte mais fraca da relação e presumidamente é a menos experiente. Neste caso, **as leis do seu Estado de domicílio ou residência habitual, quando protejam o consumidor, são imperativas** e não podem ser afastadas na negociação e na conclusão destes contratos internacionais. E, **na falta de estipulação das partes, aplicar-se-á a lei do país do domicílio do consumidor**. Assim, **a escolha** da Lei aplicável aos contratos celebrados através da Internet depende do consentimento, expresso ou tácito, do consumidor. Esta escolha reporta-se a uma **cláusula de designação da lei aplicável** que deve constar do conjunto das condições gerais do negócio, previamente elaborado pelo fornecedor e que ele deve exibir no *site* da Net.

Na **contratação *on-line* o adquirente deve poder aceder a este clausulado** e clicar num dado campo ou ícone, para **dar o seu consentimento**. As cláusulas dos contratos devem ser redigidas de modo claro, acessível e inteligível, de fácil acesso e susceptíveis de serem descarregadas para o computador do adquirente que, acto contínuo, poderá armazená-las e imprimi-las. O **idioma** deve ser o que consta das páginas a que o consumidor acedeu para realizar a transacção e deve conter o formulário da encomenda.

1.4. O COMÉRCIO ELECTRÓNICO EM PORTUGAL E SUA DISCIPLINA NORMATIVA

Entre nós, o **Dec.-Lei nº 7/2004, de 7 de Janeiro**, transpôs para o Direito Interno a Directiva nº 2000/31/CE do Parlamento e do Conselho, de 8 de Junho de 2000, relativa a Certos Aspectos Legais dos Serviços da Sociedade de Informação, em especial do Comércio Electrónico no Mercado Interno (diploma que foi alterado pelo Dec.-Lei nº 62/2009, de 10 de Março).

Esta Directiva aplica-se à **prestação de serviços realizados à distância, mediante remuneração e a pedido individual de um destinatário, por via electrónica, com processamento e armazenamento de dados**. É este, também, o entendimento do legislador português que, no **nº 1 do artº 3º deste Dec.-Lei, nos fornece o mesmo conceito**. Posto que a Directiva não disciplina todo o comércio electrónico, coube aos Estados-Membros a tarefa de criar disciplina normativa referente aos aspectos omissos.

A título de curiosidade, refere-se, aqui, que uma das preocupações da Administração Pública é introduzir maior segurança no comércio desenvolvido via Net, pelo que está em projecto a possibilidade de **aplicar** um chip electrónico no comércio *on-line*, através do cartão do cidadão. A inserção deste chip electrónico, que pode ser lido num terminal de computador, garantirá maior segurança à relação do utilizador com o Estado ou com o sector privado, nas transacções electrónicas.

Excluem-se do âmbito do Dec.-Lei nº 7/2004 a radiodifusão e os produtos e serviços propostos pela televisão. Os prestadores de serviços da sociedade da informação – cuja actividade não carece de autorização prévia, nos termos do nº 3 do artº 3º deste diploma normativo – submetem-se ao Direito do Estado-Membro onde se encontrem estabelecidos. Assim, caso se encontrem **domiciliados ou tenham sede em Portugal, ficam integralmente sujeitos à lei portuguesa em relação à actividade exercida**, mesmo que prestem serviços da sociedade da informação noutro país da UE (artº 4º, nº 1), seja qual for a localização da sede. Quando tenham **mais do que um estabelecimento**, será considerado aquele que funcione como centro das actividades de sociedade da informação (nº 3 do artº 4º).

Este diploma legal regula ainda as **comunicações não solicitadas para fins de *marketing* directo** e prevê medidas de **protecção contra a invasão da privacidade**. Dada a massificação do uso de telemóveis – os quais, por sua vez, apresentam uma *perfomance* tecnológica mais evoluída – e o generalizado acesso às TIC, os serviços de Internet, os SMS (*short message service*) e MMS (*multimedia messaging service*) converteram-se em meios preferenciais para a divulgação de mensagens publicitárias, o que permite às empresas anunciantes alcançar um número elevado de consumidores a um custo reduzido.

Contudo, é **obrigatório obter o consentimento prévio do destinatário para que se possa enviar estas mensagens de *marketing* directo** e manter, por si ou através de associações representativas dos anunciantes, **as listas das pessoas que manifestem o desejo de não receber aquele tipo de comunicações** (artº 22º do Dec.-Lei nº 7/2004).

Face aos problemas relacionados com estas listagens, entende-se agora que deve competir à **Direcção-Geral do Consumidor (DGC)** o dever de manter **permanentemente actualizada uma lista de âmbito nacional**, de modo a facilitar ao consumidor o **exercício do seu direito** de oposição ao tratamento dos seus dados pessoais para efeitos de *marketing* directo ou qualquer outra forma de prospecção, preservando a privacidade dos seus dados pessoais nos termos da alínea *b*) do artigo 12º da Lei nº 67/98, de 26 de Outubro (Lei de Protecção de Dados Pessoais).

Nesta esteira, foi publicado o **Dec.-Lei nº 62/2009, de 10 de Março,** que introduz alterações ao artº 22º, estabelecendo:

• *"Sem prejuízo do disposto no número anterior, compete à Direcção-Geral do Consumidor (DGC) manter actualizada uma lista de âmbito nacional de pessoas que manifestem o desejo genérico de não receber quaisquer comunicações publicitárias."* (nº 8 do artº 22º);

• *"A inserção na lista referida no número anterior depende do preenchimento de formulário electrónico disponibilizado através da página electrónica da DGC."* (nº 9 do mesmo preceito);

• *"As entidades que promovam o envio de mensagens para fins de marketing directo são obrigadas a consultar a lista, actualizada trimestralmente pela DGC, que a disponibiliza a seu pedido."* (nº 10);

• *"É proibido o envio de mensagens publicitárias por via electrónica às pessoas constantes das listas prescritas nos nºs 7 e 8"* (nº 11).

1.4.1. CONTRATAÇÃO ELECTRÓNICA E SEUS PROCEDIMENTOS

Quanto ao processo de celebração de contratos formalizados por via electrónica ou informática, o artº 25º do Dec.-Lei nº 7/2004 consagra o princípio da **liberdade de celebração de contratos *on-line*.** À semelhança do que acontece com o artº 219º do Código Civil, aplicável aos contratos em geral, que dispõe que *"A validade da declaração negocial não depende da observância de forma especial, salvo quando a lei a exigir"* – caso em que a declaração será nula, quando não seja outra sanção a prevista na lei para a falta de forma – a **validade e a eficácia dos contratos electrónicos não fica prejudicada pelo recurso à Internet, salvo quando se trate de negócios relativos a:**

• **Relações jurídico-familiares** (casamento, filiação, parentesco, adopção);

• **Matéria sucessória** (testamentos, partilhas);

• **Relações em que intervenham Tribunais, entes públicos ou entidades que exercem poderes públicos** e de cuja intervenção dependa a produção dos efeitos jurídicos desses negócios;

• Negócios para os quais se exija **actos de reconhecimento e autenticação notariais**;

• Relações jurídicas respeitantes a **direitos reais imobiliários**, como direito de usufruto, servidões, superfície;

• Negócios que impliquem **a prestação de caução ou garantia** e estas sejam alheias à actividade profissional de quem as presta.

Também **é ilícita a cláusula que imponha aos consumidores a celebração obrigatória, por via electrónica, de contratos** (nº 4 do artº 25º).

Refere-se, aqui, as **fases** mais relevantes do processo **de contratação on-line**:

1ª – **Informação prévia** – O prestador de serviços em rede deve facultar aos consumidores destinatários toda a informação mínima e inequívoca sobre:

• Os **produtos e serviços** que vende. Tomando como exemplo o sítio www.fishpond.co.nz (Nova Zelândia), verificamos que os produtos estão catalogados por livros, vídeos, música, etc..., e que, para cada artigo ou produto, há uma informação completa, que pode incluir o preço actual e a promoção;

• O **processo de celebração** de contratos electrónicos, o seu arquivamento (ou não) pelo prestador, a possibilidade de acesso do consumidor a esse arquivamento, o ou os idiomas em que podem ser celebrados;

• As **cláusulas gerais e as condições particulares da contratação** – quanto a estas, o mais comum é o prestador estabelecer nos *"Terms and conditions"* que o cliente (*costumer*) adere às condições propostas e publicar, na página, as garantias dos consumidores, as regras relativas à responsabilidade destes e as que excluem a responsabilidade civil do prestador/vendedor por danos, acidentes e outros factos, como a deficiente indicação da morada do destinatário ou a incorrecta identificação do número de conta bancária do prestador;

• Os **códigos de conduta** que, eventualmente, haja subscrito e a forma de os consultar (artº 28º).

Deverá, ainda, facultar os meios técnicos que permitam ao consumidor **identificar e corrigir erros de introdução de dados**, antes de formularem as suas ordens de encomenda (artº 27º).

O legislador português consagrou, neste diploma, os requisitos de validade d**a proposta** para contratar *on-line*, estabelecendo, no artº 32º, que a oferta de produtos e serviços em linha deve conter todos os elementos necessários, para que o contrato possa ser celebrado com a simples aceitação pelo destinatário ou consumidor. A falta destes elementos determinará que esta oferta seja, apenas, um convite a contratar.

2ª – **Ordem de encomenda** – a qual pode assumir exclusivamente a forma electrónica.

3ª – **Aviso de recepção** – uma vez recebida a ordem de encomenda e utilizando a mesma via electrónica, o prestador deve acusar a sua recepção, salvo se o produto ou o serviço for fornecido ou prestado imediatamente *on-line*. Quando assim não seja, este aviso será remetido para o *e-mail* utilizado ou indicado pelo consumidor e deverá conter, obrigatoriamente, a referência ou identificação do contrato a que respeita a transacção.

4ª – **Efectivação da encomenda** – após a confirmação, pelo consumidor, do aviso de recepção. Só neste momento, ou seja, quando o consumidor reitera a ordem de encomenda, é que se considera que o **contrato foi celebrado** (nº 5 do artº 29º). Para o legislador português não basta que o prestador de serviços acuse a recepção do pedido da encomenda, acto que, por si só, assegura apenas que a comunicação electrónica foi efectuada.

O Direito Português acolheu o princípio de que as declarações electrónicas são válidas quando sejam fidedignas, inteligíveis e susceptíveis de serem conservadas, isto é, quando possam ser contidas em suporte com as mesmas características que o destinatário pode armazenar e reproduzir, *v.g.*, com uma impressão.

1.4.2. CONTRATAÇÃO ENTRE COMPUTADORES

A contratação que é desenvolvida **sem intervenção humana**, integralmente automatizada, encontra-se prevista no Dec.-Lei nº 7/2004, no artº 33º e seguintes. Como se referiu, a globalização originou **novas formas de fazer negócio**, suportadas por sistemas de informação integrados, comummente designados por *e-*, tais como *e-markets, e-bussiness, B2B (Business-to-Business) e B2C (Business-to-Consumer) e-commerce, e-customers.*

A integração da cadeia de valor e de várias cadeias de valor, utilizando novas formas de gestão integrada e suportada por sistemas de informação para obter melhor produtividade, é o grande desafio empresarial. **O B2B (comércio electrónico entre fornecedores e clientes, ou seja, entre empresas) e o B2C (comércio electrónico entre empresas e consumidores finais)**, usando tecnologias que permitam a integração de *intranets* em *extranets* tais como o EDI (transferência electrónica de dados), hoje em dia têm vindo a ser substituídas por XML (*extensible markeup language*) usando linhas dedicadas a internet com elevados níveis de segurança.

A integração das várias cadeias de valor, a partilha de recursos e informação garantem parcerias *win-win*, onde há **interesses e objectivos comuns** (redução de tempos de resposta), **aumento da eficiência de produção** (mais produtividade com menos recursos e eliminação de desperdícios) e ambas as partes envolvidas têm que ter **garantias, que, por sua vez, devem ser devidamente contratualizadas entre elas**, e pelas quais se obrigam à selecção e qualificação de fornecedores, à partilha de *know-how*, entre outros aspectos.

Nestes casos, a documentação que serve de suporte às operações e transacções, relevantes para efeitos tributários, apresenta um suporte electrónico, exigindo-se formato papel, quando a lei o preveja. A estes contratos, a nossa lei faz aplicar as disposições normativas respeitantes ao **erro**, que constitui um vício da vontade – disciplinado nos artºs 240º e seguintes do Código Civil – e pode abranger o processo de **formação da vontade ou a sua própria declaração**. Deste modo, e de acordo com o paralelismo estabelecido pela lei, considera-se:

• Quando existir um **erro de programação**, aplicar-se-ão as regras relativas ao **erro na formação da vontade** (al. a) do nº 2 do art. 33º);
• Se se verificar **defeito de funcionamento** do computador, aplicam-se as normas respeitantes ao **erro na declaração** (al. b);

• Se a mensagem chegar **deformada** ao seu destino, considerar-se-á erro na transmissão.

O **erro na formação da vontade** do declarante ou do declaratário atinge a sua capacidade volitiva que, por qualquer motivo ou circunstância, é condicionada e constitui **causa para anulação do negócio jurídico**, nos termos da lei civil portuguesa. Já o **erro na declaração de vontade** determina uma divergência entre a real vontade do declarante e a vontade que ele exprimiu ou exteriorizou, sendo também causa para **anulação da declaração**, nos termos do artº 247º do Codigo Civil.

Para a contratação entre computadores prevê-se um regime similar.
Sempre que a contraparte se aperceba da existência de erro – ou tenha o dever de se aperceber, designadamente por ter de permitir e facultar o uso de dispositivos de detecção de erros de introdução de dados e elementos – não terá legitimidade para se opor à sua arguição ou invocação (nº 3 do artº 33º). **As mensagens deformadas equivalerão a uma declaração negocial transmitida de forma inexacta, logo susceptível de ser anulada** (artº 247º, *ex vi* do artº 250º, ambos do C.C.).

Ainda em relação a este tipo específico de contratação, na esteira da citada Directiva, **a nossa lei prevê a possibilidade legal de resolução extrajudicial de litígios**, estabelecendo no artº 34º do citado Dec.-Lei o *"funcionamento em rede de formas de solução extrajudicial de litígios entre prestadores e destinatários de serviços da sociedade da informação."*.

1.4.3. ENTIDADES DE SUPERVISÃO

Este diploma legal instituiu o **ICP-ANACOM – Autoridade Nacional de Comunicações** como entidade de supervisão central com competência para todos os domínios, salvo aqueles que, por legislação especial, sejam acometidos a entidades sectoriais. Ao ICP caberá, entre outras atribuições expressamente definidas no artº 36º do mesmo Dec.-Lei, ser o organismo de referência para os contactos que se estabeleçam no seu domínio, bem como todas as informações requeridas pelos destinatários ou consumidores, os prestadores de serviços e o público em geral. Competir-lhe-á, também, funcionar como a **entidade permanente de contacto com outros Estados membros e a Comissão Europeia, publicitar os códigos de conduta mais relevantes** de que tenha conhecimento e **tornar públicas as decisões judiciais** proferidas em processos relativos aos domínios.

O Despacho Conjunto nº 357/2006, da Presidência do Conselho de Ministros e Ministérios das Finanças e da Administração Pública, da Justiça, da Economia e da Inovação, das Obras Públicas, Transportes e Comunicações e da Saúde, consagrou, em nome da defesa dos interesses dos consumidores e dando cumprimento ao regulamento (CE) nº 2006/2004 do Parlamento Europeu e do Conselho, de 27 de Outubro, que **as autoridades competentes para os serviços da sociedade da informação, e em particular do comércio electrónico, são o ICP – ANACOM**, entidade de supervisão central, residual e **as entidades sectoriais:**

- **Comissão Nacional de Protecção de Dados Pessoais;**
- **Comissão do Mercado de Valores Mobiliários;**
- **Banco de Portugal;**
- **Instituto de Seguros de Portugal;**
- **Entidade Reguladora para a Comunicação Social;**
- **Instituto do Consumidor.**

1.4.4. REGIME SANCIONATÓRIO

A lei prevê, nos artºs 37º e seguintes do Dec.-Lei nº 7/2204, uma série de **contra-ordenações** sancionadas com **coima**, decorrentes da violação dos deveres de não prestação de informação aos destinatários, o envio de comunicações não solicitadas, a não disponibilização dos dispositivos de identificação e correcção de erros de introdução, omissão do pronto envio do aviso de recepção da ordem de encomenda, entre outros devidamente tipificados.

As sanções de natureza pecuniária podem ir dos € 2.500,00 aos € 100.000,00, pelo que se aconselha a consulta atenta deste diploma normativo a todos quantos pretendam desenvolver esta actividade na Internet. Podem ser aplicadas **sanções acessórias** como a perda, a favor do Estado, dos bens usados para a prática das infracções, a interdição do exercício da actividade – até um período máximo de 6 anos – a inibição do exercício de cargos sociais em empresas prestadoras de serviços da sociedade da informação (se o infractor for uma pessoa singular) e a publicação destas sanções. A entidade de supervisão pode decidir-se por uma **providência provisória até decisão final no processo,** como a suspensão da actividade ou o encerramento do estabelecimento que seja o suporte físico destes serviços na Internet.

1.5. ASSINATURA DIGITAL E ASSINATURA ELECTRÓNICA QUALIFICADA

No âmbito da Iniciativa Nacional para o Comércio Electrónico, o Dec.-Lei nº 290-D/99, de 2 de Agosto, regulou a validade, a eficácia e o valor probatório dos documentos electrónicos, bem como a assinatura digital. Este diploma foi alterado pelo **Dec.-Lei nº 62/2003,** de 3 de Abril, (para compatibilizar a disciplina primitiva com a Directiva nº 1999/93/CE, do Parlamento Europeu e do Conselho, de 13 de Dezembro, referente ao **quadro legal comunitário para as assinaturas electrónicas**), o Dec.-Lei nº 165/2004, de 6 de Julho (que alterou a redacção do art. 29º do Dec.-Lei nº 290-D/99, introduzindo maior rigor na identificação da entidade certificadora da assinatura digital) e, por último, o Dec.-Lei nº 88/2009, de 9 de Abril.

Dada a importância das redes electrónicas, é imperativo **dotar o sistema da segurança que decorre da autenticação electrónica de dados.** A assinatura digital possibilita ao utente de dados enviados por via informática a verificação da sua origem (autenticidade) bem como a certeza sobre a sua inviolabilidade (integridade), pelo que é a técnica mais reconhecida e segura para a troca de dados em redes abertas. **A assinatura digital, produzida por técnicas criptográficas, não prova necessariamente a identidade do signatário que a criou, daí que seja necessária a sua certificação ou confirmação, por entidades certificadoras.**

Por força das alterações de regime, de acordo com os diferentes graus de segurança e fiabilidade, há **três** modalidades de assinaturas electrónicas:

- A **assinatura electrónica** – resultado de um processamento electrónico de dados que pode ser objecto de direito individual e exclusivo e utilizada para dar a conhecer a autoria de um documento electrónico (al. b) do artº 2º do Dec.-Lei nº 290-D/99 ora alterado);
- A **assinatura electrónica avançada** – identifica de modo inequívoco o seu titular, como autor do documento, a sua aposição depende exclusivamente da vontade do seu utilizador, que a criou com meios que mantém sob o seu exclusivo controlo, e permite detectar toda e qualquer alteração superveniente do seu conteúdo (al. c) do mesmo preceito);
- A **assinatura electrónica qualificada** – é a assinatura digital ou outra modalidade de assinatura baseada num certificado qualificado e criada através de um dispositivo seguro de criação de assinaturas (al. g) do citado normativo).

A assinatura electrónica qualificada equivale a uma assinatura autógrafa de documentos escritos em papel e constitui presunção *iuris tantum* de que quem a apôs no documento electrónico é o seu titular ou o representante legal da pessoa colectiva que a usa e que foi aposta com a intenção de assinar o documento electrónico (artº 7º). O uso de assinatura electrónica qualificada **depende da obtenção do respectivo certificado** emitido por entidade certificadora. O processo e as formalidades a observar encontram-se taxativamente previstos no Dec.-Lei nº 290-D/99, com as alterações que lhe foram introduzidas.

Ressalva-se que **a entidade certificadora está obrigada a não utilizar os dados pessoais,** que tenha coligido directamente junto dos interessados, **para outras finalidades que não sejam as de certificação**, a não ser que seja expressamente autorizada para tanto, quer pelo requerente da certificação, quer pela lei.

2. CRIMINALIDADE INFORMÁTICA

Numa sociedade digital é inelutável a possibilidade de perpetrar crimes por via informática. Além dos tipos de crime já previstos e regulados no nosso Direito (Código Penal e outros diplomas normativos avulsos) houve necessidade de tipificar novos crimes e prever as respectivasas punições.

A **Lei nº 109/2009, de 15 de Setembro** (que **revogou a Lei nº 109/91, de 17 de Agosto** – a qual aprovou o regime jurídico da Criminalidade Informática) é considerada a **Lei do Cibercrime**, à qual se aplica, **subsidiariamente, as disposições do Código Penal Português**. Este diploma normativo transpôs para o nosso Direito interno os princípios que a União Europeia considerou fundamentais e que se encontram vertidos na Decisão-Quadro nº 2005/222/JAI, do Conselho, de 24 de Fevereiro, relativos a ataques contra sistemas de informação e adaptou o direito Português à **Convenção sobre Cibercrime** do Conselho da Europa, adoptada em Budapeste em 2001 – e ratificada em Portugal por Decreto do Presidente da República nº 91/2009, de 15 de Setembro, aprovada pela Resolução da Assembleia da República nº 88/2009, de 10 de Julho, sendo que esta aprovação foi feita com a **reserva relativa à extradição de cidadãos**, que não abrange portugueses e só é permitida quando a pena prevista para o crime seja pena de prisão superior a 1 ano e nunca seja de prisão perpétua, como resulta do artº 2º do citado Decreto do Presidente da República.

A utilização massificada das tecnologias da informação e comunicação e a política dos Estados no sentido de os cidadãos adquirirem "cibercompetências", indispensáveis ao crescimento económico das sociedades e ao próprio emprego, tem o efeito perverso de provocar **o aumento da prática de ilícitos penais por via informática**. Estes crimes assumem uma particular natureza, pois as suas vítimas podem ter sérias limitações para formalizar queixas-crime, dada a **dificuldade** ou mesmo a **impossibilidade de identificar os seus autores** morais e materiais, **tipificar o crime** perpetrado através da Internet ou **produzir prova, nem sempre pacífica ou fácil** – apesar de as polícias de investigação serem já experientes nesta área – e ainda porque pode existir **conflito entre as normas relativas à conservação dos elementos de prova de natureza digital e as normas relativas à protecção de dados**.

Os profissionais que trabalham nesta área[29] acumularam vasto conhecimento sobre esta matéria e advogam que é necessário sistematizar a legislação esparsa, classificar os ilícitos e estabelecer uma **distinção clara entre os crimes informáticos *stricto sensu*** (referentes à confidencialidade de programas, sistemas, redes e dados informáticos) **e os crimes que são praticados através dos computadores**, como o tráfico de pessoas, a pedofilia, o acesso e partilha de conteúdos pornográficos, e a contínua violação de direitos de autor.

De resto, a criminalidade informática **transpõe as fronteiras físicas dos Estados**, exigindo uma articulação muito eficaz entre as polícias internacionais e os recursos que, infelizmente, são parcos. No campo do cibercrime, o cidadão lida com uma criminalidade "sem rosto" mas impiedosa, que actua na mira do lucro ou com objectivos torpes – como satisfazer pulsões individuais patológicas – ou com propósitos beligerantes, terroristas e outros, em que necessariamente as armas são desiguais. Impõe-se, portanto, e antes de mais, reforçar a cultura da segurança informática.

---

[29] Destacam-se o Juiz Conselheiro do Supremo Tribunal de Justiça, Dr. Lourenço Martins, grande especialista em matérias de Direito da Informática e Docente da Faculdade de Direito da Universidade de Coimbra, que publicou em co-autoria com o Juiz Conselheiro Garcia Marques um Manual de Direito de Informática, em 2000; a Dr.ª Maria José Morgado, que foi Directora Nacional Adjunta da Polícia Judiciária e ali coordenou a Investigação sobre Cibercriminalidade, dedicando especial atenção à luta contra a Pornografia Infantil e Rogério Bravo, considerado um dos mais competentes investigadores nacionais da área do cibercrime, com grande experiência nacional e internacional.

O artº 9º da Lei nº 109/2009 estabelece que **as pessoas colectivas e entidades equiparadas são penalmente responsáveis** pelos crimes aí previstos, nos termos e limites do Código Penal Português.

2.1. TIPOS DE CRIMES INFORMÁTICOS E SANÇÕES

Ilícitos penais informáticos previstos:

A. **Falsidade informática** – consiste em alguém, dolosamente, **provocar engano nas relações jurídicas, introduzir, modificar, apagar ou suprimir dados ou programas informáticos** ou, por qualquer outra forma, **interferir num tratamento informático de dados, produzindo dados ou documentos não genuínos, com a intenção de serem assim considerados juridicamente** – punido com pena de prisão até 5 anos ou multa de 120 a 600 dias (nº 1 do artº 3º).

> ➢ Este tipo de crime integra as **condutas que incidam sobre dados registados ou incorporados em cartões bancários de pagamento ou quaisquer outros dispositivos que possibilitem o acesso a sistema ou meio de pagamento, a sistema de comunicações ou a serviço de acesso condicionado** (com pena de 1 a 5 anos de prisão, nos termos do nº 2 do artº 3º);
> ➢ Incorrem neste tipo de crime **todos os que, com intenção de causar prejuízo a outrem ou obter benefício ilegítimo**, para si ou terceiros, **usarem documento obtido pelas formas descritas no nº 1 do art. 3º** ou usar cartão bancário, com os requisitos acima descritos, bem como **aqueles que importarem, venderem ou detiverem para fins comerciais** qualquer dispositivo que possibilite o acesso a sistema ou meio de pagamento ou sistema de comunicações que tenham sido objecto das práticas supra descritas. Se se tratar de **funcionários no exercício das suas funções**, a moldura penal será de 2 a 5 anos.

B. **Dano relativo a dados ou programas informáticos** – **o agente**, sem ter permissão legal e sem para tal estar autorizado pelo proprietário ou outro titular do direito do sistema ou de parte dele, **apaga, altera ou destrói, total ou parcialmente, ou danifica, suprime, inutiliza ou torna inacessíveis programas ou outros dados informáticos alheios**, ou, por qualquer forma, **compromete a capacidade de uso** – punido com pena de prisão até 3 anos ou pena de multa (nº 1 do artº 4º).

> Incorre na mesma pena quem ilegitimamente produzir, vender, distribuir ou por qualquer outra forma disseminar ou introduzir num ou mais sistemas informáticos dispositivos, programas ou outros dados informáticos destinados a produzir as acções não autorizadas previstas pelo citado nº 1 do mesmo artigo;
> Se o **dano for de valor elevado**, a pena de prisão poderá elevar-se até 5 anos e a multa até 600 dias (nº 4 do artº 4º);
> Se **o dano for considerado de valor consideravelmente elevado**, a moldura da pena de prisão será entre 1 a 10 anos (nº 5 do artº 4º).

Nas situações previstas pelos nºs 1, 3 e 4 o procedimento criminal depende da **apresentação de queixa** e a tentativa é punível.

C. **Sabotagem informática – o infractor**, sem ter permissão legal nem autorização do proprietário ou de outro titular do sistema ou de parte dele, **entrava, impede, interrompe ou perturba gravemente o funcionamento do sistema informático**, através da introdução, transmissão, deterioração, danificação, alteração, apagamento, impedimento de acesso ou supressão de programas ou outros dados informáticos, ou por via de outra forma de interferência em sistema informático – punível com pena de prisão até 5 anos ou pena de multa até 600 dias (nº 1 do artº 5º).

> Na mesma pena incorre quem ilegitimamente produzir, vender, distribuir ou por qualquer outra forma disseminar ou introduzir num ou mais sistemas informáticos dispositivos, programas ou outros dados informáticos destinados a produzir as acções não autorizadas previstas no número anterior;
> Se o **dano emergente da perturbação for considerado de valor elevado** a pena será de 1 a 5 anos (nº 4);

➢ A pena será de 1 a 10 anos quando **o dano for de valor consideravelmente elevado e a perturbação causada atingir de forma grave ou duradoura um sistema informático** que apoie uma actividade destinada a assegurar funções sociais críticas, nomeadamente cadeias de abastecimento, saúde, segurança e bem-estar económico das pessoas, ou funcionamento regular dos serviços público (al.s a) e b) do nº 5 do mesmo artº).

D. **Acesso ilegítimo** – **o agente**, sem permissão legal ou sem para tanto estar autorizado pelo proprietário, por outro titular do direito do sistema ou de parte dele, **acede, por qualquer modo, a um sistema informático – punível com** pena de prisão até 1 ano ou pena de multa até 120 dias (nº 1 do artº 6º).

➢ Na mesma pena incorre quem ilegitimamente produzir, vender, distribuir ou por qualquer outra forma disseminar ou introduzir num ou mais sistemas informáticos dispositivos, programas, um conjunto executável de instruções, um código ou outros dados informáticos destinados a produzir as acções não autorizadas descritas no número anterior (nº 2);
➢ Se o acesso for conseguido através de **violação de regras de segurança** o agente pode ser punido com pena de prisão até 3 anos ou pena de multa;
➢ A pena de prisão será de 1 a 5 anos quando, através do acesso, o **agente tomar conhecimento de segredo comercial ou industrial ou de dados confidenciais, protegidos por lei (nº 4)**; o mesmo se aplica se o agente obtiver benefício ou vantagem patrimonial de valor consideravelmente elevado.

A tentativa é punível, com excepção do tipo legal previsto no nº 2 deste artigo. Nos casos previstos nos nºs 1, 3 e 5 o procedimento penal depende de queixa.

E. **Intercepção ilegítima** – o agente, sem ter permissão legal nem estar autorizado pelo proprietário ou outro titular do sistema ou parte dele intercepta comunicações de dados informáticos que se processam no interior de um sistema informático, ou a ele se destinam ou dele são provenientes, usando, para este fim, meios técnicos – punível com pena de prisão até 3 anos ou pena de multa e a tentativa é punida (artº 7º).

> Incorre na mesma pena quem ilegitimamente produzir, vender, distribuir ou por qualquer outra forma disseminar ou introduzir num ou mais sistemas informáticos dispositivos, programas ou outros dados informáticos destinados a produzir as acções não autorizadas acima descritas.

F. **Reprodução ilegítima de programa protegido** – o infractor reproduz, divulga ou comunica ao público, sem autorização, um programa informático protegido por lei – punido com pena de prisão até 3 anos ou com pena de multa.

> Nas mesmas penas incorre quem, ilegitimamente, reproduzir topografia de um produto semicondutor (uma série de imagens interligadas que representam a configuração tridimensional das camadas que compõem a forma final ou intermédia de qualquer produto) ou explorar comercialmente, para estes fins, uma topografia ou um produto semicondutor fabricado a partir dessa topografia. A tentativa também é punível (artº 8º).

2.2. SANÇÕES ACESSÓRIAS

O Tribunal poderá determinar a **perda de bens a favor do Estado,** como os objectos, materiais, equipamentos ou dispositivos que tenham sido usados para a prática dos crimes e que pertençam ao agente, que serão apreendidos pelos órgãos de polícia criminal (artº 10º).

2.3. BREVE REFERÊNCIA ÀS ETAPAS PROCESSUAIS DOS CRIMES INFORMÁTICOS

Os processos emergentes da prática destes tipos de crime subordinam-se às disposições previstas nesta Lei, com excepção dos artºs 18º e 19º, desde que os crimes tenham sido cometidos através de sistemas

informáticos e seja necessário proceder à recolha de prova em suporte electrónico, sem o regime da Lei nº 32/2008, de 17 de Julho.
A sua tramitação obedece às etapas seguintes:

2.3.1. ORDEM PARA PRESERVAR OS DADOS (ARTº 12º DA LEI Nº 109/2009):

• **A autoridade judiciária competente pode ordenar** a quem tenha disponibilidade ou controlo dos dados informáticos específicos armazenados num sistema informático **que os preserve, com vista à produção de prova e à descoberta da verdade, quando exista receio de que possam perder-se, alterar-se ou deixar de estar disponíveis;** a preservação destes dados pode ser igualmente ordenada pelo **órgão de polícia criminal**, mediante autorização da autoridade judiciária competente ou quando haja urgência ou perigo na demora;
• Neste caso, a polícia criminal tem de dar notícia imediata do facto à autoridade judiciária e transmitir-lhe o relatório previsto no artº 253º do Código de Processo Penal;
• **A ordem de preservação discrimina**, sob pena de nulidade, **a natureza dos dados, a sua origem e destino** – se forem conhecidos – **e o período de tempo pelo qual deverão ser preservados**, até um máximo de três meses.
• A entidade deverá preservar de imediato os dados em causa, protegendo e conservando a sua integridade pelo tempo fixado, de modo a permitir à autoridade judiciária competente a sua obtenção, e fica obrigada a assegurar a confidencialidade da aplicação da medida processual;
• A autoridade judiciária competente pode **renovar a ordem de preservação dos dados** por períodos de tempo e até ao limite máximo de um ano.

2.3.2. ORDEM PARA CONCESSÃO OU ACESSO AOS DADOS (ARTº 14º DA LEI Nº 109/2009):

• **A autoridade judiciária pode,** no decurso do processo, **ordenar a quem tenha disponibilidade ou controlo desses dados que os**

comunique ao processo ou que permita o acesso aos mesmos, quando a obtenção dos referidos dados é necessária à produção de prova e à descoberta da verdade, sob pena de punição por desobediência;

- **Esta diligência será feita através de injunção**, que não pode ser dirigida a suspeito ou arguido nesse processo;
- **Não pode ser usada a injunção quanto a sistemas informáticos utilizados no exercício da advocacia, nas actividades médica e bancária e na profissão de jornalista;**
- Aplica-se, com as necessárias adaptações, o regime de segredo profissional ou de funcionário e de segredo de Estado, previsto no artº 182º do Código de Processo Penal.

2.3.3. PESQUISA DOS DADOS INFORMÁTICOS (ART. 15º DA LEI Nº 109/2009):

- **A autoridade judiciária competente autoriza ou ordena por despacho que se proceda a uma pesquisa nesse sistema informático**, devendo, sempre que possível, presidir à diligência;
- O despacho tem um prazo de validade máximo de 30 dias, sob pena de nulidade;
- **O órgão de polícia criminal pode proceder à pesquisa, sem prévia autorização da autoridade judiciária**, quando:

a) A mesma for **voluntariamente consentida** por quem tiver a disponibilidade ou controlo desses dados, desde que **o consentimento prestado fique, por qualquer forma, documentado**;

b) Nos **casos de terrorismo, criminalidade violenta ou altamente organizada**, quando haja fundados indícios da prática iminente de crime que ponha em grave risco a vida ou a integridade de qualquer pessoa.

- Quando o órgão de polícia criminal proceder à pesquisa deve comunicá-la imediatamente à autoridade judiciária competente, que a apreciará em ordem à sua validação, sob pena de nulidade da diligência;
- Em qualquer caso, deve elaborar e enviar à autoridade judiciária competente o **relatório previsto no artigo 253º do Código de Processo Penal**;
- Quando, no decurso de pesquisa, surgirem razões para crer que os dados procurados se encontram noutro sistema informático, ou numa

parte diferente do sistema pesquisado, mas que tais dados são legitimamente acessíveis a partir do sistema inicial, a pesquisa pode ser estendida mediante autorização ou ordem da autoridade competente;
• A esta pesquisa aplicam-se, com as necessárias adaptações, as regras de execução das buscas previstas no Código de Processo Penal e no Estatuto do Jornalista.

2.3.4. APREENSÃO DOS DADOS INFORMÁTICOS (ARTº 16º DA LEI Nº 109/2009):

• Se forem encontrados dados ou documentos informáticos necessários à produção de prova e à descoberta da verdade, a autoridade judiciária competente autoriza ou ordena por despacho a apreensão dos mesmos;
• **O órgão de polícia criminal pode efectuar as apreensões desses dados, sem prévia autorização da autoridade judiciária**, no decurso de pesquisa informática legitimamente ordenada, bem como quando haja urgência ou perigo na demora;
• Caso sejam apreendidos dados ou documentos informáticos cujo conteúdo seja susceptível de revelar **dados pessoais ou íntimos**, que possam pôr em causa a privacidade do respectivo titular ou de terceiro, esses dados ou documentos **são apresentados ao juiz, que ponderará a sua junção aos autos** tendo em conta os interesses do caso concreto;
• **Esta formalidade deve ser cumprida, sob pena de nulidade da prova recolhida**;
• **As apreensões efectuadas por órgão de polícia criminal são sempre sujeitas a validação pela autoridade judiciária**, no prazo máximo de 72 horas;
• As apreensões relativas a **sistemas informáticos utilizados para o exercício da advocacia e das actividades médica e bancária estão sujeitas, com as necessárias adaptações, às regras e formalidades previstas no Código de Processo Penal** e as relativas a sistemas informáticos utilizados para o exercício da profissão de jornalista estão sujeitas, com as necessárias adaptações, às regras e formalidades previstas no Estatuto do Jornalista;

- O regime de segredo profissional ou de funcionário e de segredo de Estado previsto no artº 182º do Código de Processo Penal é aplicável com as necessárias adaptações.

2.3.5. APREENSÃO DE CORREIO ELECTRÓNICO E REGISTOS DE COMUNICAÇÕES DE NATUREZA SEMELHANTE (ARTº 17º DA LEI Nº 109/2009):

Quando, no decurso de uma pesquisa informática ou outro acesso legítimo a um sistema informático, forem encontrados, armazenados nesse sistema informático ou noutro a que seja permitido o acesso legítimo a partir do primeiro, **mensagens de correio electrónico ou registos de comunicações de natureza semelhante**, o juiz pode autorizar ou ordenar, por despacho, a apreensão daqueles que se afigurem ser de grande interesse para a descoberta da verdade ou para a prova, aplicando-se correspondentemente o regime da apreensão de correspondência previsto no Código de Processo Penal.

2.3.6. INTERCEPÇÃO DE COMUNICAÇÕES (ART.. 18º)

- O recurso à intercepção de comunicações é admitido em processos relativos aos crimes previstos nesta Lei ou em crimes cometidos por meio de um sistema informático ou, ainda, em relação aos quais seja necessário proceder à recolha de prova em suporte electrónico, **quando tais crimes se encontrem previstos no artigo 187º do Código Penal** (ofensa a organismo, serviço ou pessoa colectiva);
- A intercepção e o registo de transmissões de dados informáticos **só podem ser autorizados durante o inquérito, por despacho fundamentado do juiz de instrução e mediante requerimento do Ministério Público**, se houver razões para crer que a diligência é indispensável para a descoberta da verdade ou que a prova seria, de outra forma, impossível ou muito difícil de obter;
- A intercepção pode destinar-se ao registo de dados relativos ao conteúdo das comunicações ou visar apenas a recolha e registo de

dados de tráfego, devendo o despacho do juiz de instrução especificar o respectivo âmbito, de acordo com as necessidades concretas da investigação;

À intercepção e registo de transmissões de dados informáticos é aplicável o regime da intercepção e gravação de conversações ou comunicações telefónicas, constante dos artºs 187º, 188º e 190º do Código de Processo Penal.

2.4. O COMPROMISSO COM A CIBERSEGURANÇA

A Resolução do Conselho, de 22 de Março de 2007, sobre a estratégia para uma sociedade da informação segura na Europa, veio dar continuidade ao Compromisso de Tunes, no quadro da Cimeira Mundial sobre a Sociedade da Informação, que alertou para a necessidade de prosseguir o combate contra a cibercriminalidade e o *spam*[30], e assegurar a protecção da privacidade e da liberdade de expressão, com a promoção de uma cultura global de cibersegurança.

Esta preocupação funda-se na constatação de que **a sociedade da informação é omnipresente e cria riscos, ameaçando a privacidade e a segurança**, já que as intercepções e a exploração ilícita de dados são realizadas com o propósito de obter lucros ilegais. Para os cidadãos e as empresas é fundamental dispor de redes e de sistemas electrónicos que assegurem o funcionamento normal das suas infra-estruturas, sem detrimento do funcionamento global das sociedades. Assim, propôs-se a Comissão da UE, entre outros objectivos estratégicos:

• **Empenhar todos os Estados-Membros na luta contra os *spam*, os programas-espiões e os programas malévolos;**
• Estabelecer, em parceria com os Estados-Membros e com os peritos em estatística e segurança, os indicadores adequados para os estudos sobre segurança nas comunicações electrónicas;
• **Promover nas empresas uma atitude positiva em relação à segurança das redes e da informação**, com a criação de produtos e

---

[30] Designa-se por *spam* os *e-mails* que contêm comunicações com fins publicitários e de natureza muito duvidosa que entopem as nossas caixas de correio electrónicas.

serviços mais avançados e seguros, designadamente investindo mais neste sector com a perspectiva de se tratar de investimento produtivo;

• Empenhar todas as entidades interessadas na **adopção de métodos que visem combater as práticas abusivas *on-line*** e na cooperação com as autoridades competentes, a nível nacional e internacional;

• Comprometer os fornecedores de serviços e a indústria das TIC no objectivo de centrar as suas preocupações no reforço da segurança e da fiabilidade dos seus serviços e produtos, **impedindo e combatendo a usurpação da identidade e outros atentados à privacidade.**

A **Comunicação da Comissão ao Parlamento Europeu, ao Conselho e ao Comité das Regiões, de 22 de Maio de 2007**, considerou a luta contra o cibercrime como um objectivo fundamental e estabeleceu uma **distinção entre três categorias de crimes informáticos:**

• Os **crimes de fraude e falsificação** praticados através de redes e sistemas informáticos;

• A **publicação de conteúdos ilegais através de meios electrónicos** (materiais com práticas de abuso sexual sobre crianças, incitação ao ódio racial, por exemplo);

• Os **crimes tipicamente de natureza informática** que se consubstanciam nos **ataques contra os sistemas de informação** e podem causar severos danos à escala mundial, a negação de serviços e acesso a redes.

Apesar da falta de informação fiável, a UE regista o **crescimento galopante** do **cibercrime que assume formas cada vez mais sofisticadas e uma taxa de punição muito reduzida.** Por estes motivos, para alterar este quadro, prevenir ataques de infra-estruturas sociais e das empresas e proteger o cidadão, é necessário consolidar a cooperação entre os Estados e **reforçar a sua legislação penal**, adoptar políticas e estratégias para este combate, aprofundar as pesquisas nesta matéria. Um dos aspectos considerados da maior relevância é a **articulação entre os sectores público e privado** que permita desenvolver métodos para identificar e prevenir os danos resultantes desta prática criminosa, articulação que se deverá fundar numa confiança recíproca, até porque **o desenvolvimento das TIC e os sistemas das comunicações elec-**

trónicas são amplamente controlados por operadores privados, que deverão criar programas para prevenção e combate destes crimes e desenvolver soluções técnicas para a sua prevenção.

Em síntese: entre as muitas medidas previstas pela UE, algumas das quais foram referidas, há que incentivar os Estados-Membros a **ratificar a Convenção sobre o Cibercrime e seus protocolos adicionais**, sem prejuízo de, nos respectivos direitos internos, acolherem outras soluções legislativas especiais que se ajustem aos tipos de crime informático mais praticados, se produzir jurisprudência a este respeito e realizar pesquisa e estudos estatísticos que representem a realidade deste fenómeno.

Esta Convenção, aplicada em 1 de Julho de 2004 (por se verificarem os requisitos para tal: a ratificação de 5 Estados-membros, incluindo 3 que pertencem ao Conselho Europeu) foi **ratificada por Portugal em 24 de Março de 2010 e entrou em aplicação em 1 de Julho de 2010.**

2.4.1. O INFOTRÁFICO E OS METADADOS

É insofismável que nos confrontamos hoje com o fenómeno de **infotráfico**, uma realidade em que **a nossa intimidade é literalmente caçada e os nossos dados pessoais são obtidos e transaccionados por empresas que lucram avultadamente** com a espionagem informática, sem que exista lei ou punição para os já denominados "caçadores de metadados".

As redes sociais, como o *Facebook* ou o *Google* são, apenas, os rastos mais visíveis da matrix onde se alojam biliões de dados e informações sobre cada um de nós e que tudo registam sobre os nossos gostos, estilos de vida, orientações sexuais, tempos de lazer, profissões, carreiras, histórico de saúde, dados bancários, fiscais, habilitações literárias, trabalhos produzidos, apresentações científicas, crónicas e trabalhos jornalísticos, concursos e seus resultados, **tudo, literalmente tudo!**

"A partir do momento em que decidimos colocar os nossos dados numa cloud, ou guardá-los numa aplicação móvel, estamos, potencialmente, a cedê-los a uma empresa, americana ou de outra nacionalidade, que está

legalmente obrigada a revelá-los às suas polícias secretas. Estes dados, ou metadados, acabam por vezes vendidos a companhias de seguros, de crédito, sem o nosso conhecimento explícito, pois não temos os termos de aceitação (alguns com 50 000 caracteres). Poderão, mais tarde, ser incluídos em software que toma "decisões" acerca de nós, sobre, por exemplo, qual a taxa que pagaremos por um empréstimo ou seguro."

É esta a conclusão prosaica de um trabalho jornalístico digno de nota, publicado em 21 de Outubro de 2015, na Visão, cuja autoria é de João Dias Miguel, que ora se subscreve na íntegra.

Se é verdade que as empresas que acedem e tratam os nossos dados podem usá-los para o bem comum, como é o caso da saúde, da gestão de calamidades, da organização do tráfego nas grandes metrópoles, do combate ao bandistismo e ao terrorismo e outras redes de tráfico ilegal, também é verdade que **as bases de dados dos Estados e dos seus órgãos de administração – até recentemente julgados seguros e invioláveis – correm risco sério de serem pirateados.**

Estes tópicos são, apenas, "a ponta do iceberg", pois, de facto, **os indivíduos vivem hoje em dois mundos: o real e o virtual**, sendo que do virtual pouco ou nada sabem mas é o mais importante, pois tomam decisões, fazem *posts* (*publicações*), expõem e partilham imagens (suas e de outros) com inteira boa fé, sem se precaverem dos perigos reais.

Basta pensar na hipótese académica de um Estado centralizador tratar e agrupar informação e dados recolhidos por profissionais de várias áreas (médicos, advogados, tribunais, ministérios) que trabalham em rede e usá-los tendo em mente organizar planos de segurança internos, processos de selecção e outros fins que coarctam, irremediavelmente a segurança, a intimidade e a dignidade humana de cada um de nós).

Parte IX
Dívidas Comerciais

1. COMUNICABILIDADE DAS DÍVIDAS COMERCIAIS

1.1. QUESTÃO PRÉVIA

A comunicabilidade das dívidas comerciais pode causar sério dano ou lesão ao património do cônjuge de um empresário individual. É precisamente neste plano – em que se conexiona a relação jurídica do casamento com a qualidade de comerciante – que o problema assume relevo. Frequentemente, um dos membros da sociedade conjugal, por confiar plenamente na capacidade de gestão do outro, desconhece que este tem dívidas comerciais por saldar e, não raro, pode estar já confrontado com uma situação de insolvência técnica.

Sem sequer cuidar dos nefastos efeitos que para si e para o seu património (quando tenha bens próprios) decorrem de uma situação financeira ruinosa do seu cônjuge empresário, o cônjuge que não exerce a empresa pode ser surpreendido com citações, execuções e outros procedimentos judiciais (designadamente providências cautelares) que "neutralizam" os poderes de administração dos seus bens próprios. É o caso do cônjuge do comerciante que, por efeito de penhora, não pode movimentar contas bancárias ou vê a casa de morada de família ser objecto daquela diligência, em plena acção executiva. Daí, **a importância prática da questão da comunicabilidade das dívidas comerciais contraídas pelo comerciante casado com outrem que possa não ser comerciante.**

1.2. DÍVIDAS COMUNICÁVEIS

Dispõe o artº 1690º do Código Civil;
"Tanto o marido como a mulher têm legitimidade para contrair dívidas sem o consentimento do outro cônjuge".

No que se refere à responsabilidade dos cônjuges, esta determina-se pela **data do facto que deu origem à dívida**. O artº 1691º, por sua vez, elenca as **dívidas que são da responsabilidade de ambos os cônjuges**, pela seguinte forma:

"a) As dívidas contraídas, antes ou depois da celebração do casamento, pelos dois cônjuges, ou por um deles com o consentimento do outro;

b) As dívidas contraídas por qualquer dos cônjuges, antes ou depois da celebração do casamento, para ocorrer aos encargos normais da vida familiar;

c) As dívidas contraídas na constância do matrimónio pelo cônjuge administrador, em proveito comum do casal e nos limites dos seus poderes de administração;

d) As dívidas contraídas por qualquer dos cônjuges no exercício do seu comércio, salvo se se provar que não foram contraídas em proveito comum do casal, ou se vigorar entre os cônjuges o regime da separação de bens;"

e) As dívidas consideradas comunicáveis nos termos do nº 2 do artigo 1693º."

Do corpo deste preceito, concretamente da sua alínea d), relevam as dívidas comerciais que merecem a nossa particular atenção. O legislador consagrou, como regra, **o princípio da comunicabilidade das dívidas comerciais**, ou seja, que as dívidas contraídas no exercício do comércio (leia-se: da actividade empresarial individual) **são da responsabilidade do cônjuge de quem as contraiu, quando o devedor seja casado:**

➢ Sob o **regime da comunhão geral** (artº 1733º do C.C.), segundo o qual o património comum é constituído por todos os bens presentes e futuros de ambos, desde que não sejam exceptuados por lei;

➢ Sob **o regime da comunhão de adquiridos** (artº 1721º e ss do C.C.), regime que se aplica supletivamente aos esposados que não tenham expressamente optado por outro.

No regime da **comunhão geral** – que deverá ser expressamente escolhido através da celebração de uma convenção ante-nupcial válida (artº 1698º do C.C.) – os cônjuges consideram-se **meeiros** e são titulares de um direito à meação dos bens que integram a comunhão conjugal. Esta meação refere-se a uma **quota ideal** ou abstracta, já que **só através da partilha é que se divide o património comum e cada um dos cônjuges fica a titular os bens que concretamente lhe caibam**, por força da partilha, que pode ser subsequente à dissolução do casamento por divórcio (artº 1773º do C.C.), por separação judicial de pessoas e bens (artºs 1794º e 1795º-A do C.C.) ou por simples separação judicial de bens (artº 1767º do C.C.).

Os Professores Pereira Coelho e Guilherme de Oliveira, *in* "Curso de Direito de Família", Volume I, 2ª edição, pág. 478, salientando a inovação do Código Civil de 1966 quanto ao abandono da comunhão geral como regime supletivo e à introdução do regime supletivo da comunhão de adquiridos, consideram que *"A ideia de comunhão geral – ou seja, de uma comunhão que se estenda aos próprios bens levados para o casal ou adquiridos a título gratuito – é uma ideia muito criticada. Tal comunhão favorece a celebração de casamentos cujo móbil seja o interesse económico, e não se justifica que o casamento, ele próprio, seja meio de adquirir. O locupletamento de um dos cônjuges à custa do outro será ainda mais reprovável nos casos de divórcio ou separação judicial de pessoas e bens, em que o regime de comunhão geral autorizaria cada um dos cônjuges, mesmo o culpado, a levantar a sua meação nos bens comuns, incluindo os que foram levados para o casal pelo outro cônjuge ou adquiridos por este por herança ou doação posteriormente ao casamento. Nem a tradição jurídica pode justificar o regime, pois no antigo direito eram incomunicáveis os bens de maior valor (os bens da coroa, os bens vinculados, os prazos de livre nomeação, etc.), tendo, pois, a comunhão geral alcance e extensão muito diversos".*

Sem prejuízo do que vem exposto, **no regime da comunhão geral há bens que são incomunicáveis, sendo pertença exclusiva do cônjuge que os detiver**. É o caso dos bens elencados pelo nº 1 do artº 1733º do C.C., indicando-se, aqui, exemplificativamente:

"c) O usufruto, o uso ou habitação, e demais direitos estritamente pessoais;
d) As indemnizações devidas por factos verificados contra a pessoa de cada um dos cônjuges ou contra os seus bens próprios;

e) Os seguros vencidos em favor da pessoa de cada um dos cônjuges ou para cobertura de riscos sofridos por bens próprios;

f) Os vestidos, roupas e outros objectos de uso pessoal e exclusivo de cada um dos cônjuges, bem como os seus diplomas e a sua correspondência;

g) As recordações de família de diminuto valor económico."

Esta norma é necessária pois é frequente a dúvida quanto à propriedade destes bens, no regime da comunhão geral, facto que pode provocar, em caso de divórcio, questões difíceis de sanar na fase prévia à partilha, por os cônjuges terem uma ideia empírica de que tudo o que existe na comunhão é pertença de ambos. Com a previsão legal do artº 1733º acautela-se a titularidade de bens de valor estimativo ou sentimental que, até por motivos éticos, não deverão ser incluídos no acervo dos bens comuns.

Pode acontecer que os nubentes estejam impedidos de escolher o regime de bens, por se lhes aplicar um regime obrigatório ou imperativo, como acontece com quem contrai casamento com idade superior a 60 anos (al. b) do nº 1 do artº 1720º do C.C.) que **só pode adoptar o regime da separação de bens** ou que adoptem, por opção, este regime, pelo qual cada um detém bens próprios, devendo o regime imperativo ter-se por obsoleto, dada a *mens legislatoris* que o funda.

No regime da **comunhão de adquiridos**, há bens próprios e bens comuns.

• Os **bens próprios** – são os que, como tal, são qualificados no artº 1722º do C.C.; de um modo sintético, são os bens que cada um dos cônjuges já possui à data da celebração do casamento ou os que, tendo adquirido na constância deste, entraram na sua esfera jurídica a título gratuito (por doação ou herança) ou os bens *"sub-rogados no lugar de bens próprios"* (al b) do artº 1723º do C.C.).

> Exemplo: A, casado com B, vende uma casa que comprou em solteiro. Com o produto da venda adquire um prédio rústico. Este é considerado um bem próprio, posto que se **sub-rogou** ou substituiu a um outro que já existia no património de A.

No que respeita a sub-rogação de bens, convirá, por razões de certeza jurídica, que se **mencione no documento de aquisição do novo bem a proveniência do dinheiro,** com a intervenção de ambos os cônjuges (al. c) do art. 1723º do C.C.).

Neste sentido se pronunciou o Supremo Tribunal de Justiça, uniformizando Jurisprudência com o Acórdão nº 12/2015, de 13 de Outubro de 2015, de cujo aresto se extrai:

"Estando em causa apenas os interesses dos cônjuges, que não os de terceiros, a omissão no título aquisitivo das menções constantes do art. 1723º, c) do Código Civil, não impede que o cônjuge, dono exclusivo dos meios utilizados na aquisição de outros bens na constância do casamento no regime supletivo da comunhão de adquiridos, e ainda que não tenha intervindo no documento aquisitivo, prove por qualquer meio, que o bem adquirido o foi apenas com dinheiro ou seus bens próprios; feita essa prova, o bem adquirido é próprio, não integrando a comunhão conjugal."

Com efeito, o regime de comunhão de adquiridos (um regime supletivo) permite que cada cônjuge conserve o direito de propriedade dos bens que levou para o casamento em virtude de direito próprio anterior, mantendo a sua plena administração. O legislador não quis fazer coincidir a plena comunhão de vida – em que o casamento se funda, de acordo com artº 1577º do Código Civil – com a comunhão de patrimónios, como decorre do artº 1722º do mesmo Código. Assim, os bens que são propriedade de cada um dos cônjuges antes do casamento mantêm a mesma natureza na constância do casamento e após a sua dissolução.

Ao lado dos bens próprios, da exclusiva propriedade de cada um, os cônjuges participam na **comunhão de bens comuns,** nos termos do artº 1724º, e em relação a estes *«os cônjuges participam por metade no activo e no passivo da comunhão.» (artº 1733º C.C.).* Os bens comuns constituem um património ou uma *"propriedade colectiva"* da titularidade de ambos os cônjuges, de acordo com o Professor Pereira Coelho (*in* "Direito de Família", pág. 478). **Este património comum é um património sem quotas,** ao invés do que sucede na compropriedade onde duas ou mais pessoas (comproprietários ou consortes) detêm a sua quota-parte.

De uma forma genérica, são estes os traços essenciais dos regimes que conferem às dívidas comerciais a sua natureza comunicável, responsabilizando o cônjuge de quem as contraiu pelo seu pagamento ao credor. Resulta claro que a lei, em matéria de comunicabilidade, põe a tónica no facto de **a dívida ter sido contraída por um dos cônjuges no exercício de uma actividade económica que, salvo prova em contrário, trouxe proveito e vantagem patrimonial para o outro cônjuge e para o agregado familiar em geral**. Daí que se justifique, ética e juridicamente, que, apesar de não a ter contraído, o cônjuge deva também ser responsável pelo seu cumprimento.

Foi esta ordem de razões que presidiu à consagração da comunicabilidade, que encontra limitações decorrentes da lei e das circunstâncias factuais em que a própria dívida comercial foi contraída por um dos cônjuges que exerce "o comércio" ou a actividade empresarial. Assim **não serão comunicáveis:**

- As **dívidas comerciais contraídas por um dos cônjuges**, quando se encontre casado sob o regime da **separação de bens** (caso em que a responsabilidade do outro será apenas subsidiária, como resulta do nº 2 do art. 1695º do C.C.);
- Ou quando se prove que das dívidas **não resultou proveito comum do casal**.

No caso das dívidas comerciais, a regra é a **presunção do proveito comum do casal**. Nesta esteira tem seguido a nossa Jurisprudência que considera que, **nos termos conjugados do artº 15º do Código Comercial e da al. d) do nº 1 do artº 1691º do C.C.**, há uma "dupla presunção" quando a dívida é contraída por um cônjuge que é comerciante ou empresário, no exercício do seu comércio e também no interesse e proveito comum do casal. Todavia, e como consagra a Jurisprudência, esta **presunção é ilidível** ou afastável desde que se produza prova em contrário, isto é, **desde que o cônjuge do comerciante logre provar que nem ele nem a sua família obtiveram qualquer vantagem económica ou proveito com a actividade económica do comerciante**.

2. RESPONSABILIDADE DO CÔNJUGE PELAS DÍVIDAS CONTRAÍDAS PELO OUTRO NO EXERCÍCIO DO SEU COMÉRCIO/EMPRESA E BENS QUE RESPONDEM PELAS DÍVIDAS

Dispõe o art. 1695º do C.C.:

"1. Pelas dívidas que são da responsabilidade de ambos os cônjuges respondem os bens comuns do casal, e, na falta ou insuficiência deles, solidariamente, os bens próprios de qualquer dos cônjuges.
2. No regime da separação de bens, a responsabilidade dos cônjuges não é solidária."

No regime da comunhão de adquiridos (em que há bens próprios e comuns e onde o problema da responsabilidade do outro cônjuge se coloca) **pelo cumprimento de uma dívida comercial respondem:**

- **Em primeiro lugar**, os **bens comuns do casal;**
- **Em segundo**, ou seja, quando os bens comuns não existam ou sejam insuficientes, **os bens próprios de qualquer um deles,** que poderá ser accionado pelo credor, como se um devedor solidário fosse.

Relembre-se que a obrigação solidária existe quando cada um dos devedores responde pela prestação integral, libertando os demais devedores, e quando qualquer um dos credores pode, por si só, exigir a qualquer devedor o cumprimento integral da prestação (artº 512º do C.C.). Neste caso, o credor esgotará o património comum do casal que responde, em primeiro plano, pelas dívidas comerciais, e, quando este não seja suficiente para satisfazer integralmente o direito do credor, este atacará os bens próprios de qualquer um dos cônjuges, nomeando à penhora, indistintamente, os direitos ou bens daquele que, à partida, se revelem suficientes para satisfazer esse direito de crédito.

Ora, a questão que se levanta aqui é precisamente a de uma **dívida ser presuntivamente comercial**, por ter sido contraída por um dos cônjuges no exercício da sua actividade empresarial, **mas não ter aproveitado ao outro**, designadamente porque se encontram separados factualmente e/ou não têm uma economia comum ou não vivem em comunhão conjugal desde data imediatamente anterior à contracção da dívida.

3. PROCEDIMENTOS A ADOPTAR NA ACÇÃO, PARA CHAMAR O CÔNJUGE DO DEVEDOR À DEMANDA

O credor pode demandar judicialmente um devedor para obter o cumprimento coercivo de uma obrigação comercial vencida. Esta pretensão, na falta de título executivo, deverá ser deduzida em **processo declarativo,** no termo do qual será proferida sentença condenatória do réu, o devedor. Quando se trate de dívida contraída por um dos cônjuges no exercício do seu comércio – logo, uma dívida substancialmente comercial – **a questão da comunicabilidade deverá ser imediatamente suscitada.** Para este efeito, é **cautela elementar demandar também o cônjuge de quem se obrigou,** quando o credor saiba que é casado; tal necessidade advém da dupla presunção da comunicabilidade das dívidas comerciais, sendo que **o ónus da prova recai sobre o credor** (neste sentido, os Acórdãos do Tribunal da Relação do Porto, de 8 de Outubro de 1992 e de 23 de Junho de 2005 (*in* www.dgsi.pt).

A intervenção do cônjuge no processo declarativo pode ser feita através do incidente da **intervenção provocada,** nos termos do artº 316º do C.P.C. que dispõe, no seu nº 1 que qualquer uma das partes litigantes pode chamar a juízo *"(...) o interessado com legitimidade para intervir na causa, seja como seu associado, seja como associado da parte contrária.".* Com efeito, sempre que haja a preterição do litisconsórcio necessário (ambos os cônjuges são devedores e respondem pela dívida comercial, pelo que devem ser demandados no processo) o credor pode provocar este incidente, já que o cônjuge do comerciante devedor tem legitimidade para estar na acção e, nesta, defender os seus interesses).

O credor deverá alegar a causa do chamamento e **justificar o interesse que pretende acautelar**, e o seu requerimento será objecto de decisão, depois de ouvida a parte contrária (artº 318º do C.P.C.). Sendo admitida a intervenção, **o interessado é chamado por meio de citação**, e receberá cópias dos articulados já apresentados pelo credor, o requerente do chamamento. **O cônjuge citado pode oferecer o seu articulado** ou **declarar que faz seus os articulados do réu**, dentro do prazo legal fixado para a contestação. Se o cônjuge intervier no processo depois de esgotado aquele prazo terá de aceitar os articulados da parte a que se associa e todos os actos e termos já processados (nº 4 do artº 319º).

Chamado o cônjuge, se este intervier no processo e invocar que a dívida, apesar de se presumir comunicável, na verdade assim não deve ser considerada, aduzirá a argumentação e a prova necessária e a sentença que apreciar o seu direito constituirá caso julgado em relação a ele (artº 320º do C.P.C.).

Quando o credor tem um título executivo pode instaurar acção executiva contra o seu devedor. Estão nesta hipótese os documentos exarados ou autenticados por Notário ou outro profissional com competência legal para este efeito (*v.g.* uma confissão de dívida), os documentos aos quais a lei confere força executiva (como a letra de câmbio e o cheque), e os títulos de crédito, sendo certo que o credor que é portador destes títulos só poderá mover a execução desde que no requerimento executivo alegue os factos constitutivos da relação jurídico subjacente ou esta conste do próprio título. Em plena **instância executiva para pagamento de quantia certa, o credor/exequente pode demandar o seu devedor e invocar que a dívida é comum** ao seu cônjuge, alegando os factos que fundamentam a comunicabilidade da dívida (al. e) do nº 1 do artº 724º).

Depois de citado, **o cônjuge pode aceitar a comunicabilidade da dívida ou nada dizer**, caso em que a execução prosseguirá contra ambos os cônjuges, assumindo o cônjuge do comerciante/executado a qualidade de parte na execução. Porém, nos termos do nº 1 do artº 728º do C.P.C, "*o executado pode opor-se à execução no prazo de 20 dias a contar da citação.*". E nos termos do artº 731º, **o cônjuge chamado pode deduzir oposição**, defendendo-se no processo com os fundamentos previstos na lei processual, ressalvadas as necessárias adaptações (artº 729º) ou invocando factos que poderia alegar no processo declarativo, ou seja, no processo conducente a uma sentença condenatória do devedor.

Quando o **título executivo se mostra subscrito apenas por um dos cônjuges – o comerciante** – e no decurso do processo executivo são **penhorados bens comuns do casal**, por não serem conhecidos bens próprios do executado que sejam suficientes para satisfazer o direito do exequente, **a lei processual contempla um mecanismo que permite ao cônjuge do devedor tomar posição activa, de modo a salvaguardar a sua meação nos bens comuns e, eventualmente, os seus bens próprios**, se os tiver. A propósito do incidente da comunicabilidade da dívida, suscitado pelo credor e exequente, estabelece o artº 741º do C.P.C.:

*1 – **Movida execução apenas contra um dos cônjuges, o exequente pode alegar fundamentadamente que a dívida, constante de título diverso de sentença, é comum**; a alegação pode ter lugar no requerimento executivo ou até ao início das diligências para venda ou adjudicação, devendo, neste caso, constar de requerimento autónomo, deduzido nos termos dos artigos 293º a 295º e autuado por apenso.*

*2 – No caso previsto no número anterior, é **o cônjuge do executado citado para, no prazo de 20 dias, declarar se aceita a comunicabilidade da dívida**, baseada no fundamento alegado, com a cominação de que, **se nada disser, a dívida é considerada comum, sem prejuízo da oposição que contra ela deduza**.*

3 – O cônjuge não executado pode impugnar a comunicabilidade da dívida:

a) Se a alegação prevista no nº 1 tiver sido incluída no requerimento executivo, em oposição à execução, quando a pretenda deduzir, ou em articulado próprio, quando não pretenda opor-se à execução; no primeiro caso, se o recebimento da oposição não suspender a execução, apenas podem ser penhorados bens comuns do casal, mas a sua venda aguarda a decisão a proferir sobre a questão da comunicabilidade;

b) Se a alegação prevista no nº 1 tiver sido deduzida em requerimento autónomo, na respetiva oposição.

4 – A dedução do incidente previsto na segunda parte do nº 1 determina a suspensão da venda, quer dos bens próprios do cônjuge executado que já se mostrem penhorados, quer dos bens comuns do casal, a qual aguarda a decisão a proferir, mantendo-se entretanto a penhora já realizada.

5 – Se a dívida for considerada comum, a execução prossegue também contra o cônjuge não executado, cujos bens próprios podem ser nela subsidiariamente penhorados; se, antes da penhora dos bens comuns, tiverem sido penhorados bens próprios do executado inicial, pode este requerer a respetiva substituição.

*6 – **Se a dívida não for considerada comum e tiverem sido penhorados bens comuns do casal, o cônjuge do executado deve, no prazo de 20 dias após o trânsito em julgado da decisão, requerer a separação de bens ou juntar certidão comprovativa da pendência da acção em que a separação já tenha sido requerida, sob pena de a execução prosseguir sobre os bens comuns,** aplicando-se, com as necessárias adaptações, o disposto no nº 2 do artigo anterior.".*

Conjugando o disposto neste preceito legal, conclui-se que o procedimento se justifica por maioria de razão, já que, o seu nº 1 prevê as situações factuais em que **o credor penhora bens comuns do casal por não conhecer o acervo de bens próprios do executado** ou por, eventualmente, desconhecer o regime de bens sob o qual este se encontra casado ou ainda por ignorar se o devedor, sendo casado, vive separado de facto do seu cônjuge. Em suma: o credor pode desconhecer as condições e as circunstâncias reais, familiares, sociais e económicas do seu devedor.

Interpretando este normativo, **o credor pode ter razões para presumir que a dívida, por ser comercial, é comunicável ao cônjuge do seu devedor** e desconhecer, por exemplo, que o cônjuge do executado não retirou qualquer proveito da actividade económica desenvolvida pelo seu devedor. Assim, para evitar sacrifícios arbitrários, excessivos e injustos ao cônjuge que, porventura, já não vive em comunhão com o executado – por se encontrar separado factualmente do devedor, desde data anterior à da contracção da dívida – não se justifica que o cônjuge do executado veja ameaçado o seu património, quer este se confine à meação nos bens comuns, quer se trate dos seus bens próprios.

Para salvaguardar estes interesses dignos de tutela jurídica, a lei criou mecanismos processuais que possibilitam ao **cônjuge** do executado **vir** aos autos executivos – não fundados em sentença proferida em acção declarativa mas noutro título, como a letra, a livrança, o cheque, uma confissão de dívida assinada pelo executado/comerciante – invocar e demonstrar a situação factual de **inexistência de proveito comum** e, subsequentemente, promover a **separação de patrimónios**, através de uma acção própria que pode ser a de divórcio, a de separação judicial de pessoas e bens ou a mera separação judicial de bens, finda a qual deverá juntar ao processo executivo a certidão comprovativa da decisão.

Quando tenham sido penhorados os bens comuns do casal, **o cônjuge que recuse a comunicabilidade da dívida exequenda** deverá, no prazo de 20 dias a contar da sua citação, juntar aos autos:

- **Requerimento para promover a separação de bens,**

    Ou
- **Certidão comprovativa de que a separação de bens foi promovida em processo próprio,** como a acção de divórcio, de separação judicial de pessoas e bens ou apenas de separação de bens, o que lhe permitirá autonomizar o seu património próprio na **partilha que há-de ser feita subsequentemente** às referidas acções.

Como se disse, este incidente da instância executiva pode provocar a propositura de uma acção de divórcio, de separação judicial de pessoas e bens ou de separação judicial de bens (com natureza litigiosa, intentada contra o cônjuge executado, e que se funda no receio da delapidação do património comum por má gestão ou administração deste).

Verificada esta condição e apensado ao processo o requerimento, o **processo executivo suspende-se** até que o património comum do casal seja partilhado. Se, por efeito desta partilha, os bens penhorados não forem adjudicados ou não couberem ao executado, **o credor terá de promover ou indicar outros bens que pertençam exclusivamente ao devedor executado**, sem prejuízo da penhora já efectuada, que produzirá os seus efeitos até nova apreensão de bens (nº 2 do artº 740º do C.P.C.).

O requerimento apresentado pelo cônjuge que se propõe promover a separação judicial de bens ou pelo qual junta a certidão comprovativa da pendência desta acção, é **apensado ao processo executivo**, que fica suspenso até à partilha do património comum do casal; e se, por via da partilha, os bens penhorados não couberem ao executado, podem ser penhorados outros que lhe tenham cabido na partilha, permanecendo a anterior penhora até à nova apreensão. **Se, tendo requerido a separação, o cônjuge não apresentar a competente certidão, a que alude este preceito normativo, a execução prosseguirá nos mesmos termos, ou seja, sobre os bens comuns do casal.**

Este instituto processual configura uma faculdade a que o cônjuge do executado/comerciante pode **renunciar** livremente, aceitando a comunicabilidade da dívida, mesmo que nada tenha aproveitado com a actividade económica do executado. Neste caso, a execução prosseguirá e a **penhora incidirá sobre os bens comuns e, subsidiariamente, sobre os bens próprios do cônjuge não executado**, já que nada fez, não se opôs nem requereu a separação de patrimónios, como era seu direito (artº 740º) sendo esta consequência uma cominação para a inércia do cônjuge do executado. O mesmo acontece quando se trate de dívida de cuja comunicabilidade não se duvida, ou seja, uma dívida comum a ambos os cônjuges.

Em síntese: quando **o cônjuge recuse a comunicabilidade** da dívida exequenda e requeira nos autos no sentido de promover a separação de patrimónios, no prazo de 20 dias a contar da sentença que julga a incomunicabilidade da dívida exequenda, a **execução suspender-se-á** até que o património comum do casal se encontre partilhado, momento a partir do qual **prosseguirá, agora só em relação ao acervo de bens que compõem a meação do executado e os seus bens próprios** (nº 6 do artº 741º do C.P.C.).

É esta a **moratória** que a lei concede aos cônjuges nas situações descritas e que o **artº 10º do Código Comercial afasta**, quando consagra:

"Não há lugar à moratória estabelecida no nº 1 do artigo 1696º do Código Civil quando for exigido de qualquer dos cônjuges o cumprimento de uma obrigação emergente de acto de comércio, ainda que este o seja apenas em relação a uma das partes."

Dispõe o nº 1 do artº 1696º do C.C. que, pelas dívidas da exclusiva responsabilidade de um dos cônjuges, respondem os bens deste e, subsidiariamente, a sua meação nos bens comuns. Em conclusão, a moratória só encontra fundamento quando o cônjuge do devedor logre provar que a dívida não lhe trouxe qualquer vantagem ou proveito, pelos motivos descritos, isto é, nos casos previstos na al. d) do nº 1 do art. 1691º, *in fine*.

Anexo
Comissão

Recomendação da Comissão, de 6 de Maio de 2003

relativa à definição de micro, pequenas e médias empresas
[notificada com o número C(2003) 1422]
(Texto relevante para efeitos do EEE) (2003/361/CE)

A COMISSÃO DAS COMUNIDADES EUROPEIAS,

Tendo em conta o Tratado que institui a Comunidade Europeia e, nomeadamente, o segundo travessão do seu artigo 211º,

Considerando o seguinte:

(1) Num relatório apresentado ao Conselho em 1992, a pedido do Conselho «Indústria» de 28 de Maio de 1990, a Comissão propunha que se limitasse a proliferação das definições de pequenas e médias empresas em uso a nível comunitário. A Recomendação 96/280/CE da Comissão, de 3 de Abril de 1996, relativa à definição de pequenas e médias empresas[31](^{1}), assentava sobre a ideia que a existência de diferentes definições a nível comunitário e nacional poderia suscitar incoerências. Na lógica de um mercado único sem fronteiras internas, já se tinha considerado que as empresas deviam ser objecto de um tratamento baseado num conjunto de regras comuns. O seguimento desta abordagem

---

[31] (^{1}) JO L 107 de 30.4.1996, p. 4.

torna-se particularmente necessário devido à vasta interacção entre medidas nacionais e comunitárias a favor das micro, pequenas e médias empresas, (PME) por exemplo no que se refere aos fundos estruturais e à investigação, sendo de evitar que a Comunidade oriente a sua acção para uma certa categoria de PME e os Estados-Membros para outra. Ademais, foi considerado que o respeito, da mesma definição, por parte da Comissão, dos Estados-Membros, do Banco Europeu de Investimento (BEI) e do Fundo Europeu de Investimento (FEI), reforçaria a coerência e a eficácia das políticas destinadas às PME e limitaria, assim, o risco de distorção da concorrência.

(2) A Recomendação 96/280/CE tem sido amplamente aplicada pelos Estados-Membros e a definição contida no seu anexo foi retomada, por exemplo, no Regulamento (CE) nº 70/2001 da Comissão, de 12 de Janeiro de 2001, relativo à aplicação dos artigos 87º e 88º do Tratado CE aos auxílios estatais a favor das pequenas e médias empresas([32]). Além da necessária adaptação à evolução económica, prevista no artigo 2º da dita recomendação, convém ter em conta um certo número de dificuldades de interpretação que surgiram com a sua aplicação, assim como as observações enviadas pelas empresas. Atendendo ao número de alterações que se torna necessário introduzir na Recomendação 96/280/CE, e num intuito de clareza, esta deve ser substituída.

(3) Convém igualmente precisar que, nos termos dos artigos 48º, 81º e 82º do Tratado, segundo a interpretação do Tribunal de Justiça das Comunidades Europeias, deve considerar-se como empresa qualquer entidade que, independentemente da sua forma jurídica, exerça uma actividade económica, incluindo, designadamente, as entidades que exerçam uma actividade artesanal e outras actividades a título individual ou familiar, as sociedades de pessoas ou as associações que exerçam regularmente uma actividade económica.

(4) O critério do número de pessoas empregues (a seguir denominado «critério dos efectivos») mantêm-se indubitavelmente um dos mais importantes e deve ser considerado como critério principal, mas a introdução de um critério financeiro é um complemento necessário para que se possa compreender a importância real e o desempenho de uma empresa, bem como a sua posição em relação, às suas concorrentes. Para

---

[32] (²) JOL 10 de 13.1.2001, p. 33.

o efeito, não é contudo desejável adoptar o volume de negócios como único critério financeiro, nomeadamente porque o volume de negócios das empresas do comércio e da distribuição é, por natureza, mais elevado que o do sector transformador. O critério do volume de negócios deve, portanto, ser combinado com o do balanço total, que reflecte o património global de uma empresa, podendo um dos dois critérios ser ultrapassado.

(5) Os limites máximos do volume de negócios dizem respeito a empresas com actividades económicas muito diferentes. A fim de não restringir indevidamente o benefício da aplicação da definição, convém proceder a uma actualização que tenha em conta a evolução tanto dos preços como da produtividade.

(6) No caso dos limites máximos do balanço total, na ausência de elementos novos, justifica-se a manutenção da abordagem que consiste em aplicar aos limites máximos do volume de negócios um coeficiente fundado na relação estatística existente entre estas duas variáveis. A evolução estatística verificada implica um maior aumento do limite máximo do volume de negócios. Dado que esta evolução é diferenciada de acordo com a categoria de dimensão das empresas, para traduzir o mais fielmente possível a evolução económica e no intuito de não penalizar as microempresas e as pequenas empresas relativamente às empresas médias, convém ajustar o referido coeficiente. Este coeficiente é muito próximo de 1 no caso de micro e de pequenas empresas. Por esta razão, para maior simplificação, deve ser adoptado um mesmo valor para estas categorias no que se refere ao limite máximo do volume de negócios e ao limite máximo do balanço total.

(7) No entanto, tal como na Recomendação 96/280/CE, os limites máximos financeiros e os limites máximos rela-tivos aos efectivos representam valores máximos e os Estados-Membros, o BEI e o FEI podiam fixar limiares mais baixos que os limiares comunitários para dirigir acções a uma categoria precisa de PME. Por razões de simplificação administrativa, podiam igualmente, reter apenas um critério, designadamente o dos efectivos, para a aplicação de algumas políticas, com excepção das relativas a domínios abrangidos pelas diversas regras em matéria de direito da concorrência, que exigem também a utilização e o respeito dos critérios financeiros.

(8) Em consequência da aprovação, no Conselho Europeu de Santa Maria da Feira, em Junho de 2000, da Carta Europeia das Pequenas

Empresas, há que definir mais precisamente as microempresas, que constituem uma categoria de pequenas empresas especialmente importante para o desenvolvimento do espírito empresarial e para a criação de empregos.

(9) A fim de apreender melhor a realidade económica das PME e de excluir desta qualificação os grupos de empresas cujo poder económico excederia o de uma PME, convém distinguir os diferentes tipos de empresas, consoante sejam autónomas, tenham participações que não impliquem uma posição de controlo (empresas parceiras) ou estejam associadas a outras empresas. O grau de 2 5% de participação, previsto na Recomendação 96/280/CE, abaixo do qual uma empresa é considerada autónoma, é mantido.

(10) Com vista a incentivar a criação de empresas, o financiamento das PME com fundos próprios e o desenvolvimento rural e local, as empresas podem ser consideradas autónomas apesar de uma participação igual ou superior a 25% de certas categorias de investidores que têm um papel positivo no que toca a estes financiamentos e a estas criações. No entanto, convém precisar as condições aplicáveis a estes investidores. O caso das pessoas singulares ou grupos de pessoas singulares que têm uma actividade regular de investimento em capital de risco («business angels») é especificamente mencionado visto que, em comparação com outros investidores em capital de risco, a sua capacidade de aconselhamento pertinente dos novos empresários constitui uma contribuição preciosa. O seu investimento em capital próprio representa também um complemento da actividade das socie-dades de capital de risco, fornecendo montantes mais reduzidos em estádios precoces da vida da empresa.

(11) Num intuito de simplificação, nomeadamente para os Estados-
-Membros e as empresas, convém que, para a definição de empresas associadas, se retomem, sempre que se adaptem ao objecto da presente recomendação, as condições fixadas no artigo 1º da Directiva 83/349/
CEE do Conselho, de 13 de Junho de 1983, baseada no nº 3, alínea g), do artigo 54º do Tratado e relativa às contas consolidadas([33]), com a última redacção que lhe foi dada pela Directiva 2001/65/CE do Parlamen-

---

[33] ([3]) JOL 193 de 18.7.1983, p. 1.

to Europeu e do Conselho(³⁴). Para reforçar as medidas de incentivo ao investimento em fundos próprios nas PME, convém introduzir a presunção de que não existe influência dominante sobre a empresa considerada, retomando os critérios do n.º 3 do artigo 5.º, da Directiva 78/660//CEE do Conselho, de 25 de Julho de 1978, baseada no n.º 3, alínea g) do artigo 54.º do Tratado e relativa às contas anuais de certas formas de sociedades(³⁵), com a última redacção que lhe foi dada pela Directiva 2001/65/CE.

(12) A fim de reservar as vantagens decorrentes de várias regulamentações ou medidas a favor das PME para empresas que delas necessitem realmente, é igualmente desejável que se atenda, eventualmente, às relações existentes entre as empresas por intermédio das pessoas singulares. A fim de limitar ao estritamente necessário a análise destas situações, é conveniente restringir a tomada em consideração destas relações aos casos de sociedades que exerçam actividades no mesmo mercado relevante ou em mercados contíguos, referindo-se, sempre que necessário, à definição da Comissão de mercado relevante, objecto da Comunicação da Comissão sobre a definição de mercado relevante para efeitos do direito comunitário da concorrência(³⁶).

(13) A fim de evitar distinções arbitrárias entre as diferentes entidades públicas de um Estado-Membro, e atendendo ao interesse da segurança jurídica, torna-se necessário confirmar que uma empresa com 2 5% ou mais dos seus direitos de capital ou de voto controlados por uma colectividade pública ou por um organismo público não é uma PME.

(14) Para aliviar os encargos administrativos das empresas, facilitar e acelerar o tratamento administrativo de dossiês para os quais se exige a qualidade de PME, é desejável prever a possibilidade de recorrer a declarações de compromisso de honra das empresas para atestar algumas das características da empresa em causa.

(15) É conveniente precisar a composição dos efectivos relevantes para a definição de PME. No intuito de incentivar o desenvolvimento da formação profissional e da formação em alternância, é conveniente não contabilizar, no cálculo dos efectivos, os aprendizes e os estudantes titu-

---

34 (⁴) JO L 283 de 27.10.2001, p. 28.
35 (⁵) JO L 222 de 14.8.1978, p. 11.
36 (⁶) JOC 372 de 9.12.1997, p. 5.

lares de um contrato de formação profissional. De igual modo, as licenças de maternidade ou parentais não deviam ser contabilizadas.

(16) Os diferentes tipos de empresas definidos em função das relações com outras empresas correspondem a graus de integração objectivamente diferentes. Justifica-se, portanto, a aplicação de modalidades diferenciadas a cada um destes tipos de empresas, de modo a proceder ao cálculo das quantidades que a sua actividade e o seu poder económico representam,

FORMULA A PRESENTE RECOMENDAÇÃO:

Artigo 1º

1. A presente recomendação diz respeito à definição de micro, pequenas e médias empresas utilizada nas políticas comunitárias aplicadas no interior da Comunidade e do Espaço Económico Europeu.

2. Recomenda-se aos Estados-Membros, assim como ao Banco Europeu de Investimento, (BEI) e ao Fundo Europeu de Investimento (FEI), que:

a)
Se conformem com o disposto no título I do anexo, no que se refere ao conjunto dos seus programas destinados a empresas médias, pequenas empresas ou microempresas,

b)
Tomem as medidas necessárias para a utilização das classes de dimensão definidas no artigo 7º do anexo, em especial sempre que se trate de fazer o balanço da respectiva utilização de instrumentos financeiros comunitários.

Artigo 2º

Os limiares indicados no artigo 2º do anexo devem ser considerados como limites máximos. Os Estados-Membros, o BEI e o FEI podem fixar limiares inferiores. Podem igualmente aplicar apenas o critério dos efectivos para a concretização de algumas das respectivas políticas, excepto nos domínios abrangidos pelas diversas regras em matéria de auxílios estatais.

Artigo 3º

A presente recomendação substitui a Recomendação 96/280/ /CE a partir de 1 de Janeiro de 2005.

Artigo 4º

Os Estados-Membros, o BEI e o FEI são os destinatários da presente recomendação.

São convidados a informar a Comissão, o mais tardar a 31 de Dezembro de 2004, das medidas que tomaram para darem seguimento à presente recomendação, e, o mais tardar a 30 de Setembro de 2005, dos primeiros resultados da sua aplicação.

Feito em Bruxelas, em 6 de Maio de 2003.

Pela Comissão Erkki LIIKANEN *Membro da Comissão*

ANEXO

TÍTULO I
DEFINIÇÃO DE MICRO, PEQUENAS E MÉDIAS EMPRESAS ADOPTADA PELA COMISSÃO

Artigo 1º
Empresa

Entende-se por empresa qualquer entidade que, independentemente da sua forma jurídica, exerce uma actividade económica. São, nomeadamente, consideradas como tal as entidades que exercem uma actividade artesanal ou outras actividades a título individual ou familiar, as sociedades de pessoas ou as associações que exercem regularmente uma actividade económica.

Artigo 2º
Efectivos e limiares financeiros que definem as categorias de empresas

1. A categoria das micro, pequenas e médias empresas (PME) é constituída por empresas que empregam menos de 250 pessoas e cujo volume de negócios anual não excede 50 milhões de euros ou cujo balanço total anual não excede 43 milhões de euros.

2. Na categoria das PME, uma pequena empresa é definida como uma empresa que emprega menos de 50 pessoas e cujo volume de negócios anual ou balanço total anual não excede 10 milhões de euros.

3. Na categoria das PME, uma microempresa é definida como uma empresa que emprega menos de 10 pessoas e cujo volume de negócios anual ou balanço total anual não excede 2 milhões de euros.

Artigo 3º
Tipos de empresas tomadas em consideração no que se refere ao cálculo dos efectivos e dos montantes financeiros

1. Entende-se por «empresa autónoma» qualquer empresa que não é qualificada como empresa parceira na acepção do nº 2 ou como empresa associada na acepção do nº 3.

2. Entende-se por «empresas parceiras» todas as empresas que não são qualificadas como empresas associadas na acepção do n.º 3, e entre as quais existe a seguinte relação: uma empresa (empresa a montante) detém, sózinha ou em conjunto com uma ou várias empresas associadas na acepção do n.º 3,25% ou mais do capital ou dos direitos de voto de outra empresa (empresa a jusante).

No entanto, uma empresa pode ser qualificada como autónoma, não tendo, portanto, empresas parceiras, ainda que o limiar de 25% seja atingido ou ultrapassado, quando se estiver em presença dos seguintes investidores, desde que estes não estejam, a título individual ou em conjunto, associados, na acepção do n.º 3, à empresa em causa:

a) Sociedades públicas de participação, sociedades de capital de risco, pessoas singulares ou grupos de pessoas singulares que tenham uma actividade regular de investimento em capital de risco *(business angels)* e que invistam fundos próprios em empresas não cotadas na bolsa, desde que o total do investimento dos ditos *business angels* numa mesma empresa não exceda 1 250 000 euros;

b) Universidades ou centros de investigação sem fins lucrativos;

c) Investidores institucionais, incluindo fundos de desenvolvimento regional;

d) Autoridades locais e autónomas com um orçamento anual inferior a 10 milhões de euros e com menos de 5 000 habitantes.

3. Entende-se por «empresas associadas» as empresas que mantêm entre si uma das seguintes relações:

a) Uma empresa detém a maioria dos direitos de voto dos accionistas ou sócios de outra empresa;

b) Uma empresa tem o direito de nomear ou exonerar a maioria dos membros do órgão de administração, de direcção ou de controlo de outra empresa;

c) Uma empresa tem o direito de exercer influência dominante sobre outra empresa por força de um contrato com ela celebrado ou por força de uma cláusula dos estatutos desta última empresa;

d) Uma empresa accionista ou associada de outra empresa controla sozinha, por força de um acordo celebrado com outros accionistas ou sócios dessa outra empresa, a maioria dos direitos de voto dos accionistas ou sócios desta última.

Presume-se que não há influência dominante no caso de os investidores indicados no segundo parágrafo do n.º 2 não se imiscuírem directa ou indirectamente na gestão da empresa em causa, sem prejuízo dos direitos que detêm na qualidade de accionistas ou sócios.

As empresas que mantenham uma das relações referidas no primeiro parágrafo por intermédio de uma ou várias outras empresas, ou com os investidores visados no nº 2, são igualmente consideradas associadas.

As empresas que mantenham uma das relações acima descritas por intermédio de uma pessoa singular ou de um grupo de pessoas singulares que actuem concertadamente são igualmente consideradas empresas associadas desde que essas empresas exerçam as suas actividades, ou parte delas, no mesmo mercado ou em mercados contíguos.

Entende-se por mercado contíguo o mercado de um produto ou serviço situado directamente a montante ou a jusante do mercado relevante.

4. Excepto nos casos referidos no segundo parágrafo do nº 2, uma empresa não pode ser considerada PME se 25% ou mais do seu capital ou dos seus direitos de voto forem controlados, directa ou indirectamente, por uma ou várias colectividades públicas ou organismos públicos, a título individual ou conjuntamente.

5. As empresas podem formular uma declaração sobre a respectiva qualificação como empresa autónoma, parceira ou associada, assim como sobre os dados relativos aos limiares enunciados no artigo 2º Esta declaração pode ser elaborada mesmo se a dispersão do capital não permitir determinar precisamente quem o detém, contanto que a empresa declare, de boa fé, que pode legitimamente presumir que não é propriedade, em 25% ou mais, de uma empresa, ou propriedade conjunta de empresas associadas entre si ou por intermédio de pessoas singulares ou de um grupo de pessoas singulares. As declarações deste tipo são efectuadas sem prejuízo dos controlos ou verificações previstos pela regulamentação nacional ou comunitária.

Artigo 4º
Dados a considerar para o cálculo dos efectivos e dos montantes financeiros e período de referência

1. Os dados considerados para o cálculo dos efectivos e dos montantes financeiros são os do último exercício contabilístico encerrado, calculados numa base anual. Os dados são tidos em conta a partir da data de encerramento das contas. O montante do volume de negócios consi-

derado é calculado com exclusão do imposto sobre o valor acrescentado (IVA) e de outros impostos indirectos.

2. Se uma empresa verificar, na data de encerramento das contas, que superou ou ficou aquém, numa base anual, do limiar de efectivos ou dos limiares financeiros indicados no artigo 2º, esta circunstância não a faz adquirir ou perder a qualidade de média, pequena ou microempresa, salvo se tal se repetir durante dois exercícios consecutivos.

3. No caso de uma empresa constituída recentemente, cujas contas ainda não tenham sido encerradas, os dados a considerar serão objecto de uma estimativa de boa fé no decorrer do exercício.

Artigo 5º
Efectivos

Os efectivos correspondem ao número de unidades trabalho-ano (UTA), isto é, ao número de pessoas que tenham traba-lhado na empresa em questão ou por conta dela a tempo inteiro durante todo o ano considerado. O trabalho das pessoas que não tenham trabalhado todo o ano, ou que tenham trabalhado a tempo parcial, independentemente da sua duração, ou o trabalho sazonal, é contabilizado em fracções de UTA. Os efectivos são compostos:

a) Pelos assalariados;

b) Pelas pessoas que trabalham para essa empresa, com um nexo de subordinação com ela e equiparados a assalariados à luz do direito nacional;

c) Pelos proprietários-gestores;

d) Pelos sócios que exerçam uma actividade regular na empresa e beneficiem das vantagens financeiras da mesma.

Os aprendizes ou estudantes em formação profissional titulares de um contrato de aprendizagem ou de formação profis-sional não são contabilizados nos efectivos. A duração das licenças de maternidade ou parentais não é contabilizada.

Artigo 6º
Determinação dos dados da empresa

1. No caso de uma empresa autónoma, a determinação dos dados, incluindo os efectivos, efectua-se unicamente com base nas contas desta empresa.

2. Os dados, incluindo os efectivos, de uma empresa que tenha empresas parceiras ou associadas são determinados com base nas contas e em outros dados da empresa, ou – caso existam – das contas consolidadas da empresa, ou das contas consolidadas nas quais a empresa for retomada por consolidação.

Aos dados referidos no primeiro parágrafo devem agregar-se os dados das eventuais empresas parceiras da empresa considerada, situadas imediatamente a montante ou a jusante da mesma. A agregação é proporcional à percentagem de participação no capital ou de direitos de voto (a mais alta destas duas percentagens). Em caso de participação cruzada, é aplicável a mais alta destas percentagens.

Aos dados referidos no primeiro e segundo parágrafos devem juntar-se 100% dos dados das eventuais empresas directa ou indirectamente associadas à empresa considerada, que não tenham sido retomados por consolidação nas contas.

3. Para efeitos da aplicação do nº 2, os dados das empresas parceiras da empresa considerada resultam das contas e de outros dados, consolidados caso existam, aos quais se juntam 100% dos dados das empresas associadas a estas empresas parceiras, a não ser que os respectivos dados já tenham sido retomados por consolidação.

Para efeitos da aplicação do nº 2, os dados das empresas associadas à empresa considerada resultam das respectivas contas e de outros dados, consolidados caso existam. A estes se agregam, proporcionalmente, os dados das eventuais empresas parceiras destas empresas associadas, situadas imediatamente a montante ou a jusante destas últimas, a não ser que já tenham sido retomados nas contas consolidadas, numa proporção pelo menos equivalente à percentagem definida no segundo parágrafo do nº 2.

4. Quando os efectivos de uma determinada empresa não constem das contas consolidadas, o seu cálculo efectua-se mediante a agregação, de forma proporcional, dos dados relativos às empresas das quais esta empresa for parceira e a adição dos dados relativos às empresas com as quais esta empresa for associada.

TÍTULO II
DISPOSIÇÕES DIVERSAS

Artigo 7º
Estatísticas

A Comissão adopta as medidas necessárias para apresentar as estatísticas que elabora de acordo com as seguintes classes de empresas:
a) 0 a 1 pessoa;
b) 2 a 9 pessoas;
c) 10 a 49 pessoas;
d) 50 a 249 pessoas.

Artigo 8º
Referências

1. Qualquer regulamentação comunitária ou qualquer programa comunitário que sejam alterados ou adoptados e refiram os termos «PME», «microempresa», «pequena empresa» ou «média empresa» ou termos semelhantes, devem referir-se à definição contida na presente recomendação.
2. A título transitório, os programas comunitários em curso que definam PME nos termos da Recomendação 96/280/CE continuarão a produzir efeitos e a beneficiar as empresas que eram PME aquando da adopção desses programas. Os compromissos jurídicos assumidos pela Comissão com base nesses programas não serão afectados.

Sem prejuízo do disposto no primeiro parágrafo, qualquer modificação, no âmbito desses programas, da definição de PME só poderá ser feita sob condição de adoptar a definição contida na presente recomendação, em conformidade com o disposto no nº 1.

Artigo 9º
Revisão

Com base num balanço relativo à aplicação da definição contida na presente recomendação, elaborado até 31 de Março de 2006, e tendo em conta eventuais alterações do artigo 1º da Directiva 83/349/CEE no que se refere à definição de empresas associadas na acepção desta directiva, a Comissão adaptará, se necessário, a definição contida na presente recomendação, nomeadamente os limiares estabelecidos relativamente ao volume de negócios e ao balanço total, para ter em conta a experiência e a evolução económica na Comunidade.

BIBLIOGRAFIA

Código Civil – DL 47344/66, de 25 de Novembro (versão actualizada) http://www.pgdlisboa.pt
Código de Processo Civil – DL 329-A/95, de 12 de Dezembro (versão actualizada) http://www.pgdlisboa.pt
Código das Sociedades Comerciais – DL 262/86, de 2 de Setembro (versão actualizada) http://www.pgdlisboa.pt
Código da Propriedade Industrial – http://www.pgdlisboa.pt
Código do Registo Comercial – http://www.pgdlisboa.pt
Estabelecimento Mercantil Individual de Responsabilidade Limitada – Dec.--Lei nº 248/86, de 25 de Agosto – DL 248/86, de 25 de Agosto) versão actualizada) http://www.pgdlisboa.pt
Regime Jurídico das Sociedades Anónimas Europeias – Dec.-Lei nº 2/2005, de 4 de Janeiro – DL 2/2005, de 4 de Janeiro (versão actualizada) http://www.pgdlisboa.pt
Sector Empresarial do Estado e Empresas Públicas – Dec.-Lei nº 558/99, de 17 de Dezembro (versão actualizada) http://www.pgdlisboa.pt
Novo Regime Jurídico da Concorrência – Lei nº 19/2012, de 8 de Maio (versão actualizada) http://www.pgdlisboa.pt
Práticas Comerciais Desleais – Dec.-Lei nº 57/2008, de 26 de Março – http://www.pgdlisboa.pt
Livro de Reclamações – Dec.-Lei nº 156/2005, de 15 de Setembro (versão actualizada) http://www.pgdlisboa.pt
EUROPEAN COMMISSION – Small and medium-sized enterprises (SMEs): Eurobarometer Survey on Entrepreneurship ? [Em linha] actual. 5 fev. 2013. [Consult. 1 abr. 2013]. Disponível em WWW: <http://ec.europa.eu/enterprise/policies/sme/facts-figures-analysis/eurobarometer/ >

PORDATA – Empresas com 250 e mais pessoas ao serviço em% do total de empresas: por alguns sectores de actividade económica – Europa ? [Em linha]. [Consult. 1 abr. 2013]. Disponível em WWW: < http://www.pordata.pt/Europa/Empresas+com+250+e+mais+pessoas+ao+servico+em+percentagem+do+total+de+empresas+por+alguns+sectores+de+actividade+economica-1655

AFONSO, Ana – "As Obrigações de Juros Comerciais depois das Alterações Introduzidas pelo Decreto-Lei nº 32/2003, de 17 de Fevereiro". *Revista de Ciências Empresarias e Jurídicas*. Porto: Instituto Politécnico do Porto. ISSN. vol., nº 10 (2007) p. 173-210

ANTUNES, José – "Os Contratos de Distribuição Comercial". *Revista de Ciências Empresarias e Jurídicas*. Porto: Instituto Politécnico do Porto. ISSN. vol., nº 16 (2007) p. 9-38

DUARTE, José – "A Comunhão dos Cônjuges em Participação Social". *Revista da Ordem dos Advogados*. Lisboa, Ano 65 (2005) p. 487-502

LANÇA SILVA, Hugo – "As Leis do Comércio Electrónico: Tentativa de Desconstrução de um Complexo Puzzle". *Revista de Ciências Empresarias e Jurídicas*. Porto: Instituto Politécnico do Porto. ISSN. vol., nº 10 (2007) p.

MENEZES LEITÃO, Luís – "As Práticas Comerciais Desleais nas Relações de Consumo." *Revista da Ordem dos Advogados*. Lisboa, Ano 71 (2011) p. 423-445

MENESES, Gonçalo – "Responsabilidade Solidária dos Membros dos Órgãos de Fiscalização por Actos e Omissões dos Gestores das Sociedades Comerciais". *Revista da Ordem dos Advogados*. Lisboa, Ano 71 (2011) p. 1095-1156

TERRINHO, Luís – "Parcerias Público-Privadas e Alocação do Risco". *Revista de Ciências Empresarias e Jurídicas*. Porto: Instituto Politécnico do Porto. ISSN. vol., nº 20 (2011) p. 109-127

ÍNDICE GERAL

PLANO DA OBRA	7
ABREVIATURAS	11
PREFÁCIO DA 4ª EDIÇÃO	15

PARTE I O DIREITO COMERCIAL E A EMPRESA — 17

1. NOÇÃO E OBJECTO DO DIREITO COMERCIAL — 19
   - 1.1. O Direito Comercial e o Direito Civil — 19
   - 1.2. O Direito Comercial e a empresa — 21
   - 1.3. A empresa na actualidade — 24
     - 1.3.1. Classificação das empresas — 25
       - 1.3.1.1. A Classificação Portuguesa das Actividades Económicas (CAE – Rev. 3) — 25
       - 1.3.1.2. Classificação das empresas de acordo com o critério dos sectores de actividade — 28
       - 1.3.1.3. Classificação das empresas de acordo com o critério da natureza da actividade — 31
     - 1.3.2. Microempresas e PME (pequenas e médias empresas) — 32
       - 1.3.2.1. Noção de efectivos — 34
       - 1.3.2.2. Os critérios financeiros — 35
     - 1.3.3. Empresas autónomas, parceiras e associadas — 37
     - 1.3.4. Certificação do estatuto de micro e PME Certificação electrónica — 39
     - 1.3.5. As microentidades e as Pequenas, Médias e Grandes Entidades — 43
     - 1.3.6. Para um actual conceito de empresa — 45

1.4. O Sector Público Empresarial e Empresas Públicas Breve resenha sobre a sua evolução histórica	48
1.4.1. As empresas públicas	53
1.4.2. As (EPE) – entidades públicas empresariais	55
1.4.3. As (PPP) – Parcerias público-privadas	55
1.4.4. Conclusão	57
2. GÉNESE E EVOLUÇÃO HISTÓRICA DO DIREITO COMERCIAL	59
2.1. A relação mercantil na idade média	60
2.1.1. O caso português	65
2.2. A revolução francesa e o código comercial francês de 1807	67
2.3. O Código Comercial Português de 1888	68
2.4. O Código Das Sociedades Comerciais e a legislação avulsa	69
3. AUTONOMIA E OBJECTIVOS DO DIREITO COMERCIAL	73
4. A EMPRESA E A UNIÃO EUROPEIA	75
4.1. Notas introdutórias	75
4.2. O tratado de lisboa, a economia e as empresas	80
4.2.1. Concorrência	83
4.3. Fundos e apoios financeiros para as PME	86
4.3.1. O microcrédito	93
4.4. O "Small Business Act" (SBA)	94
4.5. O Mercado Único para o Século XXI	95
4.6. Responsabilidade social das empresas	95
4.6.1. Rotulagem, apresentação e publicidade de produtos a géneros alimentícios	100
4.6.2. A expressão "made in"	102
4.7. Rede Judiciária Europeia	102
4.7.1. Regulamento (CE) nº 44/2001 do Conselho a execução, na EU, de sentença proferida num Estado-Membro	104
4.7.2. O procedimento europeu para as acções de pequeno montante	106
4.7.3. A e-Justice	110
PARTE II OS ACTOS JURÍDICO-COMERCIAIS	**113**
1. NOÇÃO E CLASSIFICAÇÃO DE ACTOS DE COMÉRCIO	115
1.1. Actos de comércio objectivos	117
1.1.1. Contrato de sociedade	117
1.1.2. Contrato de mandato	118
1.1.3. O gerente de comércio	119
1.1.4. Contrato de depósito	121
1.1.5. Contrato de compra e venda	122

	1.1.6.		Contrato de aluguer	123
	1.1.7.		Contrato de comissão (arts. 266º a 277º do Código Comercial)	124
	1.1.8.		Contrato de conta-corrente (arts. 344º a 350º do Código Comercial)	125
	1.1.9.		Contrato de empréstimo (arts. 394º a 396º do Código Comercial)	125
	1.2. Actos de comércio subjectivos	125
	1.3. Actos de comércio mistos ou unilaterais e bilaterais	126
2.	O REGIME JURÍDICO ESPECIAL DOS ACTOS DE COMÉRCIO	129
	2.1. Notas prévias	129
	2.2. A solidariedade passiva	129
	2.2.1.		Solidariedade: noção, fontes e feitos da solidariedade	129
	2.2.2.		A fiança e seu regime legal	136
	2.2.2.		A solidariedade nas obrigações jurídico-comerciais	138
		2.2.2.1.	O aval	138
			Exemplo de petição inicial para exercer o direito de regresso do avalista	146
	2.3. Prescrição	151
	2.4. Juros	153
	2.4.1.		Noção de juro e taxa de juro	153
	2.4.2.		Juro civil e comercial. Usura e anatocismo	154

PARTE III OS SUJEITOS DA RELAÇÃO JURÍDICO-COMERCIAL — 159

1. OS COMERCIANTES: AS PESSOAS SINGULARES E AS PESSOAS COLECTIVAS — 161
2. O COMERCIANTE/O EMPRESÁRIO INDIVIDUAL — 165
   - 2.1. Conceito e requisitos para se ser comerciante — 165
   - 2.2. Características da empresa individual — 168
   - 2.3. Formalidades legais obrigatórias para criar uma empresa individual — 169
3. O EIRL – ESTABELECIMENTO INDIVIDUAL DE RESPONSABILIDADE LIMITADA — 173
   - 3.1. Responsabilidade do titular pelas dívidas do EIRL — 174
   - 3.2. Capital — 174
   - 3.3. Firma — 175
   - 3.4. Forma de constituição — 175
   - 3.5. Contas — 176
   - 3.6. Formalidade obrigatórias na constituição de um EIRL — 176

4. AS PESSOAS COLECTIVAS – AS SOCIEDADES COMERCIAIS ... 177
    4.1. O contrato de sociedade ... 177
    4.2. Elementos e menções obrigatórias do contrato de sociedade ... 178
    4.3. As sociedades civis sob forma comercial e as sociedades comerciais ... 182
    4.4. Tipos de sociedades comerciais ... 183
        4.4.1. A sociedade plural por quotas – caracterização ... 183
        4.4.2. A sociedade unipessoal por quotas ... 187
            4.4.2.1. Características ... 188
        4.4.3. A sociedade anónima ... 189
            4.4.3.1. Características ... 189
        4.4.4. A sociedade em nome colectivo – caracterização ... 192
        4.4.5. Sociedades em comandita – caracterização ... 193
    4.5. Responsabilidade subsidiária dos titulares de órgãos sociais ... 194
        4.5.1. Responsabilidade subsidiária dos gerentes e administradores ... 194
        4.5.2. Responsabilidade solidária dos membros dos órgãos de fiscalização das sociedades ... 197
    4.6. Sociedades comerciais entre cônjuges e sua participação noutras sociedades ... 199
        4.6.1. Considerações gerais. Sociedades comerciais entre cônjuges ... 199
        4.6.2. Participação de um dos cônjuges noutras sociedades ... 201
    4.7. Sociedades anónimas europeias ... 203
    4.8. Agrupamentos europeus de cooperação territorial (AECT) ... 205
5. CONSTITUIÇÃO DE SOCIEDADES ... 209
    5.1. Breves notas sobre o processo de simplificação de procedimentos relativos à constituição de sociedades comerciais ... 209
    5.2. Cartão de empresa e de pessoa colectiva ... 213
        5.2.1. Pedido de emissão ... 213
        5.2.2. Cancelamento e validade ... 214
        5.2.3. Cartão electrónico ... 215
        5.2.4. Menções ... 215
    5.3. CAE e certificado de admissibilidade de firma ou denominação ... 218
    5.4. Matrícula ... 218
    5.5. Regime jurídico da "empresa na hora" (constituição imediata de sociedades) ... 221
    5.6. Regime da criação de sociedades on-line ... 225

5.7. Conclusões	228
Minuta de pacto de sociedade por quotas com entradas em numerário e por documento particular	229
Minuta de pacto de sociedade unipessoal por quotas, por documento particular e entradas em numerário	233
Minuta de pacto de sociedade unipessoal por quotas, com entradas em espécie e nomeação de gerentes	236
Minuta de contrato de sociedade anónima, por escritura pública e com administrador único	239
Exemplo de estatutos de uma sociedade anónima	247
Exemplo de relatório do revisor oficial de contas	257
Exemplo de Acção	259
5.8. Medidas de simplificação para as empresas	260
5.8.1. Registos on-line de actos comerciais e certidão permanente (portaria nº 1416-a/2006, de 19 de Dezembro)	260
5.8.2. Eliminação da obrigatoriedade de escritura pública para empresas	260
5.8.3. Publicações on-line	261
5.8.4. Processo de "dissolução e liquidação na hora" das sociedades	263
5.8.5. Escrituração	263
5.8.6. Prestação de contas	263
5.8.6.1. A Informação Empresarial Simplificada – IES	263
5.8.7. Emissão de certificados de residência fiscal on-line	264
5.8.8. Criação imediata de representações permanentes em Portugal e registo comercial bilingue (em idioma inglês)	264
5.8.9. Cadastro comercial e industrial	266
6. AS OBRIGAÇÕES ESPECIAIS DOS COMECIANTES/EMPRESAS	271
6.1. Firma	271
6.2. Escrituração	274
6.2.1. Livro de actas	274
6.2.2. Arquivador de correspondência	276
6.3. Balanço e prestação de contas	277
6.3.1. Regime da normalização contabilística para microentidades (NCM)	281
6.4. Facturação electrónica	282

6.5. Inspecções e exibição dos livros de escrita	285
6.6. Registo comercial	288
6.6.1. Fins e entidades abrangidas	288
6.6.2. Registo comercial bilingue	290
6.6.3. Actos sujeitos a registo obrigatório	291
6.6.4. Outros factos sujeitos a registo	295
6.6.5. Processo de registo	297

PARTE IV SINAIS DISTINTIVOS DO COMÉRCIO — 299

1. SINAIS DISTINTIVOS DO COMÉRCIO	301
1.1. Considerações prévias	301
1.2. Nome do estabelecimento – logótipo	304
1.2.1. Insígnia e logótipo	305
1.3. Marca	306
1.3.1. Marca na hora (MNH) e marca on-line	309
1.4. Recompensas	311
1.5. Patentes	312
1.5.1. Patentes on-line	313
1.5.2. Patentes por via europeia	314
1.6. Modelos de utilidade – MU	314
1.7. Desenhos ou modelos	315
1.8. O Código da Propriedade Industrial e a tutela dos sinais distintivos do comércio	315

PARTE V O ESTABELECIMENTO COMERCIAL — 319

1. O ESTABELECIMENTO: NOÇÃO E ELEMENTOS	321
2. O ARRENDAMENTO COMERCIAL	323
2.1. Formalidades do contrato	324
2.2. Duração do contrato	325
2.3. Outras cláusulas	325
2.4. A licença de ocupação/utilização	326
2.5. Obras	328
2.6. Morte do arrendatário	329
Exemplo de contrato de arrendamento não habitacional (com um clausulado)	331
Exemplo de contrato de arrendamento comercial (pelo prazo de 6 meses)	335
2.7. Cessação do contrato de arrendamento	338

3. TRESPASSE DO ESTABELECIMENTO	341
Exemplo de contrato de trespasse de estabelecimento comercial	344
Exemplo de contrato-promessa de trespasse, com cedência de posição contratual dos promitentes trespassários	346
4. LOCAÇÃO DO ESTABELECIMENTO	351
4.1. Noção	351
4.2. Características	351
Exemplo de contrato de locação de estabelecimento comercial	353

PARTE VI ACORDOS DE DISTRIBUIÇÃO COMERCIAL TÉCNICAS DE VENDA E PRÁTICAS COMERCIAIS DESLEAIS — 357

1. ACORDOS DE DISTRIBUIÇÃO COMERCIAL	359
1.1. Considerações iniciais	359
1.2. Perfil e competências do distribuidor e do representante comercial	361
1.3. Caracterização genérica do distribuidor e do representante comercial como agente económico	362
1.4. O contrato de agência ou de representação comercial	364
1.4.1. Noção e requisito de forma	364
1.4.2. Caracterização	365
1.4.2.1. Autonomia, sigilo e dever de não concorrência	365
1.4.2.2. Comissões e despesas	366
1.4.2.3. Cobrança e convenção del credere	366
1.4.2.4. Formas de cessação do contrato	367
1.4.2.5. Indemnização de clientela	368
1.4.2.6. Direito de retenção	368
Exemplo de um contrato de agência entre uma empresa colectiva e pessoa singular	370
Exemplo de contrato de representação comercial, com veiculação de imagem e venda de produtos pela Internet	373
2. A DISTRIBUIÇÃO COMERCIAL	377
2.1. Noção e caracterização	377
Contrato de fornecimento, comodato e publicidade (exemplo)	380
3. A FRANQUIA OU FRANCHISING	385
3.1. Considerações prévias	385
3.2. Noção e caracterização	386
3.3. Obrigações do franquiador	388
3.4. Obrigações do franquiado	389

GUIA PRÁTICO DE DIREITO COMERCIAL

3.5. Formalidades e menções obrigatórias do contrato	389
Exemplo de um contrato de franquia	392
4. CONTRATOS CELEBRADOS À DISTÂNCIA E AO DOMICÍLIO. CONTRATOS CELEBRADOS COM RECURSO A CENTROS TELEFÓNICOS DE RELACIONAMENTO (CALL CENTERS)	401
4.1. Considerações preâmbulares	401
4.2. Contratos celebrados com o recurso aos call centers	412
5. PRÁTICAS COMERCIAIS DESLEAIS DAS EMPRESAS	415
5.1. Noção e regime jurídico	415
5.2. Práticas comerciais desleais em especial	416
5.3. Acções enganosas em qualquer circunstância	417
5.4. Práticas comerciais agressivas	420
5.5. Entidades reguladoras e suas atribuições	421
6. O LIVRO DE RECLAMAÇÕES	425
6.1. Entidades obrigadas a disponibilizar o Livro de Reclamações	425
6.2. Procedimentos	429
PARTE VII CONTRATOS FINANCEIROS	**431**
1. A QUESTÃO DO FINANCIAMENTO	433
1.1. Questões prévias	433
1.2. Os capitais próprios e os capitais alheios	434
Exemplo de um contrato de mútuo com hipoteca, por aumento de conta-corrente	437
2. A LOCAÇÃO FINANCEIRA OU LEASING	441
2.1. Noção e objecto	441
2.2. Características do contrato de locação financeira	444
2.3. Direitos e deveres dos contraentes	445
2.4. Fases da contratação	446
Contrato de locação financeira imobiliária (minuta)	448
Minuta de cessão da posição contratual (assumida por um dos outorgantes em contrato de locação financeira)	470
Exemplo de contrato de locação financeira mobiliária (equipamentos industriais)	473
Exemplo de acordo de pagamento e promessa de venda sem novação	476
PARTE VIII O COMÉRCIO ELETRÓNICO E A CONTRATAÇÃO ONLINE	**479**
1. O COMÉRCIO ELETRÓNICO	481
1.1. Noção e caracterização	481

1.2.	Vantagens e desvantagens do comércio electrónico	483
	1.2.1. O documento electrónico	484
1.2.	Regulação jurídica global	486
1.3.	Direito aplicável aos contratos internacionais (de compra e venda)	487
1.4.	O comércio electrónico em Portugal e sua disciplina normativa	488
	1.4.1. Contratação electrónica e seus procedimentos	490
	1.4.2. Contratação entre computadores	492
	1.4.3. Entidades de supervisão	494
	1.4.4. Regime sancionatório	495
1.5.	Assinatura digital e assinatura electrónica qualificada	496
2. CRIMINALIDADE INFORMÁTICA		499
2.1.	Tipos de crimes informáticos e sanções	501
2.2.	Sanções acessórias	504
2.3.	Breve referência às normas e etapas processuais aplicáveis aos crimes informáticos	504
	2.3.1. Ordem para preservar os dados (art. 12º da Lei nº 109/2009)	505
	2.3.2. Ordem para concessão ou acesso aos dados (art. 14º da Lei nº 109/2009)	505
	2.3.3. Pesquisa dos dados informáticos (art. 15º da Lei nº 109/2009)	506
	2.3.4. Apreensão dos dados informáticos (art. 16º da Lei nº 109/2009)	507
	2.3.5. Apreensão de correio electrónico e registos de comunicações de natureza semelhante (art. 17º da Lei nº 109/2009)	508
	2.3.6. Intercepção de comunicações (art. 18º)	508
2.4.	O compromisso com a cibersegurança	509
	2.4.1. O infotráfico e os metadados	511

PARTE IX DÍVIDAS COMERCIAIS — 513

1. COMUNICABILIDADE DAS DÍVIDAS COMERCIAIS — 515
   1.1. Questão prévia — 515
   1.2. Dívidas comunicáveis — 516
2. RESPONSABILIDADE DO CÔNJUGE PELAS DÍVIDAS CONTRAÍDAS PELO OUTRO NO EXERCÍCIO DO SEU COMÉRCIO/EMPRESA E BENS QUE RESPONDEM PELAS DÍVIDAS — 521
3. PROCEDIMENTOS A ADOPTAR NA ACÇÃO PARA CHAMAR O CÔNJUGE DO DEVEDOR À DEMANDA — 523

ANEXO 531
Recomendação da comissão, de 6 de maio de 2003,
relativa à definição de micro, pequenas e médias empresas

BIBLIOGRAFIA 545

ÍNDICE GERAL 547